数字经济
理论与实践

陈晓红　任剑　徐雪松◎主编

清华大学出版社
北京

内 容 简 介

数字经济被认为是继农业经济、工业经济之后的主要经济形态，其发展速度之快、辐射范围之广、影响程度之深已受到全球范围内的关注，培养数字经济理论及应用型人才对国家的经济和信息技术的进一步发展有重要的战略价值。本书结合湖南强化算力支撑的重大创新平台湘江实验室的研究成果，分理论篇、技术篇、实践篇，全面、系统地讲解数字经济的基础理论、关键技术及实践应用，力求做到知识传授与实践指导相结合，为培养数字经济理论及应用型人才提供参考。

本书封面贴有清华大学出版社防伪标签，无标签者不得销售。
版权所有，侵权必究。举报：010-62782989，beiqinquan@tup.tsinghua.edu.cn。

图书在版编目（CIP）数据

数字经济理论与实践 / 陈晓红，任剑，徐雪松主编.
北京：清华大学出版社，2024.11. -- ISBN 978-7-302-67667-6

Ⅰ.F49

中国国家版本馆 CIP 数据核字第 2024XT3485 号

责任编辑：吴梦佳
封面设计：傅瑞学
责任校对：刘　静
责任印制：沈　露

出版发行：清华大学出版社
网　　址：https://www.tup.com.cn，https://www.wqxuetang.com
地　　址：北京清华大学学研大厦 A 座　　邮　编：100084
社 总 机：010-83470000　　邮　购：010-62786544
投稿与读者服务：010-62776969，c-service@tup.tsinghua.edu.cn
质量反馈：010-62772015，zhiliang@tup.tsinghua.edu.cn

印 装 者：三河市龙大印装有限公司
经　　销：全国新华书店
开　　本：185mm×260mm　　印　张：19　　字　数：485 千字
版　　次：2024 年 11 月第 1 版　　印　次：2024 年 11 月第 1 次印刷
定　　价：69.00 元

产品编号：099737-01

前　言

2021年10月18日，习近平总书记在主持中共中央政治局第三十四次集体学习时强调，要"充分发挥海量数据和丰富应用场景优势，促进数字技术与实体经济深度融合，赋能传统产业转型升级，催生新产业新业态新模式，不断做强做优做大我国数字经济"。党的二十大报告强调，要"加快发展数字经济，促进数字经济和实体经济深度融合，打造具有国际竞争力的数字产业集群"。数字经济发展速度之快、辐射范围之广、影响程度之深前所未有，其正在成为重组全球要素资源、重塑全球经济结构、改变全球竞争格局的关键力量。数字经济时代，移动互联网、云计算、大数据、物联网、人工智能、区块链、元宇宙等数字技术不断创新并融合发展，新一轮科技革命与产业变革加速演进。立足新方位、适应新形势，需要加强原创性引领性科技攻关、激发各类人才创新活力、凝聚实现高水平科技自立自强的澎湃力量。

作为湖南省委、省政府的重大科技部署，湘江实验室是湖南强化算力支撑的重大创新平台，在湖南省四大实验室中率先揭牌，由湖南工商大学党委书记、中国工程院院士陈晓红担任实验室主任。湘江实验室聚焦先进计算与人工智能领域，抢占数字经济全球发展制高点，致力于打造算力、算法、算据、算网等"四算一体"前沿理论研究及关键技术研发的新高地，实现产业化的应用和成果的落地，促进数字经济与实体经济深度融合，赋能传统产业转型升级，推动千行百业数字化转型、智能化改造、做大做强，为加快实现"三高四新"美好蓝图，助推长沙全力打造全球研发中心城市贡献智慧和力量。

近年来，陈晓红院士团队在数字经济的基础理论、技术方法、平台工具及应用实践等方面开展了系列研究，取得了一批成果：系统性构建了数字经济理论体系框架，揭示了数字经济内涵与特征；建设了算据资源集成管理技术底座；研发了AI多模态预训练模型及算法微服务中台；设计了海量异构算力资源的云际计算架构；在资源能源环境、智能制造、元宇宙等领域开展了数智技术创新实践；提交的先进计算、数字技术、数据要素相关的政策建议和全国政协提案得到国家相关部委采纳。

如何加快数字经济人才培育，把握住数字经济发展新机遇？陈晓红院士指出，在数字经济变革浪潮中，人才是发展的第一资源，要紧跟时代需求，进行高等教育人才培养供给侧改革，充分发挥人才资源禀赋优势，通过学科交叉融合，为学生的全面发展赋能。在数字经济时代，数智技术飞速发展，各行各业都需要交叉融合型的人才。因此，高校要扛起培养交叉融合的创新型人才的重任，紧密响应时代需求。

湖南工商大学秉承"新工科＋新商科＋新文科"融合理科发展理念，构建新体系、激发新动能、构筑新机制，推动教育供给侧改革，培养具有家国情怀、全球视野、系统思维、数智技能的管理人才，形成"三融三促"人才培养模式：一是以学科融合为牵引，构建"四维强智"新体系，促结构优化；二是以科教融合为重点，激发"师生共进"新动能，促转型发展；三是以产教融合为抓手，构筑"多元协同"新机制，促资源保障。由该校牵头申报的教研成果《"新工科＋新商科引领数智型管理人才培养供给侧改革的探索与实践》获国家教学成果二等奖。该校将以此次获奖为契机,深入贯彻落实党的二十大精神,以立德树人为根本,主动对接国家和区域发展重大战略需求,进一步开展数智型人才培养,培育学生数字经济思维,提升学生数智化技能,抢占数智化人才高地。

  本书正是基于上述背景撰写而成的。全书系统阐述了数字经济的基础理论、关键技术及实践领域,共三篇二十章。第一章为绪论,介绍数字经济学的产生与研究对象、数字经济研究的科学问题及本书的内容体系;第二章为数字经济的内涵与特征,介绍数字经济的定义与内涵、历史演进进程、特征、体系架构;第三章为数字经济的理论创新,介绍数字经济对传统理论的冲击与影响,运用传统理论解释数字经济的适用性,分析数字经济下的新问题及其对传统理论的创新,阐述数字经济核心理论及其脉络框架;第四章为数字经济的研究方向,介绍数字基础设施、数据要素市场、产业数字化转型、数字产业化、公共服务数字化、数字经济治理、数字经济安全、数字经济国际合作八大研究方向;第五至十一章为数字经济的技术基础,介绍大数据、人工智能、区块链、虚拟现实、云计算、物联网、新型人机交互等数字技术的原理及应用发展;第十二至二十章为典型行业数字化转型升级,分析数字技术支持典型行业转型升级的适用性及特征规律。

  本书的具体撰写分工如下:陈晓红院士制定了本书的大纲,组织整理和撰写了各个章节;任剑教授和徐雪松教授对全书进行了统稿、校稿并参加了本书的编写;汪阳洁教授、侯海良教授、梁伟博士、曹文治博士、杭志老师、艾彦迪博士、唐湘博博士、易国栋博士、侯世旺博士、李晓波博士、刘星宝博士、熊婷博士、刘冰博士、刘金金博士、杨俊丰博士、陈杰博士、张震博士、王倩博士参加了本书的编写;张威威博士、周楚涵老师对全书编写工作提供了辅助支持。在本书撰写过程中,我们参考了诸多学者、机构的研究成果及应用实践,使本书能够比较全面地反映数字经济理论的最新研究与应用进展。在此,对上述参与人员及相关学者、机构表示衷心的感谢和诚挚的祝福!

编　者
2024 年 4 月

目 录

第一篇 理 论 篇

第一章 绪论 ········ 3
- 第一节 数字经济学的产生与研究对象 ········ 4
- 第二节 数字经济研究的科学问题 ········ 9

第二章 数字经济的内涵与特征 ········ 15
- 第一节 数字经济的定义 ········ 16
- 第二节 数字经济的历史演进 ········ 17
- 第三节 数字经济的内涵要素 ········ 19
- 第四节 数字经济的特征与表现 ········ 21
- 第五节 数字经济理论体系的基本框架 ········ 23

第三章 数字经济的理论创新 ········ 28
- 第一节 数字经济对传统经济理论假设和原理的挑战 ········ 29
- 第二节 数字经济的理论演变 ········ 31

第四章 数字经济的研究方向 ········ 40
- 第一节 数字基础设施 ········ 41
- 第二节 数据要素市场 ········ 42
- 第三节 产业数字化转型 ········ 44
- 第四节 数字产业化 ········ 45
- 第五节 公共服务数字化 ········ 47
- 第六节 数字经济治理 ········ 49
- 第七节 数字经济安全 ········ 50
- 第八节 数字经济国际合作 ········ 52

第二篇 技 术 篇

第五章 大数据技术 … 59
第一节 大数据技术概述 … 60
第二节 大数据采集与预处理 … 62
第三节 大数据存储与管理 … 66
第四节 大数据处理与分析 … 69
第五节 大数据可视化 … 70

第六章 人工智能技术 … 75
第一节 人工智能与经济社会发展 … 76
第二节 算力——机器计算能力 … 79
第三节 算据——低碳计算的新路径 … 81
第四节 算法——机器计算的方法 … 83
第五节 算力网络 … 85

第七章 区块链技术 … 90
第一节 区块链概述 … 91
第二节 区块链关键技术 … 97
第三节 区块链的基本体系结构 … 103
第四节 区块链平台的发展趋势 … 105

第八章 虚拟现实技术 … 109
第一节 虚拟现实技术的定义 … 110
第二节 虚拟现实技术的发展背景 … 111
第三节 虚拟现实技术的要素与类型 … 112
第四节 虚拟现实系统的组成 … 115
第五节 虚拟现实技术应用案例 … 116
第六节 虚拟现实的信息融合 … 118

第九章 云计算技术 … 125
第一节 云计算的定义 … 126
第二节 云计算的发展历程 … 127
第三节 云计算的特点 … 128
第四节 并发与并行处理技术 … 129
第五节 分布式与网格化处理技术 … 130

第六节　云计算的服务模式 …………………………………………………… 131
　　第七节　云计算的部署模式 …………………………………………………… 133

第十章　物联网技术 …………………………………………………………… 136
　　第一节　物联网的发展背景 …………………………………………………… 137
　　第二节　物联网的关键技术 …………………………………………………… 138
　　第三节　物联网的应用案例 …………………………………………………… 142

第十一章　新型人机交互技术 ………………………………………………… 148
　　第一节　人机交互技术的定义 ………………………………………………… 149
　　第二节　传统人机交互技术 …………………………………………………… 149
　　第三节　自然人机交互技术 …………………………………………………… 151
　　第四节　新一代人机交互技术 ………………………………………………… 154
　　第五节　人机交互技术面临的机遇与挑战 …………………………………… 158

第三篇　实　践　篇

第十二章　智能制造 …………………………………………………………… 165
　　第一节　智能制造的发展现状 ………………………………………………… 166
　　第二节　智能制造的定义与内涵 ……………………………………………… 167
　　第三节　智能制造的关键技术 ………………………………………………… 168
　　第四节　智能制造的应用模式 ………………………………………………… 169
　　第五节　智能制造的发展趋势 ………………………………………………… 175

第十三章　智能交通 …………………………………………………………… 179
　　第一节　智能交通的发展背景 ………………………………………………… 180
　　第二节　智能交通概述 ………………………………………………………… 181
　　第三节　智能交通的关键技术 ………………………………………………… 183
　　第四节　智能交通的研究现状与发展趋势 …………………………………… 188

第十四章　智慧零售 …………………………………………………………… 196
　　第一节　智慧零售的发展背景 ………………………………………………… 197
　　第二节　智慧零售的基本原理 ………………………………………………… 200
　　第三节　智慧零售的关键技术 ………………………………………………… 201
　　第四节　智慧零售的应用案例 ………………………………………………… 204
　　第五节　智慧零售的发展趋势与挑战 ………………………………………… 206

第十五章　智慧物流 ... 210
第一节　智慧物流概述 ... 211
第二节　智慧物流的信息技术 ... 215
第三节　智慧物流的系统结构 ... 218
第四节　智慧物流的发展趋势 ... 221

第十六章　智慧能源 ... 227
第一节　智慧能源的发展背景 ... 228
第二节　智慧能源概述 ... 228
第三节　智慧能源的关键技术 ... 229
第四节　智慧能源的重点领域——智慧电网 ... 232
第五节　智慧能源的发展趋势 ... 235

第十七章　智慧环保 ... 242
第一节　智慧环保概述 ... 243
第二节　智慧环保的关键技术 ... 246
第三节　智慧环保应用平台 ... 249
第四节　智慧环保面临的挑战 ... 255

第十八章　智慧康养 ... 259
第一节　智慧康养的发展背景 ... 260
第二节　智慧康养的概念界定与关键技术 ... 263
第三节　智慧康养的应用案例 ... 266

第十九章　智慧城市 ... 274
第一节　智慧城市概述 ... 275
第二节　智慧城市的运行原理 ... 278
第三节　智慧城市的关键技术 ... 280
第四节　智慧城市的应用案例 ... 283
第五节　智慧城市的发展趋势 ... 285

第二十章　数字乡村 ... 289
第一节　数字乡村的建设背景 ... 290
第二节　数字乡村的建设举措 ... 291
第三节　数字乡村的建设案例 ... 293

第一篇 理论篇

第一章 绪论

第二章 数字经济的内涵与特征

第三章 数字经济的理论创新

第四章 数字经济的研究方向

第一章 绪 论

思维导图

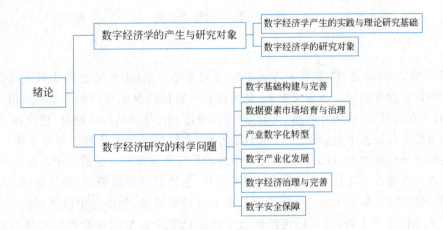

学习目标

学习层次	学习目标
了解	1. 数字经济学产生的实践与理论研究基础 2. 数字经济学的研究对象
掌握	1. 数字基础构建与完善 2. 数据要素市场培育与治理 3. 产业数字化转型 4. 数字产业化发展 5. 数字经济治理与完善 6. 数字安全保障

数字技术、数字经济是世界科技革命与产业变革的先机,是新一轮国际竞争的重点领域。数字经济的快速崛起,带动了数字产业化、产业数字化的大发展,不断涌现出新场景、新业态、新模式,在很大程度上改变了世界经济结构。数字技术决定了数字经济发展的水平和规模,数字经济加快渗透,越来越多的产业受到数字经济发展的影响。深刻认识数字技术与数字经济在世界经济大环境中所起到的作用,准确把握全球数字经济发展的基本趋势,对于探索世界经济发展规律及应对世界百年未有之大变局具有重要意义。从总体上看,数字经济经历了从萌芽到成长再到逐步走向成熟的发展过程,但将数字经济学作为一门新学科来研究才刚刚开始。作为新学科,数字经济学的基本概念、基本原理,以及经济运行与发展的一般规律,需要较长时

期的理论创新与实践检验,才能不断完善与规范。

数字经济学是传统经济学的传承与创新发展,它基于传统经济学的理论与方法,借助数字技术手段,分析数字经济发展中面临的关键科学问题,探索数字经济发展的基本规律,构建数字经济活动分析、解释、预测的基本理论方法,进而实现数字经济活动中资源的有效配置和充分利用。

近年来,我国数字经济发展实践已取得巨大成就,然而其经验总结及理论研究才开始起步。本书尝试系统性探讨数字经济的理论与实践,以传统的经济学理论方法为基础,充分借鉴与吸收数字技术与数字经济最新研究成果,试图构建系统科学的数字经济学体系。

第一节 数字经济学的产生与研究对象

2022年第2期《求是》杂志发表习近平总书记重要文章《不断做强做优做大我国数字经济》,文章强调,"发展数字经济意义重大,是把握新一轮科技革命和产业变革新机遇的战略选择"。党的十九大提出,推动互联网、大数据、人工智能和实体经济深度融合,建设数字中国、智慧社会。党的十九届五中全会提出,发展数字经济,推进数字产业化和产业数字化,推动数字经济和实体经济深度融合,打造具有国际竞争力的数字产业集群。党的二十大提出,坚持把发展经济的着力点放在实体经济上,推进新型工业化,加快建设制造强国、质量强国、航天强国、交通强国、网络强国、数字中国。中国数字经济的高质量发展,为推进中国式现代化注入了强劲动能。从某种意义上讲,现有的传统经济学理论已经无法恰当解释数字经济发展中出现的新现象,也不能有效解决数字经济发展中遇到的新问题。学术界亟须归纳与揭示各种数字经济活动中所蕴含的内在关联和所隐含的本质规律,进而建立起一个完整的数字经济理论体系。

一、数字经济学产生的实践与理论研究基础

经过一段时期的高速发展,数字经济积累了大量的实践经验,并初步奠定了理论研究基础。

(一) 数字经济学产生的实践基础

1. 全球数字经济发展态势

随着大数据、物联网、人工智能及云计算等技术不断发展,数字经济站上世界经济发展的主舞台,并步入高速增长的轨道。数据作为数字经济的核心生产要素,是数据要素和数据资产安全保护、价值生成、交易流通的重要载体和基础设施。数字经济发展速度之快、辐射范围之广、影响程度之深前所未有,正在成为重组全球要素资源、重塑全球经济结构、改变全球竞争格局的关键力量。

20世纪后期,发达国家已开始制定数字经济发展的政策制度。20世纪90年代,美国提出了"信息高速公路"战略。1998—2003年,美国商务部接连发布了《国家人工智能研究和发展战略规划》《美国数字经济议程》《数字科学战略计划》。自2021年起,美国加快出台了一系列

政策文件,重点支持人工智能、量子计算、机器人、先进通信、先进制造等领域的关键技术研发,试图重振美国制造业,恢复美国在半导体制造业的领先地位。2001—2009年,日本先后推出《u-Japan战略》《i-Japan战略》,并在2013年启动"超级智慧社会"建设。2021年,德国、法国共同制定新的《欧洲新工业战略》,其中最重要的是加强工业和数字主权。同年,德国投资3.5亿欧元启动信息技术安全研发框架计划。2017年,英国政府出台《数字发展战略》,旨在推动政府、企业数字化转型。2018年起,英国开始严格执行《通用数据保护条例》,并修订《数据保护法》《数字经济法案》。2018—2020年,欧盟陆续出台人工智能、5G、大数据、数字市场、数字服务等方面的政策文件。

中国信息通信研究院发布的《全球数字经济白皮书(2022年)》显示,整体而言,2021年,全球47个国家数字经济增加值规模为38.1万亿美元,同比名义增长15.6%,占GDP比重为45%。在这些国家中,发达国家数字经济规模大、占比高,2021年规模达27.6万亿美元,占GDP的55.7%。发展中国家数字经济增长更快,2021年增速达到22.3%。中国数字经济规模达到7.1万亿美元,占47个国家总量的18%以上,仅次于美国,位居世界第二。美国、德国、英国数字经济占GDP比重位列前三,均超过65%。在增速上,挪威数字经济同比增长34.4%,位居全球第一,另有南非、爱尔兰、新西兰等13个国家数字经济增速超过20%。在发展方向上,数字技术创新仍是全球战略重点,全球数字化转型正由效率变革向价值变革、由企业内向产业链价值链拓展,全球面向实体经济的工业/产业互联网平台快速发展。在技术变量上,全球5G进程进一步加速,截至2022年6月,86个国家/地区共221家网络运营商实现5G商用,全球5G网络人口覆盖率为26.59%;全球人工智能产业平稳发展,2022年全球人工智能市场收入达到4500亿美元,同比增长17.3%。在数据变量上,释放数据要素价值成为各国共同关注的重要方向,全球数据要素市场建设进入多元主体共建共创、企业竞争加速推进、定价策略多样探索的新阶段。

2. 中国数字经济发展态势

当前,我国从全球数字经济跟跑者变为领跑者,新产业、新业态、新模式的迅猛发展,正在为中国经济注入新动能。2013年以来,我国政府高度重视发展数字经济,并将其上升为国家战略。2014年,"大数据"第一次被写入政府工作报告,标志着我国开始对大数据产业进行顶层设计。2015年,国务院发布的《促进大数据发展行动纲要》明确指出,要"引导培育大数据交易市场,开展面向应用的数据交易市场试点"。"十三五"期间,大量的大数据政策文件陆续出台,为以数据为生产要素的市场化配置创造了有利条件,同时也促进了我国大数据产业的快速发展、技术进步、基础设施完善、融合应用不断深入。2022年,国务院印发的《"十四五"数字经济发展规划》提出:"以数据为关键要素,以数字技术与实体经济深度融合为主线,加强数字基础设施建设,完善数字经济治理体系,协同推进数字产业化和产业数字化,赋能传统产业转型升级,培育新产业新业态新模式,不断做强做优做大我国数字经济,为构建数字中国提供有力支撑。"同年,《中共中央 国务院关于构建数据基础制度更好发挥数据要素作用的意见》,又称"数据二十条"发布。2023年,中共中央、国务院印发的《数字中国建设整体布局规划》指出,数字中国建设按照"2522"的整体框架进行布局,即夯实数字基础设施和数据资源体系"两大基础",推进数字技术与经济、政治、文化、社会、生态文明建设"五位一体"深度融合,强化数字技术创新体系和数字安全屏障"两大能力",优化数字化发展国内国际"两个环境"。根据中国人民银行数据,2021年中国移动支付交易规模达526.98万亿元,同比增长21.93%。根据中国信息通信研究院发布的《中国数字经济发展报告(2022年)》,2021年,中国的数字经济规模达到45.5万亿元,全球占比仅次于美国,同比名义增长16.2%,高于同期GDP名义增速3.4个百分点,占GDP比重达到39.8%,较"十三五"初期提升了9.6个百分点。根据商务部电子商务司发布的《中国电子商务报告(2022)》,2022年,全国电子商务交易额达43.83万亿元,同比增长3.5%,电子商务从业人员6937.18万人,同比增长3.1%。以上数据表明,我国在广义的数字经济领域还有很大的发展空间。

(1)互联网。根据中国互联网络信息中心(CNNIC)发布的第47次《中国互联网络发展状况统计报告》,即时通信、网络购物、网络支付、短视频、网络直播等业务在2020年3月至2022年12月继续保持10%的增长。截至2020年12月,即时通信、网络视频(含短视频)和网络支付作为位列前三的互联网应用,用户规模分别为9.81亿、9.3亿和8.54亿,使用率分别为99.2%、93.7%和86.4%。根据第48次《中国互联网络发展状况统计报告》,截至2021年6月,我国网民规模较2020年12月增长了2175万,互联网普及率达71.6%,形成了全球最为庞大、生机勃勃的数字社会。根据第50次《中国互联网络发展状况统计报告》,截至2022年6月,中国网民数量约有10.51亿,其中99.6%的用户使用手机上网,互联网普及率达74.4%,接入流量每年都以惊人的速度增长。根据工信部发布的《2022年通信业统计公报》,2022年,移动互联网接入流量达2618亿GB,比上年增长18.1%;全年移动互联网月户均流量(DOU)达15.2GB/(户·月),比上年增长13.8%,如图1-1所示。人民网发布的《中国移动互联网发展报告(2023)》指出,中国移动互联网发展呈现出以下六大趋势:"物超人"(代表"物"连接的移动物联网终端用户数超过代表"人"连接的移动电话用户数)开启万物智联新时代;5G发展进一步推动数实融合;基础制度建设推动数据资源应用;网络安全与个人信息保护进一步强化;Web 3.0与卫星通信应用有效拓展;移动平台企业迎来新战略发展期。互联网的高质量发展为经济社会数字化转型奠定了坚实基础。

图1-1 2017—2022年移动互联网接入流量及月户均流量(DOU)增长情况

(2)数字产业化。国家互联网信息办公室发布的《数字中国发展报告(2022年)》显示,2022年,电子信息制造业实现营业收入15.4万亿元,同比增长5.5%;软件业收入达10.81万亿元,同比增长11.2%。其中,信息技术服务收入70128亿元,同比增长11.7%,占全行业收入的比重达64.9%;云计算、大数据服务共实现收入10427亿元,同比增长8.7%,占信息技术服务收入的比重达14.9%;集成电路设计收入2797亿元,同比增长12%;电子商务平台技术服务收入11044亿元,同比增长18.5%。另外,电信业务收入达1.58万亿元,同比增长7.5%。根据《中国数字经济发展报告(2022年)》,2021年我国数字产业化规模为8.4万亿元,同比名义增长11.9%,占数字经济比重为18.3%,占GDP比重为7.3%,数字产业化发展正经历由量的扩张到质的提升转变。

(3)产业数字化。随着互联网、大数据、人工智能与实体经济的深度融合,产业数字化成为数字经济发展的主要动力。从2013年开始,中国已成为全球最大的电子消费品市场。2021年,中国网上购物总额已达到13.1万亿元,比上年同期增加16.5%,网购在整个社会消费品市场的比重逐年增长。电子商务在中国的消费市场中占有越来越重要的地位。中国拥有完整的工业系统,是"世界工厂"。"十三五"期间数字技术在制造业研发设计、生产制造、经营管理、运维服务等关键业务环节广泛应用,全国工业企业关键工序数控化率、经营管理数字化普及率和数字化研发设计工具普及率分别达52.1%、68.1%和73.0%,5年内分别增加6.7%、13.2%和11%,制造业数字化转型不断加速。《"十四五"信息化和工业化深度融合发展规划》提出,到2025年,企业经营管理数字化普及率达80%,数字化研发设计工具普及率达85%,关键工序数控化率达68%。根据《数字中国发展报告(2022年)》,2022年农业数字化加快向全产业链延伸,农业生产信息化率超过25%,基于北斗系统的农机自动驾驶系统超过10万台(套)。根据《中国数字经济发展报告(2022年)》,2021年产业数字化规模达到37.2万亿元,同比名义增长17.2%,占数字经济比重为81.7%,占GDP比重为32.5%,产业数字化转型持续向纵深加速发展。

(4)各省市发展态势。各省市数字经济发展取得重大进步。2021年,各地加快推动"十四五"数字经济规划落地,制定适合本地区的发展目标与重点任务,打造数字经济发展制高点,数字经济发展"如火如荼"。根据《中国数字经济发展报告(2022年)》,从总体规模看,2021年有16个省市区数字经济规模突破1万亿元,较上一年增加3个,包括广东、江苏、山东、浙江、上海、北京、福建、湖北、四川、河南、河北、湖南、安徽、重庆、江西、辽宁。从经济贡献看,北京、上海、天津等省市,数字经济已成为拉动地区经济发展的主导力量,数字经济GDP占比已超过50%,此外,浙江、福建、广东、江苏、山东、重庆、湖北等省市区数字经济占比也超过全国平均水平。从发展速度看,贵州、重庆、江西、四川、浙江、陕西、湖北、甘肃、广西、安徽、山西、内蒙古、新疆、天津、湖南等省市区数字经济持续快速发展,增速超过全国平均水平,其中,贵州、重庆数字经济同比增速均超过20%。

(二)数字经济学产生的理论基础

数字经济理论以数据为核心驱动、以数字技术为关键手段,通过传统产业边界网络化、信息产业化和普及化、公共数据资源价值化、创新过程迭代化的发展模式,实现社会资源优化配置,推动经济高质量发展。

1. 数据纳入生产要素:宏观经济增长理论的演进

工业经济时代,宏观经济增长的价值基础来源于工业标准化生产,由此形成了经济增长理论。从经典索洛模型到内生增长理论,经济增长理论演变的核心是将技术进步视作从外生向内生转变;前者假设规模报酬不变,用4个要素解释经济增长,如产出、资本、劳动及知识或劳动的有效性;后者假设规模报酬递增,认为技术进步引起资本和劳动力边际报酬稳定增长。数字经济时代改变了价值创造的基础,数据成为生产函数的一个新的经济增长要素,重构了生产要素体系,进一步拓展了经济增长理论中规模报酬递增的假设和传统经济增长理论的界限。

2. 突破地理空间界限:中观产业组织理论的拓展

传统产业组织理论将"产业"定义为"生产同类或有密切替代关系产品、服务的企业集合",其研究经历了从SCP(结构-行为-绩效)分析框架到强调信息不完全下厂商之间博弈策略和行为的博弈论研究范式,研究方法从静态分析逐渐向推理演绎变革。就产业集聚形态而言,产业组织的垂直一体化是其核心内容之一,表现为产业内上下游企业在地理空间上集聚。在数字经济时代,传统产业为转型升级,尝试利用数字技术创造新价值,新一代产业模式不断出现。这为探索产业组织理论中的产业界定、产业集聚形态、理论假设和研究方法提供了新的空间。信息的准确性、多样性向产业组织理论的不完全信息假设提出了挑战。通过数字技术的深度融合实现传统产业升级已成为经济数字化转型的基本模式。数字经济结合了传统产业组织理论中静态分析与推理演绎的研究方法,在研究范式方面形成了前所未有的融合。

3. 市场主体行为变化:微观经济理论的挑战

数据支撑、开放共享等数字化特征使传统消费者行为理论和厂商理论面临革新的必要。数字化消费的突出特征是供需之间的交互性大大增强,消费者需求被精准识别和满足,这从根本上改变了消费者的行为和期望,并扩展了消费者行为理论。其具体体现在以下三个方面:数字经济扩展了现有消费者选择理论中消费者选择行为的分析基础;数字经济发展进一步强化了网络经济形态,使社会网络呈现出明显的网络外部性;数字经济时代丰富的产品品种和低搜索成本等因素逐渐满足越来越多的小众、个性化需求,从而激发更强的"长尾效应"。在数字经济时代,厂商理论研究的焦点主要聚焦在市场垄断与竞争问题上,而信息的便捷获取及分析处理、产品的快速迭代和低成本复制等数字经济的显著特征,使经典完全竞争理论作为反垄断政策制定所依据的经济学理论基础,受到了猛烈的冲击。

4. 产权与成本的新探索:新制度经济学理论的变革

在交易成本理论方面,数字化技术发展极大克服了市场交易主体之间的"信息不对称"问题,同时借由个体去中介化交易模式降低信息搜寻成本和交易执行成本,重塑交易成本内涵。随着区块链等数字新技术的发展,交易成本理论的核心内容逐渐发生变化:数字技术发展弱化了"信息不对称"假设;以网络平台为基础的个体去中介化交易取代传统交易模式成为最佳方案。在现代产权理论方面,数字经济冲击了产权理论的前提条件,所有权不再是收益分配的唯一依据,资源的使用权成为关键,数据资源的开放与共享成为突破产权私有制的要因,大数据的集成和公有克服了公共资源外部性问题,通过提高资源配置效率创造了更多价值,并改变了现代产权理论的内容。

5. 数字创新:创新管理的变革

产品的数字化发展影响创新结果,数字技术的应用淡化了创新主体的边界,使创新过程和结果相互作用形成非线性创新模式。具体来说,首先,以往创新结果的规模和范围被数字产品改变。其次,数字创新的主体更加多元化、复杂化,即主体定义的边界在逐渐消失。最后,数字创新表现出非线性特征。

二、数字经济学的研究对象

数字经济学是一个新的经济学分支,有着自己独特的研究领域与对象。如果数字经济学细分为微观数字经济学与宏观数字经济学,那么其具体的研究领域与对象就可以是数字经济条件下资源的优化配置与充分利用问题。

数字经济是借助互联网、云计算、大数据、人工智能、物联网、区块链、数字孪生等信息技术,推动人类经济形态由工业化向数字化、网络化、智能化转变的新经济形态。从狭义上讲,数字经济是指信息通信技术(information and communication technology,ICT)产业。实际上,ICT产业只是数字经济的基础部分。传统产业可以被数字化改造,实现低成本、高效率的增值,促进经济结构的优化升级与社会运行效率的稳步提升。因此,传统产业与数字化融合是数字经济的重要内容。从长远来看,在数字经济时代,所有的市场主体都应具备较高的数字素养,都应积极地使用数字化技术,否则将不能适应数字经济发展而终被淘汰。从广义上讲,数字经济包括数字产业化、产业数字化、数字化治理、数据价值化四个主要方向:①数字产业化即信息技术及通信产业,是数字经济发展的基础产业,为数字经济的发展提供技术、产品、服务等方面的支持,包括电子信息制造业、电信业、软件和信息技术服务业、互联网等行业;②产业数字化是指在数字技术驱动下,以数据为关键要素,以价值释放为核心,以数据赋能为主线,对产业链上下游的全要素数字化升级、转型和再造的过程,包括但不限于智慧农业、智能制造、智能交通等融合型新产业新模式新业态;③数字化治理以数据为关键要素、以数字化技术为核心驱动力、以信息基础为重要支撑,通过挖掘数据潜在价值,实现智能化、科学化、精细化、高效化的治理模式,包括政府机构、公共服务、公共管理等领域的数字化转型;④数据价值化包括但不限于数据的采集、标准、确权、标注、定价、交易、流转、保护等。

第二节 数字经济研究的科学问题

20世纪90年代,国外首次提出数字经济的概念。国内外数字经济基础理论研究都体现了以数字技术创新为核心,以数字市场、数字组织、数字治理为基本支撑,以数字路径为宏观手段。下面从数字基础构建与完善、数据要素市场培育与治理、产业数字化转型、数字产业化发展、数字经济治理与完善、数字安全保障六个方面对数字经济研究的科学问题进行阐述。

一、数字基础构建与完善

数字基础是指数字经济发展的基础科学领域与新型基础设施。从国家层面来看,如果能够加强基础研究,抢占科学革命发展先机,就能引领新一轮的技术革新和产业变革,从而屹立于世界强国之林。数字基础构建与完善应突出原创,鼓励自由探索,同时充分发挥新型举国体制的制度优势,前瞻布局战略性、前沿性、颠覆性技术研究,大力开展有组织科研,结合多学科优势,聚集多领域资源,协同多部门政策,推动政策链、人才链、创新链、产业链、资金链的融合发展,突破"卡脖子"技术难题,切实掌握数字技术和数字经济发展的主动权与话语权。先进技术水平不仅为生产要素流转创造良好条件,更是数据要素发挥多要素合成效应的基础。数字基础构建与完善是数字经济研究的核心问题,也是数字经济发展的根本动力,需要政府、社会、企业、个人等多主体的共同参与。

数字基础设施是数据资源流动的物质载体、底层架构和技术基础,具有支撑实现数据资源的使用价值。习近平总书记强调,要加快新型基础设施建设,加强战略布局,加快建设高速泛在、天地一体、云网融合、智能敏捷、绿色低碳、安全可控的智能化综合性数字信息基础设施,打通经济社会发展的信息"大动脉"。建设数字基础设施可从三个方面着手:在国家层面,加强对数字基础设施的顶层设计和整体规划,协调推进不同地区的数字基础设施建设,推动建设更多元、更智能、更有序的数字基础设施,实现数字经济高效、高质量发展;鼓励政府、企业、社区等多方主体参与数字基础设施的建设,如由政府主导的5G基站、轨道交通、能源互联网等非竞争性、非排他性"数字基建",由企业主导的工业互联网、新能源充电桩等高新技术"数字基建"等;加快构建区块链产业新生态,积极推进区块链和人工智能、物联网、数字金融等多个领域前沿技术的融合发展,充分发挥区块链在促进数据公开透明和建设全员可信的信用体系等方面作用,探索数字经济模式创新。当今时代,数字基础设施正加快赋能千行百业。2023年6月22日,央视《新闻联播》指出,全国具有一定区域和行业影响力的工业互联网平台超过240个,重点平台连接设备超过8100万台(套);交通、能源、水利等传统基础设施数字化、智能化改造升级不断提速;新应用、新场景、新业态持续涌现。

二、数据要素市场培育与治理

数据流通交易是数据要素在市场中流动及价值最大化释放的重要前提,当前法律法规的缺失使大量数据处于割裂、孤岛状态。数字经济研究亟须建立完善的数据治理体系,实现激活数据体量优势、激发数据资源价值、实现高效数据流通、释放数据增长潜能等目的。

当前数据要素市场发展受到诸多因素的阻碍,如数据产权定位模糊、数据泄露、违法收集数据等风险问题,数据要素市场发展缓慢。此外,作为新的第五大生产要素,数据要素的重要性在收入分配中与日俱增,数据产权的归属是否明晰决定了收益分配是否均衡,数据侵权、数据泄露等行为难以界定。为了使数据增长的潜力得到大幅度释放,就必须建立完善的数据治理体系。但是,各地数据要素市场建设各行其道,缺乏统一的治理机构,导致我国数据要素市场尚不足以保障最优的数据价值释放。因此,完善数据权属界定、出台分类治理的产权政策是激活数据要素市场价值的有效手段,研究数据要素市场培育与治理是打破数据价值释放壁垒、实现数据多元主体利益相容的有力举措。

三、产业数字化转型

产业数字化转型通过重新思考和设计产品与服务来克服产业发展中的难题,从而实现业务转型、创新和增长。特别地,提升价值创造、数据整合、平台赋能已经成为产业数字化转型的重要发展趋势。各行业充分认识到数字经济发展的必要性,特别是工业互联网已成为制造业数字化转型的核心方法论。产业数字化是数字经济的延伸部分,产业数字化的主体一般是需要提升生产数量与效率的传统产业,客体是数字技术和数据资源,主体利用客体对其业务进行全链条升级改造的过程被称为产业数字化;它是以新一代信息技术、先进互联网和人工智能技术为代表的数字技术创新过程贯穿产业创新的过程,数字技术应用有利于驱动传统产业产出增加和效率提升,赋能产业结构升级。

目前,在传统产业数字化转型中,存在三类较为普遍的问题:一是部分制造业企业设备依赖进口,而不同国际厂商提供的工业数字化设备网络接入、工业软件互联互通等标准不统一,难以综合集成、互联互通,建成一体化的工业互联网平台;二是传统农业领域由于信息基础设施薄弱,数字化转型推进较慢;三是数量众多的小微企业由于自身体量小、营收少、数字化需求分布零散,数字化转型推进难度较大。解决这几类难点问题可以从以下方面着手:要加快建立统一、融合、开放的工业互联网标准体系,解决数字工业设备集成互联问题,同时引导企业在更换设备时充分考虑自身数字化转型需求,让新增设备成为企业数字化转型的助力;加快农业领域的新型基础设施建设，以新基建助力加速农业数字化转型进程；创新对小微企业数字化转型的融资支持方式，鼓励和引导大中企业与小微企业共享自身数字基础设施，缓解小微企业推进数字化转型的压力，总结不同类型小微企业数字化转型的成功模式，为小微企业加快数字化转型提供参考。

四、数字产业化发展

如何推动数字产业化持续稳定发展，促进经济结构优化升级，是数字经济研究的关键问题。数字产业化发展研究主要包括以下四方面的内容：①新一代软件服务产业发展研究。面向重点行业领域，基于云计算、大数据、移动互联网、物联网等技术，研发软件和综合解决方案，发展行业智能化解决方案和数据分析等新型服务。依托北斗卫星导航产业基础，发展高分辨率对地观测资源卫星系统、北斗卫星导航及应用服务、遥感数据处理及应用服务。②大数据产业发展研究。构建成熟的大数据解决方案，加快培育大数据企业及集群。加快发展数据清洗、数据标注等基础数据业务，完善数据产业生态体系。③新兴互联网产业发展研究。依托产业优势，打造新型贸易和供应链模式。推进物联网在重点行业的应用示范，加快实施面向智慧城市、智慧安防、工业互联网等领域的重大物联网应用项目，加快培育物联网企业，构建物联网产业生态。④人工智能产业发展研究。推动无人系统、元宇宙、大模型、具身智能等技术研发及应用示范，加快算据、算法、算力、算网"四位一体"的理论研究、技术创新及应用示范。

加快推进数字产业化关键在于加强数字技术基础研究，培育壮大人工智能、物联网、量子计算等新兴产业，打造具有国际竞争力的数字产业集群。数字产业部门向传统产业部门的要素流动，是联结数字产业化与产业数字化的重要桥梁。在数字产业化方面，应该围绕数据要素市场及数字基础设施建设，增强大数据、人工智能、区块链、数字孪生、集成电路等软硬件领域的关键技术创新能力，促进数字技术与相关领域的融合创新，加强面向多元化应用场景的技术融合和产品创新，提升数字相关产业的核心竞争力。同时，要发挥领军数字企业的引领作用，培育繁荣有序的数字产业创新生态，围绕数据要素培育新模式、新业态。

五、数字经济治理与完善

我国数字化治理总体上包括用数字技术治理、对数字技术治理、重构治理体系三个阶段。当前，我国数字化治理的重点在于对数字技术治理与构建数字经济治理体系。数字经济治理与完善的研究问题主要有如何完善数字经济治理规则，如何推动平台、数据、算法等方面的规范化、标准化，如何加强数字治理技术研发与应用，如何推进绿色低碳算力网络体系建设，如何推动新业态可持续发展等。

数字技术削弱了传统的科层等级结构，促使生产关系趋向平等，同时使信用关系技术化。区块链技术具有去中心化、不可篡改、可追溯性等特点，被称为"信任制造机"。因此，可利用其深化"放管服"改革，降低生产过程中的沟通与协调成本，构建数字信用体系，降低信任成本，推动"信息互联网"向"价值互联网"转变，提升我国社会治理的数字化、智能化、精细化、法治化水平。数字经济时代，大数据技术使社会信用与经济信用之间的界限逐渐模糊，自动的数据收集和实时分析使传统征信功能得以重新定位，甚至可能取代传统信用机构的职能，这将最大限度地释放数字红利与信任红利。因此,构建基于大数据、人工智能、区块链等新兴信息技术的数字信用体系并将其标准化,是数字经济研究的重要问题之一。

六、数字安全保障

2021年,习近平总书记向"2021年世界互联网大会乌镇峰会"致贺信,强调"激发数字经济活力,增强数字政府效能,优化数字社会环境,构建数字合作格局,筑牢数字安全屏障,让数字文明造福各国人民,推动构建人类命运共同体"。《中华人民共和国国民经济和社会发展第十四个五年规划和2035年远景目标纲要》提出,要营造开放、健康、安全的数字生态。《数字中国建设整体布局规划》提出"筑牢可信可控的数字安全屏障"。持续跟踪数字安全前沿动态,对数字安全的概念发展、体系框架、意义作用等问题开展系统性研究,是数字经济亟须研究的科学问题之一。

数字安全是网络安全与数字化深度融合形成的产物,其本质是通过采取必要措施,防范网络物理融合空间的攻击入侵、干扰破坏、非法使用等风险,保障线上网络空间安全可靠运转与线下物理空间运行秩序稳定。目前大数据、人工智能、区块链等数字技术仍存在不确定性,其大规模投入使用可能会冲击社会运行秩序,超越网络安全、科技安全、经济安全等传统单一的安全领域,带来非对称性、颠覆性的深远影响。数字安全作用范围全面扩张,拓展到技术创新、产业升级、经济发展、社会运行等各个方面。数字安全的战略意义从网络安全保障向服务国家治理全面延伸。

加快推动数字经济可持续发展,必须维护和保障好数据安全。建立健全数据分类分级制度规程,梳理数据资源目录标识分类信息,如数据共享清单等内容。与数据相关的行为包括数据采集、数据计算、数据服务、数据应用四种。数据可按照这四种数据相关行为进行分类。数据交易中心旨在规范化数据交易行为,实现数据有序流通,构建数据安全监管平台。数据的获取和处理越来越依赖数字技术,各种社会数据的传输,基于数据采集、标注、分析、存储等全生命周期价值管理链的数据资源化进程正在不断深化。数字技术的一个重要特征是连通性,数据的安全性、保密性与各种控制系统安全性密切相关,甚至与整个数字经济的平稳运行密切相关。

本章小结

当前,世界新一轮科技革命和产业变革深入推进,数字化浪潮席卷全球。数字技术与数字经济深刻影响着全球的科技创新版图、产业生态格局、经济发展走向。我国数字经济充分发挥海量数据和丰富应用场景优势,促进数字技术与实体经济深度融合,催生新产业新业态新模式,赋能传统产业转型升级,深度嵌入全球数字经济合作网络,向全球价值链上游跃升。国内外数字经济的理论研究与应用实践成果为数字经济学的建立奠定了坚实基础。本章介绍了数字经济学产生的实践及理论基础,重点阐释了数字经济研究的科学问题。本章为后续章节的展开指明了方向。

复习思考题

1. 数字经济和传统经济的区别与联系有哪些?
2. 数字经济学产生的实践基础与理论基础有哪些?
3. 数字经济学的主要研究对象及内涵与特征是什么?
4. 数字经济研究的主要科学问题有哪些?
5. 我国数字经济发展的有利条件有哪些?

德清县地理信息小镇建设

浙江省湖州市德清县有令游人趋之若鹜的莫干山美景,有千年历史的新市古镇,也有令世界瞩目的地理信息小镇。浙北县城德清从零起步,用十年的时间,将一个原本的城中村,打造成一个地理信息产业集群,向世界展现出中国地理信息产业的发展样本。2022年5月,联合国全球地理信息知识与创新中心落户德清,这是联合国在华设立的首个直属专门机构。如今的德清地理信息小镇已是全国地信企业集聚度最高的地方,已引育各类"地理信息+"企业430余家。联合国全球地理信息知识与创新中心成功落地、民宿发展经验从制定标准到发挥引领作用、居民致富途径多元丰富……位于长三角腹地、太湖南岸的浙江省湖州市德清县,正在以改革为动力、以创新为牵引,实现从"量的积累"到"质的跃升"的县域实力之变。德清为杭州都市圈的重要节点县,并以成功举办首届联合国世界地理信息大会为新起点,立足于地理信息产业,打造从芯片研发、装备制造到数据生产信息服务的完整产业链,发展成为地理信息产业最密集的地方。

以地理信息小镇建设为抓手。小镇总规划面积3.68平方千米,打造国际地理信息领域的时空数据中心、产业发展中心、科技创新中心、国际交流中心、培训体验中心等功能载体。目前,小镇已集聚"地理信息+"企业430余家,形成了涵盖地理信息数据获取、处理、应用、服务等完整产业链,拥有千寻位置、浙江国遥、浙江中海达、长光卫星等一批地信科技创新企业。

推进北斗地信产业向上下游延伸。规划形成"1+X"未来产业体系。围绕"北斗地信+"融合应用等方向,谋划建设一批多跨场景应用,推动"北斗地信+人工智能+车联网"跨界融合发展。规划建设"北斗地信智慧城",并打造若干个"北斗地信"产业转化基地,如"北斗地信+人工智能"基地、"北斗地信+车联智造"基地、"北斗地信+智能制造"基地等。

面向元宇宙引领的Web 3.0时代。风语筑、脉策科技、千寻位置、知路导航、阿尔法创新研究院等数十家企业,在德清成立长三角地理信息与元宇宙产业创新联盟,将聚焦"地信+元宇宙"融合发展,助力地理信息产业迭代升级。同时,打造国家新一代人工智能创新发展试验区,布局数据中心、算力中心等新型基础设施,为打造一批元宇宙的创新示范应用场景提供平台支撑。

讨论：德清县为闯出数字经济产业发展新天地采取了哪些措施？

资料来源：东滩产研院中小城市发展数字经济的四大模式及案例[EB/OL].(2022-03-31)[2024-03-21]. https://mp.weixin.qq.com/s/B2nrusnPxfj9FJLqT5w_OQ.

拼多多推动乡村数字经济发展

拼多多是一个以C2M团购为主的第三方社会化电商平台。拼多多充分发挥了电商平台的优势助农兴商，推出"农地云拼""家乡好货直播"等活动，将消费者原来在时间和空间上极度分散的需求汇聚成一个个相对集中的订单，与合作社和农场建立长期稳定的合作，帮助小农户融入大市场；让农产品生产端直接与消费者端相连，减少中间环节，有效提高农产品流通效率。已有超1600万农户通过拼多多直接对接消费者。

2018年，拼多多创立多多培训课堂，建立线上线下两条专业性"扶贫产品上行与互联网运营"课程培训通道。此后，拼多多继续推进多多培训课堂电商培训课程下乡，帮助各地区农民上手产销全产业运营管理，推动乡村数字经济产业可持续化发展。多多培训课堂线下课程已覆盖21个省份，累计触达49万农业经营者，线上农产品商家70%已接受培训。2021年8月，拼多多宣布投入100亿元设立"百亿农研"专项，致力推动农业科技进步，鼓励更多人才将农业作为他们的职业选择，通过培育致富带头人，让脱贫模式规模化、可持续化。

讨论：拼多多是如何推动乡村数字经济产业可持续化发展的？

资料来源：周兴斌.扎根乡土，农村电商成为新一代的"务农人"[EB/OL].(2021-11-29)[2024-03-21]. http://www.ikanchai.com/article/2021/129/454446.shtml.

参考文献

[1] 吴静,张凤.智库视角下国外数字经济发展趋势及对策研究[J].科研管理,2022,43(8)：32-39.

[2] 杨公朴.产业经济学[M].上海：复旦大学出版社,2005.

[3] 陈晓红,李杨扬,宋丽洁,等.数字经济理论体系与研究展望[J].管理世界,2022,38(2)：13-16,208-224.

[4] 魏江,刘嘉玲,刘洋.数字经济学：内涵、理论基础与重要研究议题[J].科技进步与对策,2021,38(21)：1-7.

[5] 董晓松,夏寿飞,谌宇娟,等.基于科学知识图谱的数字经济研究演进、框架与前沿中外比较[J].科学学与科学技术管理,2020,41(6)：108-127.

第二章　数字经济的内涵与特征

思维导图

学习目标

学习层次	学习目标
了解	1. 数字经济的历史演进 2. 数字经济的核心理论

续表

学习层次	学习目标
掌握	1. 数字经济的定义 2. 数字经济的内涵要素 3. 数字经济的特征与表现 4. 数字经济的研究方法体系

中国信息通信研究院发布的《全球数字经济新图景(2019年)》指出,47个国家数字经济总规模超过30.2万亿美元,占GDP比重高达40.3%,其中约半数国家数字经济规模超过100亿美元。在此背景下,习近平总书记多次指出,要抢抓数字经济发展机遇,推进数字产业化和产业数字化,推动数字经济和实体经济深度融合。然而,有关数字经济理论的内容却并未得到系统阐述,甚至连其定义都未清楚明晰地指出。因此,本章将系统阐述数字经济的定义、历史演进、内涵要素、特征与表现及理论体系的基本框架,为后文数字经济的理论研究及应用提供基础理论支撑。

第一节 数字经济的定义

近年来,随着大数据、人工智能技术的迅猛发展,数字经济已成为推动全球经济社会变革性发展、助力我国经济高质量发展的中坚力量。追根溯源,数字经济由加拿大经济学家 Don Tapscott 于 1996 年发表的 *The Digital Economy:Promise and Peril in the Age of Networked Intelligence* 中首次提出。此时,Tapscott 对数字经济的认知仅基于计算机学科中的概念,他认为,网络经济中的信息均以字节形式存储在计算机中,所有的信息和信息传输都可以通过二进制代码——0和1两个数字来完成,所以称为数字经济。他提出,数字经济是有关技术、智能机器的网络系统,将知识、智能及创新联系起来,为社会发展提供创造性突破。此后,《数字化生存》《信息时代三部曲》等多部有关数字经济的著作陆续出版,揭开了全球数字经济发展的序幕。

目前,学术界尚未对数字经济进行明确的公开界定,不同研究机构和不同国家的学者之间基于社会环境、经济环境的差异给出了不同理解。本书将权威的研究机构和学者对数字经济的定义总结如下。

(1) 经济合作与发展组织(Organization for Economic Co-operation and Development,OECD)2014 年发文指出信息通信技术和互联网对社会整体经济的影响。其中,OECD 认为数字经济是一种广义的数字技术集群,从生态系统视角对数字经济的范围进行了界定——数字经济是一个由数字技术驱动的、在经济社会领域发生持续数字化转型的生态系统,该生态系统至少包括大数据、物联网、人工智能和区块链。

(2) G20 杭州峰会发布的《二十国集团数字经济发展与合作倡议》指出,数字经济是以使用数字化的知识和信息作为关键生产要素、以现代信息网络作为重要载体、以信息通信技术的有效使用作为效率提升和经济结构优化的重要推动力的一系列经济活动。

（3）曼彻斯特发展信息中心通过三个递进的层级来定义数字经济：数字经济的核心是生产基础数字产品和服务的 IT/ICT 部门，包含软件制造业、信息服务业、数字内容产业等；狭义的数字经济可以定义为经济产出当中完全或主要来源于以数字技术为基础的数字商品或服务；广义的数字经济可以定义为信息通信技术在所有经济领域的使用。

（4）中国信息通信研究院在《中国数字经济发展白皮书（2020 年）》当中对数字经济的定义：以数字化的知识和信息作为关键生产要素，以数字技术为核心驱动力量，以现代信息网络为重要载体，通过数字技术与实体经济深度融合，不断提高数字化、网络化、智能化水平，加速重构经济发展与治理模式的新型经济形态。

（5）2022 年，中国工程院院士陈晓红在《管理世界》发表的《数字经济理论体系与研究展望》中给出数字经济的定义：数字经济是以数字化信息（包括数据要素）为关键资源，以互联网平台为主要信息载体，以数字技术创新驱动为牵引，以一系列新模式和业态为表现形式的经济活动。

基于上述梳理，本书对数字经济提出一个相对宽泛的定义：数字经济是以数字化信息（包括数据要素）为关键资源，以互联网平台为主要信息载体，以数字技术创新驱动为牵引，以一系列新模式和业态为表现形式的经济活动。根据该定义，数字经济包括数字化信息、互联网平台、数字化技术、新型经济模式和业态 4 个核心内涵。

第二节 数字经济的历史演进

自 1996 年 Tapscott 提出"数字经济"这一术语以来，数字经济研究大致经历了信息经济、互联网经济和新经济三个阶段。作为数字经济阶段性发展的关键特征，数字信息在这三个阶段中扮演了不同的角色，使数字经济呈现不同的发展规律。

一、信息经济

21 世纪初期，数字技术推动传统企业创新商业模式，不少企业的服务内容与应用业务逐步由线下转移到线上，电子书、MP3 等产品的出现就是该阶段的具体表现。以信息资源为条件传播的信息经济的出现，推动了企业运营模式由"商品为主"转变为"服务为主"，导致资源耗费量大幅降低，供应商人力需求减少，服务行业就业比例增加，B2B、B2C 等商业模式应运而生。这类商业模式具有如下特点：一是企业和企业之间及企业与个人之间均可进行各种形式的在线交易，这既改变了企业组织的运营模式，又提高了个体用户的主动权和决策权；二是该运营模式下的企业成本取决于税费、运费和购物成本，且网络零售商由此可调整的价格幅度也远低于传统零售商；三是个体用户可通过在线交易随时以较低的价格获得更新的商品和更好的服务。但是，信息经济的发展完全取决于数字技术的发展情况，对于无力发展数字技术的经济落后地区，其所属地企业由于产品更新慢、服务形式落后等问题易被市场淘汰，从而导致发达地区与落后地区间经济发展的鸿沟越来越大。因此，在享受数字经济为经济和社会发展带来的红利的同时，社会大众也开始广泛关注影响经济发展鸿沟的重要因素。

二、互联网经济

2010年以后,移动互联网时代逐渐开启,社交媒体成为媒介平台的主要组织形式,许多民众嗅到商机,运用各类数字技术聚合资源,平台型企业数量骤增,由此形成互联网经济。这类模式具有如下特点:一是个体用户通过互联网平台,拥有了由价值创造的"接收者"转变为"创造者"的选择权,颠覆了传统商品经济社会的价值创造逻辑;二是互联网平台成为企业收集用户数据的工具,个人用户在使用数字媒体和社交网络时留下大量个人隐私数据,企业通过这些数据可掌握目标用户需求,能够快速推送用户喜欢的、想看到的信息,从而提高其平台的用户量、增强用户忠诚度;三是互联网平台为个人提供良好的创造价值的环境,用户在社交媒体上与他人交流、分享生活、上传资料时,便在直接或间接地使用和创造数据。而社交媒体通过收集用户数据,针对用户个人推送的信息深入剖析用户的个人想法和社会行为,这使社交媒体在价值创造中具有引导性作用,决定了用户可接触到的应用场景。互联网经济虽然可以通过数据挖掘、吸引潜在用户,提升企业形象,并由此得到良好的口碑与品牌形象,但在这一过程中不少企业为具备关键优势,不择手段地收集用户数据,导致"数据孤岛""信息壁垒""隐私泄露"等问题频发。不少专家学者已注意到此类问题,并思考相关治理对策。

三、新经济

2016年以后,物联网技术的发展使信息数据嵌入物理基础设备成为可能,此阶段形成了具有人与物、物与物间可信息交互的新经济,即数字化的信息不仅作为经济活动的要素,而是成为社会生活的有机组成部分,能够智能化地参与社会生活的方方面面。这类模式具有如下特点:一是数字经济随着数字技术的实现难度与复杂度具有阶段性特征,"共享经济"作为只需要相对简单的检测技术和控制技术即可产生的数字平台经济业态,率先成为数字经济在新经济阶段的具体表现形式;二是在共享经济背景下,新型经济模式和业态呈指数级增长,私人物品与公共物品的界限被模糊化的同时,还具有价格低廉、环境友好、便捷实用等特性;三是新型经济模式和业态飞速增长与传统监管机制之间存在矛盾,共享单车用户随处停放、网约车用户权益无法得到保障等问题频发,已然成为新经济发展的阻碍。此外,智慧城市、智能制造和智慧物流等领域也是新经济发展的主要领域,如工业互联网即通过融合物联网与制造业,达到推动制造业智能化、自动化的目的。新经济形态下,数字技术发展成熟,可将数字信息有机投入生产生活中,改变各个领域的治理规则与发展趋势,实现数字信息的社会化应用。见表2-1对信息经济、互联网经济和新经济的不同演进阶段的特点进行了梳理。

表2-1 信息经济、互联网经济和新经济的不同演进阶段的特点

演进阶段	出现时间	应用场景	特 点
信息经济	2000—2009年	电子商务	(1)商品为主转变为服务为主; (2)可在线交易,商品种类更多、价格更低; (3)网络零售商价格调整幅度小,不利于商户
互联网经济	2010—2015年	数字媒体 社交网络	(1)个体用户拥有由"接收者"转变为"创造者"的选择权; (2)企业通过收集用户数据获得竞争优势; (3)互联网平台为用户提供创造价值的环境

续表

演进阶段	出现时间	应用场景	特　点
新经济	2016—2020年	共享经济 智慧城市	（1）具有阶段性特征； （2）私人物品与公共物品的界限被模糊化； （3）与传统监管机制存在矛盾

第三节　数字经济的内涵要素

数字经济的内涵在不同历史阶段的界定各有侧重，并没有统一标准。早期定义侧重涵盖数字技术生产力，强调数字技术产业及其市场化应用，如通信设备制造业、信息技术服务行业、数字内容行业等。随着研究的深入，学术界和产业界的关注点逐渐转移到对数字技术经济功能的解读及数字技术对生产关系的变革。根据本章第一节中对数字经济的定义，明确数字经济应具有如下几个内涵要素。

一、数字化信息

数字化信息是指将图像、文字、声音等存储在一定虚拟载体上并可多次使用的信息，是数字经济的基础。价值化的数据是数字经济发展的关键生产要素，加快推进数据价值化进程是发展数字经济的本质要求。首先，在生产、分配、流通、消费等环节，我国存在生产要素市场化的体制机制障碍、资源配置效率低下，以及要素纵向与横向间自由流动面临壁垒等问题，数字化信息有利于解决生产要素间的"流动难、共享难、共治难"等困难。其次，数字化信息可实时、动态传输，有利于整合不同的商业模式、形成需求导向的生产方式、减少跨国企业的管理成本，进一步推动数字经济全球化。最后，数字化信息的快速传播性和易获取性为全球数十亿人口获取知识、就业、得到其他机遇开辟了新途径，其可复制性也为具有开创性的企业占据市场主导地位提供支撑。但是，信息真假难辨、更新换代快、大量冗余等问题也为数字化信息的治理带来挑战。

二、互联网平台

互联网平台是指由互联网形成，搭载市场组织、传递数字化信息的载物，如共享经济平台、电子商务平台等，是数字经济的核心。互联网平台为许多人获得数字化信息提供便利，改变了数字经济增长的规律。首先，建立在互联网平台上的数字经济活动的边际效益随着参与网络节点的数量增加而增长，并呈现指数增长的规律（被称为"梅特卡夫法则"）。增加的价值由所有成员共享。例如，每一位新成员加入社交网络平台，都会增加平台的影响力，同时也给社交网络的原有成员增加了可供联络和交流的新对象，提升了所有成员的参与价值。网络价值的提升又能吸引更多的新成员加入，从而形成了网络价值的螺旋递增。对于依赖关注者规模的自媒体等行业来说，这类价值往往影响着此类行业的发展前景，与数字经济的发展程度息息相关。其次，互联网平台在一定程度上整合了相互独立的信息系统中的数字化信息，利于个人、企业、政府提高工作效率。最后,政府通过建立互联网平台可让公民参与社会治理,加快"政府治理"向"政府服务"的转变进程,提升人民的获得感、幸福感与满足感,有利于培养良好的人民自治、行业自律、权责清晰的协同治理氛围,形成治理合力。

三、数字化技术

数字化技术是指能够将数字化信息解析和处理的新一代信息技术,如人工智能、区块链、云计算、大数据等,它是数字经济的保障。数字化技术既涵盖了传感终端、5G网络、大数据中心、工业互联网等,也包括利用物联网、边缘计算、人工智能等新一代信息技术,是数据挖掘、开发与保护的依托,也是数字经济发展的强大动力,能对交通、能源、生态、工业等传统基础设施进行数字化、网络化、智能化改造升级。首先,数字经济基础设施建设对传统基础设施的土地、资源要素需求相对不强,更加着力于新一代信息技术、应用场景、资本及人才等高级要素的投入。其次,改造和更新制造业等传统行业设备,可促进新型服务业和新经济的发展,缩小东西部以及我国与发达国家间的差距。最后,数字化技术的具体应用通常会与互联网进行密切接触,而基于网络的开发性、广泛性,数据传输过程中的安全往往受到一定的威胁。例如,相关数据传输的过程中可能会出现信息中断、丢失等现象,一旦数据丢失现象发生,不仅会影响数据的具体应用,也可能损害相关企业的利益。此外,一些网络黑客会采用攻击性手段窃取、篡改一些数据信息等,这也会导致数据信息的正常及准确应用。由此可见,数字化技术的发展关系着数字经济的发展状态,若企业在利用数字经济的过程中,存在较多的安全漏洞,就可能造成企业的利益受损。因此,在实际传输数据中,需要构建标准性、规范性的安全保障体系,为数字经济的发展保驾护航。

四、新型经济模式和业态

新型经济模式和业态表现为数字技术与传统实体经济创新融合的产物,如个体新经济、无人经济等,是数字经济的具体表现。促进数字经济与实体经济深度融合,有助于改造提升传统产业,推进产业基础高级化、产业链现代化,是构建新发展格局的战略选择、关键支撑。

首先,在新科技革命背景下,一些在劳动力、土地等传统生产要素上具有优势的地区的相对优势在减弱,人力资本、技术、数据正在成为地区竞争最重要的因素。其中,数据的规模、采集、储存、加工、应用能力和数据基础设施正在成为区域竞争的制高点,这将导致区域间数字技术与实体经济的融合情况直接与区域发展情况挂钩。例如,北京依托自身丰富的创新资源,积极发展数字经济,打造高精尖服务业和高精尖制造业"双轮"驱动经济增长的模式,成为我国数字化发展中的创新引领者。

其次,数字化赋能传统制造业,有助于实现创新设计与生产制造的柔性化、精细化、个性化和智能化,更好满足消费者多样化、个性化的需求;有助于实现制造业的质量变革、效率变革和动力变革,优化企业的生产运营流程并进一步提升企业创造的附加值;有助于推进我国制造业从全球价值链的中低端向高端跃进。

最后,从发达国家经验来看,数字化技术的发展导致人口跨区域流动逐步减弱,尤其是技术层次和收入水平较低的劳动力流动性有所降低,而具有较高专业技术水平或收入水平的劳动力,仍然保持较强的流动性,并主要向创新型产业比较密集的城市聚集。这是由于智能机器人对程序化、技术含量相对较低的劳动力的替代正在推进,未来这一趋势还会强化。因此,区域内数字技术与传统实体经济的创新融合将间接决定该区域对人才的吸引力,从而影响该地区企业的转型升级。

图 2-1 阐述了数字经济与各内涵要素间的关联模型。

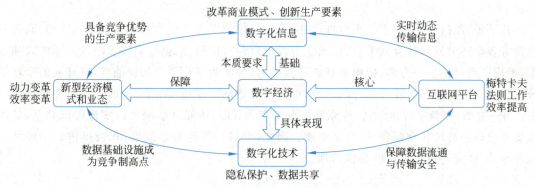

图 2-1　数字经济与各内涵要素间的关联模型

第四节　数字经济的特征与表现

一、数字经济的特征

通过对已有文献的梳理和总结,本节将数字经济的主要特征归纳为三个方面,以更直观地展示其对传统经济理论带来的拓展和变革。

(一) 数据支撑

在数据经济时代下,数据已然成为经济发展和价值创造的关键生产要素,这是数字经济最本质的特征。一方面,数据的有效供给和合理应用对各国政治、经济、文化、社会等发展,对国家现代化治理体系和治理能力建设都发挥着关键性引领作用;另一方面,数据要素的充分运用可推动相关领域向数字化、智能化方向发展,通过数据资源和传统产业的良性互动,挖掘大数据应用潜能是开拓新商业模式、创新产品服务的关键。此外,高质量数据要素供给可推动数字经济向好向上发展,强化高质量数据要素供给、发展数据要素市场、加快数据要素流通交易,是打造以基础数据为关键要素的价值链体系的需要,对于加快形成数据要素市场体系、促进数字经济高质量发展具有重要意义。

(二) 融合创新

各领域、各技术融合发展是数字经济发展中的创新模式,新一代信息技术发展使创新主体之间的知识共享和合作更加高效,其具体表现如下。

一是基础设施建设、社会治理模式、生活方式等进行数字化发展。信息技术带来了基础设施智能化、高效化,社会治理模式由人治向智治转变,远程协同的新办公模式出现等一系列变化。尤其是线上化、智能化、云化平台涌现,并结合各领域进行发展,形成数字技术与实体经济的深度融合。

二是数字化技术使创新产品和服务具有快速迭代的特征。在新一代信息技术与传统领域不断融合创新的过程中,创新主体能主动适应数字化技术创造新产品和新服务的能力,推动各主体之间信息交流更频繁高效,使创新更具灵活性。

(三) 开放共享

数字经济时代各类数字化平台加速涌现,以开放的生态系统为载体,将生产、流通、服务和消费等各个环节逐步整合到平台,推动线上线下资源有机结合,创造出许多新的商业模式和业态,形成平台经济。一方面,依赖超强的连接能力,各类数字化平台加速涌现,其开放的生态系统将生产、销售、流通等环节整合到平台,推动各类数据资源相互融合,同时形成产业数字化集聚;另一方面,在数字经济时代,互联网模糊了空间界限,依靠互联网可以实现跨国共享,各国都要为全球经济增长贡献新活力、新动能。因此,要坚持普惠包容发展,积极推进数字经济交流合作,不断完善数字经济的合作治理。

二、数字经济的表现

(一) 对比传统经济理论的表现

相较于传统经济模式,数字经济的新特征深刻改变了主体行为,产生新的经济活动。一是数字经济的数据支撑作用表现为海量信息均能通过数据要素市场呈现,这使数据资源获取更加便捷,为数据作为生产要素流通创造条件,体现了数字经济下以数据为驱动的新经济发展模式。二是融合创新特征表现为数字技术发展使创新过程不再循规蹈矩,各创新环节相互作用、相互融合,加速了创新产品和服务更新迭代。三是开放共享特征表现为数字技术通过广泛链接,努力让发展实现普惠共享。大数据、信息网络等技术在产业间的应用,打破了传统产业的边界,使线上线下数据资源通过平台连接起来,为各主体提供方便、高效的虚拟工作环境。例如,随着数字经济时代的发展,网络视频软件、菜品购物平台等数字化新业态、新模式涌现。此外,数字技术在研究中的广泛应用,为经济分析和预测开辟了新的可能。随着数字经济发展,高频、多维的数据在各领域涌现,大量研究开始涉足机器学习、大数据建模与预测等领域,而人工智能算法与数字孪生建模等方法逐渐成为运用大数据开展经济管理研究的主流方法。

(二) 对比国际数字经济的表现

对全球三大经济体——美国、中国和欧盟进行对比,分析不同经济体数字经济的特点和表现,如表2-2所示。

表2-2 全球三大经济体数字经济发展表现对比

经济体	特点	表现
中国	有效市场和有为政府相互作用	(1) 依托独立完整的现代工业体系,促进工业互联网发展; (2) 依托国内市场优势,促进生活领域数字经济蓬勃发展; (3) 高度重视数字经济发展,数字经济上升为国家战略
美国	依托技术创新优势	(1) 依靠技术优势,从20世纪90年代开始部署数字经济; (2) 巩固优势,加大资金投入、人才吸引、战略合作等; (3) 建立先进制造创造中心,探索制造业数字化转型

续表

经济体	特　点	表　现
欧盟	制定规则与消除管制壁垒	（1）健全数字经济规则，维护公平竞争原则； （2）实施数字经济单一市场战略，消除国家间的管制壁垒； （3）完善隐私保护，加强网络安全设计

对比这三大经济体的整体表现，发现其对数字经济发展的共同政策：一是重视现代技术创新。拥有技术优势的国家不断扩大自身优势，技术落后的国家不断弥补自身差距。例如，美国依靠技术和人才储备在数字经济领域领先其他国家发展，中国通过政策重视、技术创新等手段成为世界数字经济发展的新动力。二是以制造业为切入点，推动实体经济数字化转型。制订制造业转型的战略计划，将制造业数字化转型视为数字经济发展的优先事项，通过新一代信息技术与实体经济的深度融合，实现制造业转型升级，如中国创新"5G+工业互联网"建设、美国制订先进制造业计划、欧盟推动专业性资源跨地区流动等。三是促进数字经济企业公平竞争，防止大型平台垄断市场。这主要依靠法律法规和监管部门维护市场秩序，持续输出各主体创造力。

第五节　数字经济理论体系的基本框架

围绕第一章所讲的数字经济发展带来的科学问题，从数字经济的科学内涵、基本特征与现实表现出发，挖掘新古典经济学、新制度经济学及管理学理论在数字经济理论变革中的作用机理，基于传统经济研究逻辑思维思考数字经济研究对象、研究方法与实现途径，按照"内涵特征—现实表现—核心理论—方法体系"的学理链，构建一个数字经济理论体系的基本框架，如图 2-2 所示，该框架由数字经济理论体系纵向整体贯穿，又横向展示了其具体内容的内在逻辑。

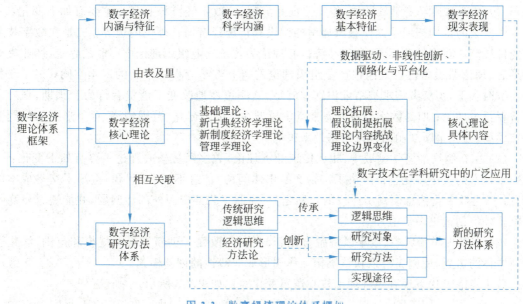

图 2-2　数字经济理论体系框架

一、数字经济的内涵

界定数字经济的科学内涵,需考虑技术应用、价值创造、经济业态等多个视角,全面透彻地分析数字经济是构建数字经济理论体系框架的首要条件。

(1)在界定了数字经济的科学内涵后,概括和总结其基本特征并据此描述当今社会诸多经济现象的变化,这就是数字经济的现实表现。这些现实表现不仅削弱了传统经济理论的解释力,且随着数字技术的快速迭代和广泛渗透,加剧了数字经济研究方法创新的紧迫性。

(2)数字经济的基本特征区别于传统经济,一是生产要素不同,传统经济以劳动、土地、资本、工业(农业)技术为生产要素,而数字经济除前三项之外,还将数字化信息和数字技术纳入生产要素;二是创新模式不同,传统经济的创新过程呈"知识积累—研究—应用"的线性链条规律,数字经济依赖数字技术的发展,使组织协调沟通突破了时空界限,去中心化的特征使其产品和服务可快速更新迭代;三是商业模式不同,传统经济仅能线下运营,而数字经济不仅可以使线下线上运营有机结合,还可以使其跨行业融合,形成数字化集聚。

(3)数字技术的发展深刻改变了主体行为,产生了新的经济活动和规律,为迎合市场喜好,占有市场份额,企业必将进行数字化转型,这也是机器学习、大数据建模与预测、人工智能算法、数字孪生建模等方法逐渐广受关注的原因之一。

二、数字经济核心理论

数字经济核心理论由传统经济理论衍化而来,着眼于新古典经济学、新制度经济学及管理学等基础理论,是数字经济理论的核心内容。在数字经济中,数字经济核心理论要解答数字经济理论体系构建的第一个科学问题,即现有经济理论的核心逻辑在数字经济引起的一系列变化中是否仍然适用。

(1)在新古典经济学领域中,相比传统经济理论,数字经济核心理论主要有如下变化:一是生产要素的重构拓展了规模报酬递增的假设和传统经济增长理论的边界;二是在数字技术促使传统产业转型的情形下,数字经济核心理论为传统产业组织理论中产业的界定、产业集聚的形态、理论假设条件以及两代产业组织理论的研究方法等提供了新的探索空间;三是在数字经济时代下,消费者需求被精准识别和满足,这颠覆性地改变了消费者行为和预期,拓展了消费者行为理论;四是数字经济与完全竞争模型在产品差异化、范围经济、竞争形态的问题上存在矛盾,为反垄断规制的理论根基带来挑战。

(2)在新制度经济学领域中,相比传统经济理论,数字经济核心理论主要有如下变化:一是数字技术的去中心化特征解决了市场交易主体间的"信息不对称"问题,重塑了交易成本的内涵;二是数字化信息模糊了产权的公私之分,克服了公共资源外部性问题,并能通过提高资源配置效率创造更多价值。

(3)在管理学领域中,数字经济融合创新的特征,改变了创新结果的规模和范围,淡化了创新主体的边界,使创新过程和结果相互作用形成非线性的创新模式。

数字经济时代下现有经济理论核心逻辑变化对比如表 2-3 所示。

表 2-3　数字经济时代下现有经济理论核心逻辑变化对比

学科领域	科学理论	传统观念	数字经济观念
新古典经济学	经济增长理论	生产要素为传统四要素	数据为生产要素
	产业组织理论	信息不完全和产业组织垂直一体化	数字技术突破企业运营空间界限
	消费者理论	消费者行为的本质是最大化自己的总效用	数据预测消费者需求、消费者行为易受外界影响
	厂商理论	产品差异化、范围经济是企业竞争的高地	大规模定制服务、低边际成本、竞争是动态的
新制度经济学	交易成本理论	企业协调代替市场协调	去中心化解决信息不对称问题
	现代产权理论	产权私有制具有优势	数据资源开放与共享模糊了产权的公私之分
管理学	创新管理理论	创新过程呈线性链条规律	非线性的创新模式

三、数字经济研究方法体系

数字经济研究方法体系需要明确解释数字经济理论的第二个科学问题,即数字技术对经济研究方法体系产生了哪些影响,应如何构建适应数字经济研究的新的方法论体系。该研究体系主要是由于数字化信息、数字技术等逐渐应用到研究过程中,拓展数字经济理论的同时,在传统经济研究方法论的基础上衍生创新形成的。

(1) 传承传统研究的逻辑思维。在数字技术中,人工智能技术的数据处理方式、建模仿真的准确预测能力及其本身所具备的精准度优化性能分别反映了传统经济研究方法论的客观规范主义、实用主义及逻辑实证主义思想。

(2) 创新经济研究的方法论,要着眼于研究对象和研究方法。对于研究对象,数字技术可将非结构化信息转变为结构化信息,具有数据范围广、规模大等特征,既可对研究对象的长期演变趋势进行研究,也可对研究对象的短期高频变化进行研究,还可对难以识别的未知或不可观测因素进行研究。对于研究方法,由海量数据催生出来的机器学习等数据处理方法,在函数估计、经济预测、因果推断等领域优化了传统计量方法体系;数字建模有效解决了数据利用率低、工业产品数据滞后等问题,为进一步挖掘数据潜在价值提供支撑。

本章通过梳理数字经济定义、历史阶段的演变过程,明确了数字经济的定义,以及其核心内涵要素、特征与表现,最后基于传统经济研究逻辑思维思考数字经济研究对象、研究方法与实现途径,按照"内涵特征—现实表现—核心理论—方法体系"的学理链,构建一个数字经济理论体系的基本框架。通过与传统数字经济理论与研究方法体系对比,发现数字要素为传统经济理论和竞争模型带来冲击,数字技术催生新型研究方法的发展与应用,在一定程度上弥补了传统经济研究方法的局限。

根据中国具体国情,在本章中,数字经济可从以下方面开展进一步研究:数字经济理论体系有待进一步完善和系统性深化。数字经济正在经历高速增长、快速创新,并广泛应用于其他领域,影响着各行各业。尽管本书提炼出了一个数字经济理论体系的研究框架,但学术界对数字经济的完整理论体系仍然缺少系统认知。例如,数字经济形成资源分配的新路径、数字经济时代的新模式与新管理问题等,均有待未来深入开展探究。

复习思考题

1. 简述各机构关于数字经济定义的区别与共同点。
2. 简述数字经济3个历史演进阶段的特点。
3. 新型经济模式和业态的特点是什么?它与数字经济有何联系?
4. 简述数字经济的特征与表现。
5. 在数字经济时代下,现有经济理论核心逻辑有何变化?

案例讨论题

广州市数字经济发展

广州市数字经济发展以数产融合为特色,基于自身工业基础与产业集群优势,以数字经济为驱动经济发展的双引擎之一,努力打造数产融合的全球标杆城市,建设具有国际影响力的数字产业集群。广州市在以下领域处于国内领先位置。

(1) 数据要素流通领域。在数据确权应用方面,广州市率先实现突破。2021年7月,广东完成首轮政务信息化能力和公共数据资源普查,全省累计发布可共享资源目录55154类,累计汇聚政务数据285亿条。基于这一工作成果,2021年10月广州市首先发布了全国首张公共数据资产凭证,并将其首次用于企业信贷场景。

(2) 新兴数字产业及应用融合领域。人工智能与区块链产业均是我国着力发展的新兴数字产业。截至2021年10月,广州市人工智能及相关产业高新技术企业数量位居全国前列(仅次于深、北、上),同时近年聚集了一批诸如人工智能与数字经济广东省实验室、广州"鲲鹏+昇腾"生态创新中心、华为(南沙)人工智能创新中心等基础研究平台和中国科学院自动化研究所广州人工智能与先进计算研究院等高水平创新研究院,为广州市未来人工智能事业发展奠定了坚实的创新要素基础。此外,广州市区块链及相关领域高新技术企业数量位居全国第一,涵盖金融、政务、民生、制造业等多个领域。2020年5月,广州获工信部批准成立首个区块链发展先行示范区。未来,广州将进一步打造以区块链为特色的中国软件名城示范区,进一步加强区块链技术在智能制造、电子商务、物联网、能源电力等领域的推广应用。

(3) 数字基础设施共享领域。除5C基站、工业互联网标识二级节点等数字基础设施建设外,广州以区块链产业生态建设共享为特色。"大企业建生态,小企业进生态"是广州市打造区块链生态的特色。2020年,广州已初步形成"基础底链+Bass平台+应用开发+行业应用的全产业链"的区块链生态,推出了诸如黄埔公共链、智链 2.0 为代表的区块链底层平台,以及粤港澳大湾区南沙智慧港口区块链平台、税链区块链电子发票、城市级企业链码平台等一批城市级区块链行业优秀应用。

(4) 数字产业集群建设领域。2021 年 5 月,广州市出台了《广州人工智能与数字经济试验区产业导则》。这一导则在人工智能与数字经济试验区先期建设的成果上,提出打造"一江两岸三片区"的空间格局。截至 2020 年年底,三片区中的琶洲核心片区内聚集企业已超过 28000家,营收金额超过 2690 亿元。

(5) 产业数字化转型领域。广州市本身具有纺织服装、美妆日化、箱包皮具、珠宝首饰、食品饮料等五大优势产业集群,以数字经济建设为契机,进一步打造"定制之都"。2019 年 12 月,联合国工业发展组织授予广州首批全球"定制之都"案例城市。2020 年 12 月,广州市公布首批"定制之都"示范(培育)名单 10 家,包括示范企业 8 家、示范平台 1 家、示范体验馆 1 家,涉及定制家居、汽车、时尚服饰、专业服务等领域。在政策支持方面,广州市发布《广州市深化工业互联网赋能改造提升五大传统特色产业集群的若干措施的通知》,提出对符合条件的"定制之都"消费体验中心建设项目,按不超过项目总投资额的 30% 给予补助,最高不超过 2000 万元,助推城市传统经济数字化转型。

讨论题:
1. 广州市在数字产业集群建设中融合了哪些数字经济的内涵要素?具体表现是什么?
2. 你所在的城市正如何发展数字经济?与广州相比有何异同?

资料来源: 中国信息通信研究院政策与经济研究所,中央广播电视总台上海总站.中国城市数字经济发展报告(2021 年)[R/OL].(2021-12-21)[2024-03-15]. http://www.caict.ac.cn/kxyj/qwfb/2tbg/2021/2/po20211221381181106185.pdf.

参 考 文 献

[1] 陈晓红,李杨扬,宋丽洁,等.数字经济理论体系与研究展望[J].管理世界,2022,38(2):13-16,208-224.
[2] 李广乾,陶涛.电子商务平台生态化与平台治理政策[J].管理世界,2018,34(6):104-109.
[3] 肖红军,李平.平台型企业社会责任的生态化治理[J].管理世界,2019,35(4):120-144,196.
[4] 徐鹏,徐向艺.人工智能时代企业管理变革的逻辑与分析框架[J].管理世界,2020,36(1):122-129,238.
[5] 杨飞,范从来.产业智能化是否有利于中国益贫式发展[J].经济研究,2020,55(5):150-165.
[6] RICHTER C,KRAUS S,BREM A,et al. Digital entrepreneurship:Innovative business models for the sharing economy[J]. Creativity and Innovation Management,2017,26(3):300-310.
[7] BHARADWAJ A,EL SAWY O A,PAVLOU P A,et al. Digital business strategy:Toward a next generation of insights[J]. MIS Quarterly,2013,37(2):471-482.
[8] HUKAL P,HENFRIDSSON O,SHAIKH M,et al. Platform signaling for generating platform content[J]. MIS Quarterly,2020,44(3):1177-1206.

第三章 数字经济的理论创新

思维导图

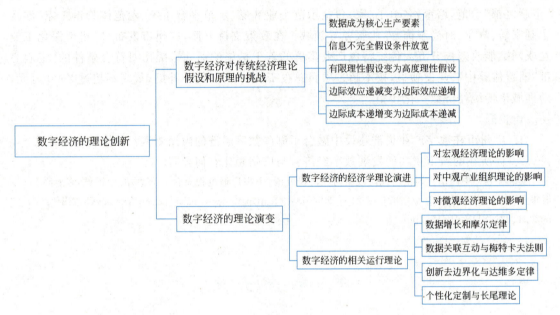

学习目标

学习层次	学习目标
了解	1. 数字经济的经济学理论演进 2. 数字经济的相关运行理论
掌握	1. 数字经济时期数据成为核心要素的特征 2. 数字经济时期信息不完全假设条件被放宽 3. 数字经济时期有限理性假设变为高度理性假设 4. 数字经济时期边际效应递减转变为递增 5. 数字经济时期边际成本递增转变为递减

第二章对数字经济内涵、特征和表现的阐述,充分表明数字经济的出现将给传统经济理论中的概念界定、假设前提等带来挑战。本章将归纳和建立起这些特征与数字经济理论之间的关联,以传统理论为基础,详细阐释数字经济理论变革的作用机理。

第一节 数字经济对传统经济理论假设和原理的挑战

数字经济的内涵表明传统的经济理论所依赖的经济基础受到数字经济的影响,许多问题叠加数字经济后可能无法运用传统的经济理论予以解释,本节将进一步分析数字经济对传统经济理论的挑战,并陈述数字经济可能带来的新问题。

一、数据成为核心生产要素

在数字经济时代,数据成为核心生产要素,这不仅是因为数据的规模不断扩大、生成速度不断加快,也是因为数据分析能力的提高、数据的可靠性的增强以及数据成为企业竞争优势。

首先,随着互联网的普及和数字技术的发展,全球数据量呈爆炸式增长。根据国际数据公司(IDC)的预测,到2025年全球数据量将达到175ZB,相当于目前全球数据量的10倍。这个规模庞大的数据是企业进行业务决策和创新所必需的资源,因此数据成为核心生产要素。此外,数据的生成速度也在不断加快。随着物联网、5G等技术的普及,越来越多的设备和传感器可以实时监测和收集各种数据,包括温度、湿度、压力、速度、位置、声音等。

其次,数据价值提高的背后是数字技术的革命,随着人工智能、机器学习等技术的发展,数据分析能力得到了大幅提升,可以从大规模、复杂的数据中提取有价值的信息和洞察。这种数据分析能力的提高使得企业可以更好地理解市场和客户需求,优化产品设计和营销策略,提高市场占有率和竞争力。同时,数据的可靠性和安全性得到提升。在数据驱动的业务决策和创新中,数据质量好坏、是否可靠直接关系企业能否成功。因此,政府和企业加强了对数据隐私和数据安全的保护措施,提高了数据的信任度和可靠性。

最后,数据成为企业的核心竞争力和重要资产。在竞争激烈的市场中,企业通过数据分析提高生产效率和市场洞察力,获得竞争优势。数据分析能够帮助企业了解客户需求,预测趋势,以及改进产品和服务,提高产品和服务的质量。

二、信息不完全假设条件放宽

传统经济学中的信息不完全假设条件是指市场参与者无法获得完整的信息,从而无法做出最优决策。这一假设条件在数字经济时代中变得更加复杂。在数字经济时代,信息技术的广泛应用使信息的获取、传输和处理变得更加容易和快捷。然而,信息不完全假设条件也发生了变化。

一方面,互联网和移动技术的广泛应用使信息更加易于获取,而且这些信息往往是实时更新的。在数字经济时代中,信息的广泛流通使市场更加透明,从而降低了信息不对称所导致的市场失灵问题。此外,数字技术的快速发展也促进了市场的创新。例如,通过平台经济模式和区块链技术实现的去中心化交易等新的交易方式和机制有望提高市场效率和资源配置效率。另一方面,由于数字技术的快速发展,新的信息来源也不断涌现。例如,物联网技术可以为企业提供更多的实时数据，从而帮助企业更好地了解市场需求和生产效率。

不过，数字经济时代的信息不完全假设条件放宽也存在风险和挑战。一方面，虽然信息更加易于获取，但信息的质量和真实性并不总是可靠的；另一方面，数字技术的快速发展也可能导致新的信息不对称问题。例如，部分企业可能拥有更多的技术和数据资源，从而在市场上具有更强的话语权和议价能力，导致市场竞争的不公平性。

三、有限理性假设变为高度理性假设

随着数字技术的不断进步和数字经济的快速发展，我们正逐渐进入一个全新的时代。在数字经济时代下，人们的行为和决策越来越依赖数据和算法，这意味着有限理性假设在某种程度上被挑战，因为人们的行为和决策将更多地受到数据和算法的影响，而不是受到自己的主观判断或经验的影响。

有限理性假设是指人们在做决策时，受到有限的信息和认知能力的限制，可能做出不完全理性的决策。然而，当人们拥有更多的数据和算法，这意味着他们可以更全面地了解和评估决策的后果，从而做出更加理性的决策。

高度理性假设认为，人们在做决策时，可以考虑所有可能的选择，评估所有可能的结果，并做出最优的选择。这意味着，人们的决策过程将更加完美和理性，因为他们可以考虑更多的信息和因素，从而做出更优秀的决策。在数字经济时代下，高度理性假设成为可能，因为人们可以利用大数据和人工智能技术，以更全面、准确和实时的方式收集和分析数据，做出更加理性的决策。

四、边际效应递减变为边际效应递增

数字经济时代的到来使边际效应的变化成为热门话题。传统经济学认为，当生产或消费的规模扩大时，其边际效应会逐渐减弱，即边际效应递减。然而，在数字经济时代下，随着数字技术和数据的广泛应用，边际效应递减的假设正在被重新审视，因为在某些情况下，边际效应递增也可能出现。

在传统经济学中，边际效应递减是一个经典的概念，它指的是当生产或消费的规模扩大时，每增加一个单位的生产或消费量所产生的额外效果逐渐减少。例如，当一个工厂增加一台机器时，生产率将会提高，但随着机器数量的增加，每增加一台机器所产生的生产率增长会逐渐减缓，因为工厂的生产效率已经趋于饱和。同样地，当消费者购买商品时，随着消费量的增加，每多消费一单位的商品所带来的额外满足程度也会逐渐降低。

然而，在数字经济时代下，由于数字技术和数据的广泛应用，边际效应递增的情况也可能出现。这是因为数字经济的产生和发展。当一个企业采用人工智能技术优化生产流程时，每增加一次优化，边际效应就可能会增强一次，这是因为人工智能可以发现更多的生产优化机会。

五、边际成本递增变为边际成本递减

在数字经济时代下，边际成本递增逐渐变为边际成本递减。这一现象在数字经济中出现

的第一个主要原因是数字技术和数据的广泛应用。数字技术和数据的广泛应用使生产和消费变得更加庞大和复杂,导致新的机会和效应的产生。例如,在一个电商平台上,当一个用户下单时,随着订单数量的增加,平台上的销售额也会随之增加,从而形成了规模效应。此时,每一个额外的订单所需要的成本是递减的,因为平台已经具有了更多的用户和更多的销售经验,可以更有效地利用资源。

第二个主要原因是数字技术的网络效应。数字技术的网络效应是指随着参与者数量的增加,系统的价值也会增加,这是因为参与者之间可以互相交互和共享信息。例如,在社交媒体平台上,随着用户数量的增加,平台的价值也会增加,因为用户可以互相交流和共享内容。此时,每一个额外的用户所需要的成本是递减的,因为平台已经具有了更多的用户和更多的交互效应,可以更好地吸引和保留用户。

第三个主要原因是数字技术的自动化和智能化。数字技术的自动化和智能化可以使生产和消费过程更加高效和精确,减少人工成本和资源浪费。例如,机器人可以自动化生产线上的工作,减少人工成本和生产成本。智能算法可以自动分析数据和预测需求,帮助企业更好地控制生产和库存成本。

第二节 数字经济的理论演变

一、数字经济的经济学理论演进

(一)对宏观经济理论的影响

1. 经济增长模式的变化

数字经济时代的经济增长模式更加注重创新和技术进步,传统的宏观经济学理论中的经济增长模型需要重新考虑数字技术的影响和作用。

首先,数字经济对传统经济增长理论中生产要素的定义提出了挑战。传统经济增长理论认为,资本、劳动力和技术是实现经济增长的三大要素。然而,数字经济使信息、技术和知识等新型生产要素开始发挥越来越重要的作用。数字经济的基础是信息和技术,这些生产要素可以在不同地域和国家之间自由流动。因此,需要对数字经济进行重新审视和调整。

其次,数字经济对传统经济增长理论中市场竞争和创新的作用提出了质疑。传统经济增长理论认为,市场竞争和创新是推动经济增长的重要因素。然而,数字经济的市场竞争和创新模式更加注重网络效应、数据共享和协同创新等方面,而非传统意义上的价格竞争和技术创新。

最后,数字经济对传统经济增长理论中的外部性和公共产品的作用提出了挑战。传统经济增长理论认为,外部性和公共产品是促进经济增长的重要因素。数字经济中的外部性和公共产品主要表现在网络效应和数据共享等方面,这些因素对经济增长产生了重要的正向作用。因此,数字经济对传统经济增长理论中的外部性和公共产品的作用提出了挑战,需要重新思考其在数字经济中的作用和意义。

2. 劳动力市场理论的更新

数字经济的兴起不仅在实践层面上给就业和劳动力市场带来了变化,同时也在理论层面上带来了新的思考和挑战。

首先,数字经济时期的劳动力市场面临着供需不匹配的情况。一方面,许多数字技术和新兴产业的出现给劳动力市场带来了新的需求,市场需要更多高技能和高素质的人才;另一方面,传统产业和技能的需求逐渐下降,导致部分劳动力面临着失业和转岗的困境。数字经济时期的就业市场需要更加注重劳动力的转型和升级,以适应市场需求的变化。

其次,数字技术的应用范围不断拓展,新的技能和知识需求不断出现。数字经济时期的劳动力市场需要更多地注重技能结构的升级和转型,以适应市场需求的变化。此外,数字经济时期的劳动力市场也需要更加注重对人才的培养和创新,以满足数字经济发展的需求和挑战。

再次,随着新技术的不断出现和应用,就业形态也在不断变化。例如,远程工作、自由职业、零工经济等新型就业形式不断涌现。数字经济时期的劳动力市场需要更多地关注这些新型就业形式的发展和规范,以保障劳动者的权益和稳定就业。

最后,收入不平等现象可能加剧。随着新技术和新产业的出现,一些高技能和高素质的人才收入明显高于其他劳动者。这种收入分配的不平等现象给数字经济时期的就业和劳动力市场带来了一定的挑战。数字经济时期的劳动力市场需要更多地注重公平和公正的收入分配,以保障社会的稳定和可持续发展。

(二) 对中观产业组织理论的影响

1. 垄断原则的突破

数字经济对经济学中的垄断理论产生了重大影响,推动了垄断原则的突破。传统经济学认为,垄断行为会导致市场上的价格上涨和产量下降,从而影响消费者利益和社会福利,因此应该受到政府干预和管制。然而,在数字经济时代,传统的垄断理论可能不再适用,因为数字经济具有一些特殊的特征,如网络效应、规模经济和数据资产等,这些特征使数字经济企业更容易形成垄断地位,但同时也带来了新的机会和挑战。

首先,数字经济企业的网络效应是垄断形成的重要原因。网络效应是指随着用户数量的增加,产品或服务的价值也随之增加,而数字经济企业通常是网络效应最为明显的行业之一。此外,数字经济企业还能通过技术创新和数据资产的积累来保持垄断地位,这也是传统经济学所没有考虑到的因素。

其次,数字经济企业的规模经济是垄断形成的另一个原因。规模经济是指企业生产的规模越大,其平均成本越低。由于数字经济企业的产品或服务通常是基于信息和技术的,因此其生产成本相对较低,而且随着规模的扩大,其成本还会进一步降低。因此,数字经济企业在垄断市场时可以通过规模扩大来降低成本,并进一步提高其市场份额和利润。

最后,数字经济企业的数据资产也是垄断形成的重要原因。在数字经济时代,数据成为企业的重要资产,数字经济企业可以通过收集、分析和运用数据来提高产品和服务的质量和效率。而且,数字经济企业拥有的数据资产通常是独一无二的,这也使它们在市场上的竞争优势更为突出。

2. 产业分类的变化

传统的中观产业理论通常基于制造业、服务业和农业等传统产业的划分,而数字经济时代的产业分类则需要考虑数字化程度、网络效应等新的因素。数字经济强调网络效应和平台效应,导致产业分类出现了新的变化。

首先,随着数字技术的发展,越来越多的传统产业开始向数字化方向转型,将数字技术融入自己的生产和销售,以提高效率和服务质量。例如,在传统的制造业中,通过引入工业物联网技术和智能制造技术,实现生产自动化和数据化,从而提高生产效率和产品质量。

其次,涌现了如云计算、大数据、人工智能、区块链等新产业。这些产业主要依托数字技术的发展而生,以数据为核心资源,通过算法和技术手段加工数据,提供数据分析、决策支持、智能服务等服务。这些新兴产业具有很高的创新性和成长性,被认为是数字经济时期的"新引擎"。

再次,传统产业和新兴产业之间的边界逐渐模糊,产业之间的融合越来越普遍。例如,健康医疗产业和数字技术的融合,形成了数字医疗产业;教育产业和互联网的融合,形成了在线教育产业。这些产业的融合使传统产业和新兴产业之间的合作更加密切,同时也创造了更多的商业机会和增长点。

最后,经济结构的多元化程度进一步加强。除了传统的第一产业(农业)、第二产业(制造业)和第三产业(服务业)外,数字经济时期还涌现出了许多新的产业形态,如共享经济、平台经济、社交媒体经济等。这些新的产业形态对经济结构的多元化产生了积极的影响,可以促进经济的稳健发展和创新能力。

3. 创新模式的改变

数字经济时期的到来,引发了创新模式的深刻变革。传统的创新模式主要依靠科研机构或企业内部的研发投入,通过专利保护实现对创新成果的垄断控制,从而获得市场份额和利润。而数字经济时代的创新模式具有更多元化、去中心化的特征。

首先,传统创新模式的核心在于知识产权的保护,而开放式创新则注重知识共享。数字经济时代的开放式创新,强调企业与外部环境的紧密联系和协同创新。企业通过与客户、供应商、社会组织等外部参与者的合作,共享知识、技术和资源,以更快速、更灵活、更精准地满足市场需求,提高产品和服务的质量和效率。以苹果公司为例,其开放式创新模式主要包括开发者平台、开放 API 和应用商店等,让更多的开发者能够参与苹果的创新生态,同时也更好地满足用户需求。

其次,创新模式更加平台化,即企业不再仅仅是产品和服务的生产者,而是扮演平台的角色,搭建起多方参与、协同创新的生态系统。平台化创新的核心在于数据共享,通过大数据、人工智能等技术,将数据进行整合、分析,实现更高效、更智能的创新。例如,Uber、滴滴等共享出行平台,通过共享用户数据、交通数据等,提高了乘客的乘车体验,降低了其出行成本。

最后,社交媒体让人们的社交方式发生了很大的变化,社交媒体的用户互动、分享、评论等行为,成为数字经济时代的新型创新模式。例如,在微博、微信等社交媒体平台,用户可以随时随地分享自己的想法、观点和体验,这些信息可以作为企业市场调研、产品设计、营销推广等方面的参考和依据。同时,企业也可以通过社交媒体平台与用户进行直接互动和沟通,了解用户需求和反馈,提高产品和服务的质量和用户体验。

4. 产业价值链的变化

传统产业的生产过程主要依赖物质、能源和人力资源等因素,而数字经济则将信息、技术和数据等因素纳入产业价值链的核心环节,从而推动产业的转型和升级。

首先,这一时期的产业价值链更平台化。平台经济已经成为数字经济的重要组成部分,各种在线市场、共享经济和数字服务平台等都是数字经济平台化的体现。传统产业的生产和销售模式向在线模式转变,通过互联网和移动设备等技术手段,实现了生产要素的高效配置和流通。数字经济时代的产业价值链不再是线性的,而是更加复杂和多样化的网络结构。

其次,这一时期的产业价值链更数字化。数字技术对于产业的数字化改造已经不仅仅是企业内部的信息化建设,而是已经扩展到了企业间的数字化连接和共享。数字技术不仅能够提高生产效率和质量,还能够通过物联网、大数据分析和人工智能等技术,帮助企业实现更加智能化的生产、管理和服务。数字经济时期的产业价值链,数字化程度的提高已经成为产业升级和发展的必然趋势。

再次,这一时期的产业价值链更开放和共享。数字技术的普及和应用,促进了信息的全球化和共享化。数字技术的突破和应用,也使全球产业价值链上的企业和机构之间实现了更加紧密的协作和互动。数字经济时期的产业价值链,不再是国家和企业之间的封闭性博弈,而是全球范围内的资源共享和价值创造。

最后,这一时期的产业价值链更注重用户价值和用户体验。数字经济时代的消费者更加注重个性化和定制化的需求,企业必须借助数字技术来实现对用户需求的准确捕捉和精准满足。数字技术的应用,使企业可以获得更加精细化的用户画像并进行数据分析,从而为用户提供更加符合其需求的产品和服务。

(三)对微观经济理论的影响

1. 消费者行为的拓展

数字经济时代的到来改变了人们的生活方式和消费行为,同时也影响了消费者行为理论。在这个新的经济环境下,消费者面临着更多的选择和更高的信息透明度,这使他们的消费行为更加理性和高效。

首先,消费者信息获取的方式和途径发生了变化。随着互联网、社交媒体和移动设备的普及,消费者可以通过多种渠道和方式获取信息,如社交媒体、在线论坛、电商平台等。消费者可以在网上查找有关产品的详细信息,对比不同产品的价格、性能和品质,甚至可以查看其他消费者的评价和体验。这使消费者更容易了解产品和市场信息,从而做出更为理性和高效的消费决策。

其次,消费者的购物习惯发生了变化。消费者可以通过电商平台、移动应用程序等方式实现在线购物,减少了购物的时间和成本。消费者可以使用电子钱包、支付宝、微信等支付方式,这些支付方式不仅快捷方便,而且更加安全可靠。这使消费者更容易实现个性化的消费需求,提高其满意度和忠诚度。

再次,消费者个性化需求得到更好的满足。互联网技术的发展促进了消费者个性化需求的实现。电子商务平台可以基于消费者的历史购买记录和个人偏好,向消费者推荐相似或相关的产品和服务。消费者可以根据自己的需求选择不同的产品和服务,享受更加个性化的购物体验。此外,数字经济时期还出现了许多新的服务和商业模式,这些服务能够更好地满足消费者的需求,提升消费者的消费体验,激发消费者的购买欲望。

最后,消费者信任和参与程度的变化。数字经济时代的消费者更加注重商品和服务的质量和信誉,更倾向于选择有良好口碑和社会认可的品牌和商家。同时,数字经济也促进了消费者的参与和反馈,如在社交媒体上分享购买体验、评价商品等,这些行为让消费者更加主动地参与到消费决策和品牌建设中。

2. 厂商行为的调整

数字经济的快速发展不仅影响了消费者行为理论,也给厂商行为理论带来了重要的影响。

传统的厂商行为理论主要关注厂商如何进行生产和销售，以及如何获得利润。而在数字经济时期，由于数字技术和互联网的发展，传统的厂商行为理论已经无法完全适应数字经济时代厂商的行为和策略。

首先，在市场结构方面，数字经济时代的市场结构已经发生了显著变化。数字经济时代的市场结构往往是由许多相互连接的市场组成的，具有较强的网络效应和规模经济特征。

其次，在产品差异化方面，传统的厂商行为理论通常假设产品是同质化的，但是数字经济时代的产品往往具有较强的差异化特征，这些差异化特征通常与数字技术密切相关。

再次，在销售渠道选择方面，数字经济时代的渠道选择也发生了显著的变化，传统的渠道选择假设（如直销、代理、批发等）已经无法完全适应数字经济时代的渠道特征。因此，厂商需要更加灵活地选择渠道，满足不同消费者的需求。

从次，数字经济时代的厂商行为往往是数据驱动的，厂商可以通过数据分析来了解消费者的需求和行为，从而更好地进行产品创新和市场推广。数据分析也可以帮助厂商更好地预测市场趋势和未来发展方向，从而更好地规划业务战略。

最后，在可持续发展方面，数字经济时代的厂商行为更加注重价值创造。在数字经济时代，厂商的目标往往是为消费者创造价值，通过提供更好的用户体验和建立更强的品牌价值来赢得市场份额和用户忠诚度。

3. 市场结构理论的修正

在数字经济时期，市场结构理论受到了巨大的影响，这是因为数字技术使市场参与者之间的信息流动更加高效、透明，同时也使市场竞争更加激烈和复杂。此处将重点探讨数字经济对传统市场结构理论的影响。

传统市场结构理论主要将市场划分为垄断、寡头垄断、垄断竞争和完全竞争四种类型。但随着数字技术的发展，新兴企业模式和市场形态不断出现，这些新模式和形态对传统市场结构理论提出了新的挑战和问题。例如，Uber、Airbnb 等在线共享平台迅速崛起，这些企业具有独特的市场特征和优势，而传统的市场结构理论无法很好地解释和描述这些特征。

一方面，数字经济时期加速了市场的全球化和去中心化趋势。在传统经济时期，企业的生产和销售通常是在特定的地理位置或者特定的国家内进行的，这就导致了市场的局限性。但是随着数字技术的普及和互联网的发展，企业可以通过互联网跨越国界进行销售，这使市场规模变得更加庞大和全球化。同时，数字技术也使企业能够更加方便地开展在线销售，从而进一步形成去中心化趋势。

另一方面，数字经济时期对市场竞争的影响非常显著。数字技术提高了市场的透明度，使消费者可以更加方便地获取产品和服务的信息，比较不同供应商之间的价格和质量等指标。这种透明度加强了消费者的话语权，迫使企业更加注重产品和服务的质量和竞争力。同时，数字技术也使市场进入门槛降低，许多新兴企业可以通过互联网低成本地进入市场，进一步加剧了市场竞争的激烈程度。

4. 传统价格机制的改变

数字经济的出现带来了新的商业模式和价值创造方式，从而也改变了传统的价格机制。传统的价格机制主要基于供需关系、成本和竞争等因素来确定商品和服务的价格，而数字经济的价格机制则主要基于数据、算法和平台等因素来确定商品和服务的价格。

首先，数字经济中的价格机制更加注重数据的价值。在数字经济中，企业通过收集、处理和分析数据，可以更加准确地了解消费者需求和市场趋势，从而更好地制定价格。同时，企业也采用数据驱动的定价策略,通过分析大量数据来确定最优价格,从而提高企业的竞争力和盈利能力。

其次,数字经济中的价格机制更加注重算法和人工智能的应用。在数字经济时代,算法和人工智能的应用已经渗透到了各个领域,尤其是定价。企业可以通过算法和人工智能技术来预测消费者的需求和行为,从而更好地制定价格策略。

再次,数字经济中的价格机制更加注重平台经济的特点。平台经济已经成为一种重要的商业模式。平台经济的定价机制主要基于供求平衡和平台效应来确定。在平台经济中,企业可以通过平衡供求关系和优化平台效应来制定最优价格策略。

最后,数字经济中的价格机制更加注重个性化和差异化的特点。在数字经济时代,消费者的需求和行为越来越多样化和个性化,因此企业需要根据消费者的不同需求和偏好来制定不同的价格策略,以提供个性化和差异化的服务。企业可以通过个性化和差异化的价格策略来提高消费者对其产品和服务的认可度和忠诚度,提高企业竞争力和盈利能力。

二、数字经济的相关运行理论

(一)数据增长和摩尔定律

摩尔定律是一条关于半导体技术发展速度的经验定律,由英特尔公司创始人之一戈登·摩尔(Gordon Moore)在 1965 年提出的。其实际含义是,随着半导体技术的发展,处理器的性能和存储容量不断提高而成本不断下降,这将使电子设备变得更加小型化、便携式和普及化,从而催生了计算机、手机、平板电脑、智能手表等许多现代设备的发展。摩尔定律几乎精准预言了数据、数字技术能力和数字经济规模这种短期内快速翻倍的爆炸性增长特征。

摩尔定律和数据增长之间存在着密切的关联。一方面,摩尔定律的存在促进了计算机性能的迅速提升。随着计算机性能的不断提升,人们可以更加方便地进行大规模的数据处理和存储,使数据爆炸性增长成为可能。在摩尔定律的推动下,计算机硬件设备的性能和存储容量不断提升,处理和存储大规模数据的成本也不断降低。越来越多的企业和个人能够承担处理和存储大规模数据的成本,从而促进了数据呈几何倍数的增长。另一方面,数据增长也进一步推动了摩尔定律的发展。随着数据量的指数级别增长,计算机的处理速度和存储容量也需要不断提升才能够满足人们的需求,这进一步促进了计算机硬件技术的发展。

摩尔定律的推动促进了计算机硬件技术的不断提升,使数据的爆炸性增长成为可能。而数据增长又进一步推动了计算机硬件技术的发展,加速了数字经济的发展,构成了一个良性循环。

(二)数据关联互动与梅特卡夫法则

数字经济时期的梅特卡夫法则是指数据之间的相关性呈指数级别的增长。随着数据量的增加,数据之间的相互关联性也会越来越强,从而使我们能够从数据中发现更多的规律和趋势。梅特卡夫法则的应用范围不仅仅局限于语言领域,而是可以应用到各个领域,特别是在数字经济时期,数据的增长速度非常快,梅特卡夫法则的作用更加显著。随着连入网络与介入数字平台的用户和设备数量的增加,整个网络的经济价值也呈指数增长的趋势。

梅特卡夫法则提供了一个有用的理论基础,帮助我们更好地理解和利用数据。例如,随着社交媒体的普及,人们在网上留下了越来越多的数据,从文本、图片到视频,这些数据之间的相关性也随之增加。利用梅特卡夫法则,我们可以对这些数据进行分析,找出其中的规律和趋势,从而更好地了解用户的兴趣和行为习惯,进而开发更好的产品和服务。总之,数字经济时期的梅特卡夫法则为我们提供了一个重要的工具,帮助我们更好地利用数据并从中发现价值。通过深入理解梅特卡夫法则,我们可以更好地利用数据来推动数字经济的发展。

(三) 创新去边界化与达维多定律

数字经济时代的创新实现了去边界化的发展。以共享经济为例,通过数字技术,不同领域的企业、个人、社会组织等可以在同一平台上进行合作,互相帮助,共同发展。这种模式打破了传统产业之间的壁垒,实现了跨行业、跨领域的合作,推动了产业的融合和创新。

数字经济时代的创新体现了达维多定律的重要性。达维多定律是指在一个复杂系统中,随着系统规模的增加,系统的组成部分数量呈指数级增长,这种复杂性可能会导致系统的崩溃。数字经济时代的创新,尤其是互联网、物联网、人工智能等技术的发展,使数字经济中的数据呈指数级增长,因此对于数据处理、存储、管理等方面提出了极高的要求。

数字经济时代下的创新去边界化也带来了一些问题。首先,数字经济时代下创新的速度和规模使原本市场竞争的方式和模式已经发生了重大变化。达维多定律指出,新技术的应用和推广往往会导致市场和产业的集中度越来越高,而非越来越低。其次,在数字经济时代部分互联网巨头依靠先发优势、规模效应和数据垄断等手段来抑制竞争对手的发展,使市场的竞争程度逐渐降低。最后,数字技术的高度集成和复杂性也使传统产业的进入门槛变得更高,不利于小企业和创新型企业的发展。

在数字经济时代的达维多定律指导下,市场领导者只有不断突破创新,才能持续掌握新的市场规则和市场主动权;而市场监管者要注意数字经济的复杂性和不确定性,加强数据安全和管理,保障数字经济的可持续发展。

(四) 个性化定制与长尾理论

长尾理论和个性化定制是数字经济时代下的两个重要概念。长尾理论是由克里斯·安德森(Chris Anderson)在2004年提出的。在传统的实体店中,商家通常只卖最畅销的商品,而畅销的商品往往是少数,占据了整个销售市场的大部分份额,而其他的商品就会被淘汰掉;而在互联网上,由于信息的共享和搜索技术的发展,人们可以很容易地找到一些小众的、特殊的,甚至是独特的商品或服务,这些商品或服务可能在传统的实体店中无法提供,但在互联网上却能够找到其对应的需求人群,这就构成了所谓的长尾。这种现象被称为"长尾",因为它表现为一条长而狭窄的曲线,在其中少数畅销产品构成了头部,而许多销售数量较少的产品则构成了尾部。

在数字经济时代,随着生产工艺的进步和技术的发展,个性化定制成本降低,生产效率不断提高。消费者有了更多个性化选择,因此个性化定制成为实现长尾理论的重要方法。

此外,在数字经济时代,企业还可以通过一些技术手段来实现更加精准的营销和服务。例如,通过人工智能技术和大数据分析,对消费者进行个性化推荐,将最适合消费者的产品或服务推荐给他们,从而提升购买转化率和顾客满意度。通过对消费数据的采集,企业能够了解消费者的需求和喜好,不断改进自己产品的设计,提供更加精准的个性化定制服务,更好地挖掘长尾市场。

本章小结

以新一代信息技术为驱动的数字经济日益成为推动经济发展的重要动力,数字经济产生的一系列变化与传统理论形成偏差,传统理论难以准确解释新经济现象和更有效指导新阶段下经济高质量发展实践。本章在前述章节对数字经济内涵、特征和表现描述的基础上,归纳了数字经济对传统理论的挑战,引申出传统理论在数字经济影响下的演进,并阐释了数字经济相关运行机理。

复习思考题

1. 在数字经济时代传统经济理论面临哪些挑战?
2. 数字经济从哪些角度影响了宏观经济理论、中观产业组织理论和微观经济理论的演进?
3. 简述摩尔定律、梅特卡夫法则的内容,以及其与数字经济的关联。
4. 数字经济时代的创新如何体现达维多定律的重要性?
5. 简述个性化定制与长尾理论的内在关联。

案例讨论题

网约车服务模式

网约车服务模式作为一种新型的交通服务业态,是交通融合大数据后的重要数字经济新业态之一,借助移动通信和网络信息技术提供方便、快捷、高效的"出行"服务。网约车犹如交通领域的一匹黑马,进入交通服务市场并迅速占据一席之地。2021年3月,网约车订单尚处于历年来的高位水平,全国网约车监管信息交互平台共收到订单信息7.6亿单,相当于每天都有2400万单网约车订单。2024年上半年,网约车市场过饱和进一步加剧:网约车平台经营许可证稳定增长,人证突破710万;整体而言,网约车行业进入成熟期,市场接近充分竞争。与传统巡游类出租车相比,网约车拥有更加高效的匹配方式、更低廉的出行代价,同时盘活了更多的闲置资源(私家车)。

1. 网约车服务模式的兴起

在城市化水平不断提高的背景下,出租车行业发展十分迟缓:从数量上来说,出租车万人保有率多年几乎不变;从服务水平上来说,司机拒载、司机绕远路、乘客被拼车等"宰客"现象经常发生。因此,网约车的出现弥补了公共交通线路固定和出租车服务质量不高的缺陷,透明的信息与数据也让服务质量获得提升,满足了乘客灵活多样的出行需求。

网约车软件基于移动智能手机应用软件和位置服务,为乘客和司机提供高效的匹配服务。

网约车软件分为乘客端和司机端,乘客通过乘客端查看自己的位置并输入出发地和目的地,然后将出行需求发布到网约车平台。网约车依靠平台自身的实时计算能力匹配乘客附近的出车司机,并将订单推送到司机端;司机在收到接单请求后,驾驶车辆到达乘客的出发地点,并将乘客送达目的地;乘客到达目的地后,通过网络支付车费,然后该笔订单被处理完成。

2. 网约车服务模式的扩张与垄断

网约车自诞生起经历了以下两个阶段:第一阶段:补贴大战阶段。2012年下半年至2014年年初,巨额资本进入网约车行业,开始了简单粗暴的补贴大战,没有资本支持的网约车平台短时间内直接出局,只剩滴滴和快的。滴滴与快的开启了更加疯狂的补贴模式,双方竞争进入白热化,迫于资本方的压力,滴滴与快的于2015年年初宣布合并。第二阶段:一家独大阶段。随着补贴大战的结束,滴滴出行占据了网约车市场主要份额,形成一家独大的格局。

3. 网约车服务模式的衰退

网约车平台长期补贴使其盈利变得微弱。以滴滴出行为例,滴滴出行为了争夺网约车市场份额,对乘客和司机进行大规模补贴,2018年全年滴滴在司机补贴方面投入共计113亿元,2018年全年亏损高达109亿元。

同时,网约车行业作为一个服务业其实算得上是一个低门槛的行业,对于从业者的素质、学历等均没有要求,因此网约车对于乘客的安全仍然存在潜在危险。2018年,滴滴顺风车接连两起女乘客遇害事件可以理解为衰退期的开始,标志性的事件就是2018年9月的滴滴顺风车宣布下线,同时各地主管部门开始针对网约车出台一系列限制措施,而滴滴也陷入了"不安全"的舆论旋涡中。针对滴滴平台存在的重大安全隐患和经营管理漏洞,网信、公安交通等部门明确要求滴滴平台全面排查整改网约车平台,但最终结果也并不尽如人意。而滴滴平台一直拒绝将数据接入监管平台接受监管,特别是滴滴顺风车不愿提供详尽的驾驶人员和运营车辆数据。

2018年以来,网约车行业出现疲软景象。网约车司机不断暴涨,市场对于网约车的需求却开始下降,原本网约车拥有的价格优势也在消失,乘客用户流失更加加速了网约车行业的最终爆雷。

讨论:

1. 试分析网约车这类平台经济的商业模式。
2. 网约车服务模式从兴起至衰退有哪些经验值得借鉴?

参考文献

[1] IDC. 数据时代 2025[EB/OL]. (2017-05-11)[2024-04-15]. https://www.xdyanbao.com/doc/ct00m9g7wp?bd_vid=7222031261751110022.
[2] 戚聿东,肖旭. 数字经济时代的企业管理变革[J]. 管理世界,2020,36(6):135-152,250.
[3] 王定祥,胡建,李伶俐,等. 数字经济发展:逻辑解构与机制构建[J]. 中国软科学,2023,388(4):43-53.
[4] GOLDFARB A,TUCKER C. Digital economics[J]. Journal of economic Literature,2019,57(1):3-43.
[5] KOWAL J,PALIWODA-PEKOSZ G. ICT for global competitiveness and economic growth in emerging economies:Economic,cultural,and social innovations for human capital in transition economies[J]. Information Systems Management,2017,34(3-4):304-307.
[6] 安同良,杨晨. 互联网重塑中国经济地理格局:微观机制与宏观效应[J]. 经济研究,2020,55(2):4-19.
[7] 杨学成,涂科. 出行共享中的用户价值共创机理——基于优步的案例研究[J]. 管理世界,2017(8):154-169.

第四章　数字经济的研究方向

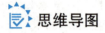 思维导图

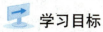
学习目标

学习层次	学习目标
了解	1. 公共服务数字化 2. 数字经济治理 3. 数字经济安全 4. 数字经济国际合作
掌握	1. 数字基础设施 2. 数据要素市场 3. 产业数字化转型 4. 数字产业化

随着数字经济的蓬勃发展,数据要素的价值日益凸显,正不断为经济社会发展注入新动能,成为实现高质量发展的重要抓手。与此同时,在加速数据要素价值化进程、推进实体经济数字化转型、着力提升产业基础能力、强化数字经济治理能力、深化数字经济开放合作等方面,我国数字经济发展仍面临不少瓶颈。因此,本章分别从数字基础设施、数据要素市场、产业数字化转型、数字产业化、公共服务数字化、数字经济治理、数字经济安全和数字经济国际合作等研究方向展开分析,为推动新时代数字经济高质量发展提供思路。

第一节 数字基础设施

数字基础设施是指在传统IT行业基础设施上进行升级,包括基础建设层和数据管理层两个部分,其中基础设施层包括存储、计算、网络等硬件设施,数据管理层由操作系统、数据库系统及大数据系统组成,构成支撑数据存储及数据全生命周期管理的软件设施。数字基础设施和传统基础设施具有显著差异,其具有计算的多维度、由单一存储升级为融合存储、能处理更加复杂的问题等优点。数字经济的管理层以基础层为支撑,由单一处理向融合处理发展,能够处理更加实时或者智能的数据需求。

一、加快建设信息网络基础设施

(一) 推进光纤网络扩容提速

推进基础电信企业在城市和重点乡镇部署10G-PON光线路终端(OLT)设备,并优化OLT上联组网,改善老旧小区等光纤到户薄弱区域的光分配网(ODN),同时向用户端延伸全光纤接入网。根据需要,升级支持千兆业务的家庭和企业网关(光猫)设备。完善电信普遍服务补偿机制,支持基础电信企业对农村较大规模人口聚居区、交通要道沿线等的区域进行宽带网络覆盖,并逐步推动有条件、有需求的农村及偏远地区建设千兆网络,为脱贫攻坚成果和乡村振兴提供有效支持。

（二）加快 5G 网络与 IPv6 规模化部署

推动基础电信企业开展 5G 独立组网(SA)规模商用，对于重点区域、重点行业的网络覆盖要重点加快。鼓励利用多种组网方式如宏基站、微小基站等，与集中式无线接入网(C-RAN)等其他技术相结合。交通枢纽、大型体育场馆、景点等流量密集区域的 5G 网络要深度覆盖。适时开展基于 5G 毫米波的网络建设，要综合考虑产业发展和应用需求。强化基础设施 IPv6 承载能力，即提升网络基础设施 IPv6 服务能力、优化内容分发网络 IPv6 加速性能、加强域名解析服务器 IPv6 解析能力。

二、推进云网协同和算网融合发展

统筹围绕国家重大区域发展战略，根据能源结构、产业布局、市场发展、气候环境等，在京津冀、长三角、粤港澳大湾区、成渝，以及贵州、内蒙古、甘肃、宁夏等地布局建设全国一体化算力网络国家枢纽节点(以下简称"国家枢纽节点")。建设超级计算中心，形成全国一体化国家大数据中心体系架构模式，以政府统筹构建的数据中心、数据共享交换平台、数据开放平台为核心，形成三个平台体，即数据中心与云计算平台、全国政务信息资源共享交换平台、大数据资源服务平台。

全国一体化大数据中心作为新型基础设施，将为数据要素市场培育提供强有力的技术支撑。其能够完善数据流通共性支撑平台，优化数据要素流通环境，并牵引带动大数据产业生态集聚发展，包括数据加工分析、流通交易和软硬件研发制造等。实现云网融合，一方面可以将云基础设施的算力和网络路由通过统一的算网大脑进行编排和协同，另一方面可以通过 B/O 域融合，提升网络的价值，形成新的价值面，并向垂直行业等市场需求主体提供数据赋能。

三、有序推进基础设施智能升级

近年来党中央多次部署新基建，以 5G 网络、数据中心、工业互联网等为代表的新基建必将成为今后一段时期的建设重点。新基建的主要应用场景是智慧城市，智慧城市是新基建的重要载体，两者之间具有天然的、密不可分的联系。一是智慧城市与新基建要同步规划、同步发展。二是智慧城市与新基建要互相拉动、互相支撑。聚焦智慧城市需求，依托智慧城市开展新技术、新产品协同研发和测试验证。

第二节　数据要素市场

社会经济活动数字化转型加快促使"数据"成为新生产要素。对于数据要素价值的重视及利用已经成为社会各界的广泛共识和世界各国的重大战略抉择。将尚未完全由市场配置的数据要素转向由市场配置的动态过程便是数据要素市场，其目的是形成以市场为根本的调配机制，实现数据流动的价值或使数据在流动中产生价值。

一、强化高质量数据要素供给

（一）提升基础数据资源质量

作为数字经济发展的关键生产要素，数据具有基础性和战略性地位。党中央、国务院高度重视数据要素的发展，数据要素价值化在实现经济高质量发展、推动治理能力现代化、满足人民对美好生活的需要方面发挥着重要的作用。国内数据资源虽然丰富，但鉴于观念、技术、利益、安全等多种因素，数据在采集、存储、交互、共享、集成方面面临很大障碍。

（二）推动数据资源标准化工作

加快推动出台数字经济领域法律法规，构建覆盖数据要素有序流通、数据资源开发利用、数字产业化发展、产业数字化转型和新型基础设施建设等的政策与监管体系。构建数据采集、存储、传输、处理、使用和分配等各流通环节操作标准，并形成完善的国家标准、地方标准、行业标准三级体系。

二、加快数据要素市场化流通

（一）开展数据确权及定价服务

数据作为时下具有重要经济价值的资源，其相关权利的界定依旧模糊。关注数据权属问题，既要考虑数据分析对于不同主体的价值和意义不同，也要考虑谁在关系中更容易被损害。原始数据经过处理形成数据产品，进入数据交易市场，但并非所有的初始数据都能经过处理成为数据产品。哪些原始数据可以被处理成数据产品目前也很难形成一个统一的标准来定义和衡量。数据元素的价值创造并不取决于数据的市场价格，而在于工业互联网应用通过深加工与工业融合产生的价值增值。

（二）培育发展数据交易平台

对于数据资源配置要综合发挥市场"无形的手"和政府"有形的手"的作用，此外还要妥善处理好政府和市场、监管和创新、中央和地方、国内和国际之间的关系，根据数据行业应用、数据要素流通、数据资产交易的路线，重点打造集合规保护、价值挖掘功能等于一体的新一代数据交易平台。

三、创新数据要素开发利用机制

高标准汇集海量数据资源，释放数据要素潜藏的巨大红利。一是依托第三方机构打造国家或区域"数据共享池"，建立一支公共数据处理服务的合格供应商队伍，确保数据共享池内数据的脱敏脱密和安全可溯处理。二是建立公共数据开发招标制度，持续扩大公共数据应用场景。鼓励互联网数据巨头积极共享数据，合理、合规、合法地参与公共数据挖掘和市场化数据产品创新，持续提升数据要素价值。

第三节 产业数字化转型

产业数字化转型是数字经济发展的重要组成部分,具有重大意义。习近平总书记在中共中央政治局第三十四次集体学习时指出,"利用互联网新技术对传统产业进行全方位、全链条的改造""要推动互联网、大数据、人工智能同产业深度融合"。产业数字化转型是传统产业利用数字化技术,突破不同层次、不同产业之间的数据壁垒,创造新产业、新业态、新商业模式的数字化转型活动。

一、加快企业数字化转型升级

(一)实施中小企业数字化赋能专项行动

数字化转型是指企业通过重塑企业愿景、战略、组织结构、流程、能力和文化,应用数字化技术以适应高度变化的数字化环境的创新过程。在转型过程中,中小企业可以通过边界开放机制缓解组织刚性,通过组织适应性机制发展创新能力。此外,它们还需要平衡组织二元性的张力。实施中小企业数字化赋能专项行动,从数字化转型的迫切需求出发,支持中小企业加快推进网络营销、远程协作、数字化办公、智能生产线等应用,由点及面向全业务、全流程数字化转型延伸拓展。

(二)数字化转型的关键在于数字基础设施建设

坚实的数字化基础设施也决定了企业数字化和智能化的功能水平和应用前景。新基建既要着眼于5G网络、数据中心等硬基建,也要着力建设高标准市场体系和制度,增强新基建的软基础。借助"硬"和"软"基础设施的布局和完善,推进企业数字化转型所必需的数字技术基础设施建设,为企业数字化转型予以基础保障。

二、全面深化重点产业数字化转型

(一)构建自主创新与开放共享结合的数字技术体系

构建和完善坚持自主创新的数字技术体系建设,明确数字技术自主研发的重点方向和优先顺序,不断增强人工智能等数字技术基础科学研究,创建长期研发生产模式,进一步推动数字新兴技术在行业中的应用,培养人工智能等新兴技术高级人才,逐步在全球范围内建立共享开放的数字技术体系。建立数字技术创新的科技产业战略联盟,为产业数字化转型构建合理有序的生态系统,使开放与竞争并存。

(二)推动传统产业全方位、全链条数字化转型

基于不同行业产业的主要特点和差异化的产品需求,推动重点企业和战略性新兴产业数字化转型,提高全要素生产率。推动互联网与制造业的深度融合,支持大型制造企业建设面向

生产的企业级"5G＋"工业互联网,加快对企业内部各类应用的改造迁移,使之符合企业数字转型的需求,面向企业构建数据采集互联系统和数据中心。

三、推动产业数字化生态建设

（一）建设产业数字化公共平台

建立数据治理、交流、信息安全、技能培训等多功能的公共平台,解决产业数字化转型中普遍存在的问题。搭建产业数字化转型综合代理平台,进一步加强产业间的协同合作,整合产业链和价值链。围绕产业数字化转型企业,推动产业数字化公共平台发展,促进产业跨区域、跨国界协同发展。

（二）促进产业数字化商业模式创新

充分挖掘并利用产业数字化转型所带来的商业价值,协同推进新业态、新模式、新产品、新服务的变革,积极推进商业模式创新,使之适应我国产业数字化转型。推动产业组织的管理模式从传统的垂直组织结构管理向多元化新型产业组织管理模式转变,重新构建产业组织的运营管理模式。

第四节　数字产业化

数字产业化主要涉及信息通信产业,包含通信业、电子信息制造业、软件和信息技术服务业、互联网和相关服务业等,其作为数字经济发展的先导产业,为数字经济发展提供了技术、产品、服务和解决方案等。对数字产业化主要从数字技术、数字产业竞争力和营造数字产业新业态等方面展开研究。

一、增强关键技术创新能力

（一）加快核心数字技术研发创新

一是开展核心技术创新研发攻坚。鼓励短板技术和前沿技术的研发,设立专项技术研发基金,构建相关数字经济的研究决策智库,帮助龙头科技企业布局重点实验室。二是支持半导体企业成立国家半导体企业联盟,尤其是芯片材料生产、设计、制造等行业,共同解决国内芯片供应受制于他国的困境。三是培养和引进高端技术人才。建立数字技能人才库,同时对于掌握核心技术的高端人才施行股权激励,在增加数字科技人才培养数量的同时更要提高人才培养质量。

（二）大力培育发展智能终端产业及其相关技术

发展虚拟/增强现实产品,探索构建数字 VR 产业链;集中力量进行研发,重点突破多模多频基带和射频芯片、高处理能力的双/多核应用处理器（AP）、北斗/GPS/GLONASS 多模卫星导航定位接收芯片、微机电系统(MEMS)、低温多晶硅(LTPS)和有源矩阵有机发光二极管(AMOLED)显示屏等关键技术,并将技术进行成果转化,在产业链上游逐步形成一系列具有自主知识产权的成果。

二、提升核心产业竞争力

(一)推进数字化产品制造提质增效

打造数字化供应链实现与互联网、物联网的深度融合,进一步提升上游物资供应效率,使数字化产品生产更好地满足个性化、定制化的消费需求,提高产能利用率,逐步推进工厂和车间生产数字化、园区建设智慧化。完善促进数字化产业竞争力提升的长效机制,既要注重技术创新的数量增长,也要注重质量的提升,加强对数字科研机构的建设和扶持。

(二)实施产业链强链补链行动

加强面向多元化应用场景的技术融合和产品创新,提升产业链的关键环节竞争力,构建多层联动数字企业平台。培育技术中心、产业创新中心和创新服务中心的"三位一体"综合平台,鼓励数字企业进行源代码、硬件设计和应用服务资源开放与共享。

三、加快培育新业态新模式

(一)持续壮大新兴线上服务,激活数字消费新市场

构建线上和线下教育常态化融合发展机制,形成良性互动格局,完善在线教育知识产权保护、内容监管、市场准入等制度规范,以数据流引领带动物资流、技术流、人才流、资金流,有力支撑城市应急、治理和服务。

(二)有序引导新个体经济

完善多元价值传递和贡献分配体系,有序引导多样化社交、短视频、知识分享等新型就业创业平台发展,支持线上多样化社交、短视频平台有序发展,鼓励微创新、微产品等创新模式发展。完善灵活就业人员在劳动权益保护、薪酬福利、社会保障等方面的政策制度,探索适应跨平台、多雇主间灵活就业的权益保障、社会保障政策,为新个体经济从业提供支持。

四、营造繁荣有序的产业创新生态

(一)加快布局数字经济新业态新模式,形成产业高质量发展的"新格局"

进行新业态、新模式的顶层设计,切实提升电子商务、互联网金融、智慧医疗、共享经济等新业态新模式在GDP所占的比重。进一步优化数字营商环境,明晰市场准入、市场竞争秩序、平台法律责任,解决旧机制与新业态之间的矛盾,建立与新业态、新模式相适应的制度规则,从产业生态、数据要素、技术创新、平台企业创新制度等多方面加强顶层设计,搭建数字经济新业态、新模式的"四梁八柱"。

(二) 主动锻造新型数字经济主体，培育高活力的产业主体

强化新业态、新模式主体培育，加快现有企业数字化转型，打造反应敏捷、精细精准、降本高效的全流程数字化组织方式。培育平台型龙头企业，充分发挥平台企业提升供需有效匹配、助推供需两端提质升级的促进作用。

第五节 公共服务数字化

一、提高"互联网＋政务服务"效能

近年来，中央多次强调利用互联网思维和互联网技术重塑政府，把开展"互联网＋政务服务"看作推动简政放权、放管结合、优化服务改革朝着深度发展的着力点，并完善相关机制，提升"互联网＋政务服务"效能，坚持以问题为导向，强调创新的服务理念和方式，并增强政务服务的主动性、便捷性和创造性，提高人民群众办事的满意度。

(一) 增强政府文化自觉性，及时优化政府工具箱

在"互联网＋"背景下，政府要有文化自觉精神，政府的各部门人员也要达到执政文化的自觉性，提升"互联网＋政务服务"的能效，增强政务服务的主动性、精准性和便捷性。

(二) 完善相关法律法规标准及配套政策

当前，由于规范和界定"数据主权"相关法律法规的缺失，一些有关大数据治理法律法规的滞后，甚至会导致在某些方面出现盲点，其中包括对我国数据的保护和控制数据跨境流通的规定。因此，迫切需要我国政府的众多部门一起为"互联网＋"的发展及应用构建相应的法律法规和法治保障的框架体系。

二、提升社会服务数字化普惠水平

近年来，数字化公共服务能力及水平越来越高。建设效果突出的数字政府、数字惠民服务和数字乡村，推动越来越普惠均衡的公共服务等，使数字经济发展成效更多地惠及广大人民群众，提升人民的幸福感和安全感。"十四五"时期，数字化的社会服务供给能力及其覆盖规模也需进一步提升。

(一) 推进更加广泛的服务领域

数字化服务领域中的教育、健康服务、文旅、社区、社会保障服务等需要深入推动和发展；会展旅游、体育建设等服务资源数字化供给和网络化服务需要优化，并且需促进优质资源深化应用、共享复用。探索教育、医疗健康、养老、社区、家政、旅游、体育等领域线上和线下融合互动的社会服务供给体系，充分利用互联网技术加快社会服务在线对接、线上和线下融合，促进优质社会服务惠及更多的人民群众。

（二）促进更加普惠的社会服务

开展电信普遍服务试点。其重点在于瞄准革命地区、民族地区、边疆地区、脱贫地区，瞄准教育、医疗、社保、帮扶等服务内容，提高社会服务的远程供给需求和覆盖范围，推动基本公共服务均等化。加强信息无障碍建设，提升面向特殊人群的数字化社会服务能力，使更多群众享受数字化带来的方便。深度推进社会服务和数字平台的融合，探索多领域跨界合作，激发起社会参与活力。

三、推动数字城乡融合发展

新型智慧城市是新一代信息技术应用在城市中的综合载体，是城市完成整体数字化转型和智能化发展的重点。近年来，我国新型智慧城市建设取得了明显成果，数字城乡融合发展在"十四五"时期需要进一步推动。

（一）不断推进新型智慧城市建设

加强智慧城市的统筹规划和顶层设计，促进城市数据整合共享与业务协同，分级推动新型智慧城市构建。完善智慧城市长期有效的发展机制，推动智慧城市的规划、设计、建设和运营协同，提高智慧城市建设的创造能力。

（二）提速数字乡村建设

实现农村地区的信息和服务供给，提升信息惠农服务水平，构建乡村综合信息服务体系，使农业生产生活数字化应用向前推进。城乡常住人口的动态统计发布制度要切实健全，促进城乡要素双向自由流动和公共资源合理配置，形成以城带乡、共建共享的数字城乡融合发展格局。

四、打造智慧共享的新型数字生活

随着数字经济的蓬勃发展，数字消费需求不断壮大，我国新型基础设施建设超前发展，为共享数字消费不断提供基础支撑。依靠社区的数字化平台和线下的社区服务机构，建成便民惠民的智慧服务地，使线上和线下相融合的社区生活、社区治理、智能小区等服务成为可能。

（一）集约建设智慧社区平台，拓展智慧社区治理场景

充分依托已有平台，因地制宜推进智慧社区综合信息平台建设。以智慧社区的综合信息平台，健全民情反馈、应急响应、风险研判和舆情应对机制，促使社区全周期管理能力及水平提升。

（二）构筑社区数字生活新图景，推进大数据在社区的应用

依托智慧社区综合信息平台，让政务服务、公共服务提供方式更加创新，助力实现各项服务"指尖办""网上办"和"就近办"，形成多端互联、多方互动、智慧共享的数字社区生活。

第六节　数字经济治理

一、强化协同治理和监管机制

规范数字经济发展，离不开政府的统筹协调和监管。推进过程中应准确分工以落实组织保障，精准评估以促进问题改善，建立试点以树立优秀标杆，利用创新监管以营造良好环境，将各项举措落到实处。

（一）明确权责细化和落实任务分工

地方政府应明晰不同主体的责任，指导和支持教育、工信、公安、民政、人社、商务、文旅、卫健、体育、医保、药监等重点部门制定配套措施，确保地方发展数字经济的工作顺利进行。发挥区块链在促进数据共享、优化业务流程、提升协同效率、强化安全保障等方面的作用，为进一步提升移动政务服务效能提供有力支撑。

（二）信用监管和线上、线下维权相结合，提高监管效率和质量

在发展数字经济的过程中，势必涌现出一大批新业态、新模式。要坚持包容审慎的态度，构建以信用为基础的监管机制。对知识产权、数据安全和个人隐私等需要着重关注，畅通线上和线下维权渠道，形成多方共治的监管格局，营造良好的数字经济发展环境。

二、增强政府数字化治理能力

数字化发展在对政府治理能力提出巨大挑战的同时，也为政府治理效能的提升提供了新的工具和手段。近年来，显著加快的数字技术创新和迭代速度，不仅提高了社会生产力、优化了资源配置，还带来了一些新问题、新挑战，对数字化发展治理的迫切要求，是营造良好数字生态的前提。

（一）加强顶层设计，强化政策制定与部署落实

好的顶层设计是构建规范有序数字化治理体系的必然要求，平衡发展与治理，确保监管治理体系全方位、多层次、立体化的建立，可以实现政府与企业和个体之间的有效结合与良性互动，更好地结合有效市场和有为政府。

（二）完善法治体系，打造健康有序的发展环境

法治体系的完善需要依据数字化发展进程。健全新技术应用监管的法律体系，及时研究技术发展问题，并制定配套法律法规，促进行业健康发展。在加强监管的同时，也要推动治理在技术层面的探索应用，正确处理安全和发展、开放和自主、管理和服务的关系，促进技术治理的水平提升与能力发展。

三、完善多元共治新格局

近年来,数字经济在我国快速发展,它作为国民经济的代表形态发挥着优化社会资源配置、创新经济发展动能、畅通经济内外循环的重要作用。但发展中仍存在不平衡、不充分、不规范的问题。当前,转变传统发展方式是提升我国数字经济治理水平的迫切需要。

(一) 推动互联网平台建设,将技术优势转化为平台自治能力

互联网平台积累了大量的用户信息、交易数据、行为数据等,可以利用大数据技术进行智能化分析,从而为平台自治提供重要支撑。平台自治在保护消费者权益、内容合法审查、处理交易纠纷等方面已起到了积极作用,未来要依托技术的创新与应用来探索平台自治的更广阔领域。

(二) 建立"政府+平台"双中心的监管体系

政府对于第三方组织、企业等数字经济参与主体要做到有效统筹、协调和引导,在激发各主体参与意识,构建多元协同共治的数字经济监管体系的同时,也要充分发挥自身优势,保证不同用户与不同主体之间的交易能够在信任的基础上进行,并具备平台特有的信息优势,避免传统的单一监管主体所无法克服的监管信息不足、监管手段不充分等弊端。

第七节　数字经济安全

一、增强网络安全防护能力

随着数字经济的发展,中国的网络安全保护面临着越来越严重的挑战,从"网络大国"到"网络强国"的转变,迫切需要推动高质量的网络安全防护,以确保数字经济的发展,抢占全球竞争格局制高点。

(一) 安全技术和产品创新发展,智能化、主动化将成为竞争力关键

随着新挑战和新场景的出现,安全技术与产品进行不断的创新发展,智能化、主动化是提升核心竞争力的关键。一方面,由于攻防能力的不对等性,对未知威胁及潜伏式攻击的反应变得困难。另一方面,由于5G、物联网、工业互联网等新场景的出现,需要在资源受限、广域覆盖的情况下进行有效的威胁应对。因此,全球众多领域正加快部署以威胁狩猎、欺骗防御等为代表的智能主动安全类产品。Domain Tools 调查表明,增加安全预算的组织在威胁狩猎方面投入最多。IDG 的调查显示,在所有的安全方案中,欺诈防御技术位居第二。

(二) 新机遇、新动能助推网安产业繁荣,数据安全领域蓄势待发

目前,我国的网络安全行业已经有了一个牢固的基础,企业的创新研究活动积极活跃,资金规模不断扩大,技术和产品系统日趋完善。随着应用领域的不断扩展、需求的不断释放,以及理论研究的不断深入,数据安全领域的发展将步入"快车道"。

二、提升数据安全保障水平

数据安全是指为确保数据处于合理合法的使用和保护状态,通过采取必要措施,确保其具备持续安全状态的能力。可见,数据安全已经成为国家和企业都需要面对的首要问题。

(一)补齐多元主体共治短板

多元主体的参与,有利于建立一个良好的数据安全治理秩序,而数据安全的有效维护,则是利益相关方的利益共享。因此,必须针对不同主体的特点,在明确其定位的基础上,建立起数据安全共治体系。推动行业自治,应当在厘清企业、行业组织等数据组织定位的基础上,通过行业规范、标准制定、内控机制等方式确定主体权责。

(二)加强跨境数据安全保护

在具体规则上,应当细化各项规则内容,增强其可操作性,并在明确部门、地区权责范围基础上,合理制定数据的分级分类标准,并加强数据安全风险评估,明确负责数据安全风险评估机构,完善国家数据安全治理体系内部的监督和问责机制。

三、切实有效防范各类风险

相较于传统经济形态,数字经济的网络化、共享化、智能化和全球化特征更为明显,其风险更泛化,安全风险防控也更迫切。发展数字经济,要把安全风险问题摆在更加突出的位置,把安全贯穿于数字经济发展的全过程,进一步强化我国数字经济安全风险的防控机制。因此,可开展以下措施。

(一)建立健全数字经济安全风险的预警研判平台

(1)要加强对我国数字经济的安全风险进行科学的研究,掌握其基本特征、影响因素和形成机制。

(2)通过对目前国家和地方各级的安全监管平台、市场监管平台、经济信息平台、金融监管平台等进行迭代升级,实现纵向贯通、横向协同和整体智治,建立我国数字经济安全风险的预警研判平台。

(3)利用云计算、大数据、区块链、人工智能等技术,对数字经济的安全风险进行动态的分析和预测。

(二)加快推进数字经济国产自主可控替代计划

(1)深入研究我国数字经济关键核心技术的主要领域、发展水平和优势短板,科学编制国产自主可控替代项目清单。

(2)充分发挥我国社会主义制度优势,加大对拥有自主知识产权的政策、资金、人才和要素支持。

(3)要把创新要素集中起来,加强对数字经济共性技术平台的前瞻性研究,加快发展数字经济的共性技术平台。

第八节　数字经济国际合作

一、加快贸易数字化发展

当前,数字经济正在制造、分销、跨境通关、物流和仓储、金融服务和售后服务六个方面赋能传统外贸,并持续发力。在制造业中,基于大数据和人工智能的研发知识体系可以缩短研发周期,实现智能和柔性产品的生产,并有效提高生产效率和产品质量。在售后服务领域,数字技术可以支撑智能产品和设备的智能监控和远程运维。

(一) 推动数字技术与贸易各环节深度融合

丰富多种贸易聚集场景的数字化实现方式,推动建立现代物流体系,提升海关信息化水平,推动数字支付和数字供应链融资,推动售后服务数字化发展,切实提升贸易各环节的数字化水平。

(二) 推进外贸基础设施建设

搭建贸易数字化公共服务平台、贸易数字化企业交流合作平台等,发展线上运营生态,构建共同生态圈,为贸易数字化转型提供动力。

二、推动"数字丝绸之路"深入发展

当前,数字经济的兴起,对共建"一带一路"国家乘上数字经济的高速列车、加快经济发展和基础设施建设,恢复就业和稳定民生至关重要。然而,目前"一带一路"沿线大部分国家和地区仍处于数字化转型的起步期,"数字丝绸之路"建设面临众多挑战,包括我国数字贸易的国际话语权不足、"数字鸿沟"制约发展速度和成果共享、我国企业国际化发展的数字化转型不充分、数字贸易引发数据安全风险。

(一) 积极参与构建"数字丝绸之路"制度框架与数字治理体系

促进数字技术规则的国际融合与对接,加快数字知识产权认证和技术标准建设,加快专利布局,拓宽在物联网、5G等领域的国际合作,同时避免数字壁垒的出现,增强数字经济治理的全球话语权。

(二) 加强企业数据安全管理意识和能力

加强对云上数据的安全防护,提高对数据安全的保密意识和警觉性,构建相应的数据安全体系,搭建数据安全运营管理平台,进行常态化安全管理,降低数据泄露风险。

三、积极构建良好国际合作环境

随着全球新一轮科技革命和产业变革浪潮兴起,数字经济正以前所未有的速度、规模和影

响不断发展,正在成为全球资源重新分配的主要驱动力,重塑全球经济架构,改变全球竞争格局。为了创造新的发展模式,我们需要进一步加快数字经济的发展步伐,利用数字技术实现不同资源要素的快速流动,加快不同市场主体的整合。

(一)扩大宽带接入,提高宽带质量

发展和改善区域通信、互联网、卫星导航和其他关键信息基础设施,促进连通性,探索以可承受的价格扩大高速互联网接入和连通的机会,促进宽带覆盖,提高服务能力和质量。

(二)促进标准化领域的国际合作,尊重独立的发展道路

支持共同合作制定和应用有关技术产品和服务的国际标准,这些标准应符合国际规则,包括世贸组织规则和原则,同时认识到各国应尊重国际法律义务,根据各自的发展状况、历史文化传统、国家法律体系和国家发展战略规划自己的发展道路。

本 章 小 结

借助超大规模市场优势,我国抓住电子商务和消费互联网蓬勃兴起的机遇,数字经济呈现超高速发展态势,涌现出各种新经济、新业态、新模式;但也面临数据要素市场化相关体制机制尚未完善、核心技术不强影响数字经济发展质量、数字经济在推动产业迈向中高端方面仍然落后、数字经济与实体经济的深层次融合有待加强、畅通数字经济循环存在短板等问题。

解决这些问题,需要围绕数据资产市场化培育"新要素"、核心技术攻关打造"新动力"、推动经济转型升级发展"新产业"、鼓励新消费打造"新业态"、建设智慧城市推动"新基建"、畅通数字经济国际循环致力"新合作",以及优化数字经济营商环境实现"新治理"等方面寻求解决方案。

本章结合我国国情和社会发展的趋势,比较全面地介绍了数字经济的研究方向,力图为学术界、产业界、决策部门把握数字经济发展脉搏提供综合全面的参考,同时也为数字经济学相关学科、学术、话语进行理论探索提供有益参考。

复习思考题

1. 目前我国数字基础设施主要在哪些领域进行布局和发展?还有什么不足?
2. 我国的产业数字化转型主要包括哪几个方面?有什么亮点?
3. 产业数字化和数字产业化有什么区别?
4. 结合现实生活案例,请谈谈你享受过哪些方面的数字公共服务便利。
5. 我国应如何加强数字经济国际合作?

金风科技：助力风电产业转型升级

作为国内成立最早、自主研发能力最强的风电设备研发及制造企业之一，金风科技很早就确立了风电整体解决方案提供商的战略定位，在业务布局上向产业链纵向延伸，为客户提供技术前期开发咨询、融资服务、EPC工程服务、风电项目全生命周期资产管理等服务，因此积累了丰富的优质风资源开发和风电场运营管理经验，同时结合金风近20年的机组运行数据、专业技术能力和资源，形成了企业核心优势和竞争力。风电产业集团业务数字化部副总经理李富荣介绍说，金风科技在信息化建设上起步较早，成功建设了完善的信息化体系，比如在很早就开始了ERP系统的建设应用，目前已经完成了三四次的迭代升级，最新的一次升级应用了SAP系统，打造了全新的自主知识产权数字化平台，重新塑造了敏捷的开发和交付能力，从而满足快速迭代的需要，为今后的发展提供了有力支撑。

不仅如此，金风科技还以更宽的视角延伸整个产业价值链，致力于打造全产业链新能源互联网平台，构建"源网荷一体化"的生态体系，为新能源的规划、建设、运营、消纳等提供全面服务，促进新能源健康、可持续发展。目前，金风科技倡导的能源互联网平台已经在与青海电力公司的合作中成功落地，为青海新能源大数据创新平台推动网源荷协同控制提供了全面支持，更为中国能源转型提供了样本。

欧科云链：护航数字经济安全

自发改委联合网信办提出"上云、用数、赋智"行动以来，企业数字化转型的方向愈加清晰，各产业都加快了节奏。但是，新型犯罪技术手段也随之频出，加密资产风险事件多发，在数字化新经济发展的道路上，网络安全服务商的角色必不可缺。欧科云链创始人徐明星率团队推出"链上天眼"等产品助力数字经济发展，同时也发挥着守卫护航数字经济安全的使命。通过徐明星和欧科云链团队的不懈努力，链上天眼Pro 2.0优化了"区块链＋大数据"技术框架，针对区块链案件四大难点，实现了技术创新、功能创新、侦查创新三大突破。其中，技术创新在于结合区块链和大数据技术，运用包括机器学习、数据建模、相似度算法、特征工程等，解析万亿信息。

值得一提的是，近期徐州铜山警方破获网络新型犯罪案件。报道提到，专案组对钓鱼网站、涉案账户、资金流等进行比对与数据碰撞，用链上天眼工具进行一个多月的分析研判，确定了嫌疑人活动地点分别在江西南昌、江西萍乡、河南安阳、北京等地。正是在相似的实战打磨中，链上天眼对产品进行了升级，将信息做到可视化和一站式应用，为执法部门使用带来方便。

讨论：
1. 以上两个案例分别体现了本章数字经济研究的什么研究方向？
2. 两个案例所体现的数字经济方面的特点和做法，对于其他企业有什么启示？

资料来源：戚聿东，杜博，温馨. 国有企业数字化战略变革：使命嵌入与模式选择——基于3家中央企业数字化典型实践的案例研究[J]. 管理世界，2021，37(11)：137-158,10.

参考文献

[1] 李云鹤,李杏.数字基础设施建设与区域创新[J].统计与决策,2022,38(17):73-77.

[2] 王伟玲,吴志刚,徐靖.加快数据要素市场培育的关键点与路径[J].经济纵横,2021(3):39-47.

[3] 祝合良,王春娟."双循环"新发展格局战略背景下产业数字化转型:理论与对策[J].财贸经济,2021,42(3):14-27.

[4] 蒋向利.做强做优做大我国数字经济 为经济社会发展提供强大动力——国务院印发《"十四五"数字经济发展规划》[J].中国科技产业,2022(2):14-19.

[5] 陈舟,郑强,吴智崧.我国数据交易平台建设的现实困境与破解之道[J].改革,2022(2):76-87.

[6] 李北伟,宗信,李阳.产业视角下国内外数字化转型研究:综述及展望[J].科技进步与对策,2022,39(2):150-160.

[7] 范柏乃,段忠贤.数字经济安全风险防控机制建设路径探讨[J].国家治理,2022(5):43-46.

[8] 钟于.让数字技术更好造福社会[N].人民日报,2022-06-29(7).

[9] 莫思思,陈文婕.财政补贴、研发投入与新能源企业财务绩效探讨——以新疆金风科技公司为例[J].现代商贸工业,2021,42(15):80-82.

第二篇 技术篇

第五章　大数据技术

第六章　人工智能技术

第七章　区块链技术

第八章　虚拟现实技术

第九章　云计算技术

第十章　物联网技术

第十一章　新型人机交互技术

第五章 大数据技术

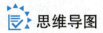 思维导图

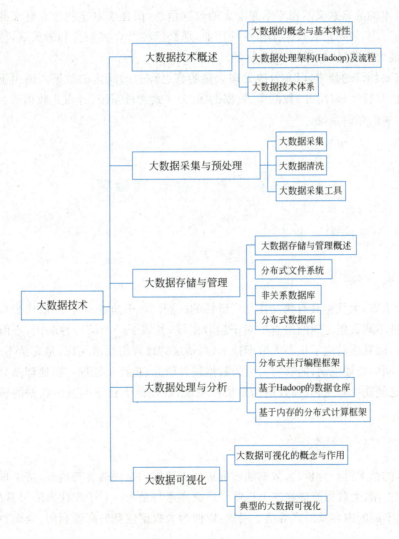

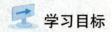 **学习目标**

学习层次	学习目标
了解	1. 大数据采集与预处理 2. 大数据存储与管理 3. 大数据处理与分析
掌握	1. 大数据的概念与基本特性 2. 大数据处理架构（Hadoop）及流程 3. 大数据技术体系 4. 大数据可视化

大数据技术的战略意义不在于掌握庞大的数据信息，而在于对这些含有意义的数据进行专业化处理。换言之，如果把大数据比作一种产业，那么这种产业实现盈利的关键，就在于提高对数据的"加工能力"，通过"加工"实现数据的"增值"。

大数据需要特殊的技术，以有效地处理大量的容忍经过时间内的数据。适用于大数据的技术，包括大规模并行处理（MPP）数据库、数据挖掘、分布式文件系统、分布式数据库、云计算平台、互联网和可扩展的存储系统。

第一节 大数据技术概述

一、大数据的概念与基本特性

（一）大数据的概念

从概念上来看，大数据具有狭义性与广泛性的区别。对于前者而言，一般代表着大量的数据资料，能够促进不同数据之间的融合。对于后者来说，其属于一个综合性名词，不但能够促进大量数据的融合，而且还对应了很多大数据技术，与传统的计算机技术相比，是完全不一样的，这属于一个完全不同的处理机制，能够对大量的数据展开研究、统计及处理。在处理及分析数据的过程中，能够随之创建一套完善、高效的信息资产系统，以便最大化地彰显出数据的核心价值与重要资源。

（二）大数据的基本特性

按照具体的情况进行分析，大数据能够促进各类数据的全面融合与梳理，基于现代商业经营与科技发展的作用，大数据能够在各个行业中广泛渗透与融入。对于现代人的日常生活来说，大数据能够通过不同的内容及形式等给予展现，以便为大数据信息的高效利用、全面整合创设更加稳固的基础。

一般而言，大数据的基本特性主要包括以下三个。

1. 大容量

尽管大数据的规模界定并没有得到统一的阐释，但根据大数据的基本特征能够发现，其在容量方面也有着一定的独特性。一般而言，当对大数据实施整合期间，TB是最小存储单位，比其大一点的储存单位分别是 PB、EB 等。大数据技术的应用能够为内部数据分析、处理等带来更加精准、确切,规模极大的样本,利用这一技术能够逐步增强数据分析的精准性与客观性,从而真正地解决信息不对称等方面的问题。

2. 多样性

在大数据技术的推动下,大数据的类型丰富多样,如文本数据、图像数据、音频数据、视频数据等。由于数据类型丰富多样,其对应的容量也非常大,所以,工作人员在进行数据处理的过程中能够获得更多的帮助,从某种意义上来看,这对数据处理、分析等带来一定的支持,大大降低操作难度,促使分析效率大幅提升。

3. 高效率

在运用大数据技术处理相关数据的过程中,信息资源存在极强的时效性。在大数据中挖掘一些有价值资讯或资源的过程中,必须利用大数据的高效率运行方可完成,这对于提升企业的运营水平、管理质量等有很大帮助。

二、大数据处理架构(Hadoop)及流程

Hadoop 是由 Apache 公司所开发的分布式系统基础架构,它是目前应用最广泛的大数据计算框架。Hadoop 拥有较高的容错率和适用于价格较低的硬件的特点,是具有广泛生态圈的批处理大数据计算框架。Hadoop 提出的 Map-Reduce 的计算模型简洁而优雅,它实现了大量算法并且应用于不同的组件。虽然由于 Hadoop 的计算任务需要在集群的多个节点上多次读写,因此在速度上会稍显劣势,但是 Hadoop 的吞吐量也同样是其他框架所不能匹敌的。

Hadoop 并不是一个标准化的命名,也不是类似于 Apple 这样具有具象化的命名,据该项目的创建者 Doug Cutting 解释,Hadoop 这一名字的命名来自孩子给一头吃饱了的大象的命名,简单、容易发音和拼写。一如当初 Google 的名字,Hadoop 旗下的子项目也是以这样的形式这样命名的。

Map-Reduce 的计算模型的出现解决了数据结合分析的问题,为解决设备可能出现的故障问题,Hadoop 项目的设计人员经过不断地思考与测试,最终设计出一个高效且便利的分布式文件系统,简称 HDFS。用户可以在不了解分布式底层细节的情况下,开发分布式程序,充分利用集群的能力进行高速运算和存储。

Hadoop 整体架构(见图 5-1)由 HDFS、MapReduce、HBase、Hive 和 ZooKeeper 等成员组件构成,其中最基础、最重要的元素为底层用于存储集群中所有存储节点文件的 HDFS 文件系统。

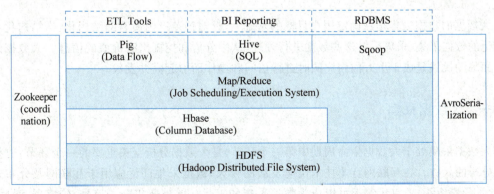

图 5-1 Hadoop 整体架构

（1）Pig 是基于 Hadoop 的大规模数据分析平台，能处理复杂且庞大的数据，可以在进行并行计算的同时提供简单的操作和编程接口。

（2）Hive 是基于 Hadoop 的一个工具，提供我们所熟悉的 SQL 查询，可以以 MapReduce 任务的形式实现 sql 语句并运行。

（3）ZooKeeper 是高效、可拓展的协调系统，可以存储和协调关键共享状态。

（4）HBase 是开源的、基于列存储模型的分布式数据库。

（5）HDFS 是分布式文件系统，有着高容错性的特点，适合那些超大数据集的应用程序。

（6）MapReduce 是一种编程模型，用于大规模数据集的并行运算。

三、大数据技术体系

大数据的数据存储是分布式的，而且能够接受任务调度，与传统的数据存储存在差异。因此，离线方式处理的数据需要通过 ETL 模块，导入大数据的数据存储系统进行存储；其中 Sqoop 是常见的抽取结构化数据工具；而 Flume 和 Logstach 是用于抽取非结构化、半结构化数据工具。大数据的数据存储系统，最常见的就是分布式文件系统 HDFS；如果需要使用 NoSQL 数据库功能，则可以使用 HBase，它是基于 HDFS 实现的一个分布式 NoSQL 数据库。存储起来的数据，使用大数据的通用计算引擎 MapReduce 或 Spark 进行计算，这些计算任务会由资源管理框架——Yarn 进行调度它会将任务分发到数据的存储位置——HDFS 中。

在通用计算引擎之上，针对不同的领域，诞生了很多提升易用性的产品。例如，在 Hadoop 生态圈的 Hive，它的作用就是将 SQL 转化成 MapReduce 任务，减少数据仓库迁移成本，虽然它的 SQL 支持率只有 60％左右，而且有特定的语法 HQL（Hive SQL），但已经极大地简化了结构化数据的处理过程。当然它现在也支持底层计算引擎转换为 Spark，以便提升处理性能。Hadoop 生态圈的 Pig 的功能和 Hive 类似，但它是将 MapReduce 封装为自己的 API，使用起来比原生的 MapReduce 更容易一些；在早期，使用的公司较多，现在基本已很少被使用。

Hadoop 生态圈的 Malhot 是机器学习的一个框架，可以完成机器学习的任务，底层将任务转换为 MapReduce，从而实现分布式运算。

第二节　大数据采集与预处理

大数据的数据采集是在确定用户目标的基础上，针对该范围内所有的结构化、半结构化和非结构化的数据采集，采集后对这些数据进行处理，从中分析和挖掘出有价值的信息。大数据的采集所面临的挑战是成千上万的用户同时进行访问和操作而引起高并发数。

一、大数据采集

大数据采集处于大数据生命周期中第一个环节，是大数据分析至关重要的一个环节，也是大数据分析的入口。在互联网行业技术快速发展的今天，数据采集广泛应用于互联网及分布式领域（常见的摄像头、麦克风等都可以成为数据采集的工具），此外还集合了信号、传感器、激励器、信号调流、数据采集设备和软件应用等。大数据的采集从数据源上可以分为四类：Web 数据（包括网页、视频、音频、动画、图片等）、系统日志、数据库数据及其他数据（感知设备数据等）。针对不同的数据源，所采用的数据采集的方法和技术也不相同。

（一）Web 数据采集

网络数据采集是指通过网络爬虫或网站公开 API 等方式从网站上获取数据信息的过程。网络爬虫会从一个或若干初始网页的 URL 开始，获得各个网页上的内容，并且在抓取网页的过程中，不断从当前页面上抽取新的 URL 放入队列，直到满足设置的停止条件为止。这样可将非结构化数据、半结构化数据从网页中提取出来，并以结构化的方式存储在本地的存储系统中。

（二）系统日志采集

系统日志采集主要是收集公司业务平台日常产生的大量日志数据，供离线和在线的大数据分析系统使用。高可用性、高可靠性、可扩展性是日志收集系统所具有的基本特征。系统日志采集工具均采用分布式架构，能够满足每秒数百 MB 的日志数据采集和传输需求。

（三）数据库数据采集

传统企业会使用传统的关系型数据库 MySQL 和 Oracle 等来存储数据。随着大数据时代的到来，Redis、MongoDB 和 HBase 等 NoSQL 数据库也常用于数据的采集。企业通过在采集端部署大量数据库，并在这些数据库之间进行负载均衡和分片，来完成大数据采集工作。

（四）其他数据（感知设备等数据）采集

感知设备数据采集是指通过传感器、摄像头和其他智能终端自动采集信号、图片或录像来获取数据。大数据智能感知系统需要实现对结构化、半结构化、非结构化的海量数据的智能化识别、定位、跟踪、接入、传输、信号转换、监控、初步处理和管理等。其关键技术包括针对大数据源的智能识别、感知、适配、传输、接入等。

数据的采集是挖掘数据"石油"的第一步，当数据量越来越大时，可发掘的有价值信息就越多，反映信息也就越全面。只有更加充分地利用数据化处理平台，才可以保证分析结果的有效性和准确性，以便更加有效地助力企业实现驱动的数据化。

二、大数据清洗

（一）数据的问题

采集到的数据主要有以下几类问题。

1. 噪声数据

噪声数据是指在测量一个变量时测量值出现的相对于真实值的偏差或错误，这种数据会影响后续分析操作的正确性与效果。噪声数据主要包括错误数据、假数据和异常数据。

2. 冗余数据

数据收集平台提供大量数据，其中部分数据存在重复记录，在实际预测任务中重复数据不发挥作用。

3. 缺乏标记数据

在预测分析中,基于深度学习的预测模型需要大量标记的数据来实现更好的性能,否则它将容易引起模型欠拟合、精度低等问题。然而,在实际应用中想要收集足够的标记数据是非常困难或昂贵的。

大数据现象出现后,数据量实现了指数级增长。使用标准算法时,用户既可以通过选择和删除冗余嘈杂的特征或实例,也可以通过离散复杂的连续特征空间来实现数据压缩技术。此外,我们必须使用数据清洗方法进一步提高预测精度。通常情况下,利用自动降噪方法可以降低数据采集过程中存在的随机偏差并提高数据处理速度。数据冗余问题可以通过特征选择和数据提取来解决。例如,采用灰色相关分析方法分析变量之间的相关性,消除无关数据,选择变量主要特征。利用主成分分析(PCA)和内核主成分分析(KPCA)达到数据维度降低和特征提取的目的。然而,以上方法需要大量的手动操作,这对于大量耦合的非线性数据流来说是烦琐的并且难以实现良好的效果。

(二) 数据清洗

不同类型的数据需要不同的数据预处理方法,数据清洗作为数据预处理的重要环节决定了数据质量,而数据质量往往决定了大数据处理的效率和知识管理系统的质量。数据清洗包括但不限于将文本、符号和字符等原始数据转换为数值数据。数据清理主要分为以下几个阶段。

1. 数据准备

数据清洗的设计和标准取决于原始数据的质量。在数据准备阶段,先抽取部分数据,通过人工查看对该数据的元数据信息,即字段解释、字段类型、数据来源及字段之间的关系等信息进行初步认识,并为后续清洗工作做准备。另外,通过初步的数据分析可以发现明显的错误和不一致并删除,因此除了人工检查数据或数据样本外,还应该使用分析程序进一步获取关于数据属性的元数据并检测数据质量。

2. 异常值检测

异常值是指偏离其他数据样本的样本点,又称离群点。这些嘈杂的数据是随机显示在数据集中的错误数据,它们的存在往往会影响数据分析、数据建模等工作的效率及质量。现在有许多异常数据的检测技术。例如,对于小型数据集,可以通过绘制箱线图、散点图等图像利用视觉来识别异常值,最常见的情况是通过不同的聚类方法来进行异常值检测。异常值可能会显著影响数据进行归一化操作,即它会将正常数据挤压到范围的最低部分(非常接近零),而在标准化中,它将使数据无法确定,所以建议在规范数据之前删除异常值。

3. 缺失值处理

缺失值是指数据采集过程中由于数据的信息获取成本高、人为的填写错误或数据输入错误等因素造成样本缺失的数据值。处理缺失值的方式将确定数据集的最终形状,因此需要根据研究的背景来确定处理方式。常用的数据缺失处理方式主要为以下三种。

(1) 去除。若缺失的数据可忽略则可选择使用直接删除法。

(2) 插补。如果是存在时间序列或连续型数据,则可以根据数据的均值、众数等特殊值进行插补,当存在明显线性关系时可采用线性回归进行插补。

(3) 不处理。若所进行的是贝叶斯网络、人工神经网络等可包含空值的数据挖掘则可以忽略该缺失值的存在。

4．检测和删除冗余功能

冗余特征是指显示特定相关程度，用于表征两个变量之间关联的强度和方向的特征。就相关性强度而言，其绝对值在 0 到 1 变化。当相关系数的绝对值为 1 时，两个变量之间存在极高的关联程度，因此不需要其中的一个特征，应该将其删除。关系的方向表示变量之间的正关系或指示变量之间的负关系，它可以显示为空。变量之间的正相关意味着它们彼此成比例，且一个变量的增加导致另一个变量的增加。然而，零附近的相关性并不一定意味着 Pearson 相关性弱，只是意味着较弱的线性关联（但是可能存在非线性关系）。负相关意味着一个变量与另一个变量成比例，且一个变量的增加导致另一个变量的减少。但是，值得注意的是，相关性不等同于因果关系，即无相关性并不意味着变量是独立的，并且强的关联不证明一个变量的变化导致了另一个变量的变化。

总体来说，清洗数据可以有效提高预测准确性，不过大多数数据清洗方法彼此独立，方法之间的相关性较小，用不同方法清洗的数据，会给后续的数据挖掘分析带来重大影响。下面我们将更详细地介绍在数据清洗过程中的常见问题及解决方法。

三、大数据采集工具

大数据平台的采集功能需要抽取结构化和非结构化的数据，具体分为数据抽取、数据规整、数据输出和数据稽核功能，如图 5-2 所示。

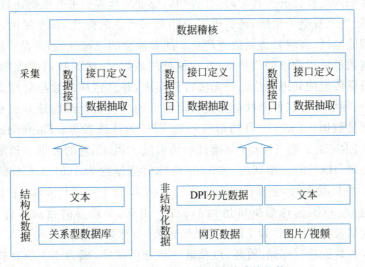

图 5-2　大数据平台采集系统的功能架构

（一）数据抽取

接口定义：根据不同数据源，定义相应的接口协议，如 FTP、HTTP、JSON 等。

数据抽取：可以用全量抽取和增量抽取方式从源系统抽取数据。

（二）数据规整

数据解析：按照接口定义的格式从用 HTTP、JSON、XML 等格式表示的数据源中提取数据，以便后续清洗。

数据清洗：按照数据业务规则对无效数据、异常数据进行清洗，以减少网络带宽压力及保证数据的有效性。

（三）数据输出

数据入库：将稽核无误后的数据进行入库处理。

日志记录：将每一次对数据库中数据采取的操作进行记录，形成日志记录，主要包括操作时间、数据范围、采集的数据量、采集的错误信息等，并将日志信息输出至安全管理和核心处理系统。

（四）数据稽核

针对数据抽取、数据规整、数据输出的每个环节进行稽核，确保数据的一致性。

第三节 大数据存储与管理

一、大数据存储与管理概述

信息技术推动人类社会进入智能时代的同时，也催生众多服务行业的出现和成长，典型的有电子商务、智能物流及电子金融，还促进了一些新兴产业的变化，如车联网、智慧城市、智慧交通、新能源、智能电网、高端装备制造等产业。随着社会的飞速发展，涉及不同业务的数据种类多样并且数据数量呈指数级的趋势增加，这使处理数据时，诸如数据的收集、存储、检索、分析等工作仅仅依靠传统的处理方法已经无法得到实现，并且这样的数据处理难题将会成为国家走向数字社会、网络社会和智能社会等发展道路上的绊脚石。纽约证券交易所平均每日形成 1 磅的证券交易数据；Twitter 日均形成远超 7TB 的往来数据；Facebook 日均形成超出 10TB 的数据；CERN 的大型 Troron 对撞机年均形成大概 15 磅的数据。追溯到专业从事咨询的国际数据公司（IDC）的一项研究，2007 年全球信息量约为 165EB 字节的数据。即使在 2009 年全球金融危机发生时，全球信息量也达到 800EB，比上年增长 6%。预估在 2025 年，中国数据量将达到 48.6ZB，全球数据将达到 175ZB。未来，全世界的数据量将每 18 个月翻一番。这些统计数据表明 TB、PB 和 EB 时代已经过去，全球数据存储正式进入"Zetta 时代"，我们应该如何对这些数据进行存储、管理，以及进一步分析赋能，成为当下信息技术发展的热点问题。

二、分布式文件系统

分布式存储最早由谷歌公司提出，以利用价格相对较低的服务器解决大规模、高并发场景下的 Web 访问问题为目标。图 5-3 是谷歌分布式存储的简化模型。该模型将服务器分为负责管理数据（元数据）的管理节点和负责实际数据的管理节点，前者名为 NameNode，后者名为 DataNode。

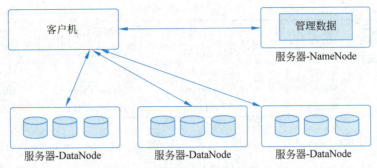

图 5-3　谷歌分布式存储的简化模型

分布式文件系统(Hadoop Distributed File System,HDFS)的优势如下。

(1) 并行高性能。HDFS 采用由名称节点和多个数据节点组成的主从架构。有时,它还包括一个备份名称节点。名称节点用于管理整个文件系统中所有元数据的中央服务器;数据节点用于存储数据块并承担启动冗余备份机制的责任。因此,HDFS 非常适合并行地存储和处理大量数据。客户端一旦从名称节点获取数据信息,就可以并行地从多个 HDFS 数据节点读取数据。

(2) 可扩展性和可靠性。HDFS 可以解决单一命名空间存在的问题,使用多个 NameNode,每个 NameNode 负责一个命令空间。这种设计可提供 HDFS 集群扩展性,即多个 NameNode 分管一部分目录,使一个集群可以扩展到更多节点,不再因内存的限制制约文件存储数目。同时,HDFS 具有良好的隔离性。用户可根据需要将不同业务数据交由不同 NameNode 管理,这样不同业务之间影响很小。此外,默认情况下,每个数据块都在三个服务器上保留备份,以便维持存储数据的可靠性。这种机制适用于流媒体访问情境,以及多次读取。

(3) 低成本和计算环境。Hadoop 框架可以充分利用各种服务器的计算资源,以便在大规模图像数据上设计图像融合、图像调节检索、三维重建和其他协定的密集应用程序的算法。

三、非关系数据库

非关系数据库(NoSQL)是指数据库替代关系模型,其将数据分成排列成列和行的表。NoSQL 数据库不像传统的数据库管理系统,使用大哈希表的键和值快速访问数据(如 RIAK、Amazon 的 Dynamo),而是利用非传统的数据存储结构。基于图形的数据库使用边缘和节点来表示和存储数据(如 InfoGrid、Infinite 图形、Neo4j)。基于列的存储将数据存储块转换为列(如 Google 的 Bigtable、HBase、Cassandra)。NoSQL 数据库通常与更灵活的部署、高读/写性能,以及缩放数据集相关联。从数据存储透视图中可以看出许多 NoSQL 数据库是具有键值数据格式的哈希数据库。在设计方面,它们涉及高并发读取和写入数据及大量数据存储。NoSQL 数据库用于查看后台的大数据集记录,已用于管理大规模异构和非结构化信息格式的数据,它还有诸如事务处理和 JOIN 等复杂处理的功能,可以应用于多个领域。

NoSQL 主要有四大类型,分别为键值存储、文档型数据库、列存储数据库、图数据库,表 5-1 列举了当前四类数据库的典型产品。

表 5-1　典型的 NoSQL

数 据 库	键 值 存 储	文档型数据库	列存储数据库	图 数 据 库
产品 1	Tokyo Tyrant	MongoDB	Cassandra	Neo4J
产品 2	Flare	CouchDB	HBase	OrientDB
产品 3	Memcached	Terrastore	HyperTable	InfoGrid
产品 4	Redis	YhruDB	HadoopDB	Infinite Graph

（一）键值存储

键值存储是在 NoSQL 中最容易见到的，它通过 key-value 的形式来储存写入的数据，虽然键值存储处理数据相关工作的速度极快，但通常仅可以经 key 的完全相对应的查询功能来取得希望得到的数据。键值存储认定了三种数据储存方式，第一种是临时性的储存数据，第二种是永久性的储存数据，第三种是临时性与永久性并存的储存数据。

（二）文档型数据库

面向文档的数据库有 MongoDB 及 CouchDB，这两者都被归于 NoSQL 数据库，然而它们又与键值存储方式不同。文档型数据库在数据差序的过程中使用较为复杂的查询条件语句取得目标数据。此外，文档型数据库基本上能够处理大部分与数据相关的工作，但也有例外，如它不能进行事务处理及 JOIN 处理，而这两种处理工作在关系型数据库中都可以进行。

（三）面向行的数据库和面向列的数据库

普通的关系型数据库都是以行为单位来存储数据的，擅长进行以行为单位的读写处理，如特定条件数据的获取。因此，关系型数据库也被称为面向行的数据库。相反，面向列的数据库是以列为单位来存储数据的，擅长以列为单位读写数据。Cassandra、Hbase、HyperTable 就属于这种类型。两者的差别如表 5-2 所示。

表 5-2　面向行的数据库和面向列的数据库比较

数 据 类 型	数据存储方式	优　　势
面向行的数据库	以行为单位	对少量行进行读取和更新
面向列的数据库	以列为单位	对大量行少数列进行读取，对所有行的特定列进行同时更新

面向列的数据库有一个明显的特征就是它具备高扩展性，也就是说，就算在业务的处理过程中数据的数量不断增加，这个数据库处理数据的速度也不会降低，尤其是数据的写入的速度，由此，当工作中要求处理的数据量比较大时就可以使用面向列的数据库，即当需要进行数据量较大的数据更新工作时，可以把它看作批数据量处理程序的数据存储器。

四、分布式数据库

分布式数据库（HBase）是一个开源的非关系型分布式数据库。从物理结构上，HBase 包含了三种类型的 Server，即 RegionServer、HMaster、ZooKeeper，采用一种主从模式的结构。

（1）RegionServer 主要用来服务读和写操作。当用户通过 Client 访问数据时，Client 会和 HBase RegionServer 进行直接通信。

（2）HMaster 主要进行 RegionServer 的管理、DDL（创建、删除表）操作等。

（3）ZooKeeper 是 HDFS 的一部分，主要用来维持整个集群的存活，故障自动转移。

（4）Hadoop 组件中 HDFS 的 DataNode 存储了 RegionServer 所管理的数据，所有 HBase 的数据都是存在 HDFS 中的。

（5）Hadoop 组件中 HDFS 的 NameNode 维护了所有物理数据块的元数据。

第四节　大数据处理与分析

一、分布式并行编程框架

MapReduce 是一种分布式并行编程模型，是 Hadoop 生态系统中最为核心和最早出现的计算模型，MapReduce 借助集群的力量解决大型数据处理问题，其基本理念是"计算向数据靠拢"，采用分而治之的办法。首先进行数据分割；接着由集群中的计算节点进行本地 Map 处理数据；由 Shuffle 进行数据分类，再由 Reduce 汇总结果，该种模型可轻松解决 TB 级别数据处理。

MapReduce 是一种可用于数据处理的编程模型。MapReduce 实施分为两个阶段，即 Map 阶段和 Reduce 阶段。模型本身的设计、实现并不难，但是设计并实现一个可用且高效的模型并将其编写为应用程序却并不简单。Hadoop 可以运行各种不同语言编写的 MapReduce 程序。

MapReduce 的具体过程如下。

（1）把输入的文件划分为多份，划分的份数可以由自己决定，划分后的每一份大小通常为 16～64KB，使用 fork 将用户进程进行复制，拷贝到其他集群上去。

（2）MapReduce 拥有一个称为 Master 的程序副本，其余称为 Worker。Master 副本负责居中调度，为空闲 Worker 分配作业。

（3）Worker 在被分配作业之后，读取对应分片的输入数据，Map 从输入数据中抽取键值对，每一个键值对都被存入缓存，作为参数传递给 Map 函数。

（4）中间键值对会被分为 N 个区，N 的大小由用户定义，每个划分的区域会对应一个 Reduce 作业；Master 会被通知中间键值对的位置，同时将信息转发给负责 Reduce 作业的 Worker。

（5）分配了 Reduce 作业的 Worker 会被通知负责分区的位置，负责 Reduce 的 Worker 会对所有中间键值对进行排序。

（6）负责 Reduce 的 Worker 遍历排序后的中间键值对，传递给 Reduce 函数键与中间键值对关联的值，分区的输出文件会添加 Reduce 函数的输出。Map 和 Reduce 的过程完成。

二、基于 Hadoop 的数据仓库

Hive 是基于 Hadoop 项目的数据仓库工具，可以将结构化的数据文件映射为一张数据库表，并提供简单的 SQL 查询功能。起初，Hive 由 Facebook 开发，后来由 Apache 软件基金会

开发，并被作为Apache Hadoop项目下的一个开源项目。Hive没有专门的数据格式。Hive可以很好地工作在Thrift（一种接口描述语言和二进制通信协议）之上，控制分隔符，也允许用户指定数据格式。

Hive构建在基于静态批处理的Hadoop之上，Hive将用户的HiveQL语句通过解释器转换为MapReduce作业提交到Hadoop集群上。

Hive提供了标准的SQL功能，其中包括许多后来用于分析的SQL 2003和SQL 2011功能。Hive的SQL还可以通过用户定义的函数（UDF）、用户定义的聚合（UDAF）和用户定义的表函数（UDTF）用户代码进行扩展。

Hive的组件包括HCatalog和WebHCat。HCatalog是Hive的一个组件。这是Hadoop的表和存储管理层，使用不同数据处理工具（包括Pig和MapReduce）的用户可以更方便地在网格上读写数据。WebHCat提供的服务可以用来运行Hadoop MapReduce、Pig、Hive作业或使用HTTP（REST风格）接口执行Hive元数据操作。

三、基于内存的分布式计算框架

Apache Spark是一个在集群上运行的统一计算引擎以及一组并行数据处理软件库。Spark是目前较流行的开源大数据处理引擎之一。Spark支持多种常用的编程语言（Python、Java、Scala和R），提供支持SQL、流处理、机器学习等多种任务的软件库，它既可以在笔记本计算机上运行，也可以在数千台的服务器组成的集群上运行。这使它成为一个既适合初学者的简单系统，也适合处理大数据的大规模系统，甚至扩展到惊人的超大规模系统。

Apache Spark是统一计算引擎和大数据处理软件库的大数据计算框架。Spark通过统一计算引擎和利用一套统一的API，支持广泛的数据分析任务，从简单的数据加载，到SQL查询，再到机器学习和流式计算。数据分析任务需要用到许多不同的数据类型和软件库，不论是Jupyter notebook这种交互式分析工具，还是用于生产应用的传统软件开发，这是Spark大数据计算框架问世出来的主要原因，也是其最大的优势所在。

第五节　大数据可视化

一、大数据可视化的概念与作用

在大数据分析的应用过程中，交互式视觉表现的方式在可视化上运用能帮助人们收集和接收复杂的数据。可视化与可视分析能够更加迅速、有效地简化与提炼数据流，让用户能便捷地筛选大量的数据，有助于用户更快更好地从复杂数据中得到有效信息，发现新的现象，是用户掌握复杂数据并进行深入分析不可或缺的方法。在绝大多数情况下，大数据的可视化是在并行算法设计的技术的基础上进行的，高效地利用有限的计算资源，快速地处理和分析既定数据集的特征。一般来说，为获得足够的互动性能，大数据可视化的技术会结合多分辨率表示等方法。

二、典型的大数据可视化

大数据可视化技术是在1950年前后计算机图形学发展之后出现的,最基本的条件是通过计算机图形学创建直观的数据图形和图表。如今,我们所研究的大数据可视化主要包括科学可视化、数据可视化和信息可视化。

(1)科学可视化是指利用计算机图形学和图像处理技术来显示数据和信息的可视化方法。常见的可视化方法包括使用颜色差异、网格顺序、网格无序、地理位置、大小等。然而,传统的数据可视化技术无法直接应用于大数据,需要借助计算机软件技术,采用相应的算法来提高可视化效果。目前常用的可视化算法包括分布式渲染和基于CPU的FAST渲染。

(2)数据可视化是指通过计算机技术对大型数据库中的数据进行快速处理,找出数据之间的相关性,预测数据的发展趋势,最终呈现在用户面前的过程。通过直观的图形显示,用户可以更直接地观察和分析数据,实现人机交互。数据可视化过程中涉及的技术主要有几何技术、面向像素技术、分布式技术、图表技术等。

(3)信息可视化是指通过用户的视觉感知来理解抽象的数据信息,加强人类对信息的理解。信息可视化处理数据需要具有一定的数据结构,并具有一定的抽象数据。例如,对视频信息、短信等抽象信息的处理,首先需要进行高级的数据描述,然后将其可视化地呈现出来。

(一)常用的数据可视化技术

在数据可视化技术的应用过程中,大多不是技术驱动,而是目标驱动。有一种应用广泛的数据可视化方法,即根据目标对数据进行分类。数据可视化的目标是进行抽象的比较,发现分布、组成和关系。

按目标分类的常用数据可视化方法如下。

(1)比较。比较不同元素之间或不同时间的值。

(2)分布。查看数据分布特征是最常见的数据可视化场景之一。

(3)组成。查看数据的静态或动态组合。

(4)关系。查看变量之间的相关性,常与统计相关性分析方法结合使用,用户通过专业知识和场景需求的可视化组合来判断多个因素之间的影响关系。

(二)大规模数据可视化

大规模数据可视化一般被认为是处理数据规模达到TB或PB级别的数据。经过数十年的发展,大规模数据可视化经过了大量研究,此处重点介绍其中的原位可视化、并行可视化和时序数据可视化。

1. 原位可视化

数值模拟过程中产生可视化,缓解大规模数值模拟的输出瓶颈。根据不同的输出,原位可视化分为图像、分布、压缩和特征。输出是图像的原位可视化。在数值模拟过程中,数据被映射到可视化,并保存为图像。输出是分布式数据的原位可视化,根据用户定义的统计指标,在数值模拟过程中计算并保存统计指标,然后将统计数据可视化。输出是压缩数据的现场可视化。利用压缩算法降低数值模拟数据的输出规模,并将压缩后的数据作为后续可视化处理的输入。以输出为特征的原位可视化采用特征提取方法,在数值模拟过程中提取特征并保存,将特征数据作为后续可视化处理的输入。

2. 并行可视化

并行可视化通常包括三种并行处理模式,分别是流水线并行、任务并行、数据并行。流水线并行采用流方式读取数据片段,将可视化过程划分为几个阶段,计算机并行执行各个阶段,以加快处理过程。任务并行将可视化过程划分为独立的子任务,同时运行的子任务之间不存在数据依赖关系。数据并行是一种"单个程序,多个数据"的方法,它将数据划分为多个子集,然后并行执行程序,以子集粒度处理不同的数据子集。

3. 时序数据可视化

时间序列数据可视化是从数据的角度帮助人类观察过去、预测未来,如建立预测模型、进行预测分析、分析用户行为等。

面积图可以显示定量值在一定时期内的变化和发展,是最常用的显示趋势的图表。气泡图可以将一个轴上的变量设置为时间,也可以将数据变量随时间的变化动画化。蜡烛图经常被用作交易工具。甘特图通常被用作项目管理的组织工具。热图通过颜色的变化来显示数据,直方图适用于显示连续时间间隔或特定时间段的数据分布。折线图用于显示连续时间间隔或时间跨度内的定量值,最常用于显示趋势和关系。南丁格尔玫瑰绘制在极坐标系统上,适用于周期性时间序列数据。OHLC 图表经常被用作交易工具。螺旋图沿着阿基米德螺线绘制基于时间的数据。堆叠面积图的原理与简单面积图相同,但可以同时显示多个数据系列。量化波形图可以显示不同类型数据随时间的变化。

本章小结

本章主要介绍了大数据技术的概述及其相关领域的应用。首先,通过 ETL 工具与日志采集工具,以及网页爬虫程序等方式,将数据从不同的来源进行清洗、转换、集成,实现数据的加载和规范化存储。其次,数据存储和管理是大数据技术的核心部分之一,传统的关系型数据库、分布式文件系统、NoSQL 数据库等技术结合云计算、分布式系统等多种技术手段实现对海量数据的高效管理。再次,数据处理和分析是大数据挖掘的重要一环,通过分布式并行编程、数据挖掘算法等技术,进行多维度分析以获得有价值的信息。最后,通过数据可视化技术,将分析结果进行直观呈现,辅助决策者更好地理解和应用分析结果。

1. 大数据处理有哪几个阶段?
2. 大数据的采集从数据源上可以分为哪几类?
3. HDFS 是什么?它有哪些优势?
4. 大数据处理与分析技术有哪些类型?
5. 将大数据应用于城市治理中,能在哪些方面提升治理能力?

案例讨论题

迪士尼 MagicBands 手环

迪士尼推出一款名为 MagicBands 的定制手环,手环基于 RFID 技术,连接游客体验平台,以提升游客与游乐园间的互动。表面上看,MagicBands 就像用户已经习惯佩戴的普通健康追踪器。实质上,MagicBands 是由一排射频识别芯片和无线电频率发射器来发射信号的,信号全方位覆盖十几米范围,就像无线电话一样。游客在入园时佩戴上带有位置采集功能的手环,园方可以通过定位系统了解不同区域游客的分布情况,并将这一信息告诉游客,方便游客选择最佳游玩路线。此外,用户还可以使用移动订餐功能,通过手环的定位,送餐人员能够将快餐送到用户手中。大数据的应用不仅提升了用户体验,也有助于疏导园内的人流。而采集得到的游客数据,可以用于精准营销。这是一切皆可测的例子,线下活动也可以被测量。在将近十年后,迪士尼宣布可以通过 MagicMobile 应用实现 MagicBands 的所有功能,游客可将 Magit Mobile 下载至 iPhone 或者 Apple Watch 上在园区内游玩。

谷歌流感趋势预测

谷歌的工程师们很早就发现检索字词非常有助于了解流感疫情。在流感季节,与流感有关的搜索会明显增多。到了过敏季节,与过敏有关的搜索会显著上升。而到了夏季,与晒伤有关的搜索又会大幅增加。这是很容易理解的,一般的人没有什么生病的症状,是不会主动查询与疾病相关的内容的。于是,谷歌开发了一个可以预测流感趋势的工具——谷歌流感趋势,它采用大数据分析技术,利用网民在谷歌搜索引擎输入的搜索关键词来判断全美地区的流感情况。谷歌把 5000 万条美国人最频繁检索的词条和美国疾控中心在 2003—2008 年季节性流感传播时期的数据进行比较,并构建数学模型实现流感预测。

谷歌流感趋势预测并不依赖对随机抽样的分析,而是通过分析整个美国几十亿条互联网检索记录而得出结论。分析整个数据库,而不是对一个样本进行分析,能够提高微观层面分析的准确性,甚至能够推测出任何特定尺度的数据特征。

讨论题:

1. 请你结合上述两个案例谈一谈什么是大数据,大数据的特性是什么?
2. 请你通过查阅相关资料说明谷歌流感预测为什么会比较准确,同时什么因素会影响它的准确性?请简要说明。

资料来源:智能穿戴 MagicBands 手环:新方式玩转迪斯尼[EB/OL].(2015-03-13)[2024-04-01]. https://www.sohu.com/a/5978799_114804.

极简经济学.大数据,我们认识世界的一扇新门[EB/OL].(2018-01-07)[2024-04-01]. https://www.163.com/dy/article/D7I5SPHT0519M3MM.html.

参考文献

[1] 林子雨. 大数据技术原理与应用[M]. 3 版. 北京：人民邮电出版社，2021.

[2] 孟祥福，霍红锦，张霄雁，等. 个性化新闻推荐方法研究综述[J]. 计算机科学与探索，2023，17(12)：2840-2860.

[3] 杜小勇，杨晓春，童咏昕. 大数据治理的理论与技术专题前言[J]. 软件学报，2023，34(3)：1007-1009.

[4] 李昕航，李超，张桂刚，等. 区块链与数据库技术融合综述[J]. 计算机科学与探索，2023，17(4)：761-770.

[5] NOA R, ARNON S, PERETZ S. Designing NoSQL databases based on multiple requirement views[J]. Data & Knowledge Engineering, 2023, 145: 102149-102170.

[6] 王其凯. 智能城市大数据中基于 Hadoop 的关联规则挖掘研究[J]. 电子质量，2021(12)：15-17，20.

[7] 吕卫锋，郑志明，童咏昕，等. 基于大数据的分布式社会治理智能系统[J]. 软件学报，2022，33(3)：931-949.

[8] BEI Y L, TIAN L C. Research on new retail ecosystem of e-commerce based on big data empowerment[J]. Accounting and Corporate Management, 2022, 4(4): 70-75.

第六章　人工智能技术

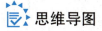 思维导图

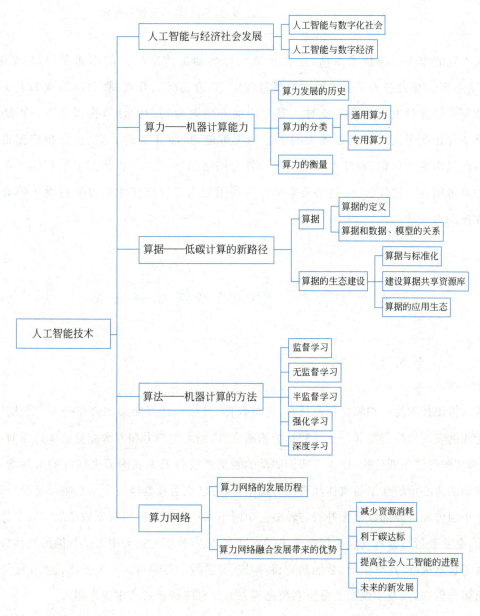

学习目标

学习层次	学习目标
了解	1. 人工智能与数字化社会发展现状 2. 人工智能对数字经济的推动作用
掌握	1. 人工智能技术的核心定义 2. 算力、算法、算据及算力网络

人工智能作为一项技术革命,已在多个领域推动了数字经济的迅速发展,如金融、医疗、制造业等。在先进人工智能技术发展过程中,算力、算法、算据、算力网络成为人工智能驱动数字经济蓬勃发展的重要支柱。算力的提升使更为复杂的计算得以实现。算法的不断改进和优化赋予人工智能更强大的学习与决策能力,而算据的采集、整合和挖掘则协助人工智能做出更为准确、有针对性的决策。算力网络的构建进一步加强了数据的可靠性和计算的高可用性。总体而言,这些要素的综合作用为人工智能技术的发展提供了强有力的支撑和推动力。

第一节 人工智能与经济社会发展

一、人工智能与数字化社会

人工智能技术是一种综合信息技术,它将数据、算法和计算能力融合在一起。长期以来,人工智能的发展意味着将其与经济和社会相结合,以提高生产力和资源配置效率。当前,新的理论、模型和算法不断迭代,由人工智能驱动的智能经济将成为我国未来经济的重要增长极。人工智能的核心价值在于与实体经济的有机结合,它已成为社会经济生活基础设施的一部分,加速了中国传统产业的数字化升级与转型。中国不仅在人工智能研究领域的发文数量位居全球首位,企业数量与融资规模也仅次于美国。目前,国内数字化社会中人工智能的具体应用主要涵盖了智慧医疗、计算生物、智能制造、新零售、智慧城市等领域。人工智能技术在传统产业链的重组与创新,以及实现产业分层系统化等方面具有广阔前景与重要作用。

从经济系统的角度来看,人工智能已经改变了许多行业。在电子商务领域,人工智能的使用正在迅速增长,包括食品、杂货和医疗保健等行业的在线零售。人工智能催生的新型经济形态能够在很大程度上弥补中国市场经济体制的缺陷。数字经济以平台经济的方式将设计、制造、服务等价值创造过程与市场交易过程相结合,实现供需特征的预测、准确的供需匹配及动态决策反馈。数字经济将金融系统和实体经济有机整合,为资源配置提供了高度透明的信息,降低了交易成本。根据国务院发布的《新一代人工智能发展规划》,到2025年,我国人工智能产业预计将突破4000亿元。以上海为例,预计到2025年,上海的人工智能产业规模将超过2500亿元,核心企业数量将超过1000家。人工智能技术正协助我国社会经济实现高质量发展与改善,其影响正在逐渐显现。

二、人工智能与数字经济

人工智能可以被定义为"机器模仿人类智能行为的能力"或者"代理在各种环境中实现目标的能力"。基于人工智能在经济中的作用,这些定义可能引发一些基本的经济问题:人工智能是否允许将之前由人工执行的越来越多的任务自动化?如果人工智能可以应用于如商品、服务等普通生产领域,是否会影响经济增长和收入分配?人工智能也可能改变我们创造新思想和技术的过程,协助解决复杂问题,并扩大创造性工作的范围。在回答这些问题的过程中,学者们提出了两种不同的观点。第一种观点是将人工智能视为自动化的最新形式。这种自动化过程已持续了至少200年,从纺纱机到蒸汽机,再到电力和计算机芯片,生产领域的自动化一直是工业革命以来经济增长的关键特征之一。第二种观点是与之前的自动化过程有所不同,新一代人工智能技术也可能引入一些新的限制与影响因素。无论真实的答案是哪种,我们都需要深入了解人工智能是如何推动经济发展的。

人工智能技术赋能经济发展的这些特征有助于深入理解其在经济发展中的角色,以及它对不同领域的影响。在当前背景下,人工智能技术的突破性进展使研究人员能够极大地提升识别效率,从而缩短寻找最优价值组合所需的时间。总的来看,人工智能技术在经济中的作用不同于其他信息技术,它正在加速现有劳动和资本形式以及它们之间的互动模式的变化。这种技术的引入使劳动力和资本能够更加高效地结合,从而颠覆了传统的生产模式。作为关键的新型技术能力,人工智能被视为推动国家数字化经济发展的核心动力。图6-1展示了人工智能技术推动数字经济发展的逻辑结构,从依靠基础设施、人工智能核心技术的支撑,到人工智能在各领域的智能创新应用及创新场景,展示了如何依托人工智能来推动数字经济的发展。

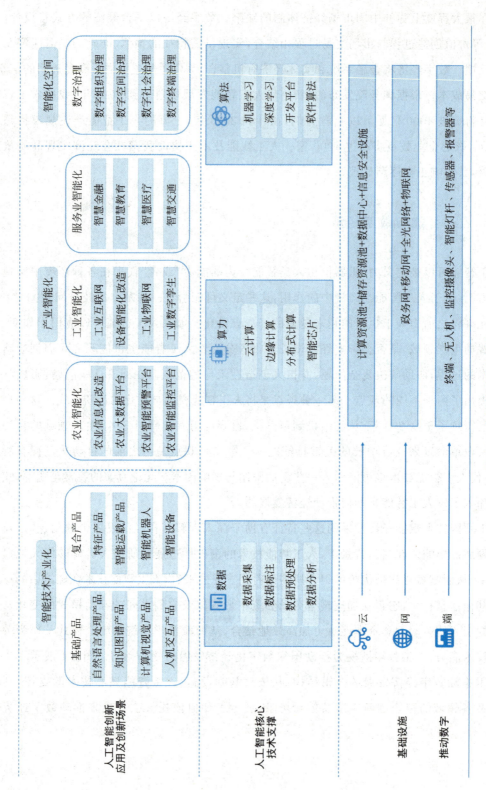

图 6-1 经济发展系统架构

第二节 算力——机器计算能力

人工智能发展与算据、算法、算力、算网密不可分,只有将这四个要素综合起来,才能构筑起人工智能所需的基础设施、技术架构、应用领域及完备的产业体系。下面将对算据、算法、算力、算网四个要素进行简单阐述。

算力随着人工智能的产生而不断升级与发展,它们相辅相成。自 1956 年感知机的研究与开发以来,截至 2019 年,互联网终端数已超过 20 亿户,月注册访问量突破 20 亿人次,人工智能繁荣发展,算力需求成倍增长。

一、算力发展的历史

1946 年 2 月,世界上第一台电子数字计算机(ENIAC)在美国诞生,标志着人类进入了电子时代。随着半导体技术的出现和发展,我们又进入了芯片时代,芯片成为机器计算能力的主要载体。

20 世纪七八十年代,受摩尔定律的驱动,芯片技术取得了显著进步。芯片性能不断提升,同时体积逐渐缩小。这一时期,计算机成功地实现了小型化,个人计算机(Personal Computer,PC)应运而生。PC 进入普通家庭和中小企业,标志着全民信息时代的开启,促进了整个社会的信息化普及。

进入 21 世纪,算力再次经历重大变革。这次变革的标志是云计算技术的涌现。在云计算之前,单点式计算(单一的大型机或个人计算机独立完成全部计算任务)的算力限制使人类不得不尝试分布式计算,如网格计算(将庞大计算任务分解为许多小型任务,由不同计算机共同完成)。云计算则是分布式计算的新尝试。其核心思想是将分散的算力资源集合在一起,实现更高的可靠性、性能和更低的成本。随着算力云化,数据中心成为承载算力的主要场所,人类的算力规模迎来了新的飞跃。

二、算力的分类

不同的算力应用和需求,有着不同的算法。不同的算法,对算力的特性也有不同要求。如图 6-2 所示,我们将算力分为两大类,分别是通用算力和专用算力。

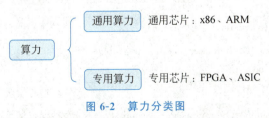

图 6-2 算力分类图

负责输出算力的芯片分为通用芯片和专用芯片。像 x86 这样的 CPU 处理器芯片,就是通用芯片。它们可以实现多样化和灵活性功能,但功耗高。而专用芯片主要采用现场可编程门阵列（Field-Programmable Gate Array，FPGA）、专用集成电路（Application-Specific Integrated Circuit，ASIC）等进行设计。FPGA 又称可编程集成电路，它可以通过硬件编程改变内部芯片的逻辑结构，但软件是深度定制的，执行专门任务。ASIC 是专用集成电路的简称，它是一款针对专业用途量身打造的芯片，软件算法绝大多数固化在硅片上，而且 ASIC 可以完成具体运算功能，功能较为单一，但能耗较低。FPGA 的性能和灵活性介于通用芯片与 ASIC 之间，如图 6-3 所示。它们在不同的应用场景下扮演着不同的角色。

图 6-3　芯片的性能与灵活性对比

FPGA 是一种可编程逻辑器件，它允许用户根据需要配置其内部逻辑电路，从而实现特定的功能。FPGA 相对灵活，可以在设计完成后进行重新配置。由于其可编程性，FPGA 适用于需要频繁修改和快速开发原型的场景。在一些需要快速定制化的应用中，FPGA 可以实现与 ASIC 类似的功能，但开发时间较短。然而，由于 FPGA 的逻辑是在可编程的门电路上实现的，相较于专用的硬件电路，其性能和功耗通常会有所折中。

而 ASIC 是一种应用特定集成电路，它是专门为某一特定应用而设计和制造的。ASIC 的设计通常经过严格的优化，以实现特定的功能并提供高性能和低功耗。由于 ASIC 在硬件电路层面进行优化，它通常比 FPGA 在性能和功耗方面具有更大的优势。然而，ASIC 的设计和制造成本较高，需要更长的时间来进行开发和生产。ASIC 适用于那些需要高性能、低功耗的场景，如深度学习加速器、加密货币挖矿等。

三、算力的衡量

算力的衡量指标如表 6-1 所示。其中，FLOPS 的不同量级有 MFLOPS、GFLOPS、TFLOPS、PFLOPS 等，如表 6-2 所示。算力比对如表 6-3 所示。

表 6-1　算力的衡量指标

衡量指标	全　　称	含　　义
MIPS	Million Instructions Per Second	每秒执行的百万指令数
DMIPS	Dhrystone Million Instructions executed Per Second	Dhrystone 每秒执行的百万指令数
OPS	Operations Per Second	每秒运算次数
FLOPS	Floating-point Operations Per Second	每秒浮点运算次数
Hash/s	Hash Per Second	每秒哈希运算次数

表6-2 FLOPS不同量级表

衡量单位	全称	含义
MFLOPS	magaFLOPS	每秒一百万(10^6)次的浮点运算
GFLOPS	gigaFLOPS	每秒十亿(10^9)次的浮点运算
TFLOPS	teraFLOPS	每秒一万亿(10^{12})次的浮点运算
PFLOPS	petaFLOPS	每秒一千万亿(10^{15})次的浮点运算
EFLOPS	exaFLOPS	每秒一百亿亿(10^{18})次的浮点运算
ZFLOPS	zettaFLOPS	每秒十万亿亿(10^{21})次的浮点运算

表6-3 算力比对

算力平台	算力大小
ENIAC(世界上最早的数字电子计算机)	300 FLOPS
8086处理器(英特尔)	710000 FLOPS
Pentium 4 HT3.6GHz(英特尔)	7000000000 FLOPS
Geforce GTX 1080Ti(英伟达)	10800000000000 FLOPS
骁龙888 AI(高通)	26000000000000 FLOPS
天河一号	2566000000000000 FLOPS
神威·太湖之光	125000000000000000 FLOPS

第三节 算据——低碳计算的新路径

一、算据

(一)算据的定义

算据是通过清洗、加工、增强、泛化、预训练、知识抽取、去敏、加密等操作后,可以直接用来计算输入的数据,如清洗、加工、标记、数据嵌入、数据加密等。算据分类包括数据集算据、知识算据、模型算据、加密算据,如表6-4所示。各种算据类型具有各自的特性,在存储和应用上也存在差异。

表6-4 算据分类

算据类型	简要介绍	举例	使用场景
数据集算据	原始数据通过精洗、加工、标注等操作后,以标准化格式存储,可直接用于模型训练的输入项的算据	按场景初始化数据集	快速训练、模型微调
知识算据	以规则、知识图谱等知识表示,通过知识嵌入、知识表达等方式转化成数值用于模型训练的输入	知识图谱	知识图谱嵌入、因果推断
模型算据	常用于预训练模型、超大规模预训练模型、行业预训练模型、用于迁移学习和二次训练的行业应用模型等,以及科学计算中的经验参数模型集合	词嵌入向量、预训练模型	迁移学习、元学习、知识蒸馏
加密算据	数据集通过同态加密等加密方法进行加密后,仍可用于进一步计算的算据	同态加密数据和模型	联邦学习、外包计算

正确地将算例归类,能为计算准则规范化的发展提供更好的指导,从而促进行业的健康发展。根据不同的产业,算据还可以进一步细分,以适应工业应用的需要。

(二)算据和数据、模型的关系

与计算概念关系紧密的是资料和模式。随着科技的发展,资料和模式的意义也发生了变化,导致这些概念变得模糊不清。

核心理念是将原始数据进行精化、规范化、抽象化和形式化处理。与数据相比,计算方法更加直接,可以作为算法的输出而无须额外处理。相对于模型,计算更专注输出和中间环节,而不同于完整的模型。通常情况下,数据和计算数据的部分内容是一致的,包括经过清洗、去敏感化处理的数据,以及加密处理的数据。不能直接输入算法,也不能用人工智能进行推理的数据不属于计算范畴。一般而言,训练、知识图谱、嵌入表示等可以作为算法的输出,而迁移学习、再训练等可以被视为计算的示例。

在更广泛的情况下,数据的定义有限度地扩展,一些原始数据、精确标注的数据,甚至是模型的一些参数,都可以被称为数据。随着科技不断创新和进步,"数据"一词所涵盖的内容越来越复杂,涉及范围也越来越广,因此概念的边界变得越来越模糊。

引入算据的概念,可以进一步明确数据、算据和模型的概念,有助于规范和规范术语的规范。三者的关系如图6-4所示。

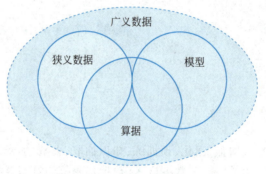

图6-4 数据、算据和模型的关系

二、算据的生态建设

(一)算据与标准化

标准化是实现计算生态系统最重要的一环。标准化根据行业的实际需要和用户的习惯,对不同行业、不同用途的计算方法进行分类,并根据不同的方法进行不同的读写,从而实现对环境的规范。

根据国家标准体系的建立原理和要求,建立计算模型的标准化。首先,根据数据采集、存储、使用等方面的标准架构,提出相应的规范方法,如算据的分类、算据的存储、算据的使用等。其次,根据该标准体系,为各个产业单独制定具体的计算准则。最后,在规范行业计算标准的基础上,加强对资源的共享与重用,促进行业标准化的发展。

(二) 建设算据共享资源库

计算与数据的区别在于，它的定义超越了原始的数据，而非个体的信息则无法反映在计算中，这为进一步推动计算共享奠定了坚实的基础。基于计算自身所具有的共享特征，构建计算共享资源库和计算平台已成为一个重要的研究课题。为了降低数据和计算能力的消耗，以及跨机构的管理费用，建立一个基于超级计算中心的共享计算资源是一个很好的解决办法。

(三) 算据的应用生态

计算的核心是计算能力的生态系统，不管是哪一种计算，都会将计算结果转化为现实中的数学模型，从而达到更高的实用价值。

从算例分类中可以看出，不同的计算方法有着不同的应用场合。该算法主要用于对具体场景模型进行初始化训练和知识转移，而对算法进行二次学习和调整，而对算法的加密算法则侧重保证原始数据的安全。在不同的应用领域，有关部门应该在标准化研究机构、行业龙头企业的基础上，建立标准体系，引导中小企业积极参与标准的实施，以标准为主线，不断深耕应用场景，通过不断地实践与完善，形成良好的生态循环。

第四节 算法——机器计算的方法

如今，人工智能技术的热潮归功于机器学习，尤其是深度学习技术的巨大进步。这些进展得益于大数据和强大的计算能力，机器学习模型在这些支持下展现出巨大的能力。通过更多的数据和更强的算力，机器学习算法模型的性能增长可能远远超出最初的预期。然而，扩大模型规模也需要付出昂贵的成本代价。

因此，在人工智能研究领域，学术界和工业界应当分工合作：将"性能追求"交给工业界，而学术界则专注于回归本源，开展探索和思考未来的工作。将"机器学习"与"逻辑推理"相结合一直是人工智能领域的"圣杯问题"。以往的努力在于单独强调逻辑推理或机器学习，然而两者的完美融合尚未达到。

算法是人工智能非常重要的组成部分。在人工智能中，涉及众多算法，主要包括以下几种。

(1) 监督学习：使用标记数据进行训练，适用于分类和回归等任务。

(2) 无监督学习：从未标记数据中发现模式，如聚类和降维。

(3) 强化学习：智能体与环境的互动学习，适用于游戏和控制等领域。

(4) 迁移学习：将一个任务上学到的知识迁移到另一个相关任务上。

(5) 生成对抗网络 (GANs)：通过对抗性训练生成逼真数据。

(6) 序列模型：用于处理序列数据的模型，如循环神经网络和变换器。

(7) 半监督学习：结合有标记和无标记数据，提高性能。

不同的算法适用于不同的场景。监督学习适用于标签数据任务，无监督学习适用于数据探索，强化学习适用于智能体需要学习的情境。算法的选择取决于任务特性、数据可用性和资源限制，智能算法分类如表 6-5 所示。

表 6-5 智能算法分类

种类名称	算法类型	智能算法
监督学习(Supervised Learning)	神经网络(Artificial Neural Network)	反向传播(Backpropagation) 卷积神经网络(Convolutional Neural Network) 多层感知器(Multilyer Perceptron)
	贝叶斯(Bayes)	朴素贝叶斯(Naive Bayes) 斯贝叶斯(Gaussian Naive Bayes) 贝叶斯网络(Bayesian Network)
	决策树(Decision Tree)	分类和回归树(Classification and Regression Tree) 随机森林(Random Forest) SLIQ(Supervised Learning in Quest)
	线性分类器(Linear Classifier)	线性回归(Linear Regression) 逻辑回归(Logistic Regression)、 多项逻辑回归(Multionmial Logistic Regression)、 朴素贝叶斯分类器(Naive Bayes Classifier) 感知(Perception)
无监督学习(Unsupervised Learning)	人工智能神经网络(Artificial Neural Network)	前馈神经网络(Feedforward Neural Network) 逻辑学习机(Logic Learning Machine) 自组织映射(Self-organizing Map)
	关联规则学习(Association Rule Learning)	先验算法(Apriori Algorithm) Eclat 算法(Eclat Algorithm) FPGrowth 算法(Frequent Pattern Growth Algorithm)
	分层聚类算法(Hierarchical Clustering)	单连锁聚类(Single-linkage Clustering) 概念聚类(Conceptual Clustering)
	聚类分析(Cluster Analysis)	BIRCH 算法(Balanced Iterative Reducing and Clustering using Hierarchies) DBSCAN 算法(Density-Based Spatial Clustering of Applications with Noise) 期望最大化(Expectation-maximization) 模糊聚类(Fuzzy Clustering) K 均值聚类(K-means Clustering) OPTICS算法(Ordering Points To Identify the Clustering Structure)
	异常检测(Anomaly Detection)	K 最邻近算法(K-Nearest Neighbor) 局部异常因子算法(Local Outlier Factor)
半监督学习(Semi-supervised Learning)	生成式模型(Generative Models) 低密度分离(Low-density Separation) 基于图形的方法(Graphbased Methods) 联合训练(Co-training)	
强化学习(Reinforcement Learning)	Q 学习(Q-learning) DQN(Deep Q Network) 策略梯度算法(Policy Gradients) 基于模型强化学习(Model Based RL) 时序差分学习(Temporal Different Learning)	

续表

种类名称	算法类型	智能算法
深度学习(Deep Learning)		深度信念网络(Deep Belief Machines) 深度卷积神经网络(Deep Convolutional Neural Networks) 深度递归神经网络(Deep Recurrent Neural Network) 分层时间记忆(Hierarchical Temporal Memory) 深度波尔兹曼机(Deep Boltzmann Machine) 栈式自动编码器(Stacked Autoencoder) 生成对抗网络(Generative Adversarial Networks)

第五节 算 力 网 络

一、算力网络的发展历程

(一) 算力网络的定义

2009年,"算力网络"这一概念首次被提出。如今,随着软件定义网络(Software Defined Network,SDN)和网络功能虚拟化(Network Functions Virtualization,NFV)技术的兴起,该概念不断发展。这将边缘计算引入节点,并将云计算节点与广域网等各种网络资源深度融合,从而降低了对边缘计算节点的控制复杂性。通过采用集中控制或分布式调度方法,以及云计算节点对资源进行计算和存储,网络资源在广域网上协同合作,形成了新一代的信息基础设施。这种基础设施为客户提供了计算、存储和连接等综合算力服务,并根据业务特性,提供了可调度的灵活性和按需服务。

2021年,"算力网络"概念迈出了新的一步,提出了"以算为中心、以网为依据"的理念。它通过深度融合了网络、云计算、数据、智能、安全、边缘计算、终端设备和区块链等要素,实现了算力的泛在性,使算力与网络共生,实现智能编排一体化服务。这种方法促进了资源和要素的高效聚集、流动和共享,为数字经济的发展提供了重要的支持。

"算力网络"是一个演进的概念,从早期引入边缘计算和网络资源融合,到如今更加深度融合各种要素以实现智能编排。这种方法为信息技术基础设施的发展提供了创新的视角,为数字经济的发展带来了有力的助推。

(二) 算力网络的特征

1. 资源方面

算力网络需要将计算资源、存储资源、网络资源(尤其是广域范围内的连接资源)和算法资源等都抽象出来,作为产品的有机组成部分提供给客户。

2. 业务方面

根据业务方面的需求,列出服务等级,而不是将地域进行简单划分。向客户承诺如网络性能、算力大小等业务 SLA,屏蔽底层的差异性(如异构计算、各类网络连接等)。

3. 管控方面

实现了云计算节点、边缘计算节点、网络资源(含计算节点内部网络和广域网络)等的统一管控,根据业务需求对算力资源以及相应的网络资源、存储资源等进行统一调度。

4. 调度方面

实现业务流量的实时监测,动态地调整算力资源,完成各项任务的高效处理和整合输出,并在满足业务需要的前提下实现资源的弹性伸缩,优化算力分配。

(三)国内外算力网络技术的发展现状

国际上,互联网工程任务组(Internet Engineering Task Force,IETF)已经开展了计算优先网络框架(Computing First Network Framework)等相关研究;欧洲电信标准组织(European Telecommunication Standards Institute,ETSI)和宽带论坛(Broadband Forum,BBF)分别进行了 NFV-EVE020 和 SD-466 相关技术研究。国际电信联盟电信标准化部门(International Telecommunication Union Telecommunication Standardization Sector,ITU-T)也发布了 Y.2501《算力网络框架与架构标准》(Computing Power Network-Framework and Architecture)。

国内方面,2021年,通过东数西算国家战略,算力网络在中国得到了迅速的发展。三大运营商和中国通信标准化协会(China Communications Standards Association,CCSA)同期开展了含有算力的网络需求与架构研究、算力路由协议技术、算力网络识别解析技术、算力网络控制器技术、算力网络交易平台的技术、算力网络管理与编排技术、算力度量与算力的建模技术,以及其他各项标准技术的研究,有效推进算力网络的建设。2021年是算力网络通过东数西算国家战略迅速发展的一年,中国联通提出基于第三代面向云的无处不在的宽带弹性网络(cloud-oriented ubiquitous broadband elastic network 3.0,CUBE-Net3.0),促进新一代数字基础的应用,通过"连接+计算"算网一体的概念,以云网和"以数智为中心"的概念为基础,实现算网联动;中国电信提出了"网是基础、云为核心、网随云动、云网一体"的思路,以云端为核心,大力发展云网融合;中国移动提出"算力立体泛在、算网融合共生、算网一体服务"的全新理念。

总体来说,2021年是中国算力网络快速发展的一年,各家电信运营商在不同的方向上提出了战略性的概念,旨在推动算力、网络和云计算的深度融合,从而为数字经济的发展提供强大的支持。这些发展方向将有助于加速技术创新和基础设施的升级,为数字化转型创造更多机会。

中国算力大会于2022年7月29日至31日首次举行,大会期间华为技术有限公司携手智能无损数据中心网络联盟,在山东大厦仁和厅召开了专题分论坛"智能云网创造优质算网底座"。在东数西算的政策下,中国移动等运营商肩负着重要的历史使命,将5G通信网络与云服务的优点相结合,在算力网络建设中发挥着主要作用。在本次会议中,中国移动还对外带来算力网络探索和实施的硬核答卷。

二、算力网络融合发展带来的优势

(一)减少资源消耗

关于东数西算政策,如声音处理、影视动漫创作等,都可以在使用西部服务器算力完成的基础上,再将所述大数据运算结果反馈至东部。值得一提的是,医疗影像数据至少需要存放15~30年,那么这些影像数据可以借助西部数据中心通过"低碳及低成本"的方式保存,若需要使用再将运算结果送回东部。以影视动画和游戏中的渲染为例,建筑漫游和其他创作是核心的环节,是最消耗资源且最费时间的一块,需要大量的计算资源,对于网络链路时延的要求是尽可能短。以我国一部知名的动漫作品为例:一个十分钟角色跑步片段,包括一万余张图片,传统的渲染模式要耗费许多的精力和人力资源。但是通过算力网络,将以上业务迁移至云服务器,只用五小时就能完成,这是传统渲染时间的百分之一。

(二) 利于碳达标

在2021年"两会"期间,碳达峰和碳中和这两个关键概念首次被写入政府工作报告,成为代表委员们热烈议论的焦点。这意味着我国对2030年之前的承诺——在此时间之前实现二氧化碳排放不再增加且逐渐减少的目标——正在变为现实。碳减排是指在满足人们生活需求的前提下,通过技术进步和管理改革等方式,减少温室气体的排放,从而实现能源的革命。与此同时,算力的不断增加、算网融合政策的出台,为碳减排政策的顺利实施提供了有力支持。低碳算力网络实现了"算""网""能"三者共同促进的目标,将"算力+网络"融为一体,统一供给和发展,有助于构建新型信息服务模式。通过基础网络的系统化优势,"以网强算"改变了算力单点薄弱的现状,促进了全国范围内算力的整体规划;"以算促网"推动了算力调度向超宽带和高智能网络的转变,为互联网的持续进步提供了动力。在计算经济和能源互联网的理念下,低能耗计算网络技术成为未来发展的方向,也与我国当前的社会经济发展实际相契合。低碳算力网络整体上与国家战略相一致,有助于确保可持续发展。

(三) 提高社会人工智能的进程

算力网络与5G技术和人工智能技术的成熟度密切相关。首个成熟的应用场景主要涉及自动识别和辅助决策,借助视频和图像人工智能技术的系统实现。这些场景对网络带宽、延迟和计算能力提出了高要求。例如,混合现实(mixed reality,MR)、增强现实(augmented reality,AR)、摄像头、机器人等需要灵活的无线接入方式,高清视频传输则需大带宽网络支持。在工业领域,需要毫秒级确定性延迟,而基于图像分析的人工智能推理和图像渲染则需要强大的计算能力。此外,算力网络还需要应对突发和碎片化计算能力处理需求,确保计算过程的可信度,以实现对可量化和可交易价值的要求。

算力网络的发展与5G技术和人工智能技术的进步紧密相连。这种网络能够满足复杂应用场景对带宽、延迟和计算能力的高度要求,为自动识别、辅助决策等领域的发展提供有力支持,同时也为各种涉及图像处理、推理和渲染的任务创造了可能。

(四) 未来的新发展

中国移动研究院院长黄宇红曾指出,"元宇宙"具备端边云协同计算的特点,这要求算力的形态从传统的IDC租赁、云计算向边缘计算、分布式云、泛在计算等形态延伸。在此背景下,基础支撑层与使能层的技术,如网络、计算、智能、链条等,构成了支撑"元宇宙"前进的基础,而算力服务形态也从节点或集群优化所提供的GPU等高性能算力,演变为通过算网大脑调度,云边端的算力与能力来提供综合的任务式服务。这意味着算力服务形态从算力资源向算力任务的转变,从单一的云边端协同发展到更为综合的云网边协同。

此外，算力网络正逐步从计算机科学和互联网研究领域延伸至政务治理、公共服务、金融、制造和运输等多个实体生产与流通领域。它不仅打破了传统产业经济增长所依赖的劳动力和资源密集型生产方式，还使其更加转向以云计算、边缘计算和智能计算为主的算力型生产驱动方式。这种转变将对产业链中的研发、采购、制造、销售和售后等环节进行全方位赋能，从而推动产业的数字化发展。

在目前的算力规划中，西部地区的数据中心主要处理东部地区时效性要求不强、资源消耗较大的数据，如医院的病例数据和企业的历史文档等。而东部地区的数据中心则主要处理对低延时、高带宽和反馈要求较高的信息，如无人驾驶和交通信息等。这种分布和调配有助于优化资源利用，提高数据处理的效率。

本章小结

人工智能技术与产品的快速发展已经超越了人类的认知和预期，注定将重塑我们的世界。在某种意义上，人工智能正引领着新时代的科技革命，将深刻改变传统的工业文明和社会生活方式。然而，这种改变并不是基于科幻小说中所描述的"模拟人类智能"的超级人工智能，而是基于大数据优化的微弱人工智能，它在某些方面能够超越人类，甚至能够替代人类从事重复性劳动。目前，人工智能已经进入产业化阶段，但产业链尚未完全形成，仍需要从理论研究和实践经验中不断探索，以指导人工智能的发展。

本章主要探讨了人工智能与数字化社会、数字经济之间的关系，并阐述了算力、算据、算法、算网四个人工智能发展的要素，它们构筑起人工智能发展所需的基础设施、技术架构、应用领域及完备的产业体系。

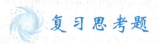

复习思考题

1. 人工智能将如何推动数字化社会的发展？
2. 人工智能将如何推动数字经济的发展？
3. 简述算力、算据、算法、算力网络的定义。
4. 简述算据的生态建设。
5. 简述算网融合发展带来的优势。

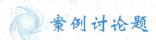

案例讨论题

在当下，计算机已逐渐融入人们的日常生活，成为生活中不可分割的一部分。随着科学技术的不断进步，人工智能技术也开始逐渐成为我们生活中的一个重要因素。其中，人工智能的算法在多个行业中日益普及。算法作为人工智能的一个中间环节,是基于上游的计算能力而构建的。算法的核心元素包括机器学习、计算机视觉、算法理论、智能语音和自然语言处理等技术,这些技术模拟了人类的智能特性,并构建了技术路径,旨在模拟人的智能属性并建立相应的技术路径,以更好地服务于下游的各式应用需求。

在众多公司的商业活动中,智能推荐算法已经被广泛地采纳和使用。在电子商务领域,智能推荐技术也发挥着越来越重要的作用。例如,一方面,在线购物平台经常采用推荐算法,以便为消费者推介定制化的商品;另一方面,电子商务网站也经常利用推荐算法来帮助客户发现潜在的消费者。这些推荐算法是基于收集和分析用户过去的浏览和购买历史,进而确定用户的购买行为和喜好,为他们提供更为精确的建议。

音乐流媒体服务提供商采用特定的推荐算法,为用户推荐个性的音乐,这样做有助于提升用户对该服务的满意度和存留时间。智能推荐算法的一个主要优点就是能够为用户提供定制化的音乐体验,以提高用户的满足度和忠诚度。然而,这些推荐算法也存在不足。例如,这些可能会加剧用户的成见,让他们深陷自己熟悉的领域,而难以探索新的爱好和兴趣。

讨论题:请回顾计算机软件的发展历程,并对其未来的发展趋势进行探讨。同时讨论计算机软硬件之间的关系,并分析计算机软件未来的发展方向,特别是在智能化方面。

参 考 文 献

[1] 陶建华,刘瑞挺,徐恪,等.中国计算机发展简史[J].科技导报,2016,34(14):12-21.
[2] WILKINSON M D, DUMONTIER M, AALBERSBERG I J, et al. The FAIR Guiding principles for scientific data management and stewardship[J]. Scientific data, 2016, 3(1): 160018.
[3] 柴华,郑亮,翟云.算据——实现低碳计算的一种路径[J].信息通信技术与政策,2022,48(3):34-39.
[4] 何涛,杨振东,曹畅,等.算力网络发展中的若干关键技术问题分析[J].电信科学,2022,38(6):62-70.
[5] 雷波,刘增义,王旭亮,等.基于云、网、边融合的边缘计算新方案:算力网络[J].电信科学,2019,35(9):44-51.

第七章　区块链技术

思维导图

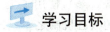
学习目标

学习层次	学习目标
了解	1. 区块链的起源 2. 区块链平台的发展趋势
掌握	1. 区块链技术的定义与特点 2. 区块链的分类 3. 区块链的关键技术 4. 区块链的基本体系结构

区块链以其去中心化、透明性、开放性、自治性、信息不可篡改及匿名性等特性成为继大数据、人工智能、物联网等全球关注的新兴科技之一。区块链的核心优势是去中心化,能通过集成应用块链式结构和分布式存储、点对点传输、共识机制、加密算法、智能合约等计算技术,有效解决在传统交易模式中中心化机构普遍存在的高成本、低效率和数据存储不安全等问题,有助于在无须互相信任的分布式系统中实现去中心化信用的点对点交易、协调与协作,从而减少商业摩擦,降低信任成本,构建可信交易环境,打造可信社会。

第一节 区块链概述

区块链作为一个集成了多种技术的不可篡改的分布式大型数据库,已经历1.0时代(以数字货币交易为主要特点)、2.0时代(以智能化合约交易为主要特点),以及目前的3.0时代(可信智能化社会管理体系)。

根据中国信息通信研究院《区块链白皮书(2023年)》的相关资料数据,截至2023年12月,全球共有区块链企业10291家,且主要集中在美国、中国,其他国家和地区区块链企业数量略有减少。区块链企业的国家和地区分布方面,中国和美国分别有2802家和2697家,占比分别为27%和26%,处于领先水平。2023年新成立的区块链企业主要从事创新业务,包括加密货币交易、Web 3.0、NFT、DeFi等。据国家知识产权局统计,2012年之后,区块链技术进入快速发展期,专利量呈指数增长,2019年当年全球专利量达到8719件。从2009年1月1日至2022年12月31日公开的区块链专利中,全球申请专利148062件,其中,中国申请92941件,占全球申请量的62.8%。2018年,我国第一份数字区块链产品电子交易发票正式诞生在广东深圳。未来,区块链将被广泛地应用到我国的数字金融、商业、流通、民生、环境、政务等各个方面,从而有效地助力我国数字金融经济的快速发展和新型诚信管理体系的高效构建。

一、区块链的起源

(一)区块链与比特币

1990年,美国密码朋克代表人物大卫·乔姆(David Chaum)发明了一种注重隐私安全和数据加密的密码学网络支付系统eCash。

1997年,英国密码学家亚当·贝克(Adam Back)发明了哈希现金(Hash cash),使用了工作量证明系统(Proof of Work,PoW)。工作量证明系统后来也成为比特币的核心机制之一。

1998年,美国密码学技术研究中心专家戴伟(Wei Dai)创建了B-money加密货币系统。该系统强调:在进行各种点对点在线交易时,形成不可间断变化的活动记录;每个在线交易者都必须始终保持对在线交易的准确跟踪。

2004年,PGP加密公司的顶尖研究人员哈尔·芬尼推出了电子货币"加密现金",在其中采用了可重复使用的工作量证明机制(RPoW)。

然而,上述单一的发明与设想仍不足以成为世界性的虚拟货币。eCash于1998年宣布破产;工作量证明系统不能保证数字货币是否交易过很多次;时间戳这个技术性的协议仅仅被政府应用在较小范围内;B-money系统并没有完全解决两个账本无法同步的问题。

2008年,中本聪(Satoshi Nakamoto)总结虚拟货币技术先驱们失败的根本性原因是具有一个高度集成且中心化的数据架构,所有货币交易者的资料和用户数据都将由货币公司汇集成一个虚拟数据中心,和其他地方各级政府部门发行的传统虚拟数字货币几乎没有什么不同。当那些已经拥有多个虚拟数字货币安全备案证书的美国上市证券公司倒闭,或者一旦那些网络安全黑客袭击拥有总账户版本的美国中央银行服务器,这个新的虚拟数字货币就很有可能会自动使其账户面临系统崩溃的严重危害。中本聪在传统虚拟数字货币的基础上,进行了一系列技术创新,包括时间戳、工作量证明机制、非对称加密技术以及UTSO的加密结构。

显然,区块链不是一项单一的技术,而是一系列技术的集合。比特币仅仅是区块链技术最早得到大规模应用的典型例子。区块链赋予了人类一个全新的选择,它较好地解决了记账流程中的交换和互信困境。由于它采用的是一个去中心化的分布式账本,且完全不可能被篡改,因此可以做到在不必有第三方参与的情况下就能达成网络互信。中心化与去中心化如图7-1所示。

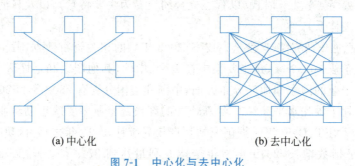

(a) 中心化　　　　　　　　　(b) 去中心化

图7-1　中心化与去中心化

(二) 区块链技术发展的三个阶段

1. 区块链1.0(以数字货币为主要特征)

区块链1.0适用于电子金融领域,可以在弱信任环境甚至无信任环境中为参与交易的各方建立起信任关系,每一笔交易需要同一网络中所有节点确认之后才能生效。比特币使用椭圆曲线算法加密数据,运用P2P网络来实现数据的分布式存储,以区块为单位采用链式结构存储数据,凭借共识算法保证各个参与方数据的一致性。

2. 区块链2.0(以智能合约为主要特征)

区块链技术的应用领域已经从传统的"数字货币"扩展至金融、贸易、物流、征信、物联网、共享经济等领域。在这个阶段,区块链技术被用于构建更复杂的去中心化应用和协议,实现了更广泛的应用场景。区块链 2.0 以太坊作为这一时期新兴的具有重要代表性的基础研究和开发服务平台,提供了一种图灵完备的自动化可编程软件和语言 Solidity。用户可以直接通过 Solidity 自行编写出一份智能协议和合约,进而设计和构建一个去中心化的应用(Decentralized APPlication,DAPP)。智能化的业务协议逻辑由以太坊虚拟机自动调用与执行。在以太坊中部署调用智能合约,虽然可以实现复杂的业务逻辑,但是需要支付数字货币结算的费用。超级账本是一个开源项目,也是一个分布式账本平台,具有无币、功能模块化等特点。

3. 区块链 3.0(可信智能社会治理体系为主要特征)

区块链 3.0 在区块链 2.0 的基础上,将区块链的链式记账、智能合约等特性与人工智能、物联网等实体相结合起来,实现去中心化的自治,着重于在社会治理中发挥区块链的价值。与前两代区块链技术相比,区块链 3.0 更加高效、可扩展,并具有更丰富的应用场景和商业模式:数字化资产和数字货币的互通兑换;主链和辅链共存;同时衍生出服务平台代币。由区块链构造一个全球性的分布式记账系统,不仅能够记录金融业的交易,而且可以记录任何有价值的、能以代码形式进行表达的事物。区块链技术应用到数字内容、信息溯源、电子竞技、旅游等行业,逐渐形成可编程社会。

二、区块链的定义

区块链(blockchain)是一种分布式账本技术(distributed ledger technology),以链式结构存储与管理数据,并通过密码学、共识算法确保数据的安全性与可信度。这种技术主要以多方共同维护密码学为基础来提供保障。这种技术的核心在于多方共同维护,并以密码学手段保障数据传输与访问的安全性。区块链具有统一存储数据、防篡改及防止欺诈行为的特性。其典型特征是使用块(block)作为存储单位,这些块按照时间顺序连接,通过共识机制选出相关的记录节点,确保数据的一致性。区块链在不可信赖的市场竞争环境中,低成本建立起人们信任的新型计算范式和互联网协作模式。区块链对许多产品和行业产生了巨大的影响,甚至改变着这些产品和行业的应用场景及运行规则,是未来发展数字经济及搭建新型信任系统的重要技术。

在一个比较典型的区块链体系中,各个参与方会根据存储和处理信息的要求,事先做出约定,并且在此基础上达成共识。在区块链存储大量数据的过程中,为避免大量的共识和信息遭到恶意篡改,系统设置一个区块作为存储单位,区块间按照一定的时间顺序,结合密码学算法形成链式(chain)的数据结构,根据共识机制从中筛选出相关的记录节点,以该记录节点作为最新数据分配依据,确定最新一个区块的数据。其他节点则负责验证、存储和维护新区块的数据。一旦新区块的数据被确认,便无法再更改或删除,只能基于授权进行查询操作。

三、区块链的特点

区块链实际上是一个分布式的共享数据库。链上的每个节点都拥有一个自己的账本,对区块链上的每一笔商品和交易都在自己的账本上进行了记录,这些记录通过区块链的区块以一定的时间顺序连接,形成链式的数据结构。这些数据结构经过加密和处理,确保数据的安全性和可信度。区块链具有去中心化、可靠的数据库、开源可编程、集体维护、安全可信、准匿名性等优势。

（一）去中心化

区块链的所有基础数据由一个分布式系统各自负责共同维护，没有一个中心节点。在公共链路的网络中所有数据参加的节点及其地位是对等的，共同负责数据的相互共识及其在账本上的维护。

（二）可靠的数据库

区块链系统的数据库采用分布式存储，只有当整个系统中 1/2 以上的计算能力被控制时，各节点对于数据的篡改行为才是行之有效的。系统中节点的数量多少与整个数据库安全程度的高低成正比。区块链中所有数据的保护和存储都有一个时间戳，从而给数据增设了时间维度，使其具备极高的可回顾性。

（三）开源可编程

区块链系统的代码通常是开源的，支持可编程的、灵活的脚本语言来编写精确定义的智能合约，通过运行智能合约达到良好的应用拓展性。

（四）集体维护

区块链系统中的每个数据块，由所有具备自动记账和管理功能的各个节点组成并进行共同维护，任何节点的破损或丢失都不会直接影响整个系统的正常运作。

（五）安全可信

区块链技术采用非对称密码学原理对交易进行签名，使交易不能被伪造；同时，利用哈希算法保证交易数据不能被轻易篡改；最后，借助分布式系统各节点的工作量证明等共识算法，形成强大的算力来抵御破坏者的攻击，保证区块链中的区块及区块内的交易数据不可篡改和伪造，因此具有较高的安全性。

（六）准匿名性

区块链在网络中运行共识算法，不采取传统方法去确认用户身份。通过共识算法在全网的运行，区块链中所有网络节点的可信程度在全网形成共识。一个注册用户在网站上不是只能有一个地址，他不但可以不向外公开自己的真实身份，而且可以更换不同地址。在区块链上的交易，只能与已经发生了交易的用户当时采用的密码和地址存在关联，不能与其他用户的真实身份存在关联，因此在区块链中的交易具有准匿名性。

四、区块链的分类

区块链以是否存在安全节点允许准入认证机制为依据，可以分为许可链（Permissioned Blockchain）与非许可链（Permissionless Blockchain）两种。许可链包括联盟链（Consortium Blockchain）与私有链（Private Blockchain）。在许可链中，每个节点的自由添加或者自由退出,都必须经过系统的授权。非许可链也被称为公共链或公有链(Public Blockchain)。在非许可链中,节点是完全自由开放的,可以随时选择加入或者退出。混合链(Hybrid Blockchain)则融合了公有链和私有链的特点。

（一）公有链

在公有链中,任何人都可以随时读取所有数据;不需要任何许可,每个节点都可以自由进退网络。这就意味着整个数据链中所有的数据都必须是公开、公有的,即任何一个人都可以在任何地点进行加入、任意阅读数据。"共识机制"也就是中心化或者准中心化信任的另一种替代品,维护着整个公有链的安全,PoW 或者 PoS 也就是共识机制能够实现所需要采取的一些手段,同时也是结合经济上的奖励和加密算法来进行验证,并且必须遵循普遍性的原则,每个人从中获得的财务奖励和对于共识的整个过程作出的贡献率成正比,而且这些区块链往往被视作"完全去中心化"。

在所有的公有链中,任何一个节点不经过许可能够自由地直接加入或退出区块链的网络,加入区块链网络的节点可以得到从创世区块到当前区块上的所有数据,全部节点通过共识机制对新区块的产生及对区块上记录的交易达成一致,共同维护区块链的稳定。

一旦有交易发生时,此节点先将自己的交易信息发送到网络中所有节点,其他节点接收到这一节点的请求后,通过对该节点的签名进行验证。若验证通过,就会有新的区块生成,工作量竞争算力较高的节点享有对新区块的记账权和在网络中的发布权。而其余节点负责对新区块是否合规和交易是否正确进行验证、检查和监督。若新区块和交易未通过其余节点的审查,则不能保存新区块,也不能与之前的区块链接形成区块链。

公有链以比特币与以太坊为代表。

比特币在传统区块链的设计基础上及其结构图的显示方式如下：一个起始区块由一个起始区域的块头及一个起始区块体共同部分组成,区块头由所有版本号、前一个起始区块的所有哈希值、Merkle 根、时间戳、难度目标、随机值组成。前块哈希值保证了之前的区块不能被篡改,同时在逻辑上使区块链接起来。时间戳表明了一个区块所形成的最大时间,使区块可以按照相应的时间先后次序进行排列。矿工将区块头作为输入,不断使随机值加1,再运用双重 SHA256 算法进行计算,最终得到一个满足难度目标的随机值,此过程即为 PoW 共识过程,如图 7-2 所示。

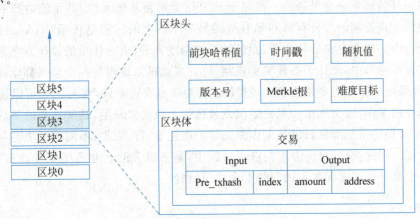

图 7-2　比特币的区块结构

以太坊的发展分为四个阶段,现阶段(Metropolis,大都会阶段)主要通过 PoW 共识算法来达成共识,但是因为以太坊的出块速度(912s 左右)远远快于比特币(10min 左右),因此难以避免会出现多名矿工同时挖出新区块的情况,而以太坊为了补偿没有成为最长链的矿工,引入了叔块的概念,通过引用叔块,以太坊补偿被引用叔块的矿工,同时激励引用叔块的矿工,如图 7-3 所示。

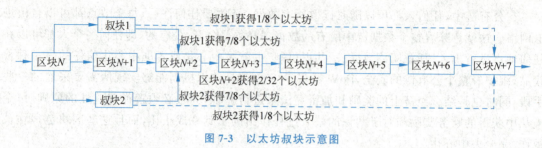

图 7-3　以太坊叔块示意图

在这些公有链中,使用它们进行开发的应用程序的客户端可以完全免受任何一个程序开发人员的干预,所以从某种程度上我们也可以说区块链已经成为客户端的安全保护手段。

(二) 私有链

私有链是指不对外开放的一类区块链,某个组织或者机构控制了其写入权限,其读取权限可能在某种程度上进行了一定的限制,但私有链也存在对外服务的情形。整个公司或机构可以是私有链,在某些情况下它们存在公共的可审计性,然而在大多数情况下,这种公共的可读性的需求是微乎其微的。

在大多数人看来,私有链与中心化数据库基本是一样的,或者说中心化数据库是优于私有链的,认为私有链并没有存在的必要性。然而,中心化和去中心化是一个相对的概念,如果从一个小范围的系统内部来看,私有链可以看作这种系统内部的公有链,以外部视角看这个系统,它还是一个中心化的系统,但是对于系统内部的各个节点来说,它们的权利又都是去中心化的。而公有链从某种程度上也可以看作地球上的私有链,只有地球人的计算机系统才可以接入。因此,私有链的存在是完全有必要的,有着其特定的存在意义的。

私有链的存在有其独特的优势,即其处理速度优于公有链,因为在私有链中每一个节点及其存在的网络环境都是完全可制的。相对于 P2P 这类网络系统来说,其系统内部的处理速度是受其最弱的节点控制的。公有链和私有链的另一个巨大的区别是代币(Token)的存在,一般在公有链当中必然会存在某种代币,而从私有链角度来看,这种代币的设计方案是可以进行选择的。在公有链当中,设计了某种奖励机制,以此来激励系统内每一个节点都能够来参与竞争记账,代币系统的存在主要是为了兑现奖励;而对于私有链来说,参与记账可以说本身就是系统内部节点的工作,这类工作一般是组织或者机构上级所要求的,是所负责的节点必须完成的工作,就不需要代币奖励机制进行工作激励了。由此也可以看出,不同的区块链并不一定都需要代币系统。因此,在区块链方案的选择过程中,越来越多的企业会优先考虑私有链技术,这主要得益于其处理速度和账本访问的安全性、私密性。

(三) 联盟链

R3cev 就是一个很好的联盟链体。联盟链不是对所有用户完全开放,它是半开放式的,假设每个金融机构运行一个节点，由若干金融机构组成一个共同体，需要超过 2/3 的金融机构认可区块的运行。联盟链针对某些特定群体或机构，通过对节点授权来设置准入门槛，使数据的产生和接触可控，能在一定程度上兼顾数据的多方维护和避免数据泄露。联盟链内部分别设置两个记账管理节点，负责管理打包区块交易及查询产生的新增区块，普通记账节点只是分别负责打包产生区块交易和负责查询区块交易，没有任何记账权，避免了由于 PoW 共识所产生带来的大量网络计算数据资源、大量网络电力传输资源、大量数据存储资源的严重浪费。因此，联盟链适合彼此已经具有一定信任度的群体或机构使用。目前，全球主要的广域区块链货币联盟链交易平台主要包括超级货币账本（Hyperledger Fabric）、企业以太坊联盟（EEA）、R3 区域网块链交易联盟（Corda）、蚂蚁开放联盟链，其中影响力较大的是 Hyperledger Fabric。Fabric 中设置负责执行链码（智能合约）的背书节点（Endorser）、负责对交易进行公示并将交易打包的服务排序节点（Ordering-Service-Node，OSD），以及负责验证交易和更新区块链的提交节点（Committer）。

（四）混合链

随着现代区块链技术的发展，区块链的技术和架构已不仅仅简单划分为公有链、私人网络等架构，其边界也逐渐趋于模糊。在混合链中，每个节点的权限都应该是相同的一种模型的情况已经开始发生改变，各个节点的分工也开始不同，其中某些节点只能负责区块链的记账和管理工作，某些节点只能负责区块链相关部件的数据检索和查看操作，部分节点则能够完整地直接下载与该节点相关的区块链数据。同时，随着操作系统的复杂化，系统内部不同的角色、不同的权限和等级均已经日益扩大和增多，呈现越来越多的趋势。例如，在 dPoS 这种共识机制当中我们就已经可以清楚地看到，各个节点的权限分工不一样了，只有那些获得投票次数最多的受托人（delegated）才拥有记账的权限，这样的受托人就是一种典型的角色划分的结果；央行如果今后继续使用区块链技术来发行人民币，很有可能还会继续选择一些类似混合链等技术。

第二节　区块链关键技术

一、分布式数据存储

区块链的分布式数据存储与大数据分布式存储 HDFS 是有区别的，它的所有节点都是独立、完全的存储数据库。区块链的分布式数据存储的独特性主要体现在两个方面：一是每个节点都按照块链式的数据结构来独立存储完整的交易数据；二是所有节点的数据存储都必须是完全独立的、地位完全相等的，依靠共识机制确保节点存储的数据一致性。数据存储节点既有可能是不同的网络物理存储设备，也有可能是不同的网络云端存储实例。目前，区块链需要解决的一个最核心的问题是：在采用决策权高度分散的"去中心化"管理系统架构下，有效提升运营稳定性，提高用户体验满意度，使各个节点对使用区块链的大规模应用能够及时达成共识，解决区块链分布式数据库管理有效性问题。

二、点对点传输

区块链通过点对点技术（peer-to-peer，P2P）实现底层网络通信。P2P与B/S(C/S)方式正好相反，不依赖于少数几台网络服务器。简单来说，点对点传输不需要通过网络服务器转发，而是在用户机与用户机之间进行传播，比特币、以太坊等众多数字货币都实现了属于自己的P2P网络协议。比特币区块链是一种"点对点电子现金系统"，是一种完全基于点对点技术的电子现金系统软件，可让在线支付立即从一方传输到另一方，而无须通过金融机构。这与P2P技术极为吻合，比特币经济使用整个P2P网络来确认并记录所有的交易行为，并使用密码学的设计来确保货币流通各个环节安全性。

简单来说，区块链通过P2P实现数据的点对点传输，在此之上双方直接建立信任，不需要中间环节的监管，没有层层审计，并且整个过程的信息不可被篡改，也是匿名交易。如此一来，大幅节省了成本，提高了效率，快速完成了交易支付，并且保证了数据安全。区块链的点对点技术使用户之间可以直接进行转账和交易，不需要经过中间机构的确认和授权。而它是建立在P2P底层网络通信之上的。

三、密码技术

其实加密技术从古至今都存在，最远甚至可追溯到4000年前的古巴比伦密码。传统加密技术只是简单替换和位移数字与字母，利用密码本记录替换的字母（或数字）和位移量，也就是说需要通过密码本进行加解密。因此，信息传送者与接收者是否拥有相同的密码本便会对加解密成功的概率造成影响。现代加密技术利用算法将信息（明文）变为密文（加密），加密过程中密钥数量可自由设置，因此根据双方密钥的数量及作用，又可分为对称加密与非对称加密。

密码学是区块链的核心技术之一。密码学在区块链的应用如下：从本质来看，区块链由一串数据区块通过链式链接而成，交易状态信息则被记录在这些数据区块之中，链接指针则是密码学哈希算法处理区块头时产生的区块头哈希值。

除此之外，为了支持区块链技术发展，我国在2020年1月1日起实施了《中华人民共和国密码法》，该法规加速了国密算法在国内联盟链的发展进度。在密码学上，国密算法逐步成为联盟链的标准配置，包括适配区块链运用较多的哈希算法、数字签名，到逐步适配国密证书、国密传输协议等完整的国密技术方案，以此提升系统的安全可控性。

本书简单介绍哈希算法、对称加密算法和非对称加密算法等常用密码学算法。

（一）哈希算法

哈希算法以哈希函数为基础构造而成。任意长度的消息都能在合理且有限的时间内被哈希函数压缩为固定长度的二进制串，生成的二进制串被称为哈希值或散列值，且不可逆转。区块链中的哈希值以Merkle树的数据结构中存放的所有叶子节点的值为基础生成（其Merkle树结构如图7-4所示）。需要注意的是，数据信息的哈希值由Merkle树的叶子节点保存，非叶子节点储存的则是计算其下所有叶子节点的组合后得出的哈希值。因此，一旦有数据发生改变，Merkle树的叶子节点或非叶子节点就会随之而变，Merkle树的结构也会随之变化。为此，在验证交易信息时，只需对Merkle树结构生成的哈希值进行比对即可，交易信息验证所需要的计算量自然得到了有效降低。同时,该结构也确保了区块链中的交易信息不可更改,即哈希算法是单向密码机制。

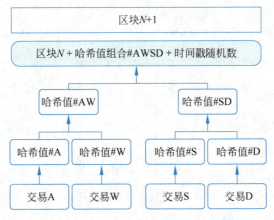

图 7-4　区块链中的 Merkle 树结构

哈希算法具有如下两个特点。

(1) 加密过程不可逆。利用哈希算法加密,只能正向生成哈希值,却无法通过生成的哈希值逆向推断加密前的信息,如图 7-5 所示。

图 7-5　哈希算法不可逆

(2) 输入与输出一一对应。哈希算法输出的哈希值与加密前的明文信息是对应的,明文信息中的数字发生改变或有位移,都会令哈希值发生变化,如图 7-6 所示。

图 7-6　明文与散列数据一一对应

在比特币系统中使用了两个密码学哈希函数:SHA256 和 RIPEMD160。SHA(Secure Hash Algorithm)是美国国家标准与技术研究院(NIST)发布的系列函数。SHA-1 于 1995 年率先发布,随后又发布了包括 SHA224、SHA256、SHA384 和 SHA512 在内的 SHA2 系列。为了保证数据的完整性,区块链使用 SHA256 算法加密区块并计算哈希值,这一算法能够将数据长度小于 264 位的消息转变为 256 位的消息摘要。如图 7-7 所示,每一个区块都被与其相对应的哈希值标识,哈希值只需通过哈希函数计算即可获得,若哈希值由始至终都保持着一致,则其对应区块内的信息未被更改。

在比特币中,SHA256 算法的另一个主要用途是完成 PoW(工作量证明)计算。为达到利用 CPU 的计算能力投票的目的,区块的哈希值要匹配特殊规则。但是,人们为了挖到更多比特币,由 CPU 计算 SHA256 逐步升级到 ASIC 矿机(其间经过 GPU、FPGA 等),这一做法导

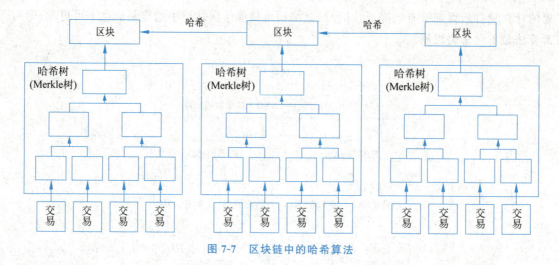

图 7-7　区块链中的哈希算法

致节点数与 PoW 算力失衡,为了使其恢复到平衡态,有人提出采取其他的哈希函数实现 PoW。

(二)对称加密算法

对称加密算法的基本流程如下:首先,用特殊算法加密处理原始数据(明文)与加密密钥。其次,发送密文,密文为处理后的明文与加密密钥。最后,接收方运用对应的逆算法解密密文,此时,密文变为可读的明文。从上述流程中可以看出,在加、解密的全过程只有一个密钥,因此该算法的安全性极度依赖密钥的安全性,若密钥被泄露,任何人都可解读发送或接收的信息。对称加密算法的主要算法如表 7-1 所示。

表 7-1　对称加密算法的主要算法

分　类	明文分组	密钥长度	加密方法	特　性	使用场合
DES 算法	64 位为一组	64 位(有 8 位是校验位)	明文组与密钥按位替代或交换	速度较快	有大量数据需要加密
3DES 算法	64 位为一组	56 位	密钥和密码块三次加密	比 DES 算法更安全,强度更高	保障数据传输的保密性和完整性
Blowfish 算法	64 位为一组	32～448 位	密钥预处理及信息加密	速度快,可通过改变密钥长度调整安全性	适合固定密钥场合,不适合常换密钥和智能卡

对称加密算法具有加密速度快、效率高的优点。但是,一旦数据发收双方决定采用对称加密算法收发数据,密钥的选取便成了令人头疼的问题——太过简单容易被破解;收发数量增多时,密钥管理问题也成了负担。

为了弥补这些缺陷,有学者在加密时增加第二密钥,减少对称加密算法的透明性,该做法不仅能提升加密的安全能力,还不会影响加密本身的速度。例如,基于多明文的数据对称加密算法,将一对真正的明文和密钥与另外 $n-1$ 对虚假的明文和密钥混合在一起进行加密,即使所有明文和密钥都被破解,攻击者也无法确定真正的明文和密钥。

(三)非对称加密算法

非对称加密算法则是以另一种思维弥补对称加密算法缺陷的产物。罗纳德·李维斯特等人在1977年提出的RSA加密算法,与科布利茨等人提出的椭圆曲线加密算法(ECC)奠定了现在非对称加密理论的基础。然而,当时的美国国家安全局(NSA)却认为此类算法会威胁到美国的发展,不仅把相关加密技术看作美国的军用技术,还严密监视着它们的发展。直到20年后,以RSA为代表的非对称加密算法才进入大众的视线。下面以RSA算法为例讲解非对称算法的基本思想。

RSA算法基于Euler定理,将明文分成长度不超过密钥但大小可变的块。密钥根据是否对外公开可分为公钥和私钥,在加密时使用公钥,解密时使用与之相应的唯一一个私钥。私钥由32个字节组成,只有数据接收方知道,决定着公钥及其地址的生成。因此,当用户增加时,向外扩散的仅是公开的公钥,如此便能有效地解决密钥管理问题。若用户需要使用比特币,只需使用私钥为花费的交易签名即可。但是该方法采用的都是大数计算,加解密的速度较慢;且密钥受素数产生技术的限制,因此不适合加密拥有大量原始数据的信息。

四、共识机制

共识机制或共识算法是区块链技术的核心。区块链中的分布式存储使参与的节点各自都有独立的、完整的数据存储。对于分布式系统,决策权越分散,系统达成共识的效率越低,但系统稳定性和满意度越高;与此相对,决策权越集中,系统越易达成共识,但同时更易出现独裁。如何在分布式系统中高效地达成共识,是分布式计算领域的重要研究问题。区块链的分布式存储的独特性体现在两个方面:一是区块链每个节点都按照块链式结构存储完整的数据;二是区块链每个节点存储都是独立的、地位等同的,需要依靠共识机制保证存储的一致性,共识机制通过决策权高度分散的"去中心化"系统提升稳定性和满意度,使各节点针对区块数据的有效性达成共识。共识协议要解决的另一个核心问题是在网络中有节点作恶时如何能够达成共识。一些常用的共识算法如下。

(一)工作量证明

工作量证明,即由节点的算力占总算力的百分比决定其记账权的概率。PoW依靠一台计算机器通过自动进行节点数学统计运算的各种方式使用来直接自动获取一个节点的任务记账管理授权,资源的占用消耗大、共识的形成机制多、节点监管性差,同时每次一个节点的任务达成都可能需要整个节点网络共同的节点参与和进行运算,性能差和效率比较低,在计算容错率方面允许整个节点网络50%的节点同时不会发生计算错误。

(二)权益证明

权益性的证明(Proof of Stake,prPoS),依然是基于哈希运算法来获得认证记账权的,可以说认证监管性相对薄弱,但是比较PoW的认证性能已经算是得到了很大的幅度提升,资源消耗减少,在容错率方面与PoW相同。PoS挖掘技术主要是基于PoW的一种成本提高,根据每个等级节点所占随机代币的成本总量及其成本所占比例开始挖掘,等级的成本比例变化的不同大幅降低了代币挖掘的成本难度,从而大幅加快了可以找到随机代币数目的挖掘速度。

(三)股份授权证明

股份授权证明(dPoS)的机制,类似于对董事会的投票,持币者可以投出一定比例数量的节点,进行对代理的验证和记账。与 PoS 的主要不同之处就是,该节点可以选择若干个代理人,由其他代理人进行认可并对其进行记账,但它们的合规性、功能、资源浪费及容错率都很像 PoS。

dPoS 的具体工作基本原理和要求如下:每个公司的股东按照其所持股份的比例都会拥有自己相应的威胁和影响,51% 的股东进行投票后所得出的结果都会是完全不可逆且具有一定约束力的,其中所面临的挑战就是要能够通过及时而高效的手段达到"51% 批准"。为了实现这个目标,每个股东都可以把自己的投票权限地赋予一个代表。得票次数最高的前 100 位代表根据既定期限内的时间表,轮流选择所在区块。每位代表被分配到一个特定的时间节点上去生产一个区块。

五、智能合约

智能合约(Smart Contract)是一种旨在以信息化方式传播、验证或执行合同的计算机协议。智能合约允许在没有第三方的情况下进行可信交易,这些交易可追踪且不可逆转。Nick Szabo 首次提出了智能合约这一概念,他在发表于自己网站的几篇文章中提到了智能合约的理念,其定义如下:"智能合约是一种计算机化的交易协议,可以执行合同的条款。一般的目的是满足常见的契约条件(例如支付条款、扣押权、机密性,甚至是强制执行),将恶意攻击和意外情况降低至最小,并最小化对受信中介的需求。相关的经济目标包括降低欺诈损失、仲裁和执行成本,以及其他交易成本。"

智能合约的基础性质如下。

(一)智能合约是计算机程序

智能合约是一种安全的、处于运行状态的计算机程序。智能合约实际上是采用某种语言编写的、计算机可以理解的代码。智能合约的内容包含了业务逻辑和各方间约定好的协议。

(二)智能合约能自动执行

智能合约和运行在单机上的计算机程序的不同点在于当满足约定的条件时,智能合约将会自动执行履行契约(以以太坊为例,智能合约实际实现时不是自动运行的,而是由用户主动驱动的)。自动执行意味着智能合约将按照规定的路线完成合约内容,并返回合约的执行结果,使合约的去中介化、合约条款的自动执行成为可能,合约的自动执行减少了合约参与者的成本。

(三)智能合约的执行不可阻挡

智能合约的执行具有不可阻挡性,只要满足约定的条件,合约将自动执行且不能被打断。这体现了"代码即法律"的理念,现实社会中的合约信度由法律和国家做背书,但在智能合约中由智能合约的不可阻挡性做背书,点对点的交易双方不再需要一个中介机构来做担保。除非关闭所有区块链节点,否则智能合约就只能被正确执行。

(四)智能合约的执行结果具有确定性

智能合约一般通过状态机模型维护内部数据,区块链上的所有节点都将运行同一个智能合约得到相同的结果,如果节点间对合约的运行结果存在异议,那么智能合约的结果将无法形成统一的"世界状态",也就是说无法全网达成共识。因为区块链共识机制的存在,所以智能合约最终的结果只存在一种情况,这让智能合约的结果具有确定性。

比特币践行了部分智能合约概念,2009年在区块链的始祖比特币中,智能合约以一种有限的方式被实现,比特币交易可以在用户间转移价值,用户间无须信任且不需要中介。

而以太坊则是首个成功实现智能合约的区块链系统,为区块链更广泛的应用提供了可能性。

第三节 区块链的基本体系结构

随着区块链的发展,不同实现目的的区块链平台相继出现,虽然它们的体系结构并不完全相同,但依然存在着诸多共性。当前通常把区块链平台分为5层,分别是数据层、网络层、共识层、合约层和应用层,如图7-8所示。

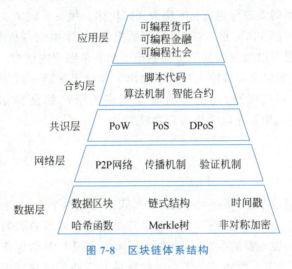

图7-8 区块链体系结构

一、数据层

数据层作为区块链平台的基础,承担了存储所有交易和区块数据的关键任务。通过自动化封装的链式结构、非对称加密、共识算法等多种技术手段方式来帮助用户完成对数据的信息存储和交换的安全实现。通常,数据层会利用数据库系统如LevelDB来存储索引数据。

区块链在Haber等研究理论的基础上,使用更简单、运算速度更快的哈希指针来完成各个区块之间的链接,通过每个区块头中包括的前块哈希(除了创世区块外),每个区块都链接到前一个区块,从而在逻辑上将孤立的区块串联成一条链式结构。其在块内通过使用Merkle树的方式来进行组织块内的交易,如图7-9所示。每个块内的叶节点代表块内的交易数据哈希值,这些哈希值两两组合形成父节点,然后逐层合并,直到生成最终的Merkle根。这样就有效地保证了任何一个交易数据的变化或者更改都是可以由互相对比Merkle根而被观察者发现,从而给出交易数据进行查询。各个节点之间经由共识计算算法进行互换,保证了数据的准确性,使区块链在全网公开的情况下保证数据的不可篡改和可追溯。

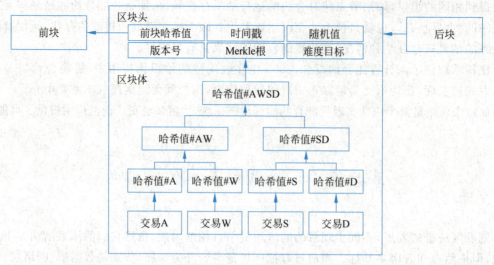

图 7-9　Merkle 树示意图

每个区块实际上由两大部分组成：区块头和区块体。每一个区块头中通常都存放着前块哈希值、时间戳、随机值、Merkle 根、难度目标等数据，区块体中也存放着交易的数据。目前，数据库存储的模型主要可以细化为基于交易的模型和基于账户的模型。比特币采用基于交易的模型，其中每次交易都包含多项输入和多项输出。通过多项输入就能一直跟踪到该笔资产的金额至最初挖矿得到的奖励，还能一直跟踪到该笔资产的金额如何被花费。以太坊、Hyperledger Fabric 等采用基于以太坊账户的模型。

二、网络层

区块链通过使用对等节点（peer-to-peer）的形式来完成整个组网，消息和信号等于数据的收集和传输直接在两个节点之间进行，节点可以自由选择加入或者暂时退出整个网络而不必要求中间环节或者中心服务器的参与，因此网络层可以采用 P2P 协议作为信号传输协议。

举例来说，假设一个节点发布了一笔全新的交易并广播到区块链网络中。其他节点时刻监听着网络，一旦接收到新区块的交易，它就会验证这些交易的签名。验证合格后，节点将这些交易放入新的区块中。获得记账授权的节点会将新区块发布到整个网络中。其他节点在接收新区块后，会验证并将其存入本地的区块链中。然后，这些节点将新区块的哈希值作为前一个区块的哈希值，继续参与 PoW 算法的竞争，争取获得下一个区块的记账权。

通过这种方式，区块链网络实现了去中心化的数据交换和共识机制，保障了数据的安全性和可信性。节点之间的协作和自治构建了一个强大而健壮的网络基础，为区块链技术的应用提供了可靠的基础设施。

三、共识层

在一个区块链的分布式系统中，互不信任的节点通过特定机制，在短时间内排除恶意节点的干扰，达成一致并产生正确结果，这即被称为节点间的共识。相比于传统的分布式系统的 CAP 共识评价体系标准，区块链系统提出"不可能三角"的共识评价体系标准，即在传统去中心化情境下处理高效性、扩展可用性、系统安全性不能同时完全满足要求,从分布式系统中的 Paxos、PBFT 等经典算法,到区块链共识的 PoW、PoS 算法,共识算法经历了持续的改进和创新过程。

四、合约层

在区块链 2.0 中,合约层是区块链技术体系的一个重要组成部分,它允许在区块链上执行智能合约,实现自动化的交易和业务逻辑。智能合约技术将传统合约(如法律合约等)内容通过先进算法和程序编码等技术转化为可在整个区块链上自动执行的编程代码,实现了对传统合约的数字化转换。智能合约技术在保持区块链去中心化、不可篡改等功能的基础上,又增加了其可编程的功能,使区块链不仅仅是一个能够进行分布式存储和数据传输的分布式账本,还可以作为一个分布式计算平台,通过智能合约实现各种复杂的业务逻辑和交易。

五、应用层

区块链目前的应用场景主要集中在数字货币、金融交易、数据鉴证、选举投票、物流等方面,如 Corda、Quorum、Bitcoi-in、Ethereum 等。另外,区块链与一些前沿研究领域如物联网、AI 等也有了不错的交互。应用层除根据具体的应用业务独立开发一些专门的应用外,还可以通过对下层数据和业务的集成来提供服务,构建适应性较强的区块链通用服务平台,如微软公司的 AzureBaaS、IBM 的 Hyperledger。

第四节 区块链平台的发展趋势

区块链平台及技术开发服务是上层应用的重要支撑,目前国内外都有成熟的公有链、联盟链、私有链区块链平台。

一、国外区块链平台

目前比较知名的国外区块链平台如表 7-2 所示。

表 7-2 国外区块链平台发展历程

名称	发布者	发布年份	特点
Ethereum(以太坊)	Vitalik Buterin	2013 年	区块链可编程
Quorum	J. P. Morgan 集团	2016 年	用于对吞吐量及交易速度要求高的联盟链的处理
Hyperledger(超级账本)	Linux 基金会	2015 年	可提高跨行业的区块链技术开源合作
Cyph MD	Brontech 公司	2016 年	医保数据可共享
Corda	R3CEV	2016 年	开源的分布式账本平台,具有极强的隐私性

早在2013年,Vitalik Buterin就发布了Ethereum白皮书,在比特币的基础上,以太坊利用区块链技术搭建了一个人人可使用或建立的去中心化应用平台;在随后的四年时间中,又陆续发布了Frontier阶段、第二个版本Homestead和第三个版本的Byzantium部分。此外,以太坊中的智能合约还具有区块链可编程性,这一功能不仅可集合代码和数据(状态),还支持开发者仅使用以太坊原生语言编写能与区块链交互的智能合约。如此一来,以太坊便成为既能提供一套图灵完备的脚本语言,又能降低区块链应用开发难度的平台。功能的陆续完善及可编程的区块链令以太坊成为不少人开发分布式应用的首选,也由此奠定了以太坊在区块链世界中不可或缺的地位。

随后,J.P.Morgan集团基于以太坊开发了Quorum,提供企业级分布式账本和智能合约开发,通过减少与以太坊的耦合保持与其公链版本的一致性,可有效提高区块链在金融及其余相关领域内的应用。

2015年,Linux基金会成立了超级账本项目,鼓励通过社区合作推动区块链技术,积极推动开源知识产权的发展,以实现在全球范围促进跨行业开源合作为目的,搭建了包括Fabric、Sawtooth、Iroha、Burrow、Indy等框架在内的项目。

2016年,澳大利亚Brontech公司也基于以太坊搭建了以"数据共享"为目的的医疗服务平台Cyph MD,该平台结合非对称加密技术和分级证书系统,令每家医院的医护人员都有独属于他们自己的"身份令牌",既方便医疗行业人员间的沟通,又可提高医疗保健系统的可信度和安全性。

Corda是R3CEV于2016年推出的以金融为目标行业的平台。Corda致力于自动记录并管理财务协议,以区块链中的UTXO模型、智能合约等技术为基础,构建可直接交易的、共同协作的分布式账本网络,适用于银行间或银行与用户间的交互。

二、国内区块链平台

在国内,百度、阿里、腾讯、华为、京东等行业领军企业通过技术研发,推出自研底层链,同时基于在云计算、大数据、物联网等方面的技术积累,形成了多个领域的综合性区块链集成解决方案,并依托自身云平台基础打造基于云计算的区块链BaaS服务平台,如百度布局智能云BaaS平台、蚂蚁金服发布"蚂蚁开放联盟链"、腾讯布局TBaaS平台、腾讯云发布"腾讯产业加速器—区块链"、华为云布局BCS平台、京东布局智臻链BaaS平台等。一些区块链初创企业也在积极探索,如趣链科技布局飞洛平台等。

可以预见,除布局技术研发和为区块链产业深度发展提供必要的技术支撑之外,区块链企业将越来越强调区块链平台建设和服务能力,目标在于打造可适用于安全可靠、灵活高效、适用于多场景的区块链服务体系。

本章小结

本章分别从区块链的定义、起源、特点、分类、原理、基本体系结构来论述区块链基础。其中区块链的特点和区块链技术的原理是本章的重点内容,本章从特点到原理更形象地介绍了区块链及区块链技术的工作原理。此外,本章也分析了区块链与货币的关系,得出结论:区块链具有成为货币的潜质,但由于私人数字货币存在难以克服的缺陷,如果适当放宽货币信用背书、货币基本职能,私人数字货币确实可能成为货币。

复习思考题

1. 简述区块链的定义。
2. 区块链的特点有哪些?
3. 区块链的种类有哪些?
4. 简述区块链的共识机制与智能合约。
5. 简述区块链的基本体系结构。

案例讨论题

IBM Food Trust

IBM Food Trust 是一个基于区块链技术的食品溯源平台,旨在改善食品供应链的可追溯性、透明性和安全性。该平台由 IBM 和一些食品产业领先公司共同开发,旨在帮助消费者、零售商和生产商追踪食品的来源和历程。

IBM Food Trust 是以区块链为基础的云服务,为零售商、消费者、种植者和各个供应链参与方提供来自整个食品生态系统的数据,以实现更高的食品安全,增加流通环节透明度并提高整个供应链的效率。在推出 IBM Food Trust 后,家乐福宣布,将使用 IBM Food Trust 商用区块链网络,以加强家乐福的"食品卓越行动"。家乐福作为世界领先的零售商之一,目前在全球拥有超 14000 多家门店。家乐福计划首先将该解决方案用于部分自有品牌的产品,以增强消费者信心。根据家乐福"食品卓越行动"的承诺,该解决方案或在 2022 年扩展至全球家乐福所有品牌。沃尔玛也随即宣布,将开始要求其绿叶蔬菜供应商使用 IBM Food Trust 获取数据及端到端的可追溯性信息。都乐(Dole)也将使用 IBM Food Trust 简化农场与前端报告流程并将数据放在区块链上实现数据审计,以具有成本效益的方式为供应商和合作伙伴解锁合规数据的价值。

IBM Food Trust 成员开创了完善的网络治理模式,以确保所有参与方的权利和信息得到严格的管理与保护。治理模式确保每个成员遵守相同规定。上传数据的组织继续拥有数据,并且数据所有者是唯一可以提供数据查看或共享权限的机构。允许食品供应链的多个参与成员(从种植者到供应商再到零售商)在基于许可的区块链网络上共享食品原产地详细信息、处理数据及运输信息。区块链上的每个节点都由一个单独的实体控制,而且区块链上的所有数据都是加密的。区块链网络的特征使各参与方能够互相协作以确保数据可信。

IBM Food Trust 通过区块链对整个食品供应链里面的物流、信息流做了无缝整合,并为供应链中资金流的管理和各成员的融资场景预留了接口,再向前走一步就是基于区块链的食品行业供应链金融的解决方案。

讨论题:结合区块链技术的不可篡改性和可溯源性,探讨区块链技术在供应链管理、医疗保健、知识产权等领域内的应用优势、潜在影响以及局限性。

资料来源:IBM 产品官方网站.

参考文献

[1] 邵奇峰,金澈清,张召,等.区块链技术:架构及进展[J].计算机学报,2018,41(5):969-988.

[2] 李娟娟,袁勇,王飞跃.基于区块链的数字货币发展现状与展望[J].自动化学报,2021,47(4):715-729.

[3] 曹雪莲,张建辉,刘波.区块链安全、隐私与性能问题研究综述[J].计算机集成制造系统,2021,27(7):2078-2094.

[4] 司冰茹,肖江,刘存扬,等.区块链网络综述[J].软件学报,2024,35(2):773-799.

[5] 谭朋柳,王润庶,曾文豪,等.区块链共识算法综述[J].计算机科学,2023,50(S1):691-702.

[6] 郭凯璇.区块链共识机制的研究与改进[D].南京:南京邮电大学,2020.

[7] 汪永菊,杜秀娟,陈浩章.区块链智能合约技术研究综述[J].计算机仿真,2023,40(8):1-4,65.

[8] 陈晶,杨浩,何琨,等.区块链扩展技术现状与展望[J].软件学报,2024,35(2):828-851.

第八章 虚拟现实技术

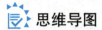 **思维导图**

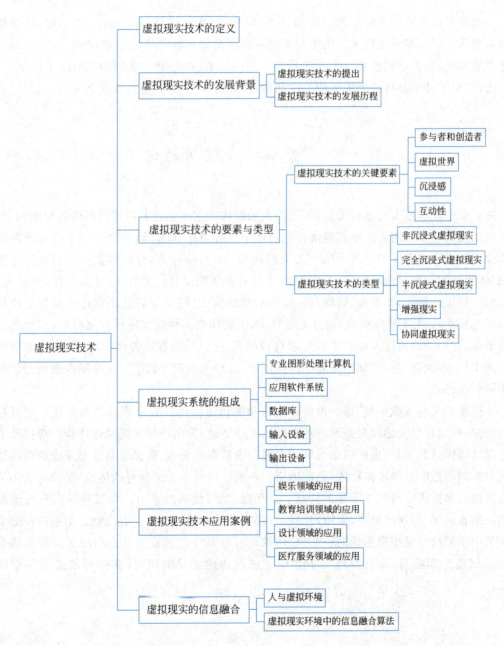

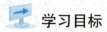 **学习目标**

学习层次	学习目标
了解	1. 虚拟现实技术发展背景 2. 虚拟现实技术应用案例
掌握	1. 虚拟现实技术定义 2. 虚拟现实技术的要素与类型 3. 虚拟现实系统的组成 4. 虚拟现实的信息融合

虚拟现实这个术语可以追溯到德国哲学家伊曼努尔·康德(Immanuel Kant),尽管那时的虚拟现实一词并不涉及技术。康德引入这一术语是指存在于人的头脑中的"现实",与外部物质世界不同,后者也是现实。杰伦·拉尼尔(Jaron Lanier)第一次创造"Virtual Reality"这个词语,引起了科学界对这个术语的关注和研究,并被世人称为"虚拟现实之父"。

第一节 虚拟现实技术的定义

随着虚拟现实技术的迅速发展,不同的人和群体对它所包含的内容有不同的想法和观点。

虚拟现实技术利用人工感官刺激在生物体中诱导目标行为,而生物体对干扰几乎没有或根本没有意识。该定义中出现了四个关键组成部分:目标行为,有机体正在经历由创造者设计的"体验",如飞行、行走、探索、看电影以及与其他生物交往;生物,这可能是你,其他人,甚至是另一种生命形式,如果蝇、蟑螂、鱼、啮齿动物或猴子(科学家们已经在这些对象上使用了虚拟现实技术);人工感官刺激,通过工程技术,生物体的一种或多种感官被吸收,至少是部分地被吸收,它们的普通输入被人工刺激取代或增强;意识,当有这种体验时,生物体似乎没有意识到干扰,因此被"愚弄"到感觉处于虚拟世界,这种无意识导致了在一个被改变或替代的世界中的存在感。

虚拟现实又称虚拟环境,是一种可以创建和模拟虚拟世界的计算机仿真系统。它通过生成与视觉、听觉和触觉感知相关的各种类型的互动活动,为用户提供沉浸式体验。虚拟环境可以是设计师构思的布景,也可以是现场的再现。虚拟现实头盔、数据手套等专业设备可以让用户实时感知和控制各种虚拟物体,创造出用户在现实世界中无法获得的体验,并产生真实的反应或反馈。虚拟现实有三个明显的特征:交互性、沉浸性和想象力。交互是指用户与虚拟场景之间的自然交互,通过反馈,为用户提供与现实世界相同的感觉。沉浸感是指用户在虚拟现实场景中感到自己是虚拟世界的一部分,仿佛沉浸在其中。想象力是指利用虚拟现实场景提供的多维度感知信息,在获得现实世界中无法获得的感受的同时,获得与现实世界相同的感受。

第二节 虚拟现实技术的发展背景

一、虚拟现实技术的提出

1965年,伊万·萨瑟兰(Ivan Sutherland)发表了题为 The Ultimate Display 的论文,指出有一天计算机将提供一个进入虚拟世界的窗口。虚拟现实技术主要用于创建和体验计算机生成的环境,允许用户通过头盔、手套等设备在三维空间中交互。这项技术能够集声音和触觉反馈于一体,为用户提供沉浸式体验。

二、虚拟现实技术的发展历程

虚拟现实技术的出现可以突出以下几点。

Sensorama 是一种于1962年获得专利的机器。Sencorama 系统由多个传感器组成,这些传感器可以制作之前录制的彩色胶片,并通过清晰的声音、气味、风和相关振动进行增强。Sensorama 是探索虚拟现实系统的第一种方式。它具有这种环境的大部分特征,但没有相互作用。

萨瑟兰试图为虚拟现实提出一个明确的解决方案。这一建议旨在使系统由交互式图形组成,通过声音、气味和力量反馈来构建一个人工世界。其在 The Ultimate Display 中建议使用头戴式显示器(HMD)作为虚拟现实技术的窗口。萨瑟兰在谈到终极显示器时说,这是一个"计算机可以控制物质存在的房间。在这样的房间里摆一把椅子,坐上去就很舒服了。在这样的房间里展示手铐是限制人身自由的,在这样的房间里展示子弹是致命的"。

The Sword of Damocles 既不是系统,也不是虚拟现实技术的早期概念。它被认为是虚拟现实的第一个硬件。第一个头戴式显示器由萨瑟兰建造。它包含由于用户的位置和导航而更新的立体声设备。

GROPE 是1971年北卡罗来纳大学(UNC)实现的第一个力反馈系统原型。根据萨瑟兰系统的概念,UNC 开发了一种强制反馈设备的系统,它可以让用户感受到模拟计算机的力量。它由一个具有特定结构的简单手套组成,以"机械复杂的外骨骼手控制器"提供合理的反馈。GROPE 旨在将触觉显示和视觉显示相结合,以生产一个 GROPE 系统。

VIDEOPLACE 是人为创建的,允许计算机设备控制图形的关系、用户的图像和场景中的位置。在 VIDEOPLACE 系统中,用户的想象阴影是由屏幕上的摄像机决定的。本系统中的用户可以与其他对象进行交互。它由两个相邻的房间组成,在任何地方,摄像头捕捉参与者的手势,投影屏幕控制和监控用户的动作。用户的图像被第二个房间的其他参与者看到。两个房间的每个参与者都可以与彼此的图像进行交互。用户可以与自己的图像进行交互,可以缩放、移动、旋转图像;还可以与图形表示的其他对象交互。

Furness 开发了 VCASS ——"视觉耦合机载系统模拟器"。这是一个复杂的飞行模拟器。VIVED 是 Virtual Visual Environment Display 的缩写,它是美国宇航局用立体单色 HMD 创建的。VIVED 的创建是为了让一个人向其他人描述他的数字世界,并将其视为 3D 空间。

VLP 是一家研发和制造 DataGlove 和 Eyephone HMD 的公司,这是第一个生产面向公众的商用虚拟现实硬件的公司。DataGlove 被用作输入设备;Eyephone HMD,可以给用户带来沉浸感。

双目全方位监控器(BOOM)是"一个小盒子,里面有两个 CRT 监控器,可以通过眼孔观看"。在 BOOM 系统中,用户可以拿着小盒子,在虚拟环境中移动,通过眼球运动方向来跟踪盒子。

UNC walk-through project 这个项目是由北卡罗来纳大学提出的。许多虚拟现实硬件都是为了提高 UNC 行走系统的质量而构建的。

CAVE 是"一个虚拟现实和科学可视化系统"。它使用房间墙壁上的立体图像来代替 HMD。在 CAVE 系统中,用户必须佩戴 LCD 快门眼镜——"主动快门眼镜"。CAVE 由三面墙和一扇门组成,作为第四面墙"平面屏幕",带有投影仪,形成四个投影面。在 CAVE 中,用户可以转身并在各个方向观看房间六个表面上的投影。这允许用户以一种更好的、完全沉浸的方式与虚拟环境进行交互。

第三节 虚拟现实技术的要素与类型

一、虚拟现实技术的关键要素

(一)关键要素 1 和关键要素 2:参与者和创造者

任何虚拟现实技术的关键要素都是人。事实上,对于任何虚拟现实体验来说,最重要的元素可能就是参与者。虚拟现实的所有魔力都发生在参与者的脑海中,因此每个虚拟现实体验对每个人来说都是不同的,因为每个人都有自己的能力、解释/背景/历史,会以自己独特的方式体验虚拟世界。创造者则是创造这个虚拟技术应用程序的人,虚拟世界是由他全局设计的。

(二)关键元素 3:虚拟世界

虚拟世界是特定媒介的内容。它可能只存在于发起者的脑海中,也可能以一种可以与他人分享的方式表现出来。虚拟世界不需要在虚拟现实系统中显示就可以存在(硬件、软件和为产生虚拟现实体验而组装的内容的集成集合),就像戏剧或电影剧本独立于其表演的特定实例而存在一样。

(三)关键要素 4:沉浸感

考虑到用户必须沉浸在另一种现实中,对虚拟现实技术的简单定义可能是虚拟现实就是使人沉浸在另一种现实或观点中。简单的定义是,如果一个媒介的参与者能够感知到一些在没有外部影响的情况下所能感知到的东西,那么它就是合格的。这一定义承认,在你当前生活的世界之外,你可以从另一种角度感知另一个世界或正常世界。另一个世界可能是存在于其他地方的真实空间的代表,也可能是一个纯粹的想象的环境。小说家、作曲家、其他艺术家和有创造力的人的头脑中常常创造出另一个世界。在虚拟现实技术中,进入世界的效果始于身体上的沉浸,而不是精神上的沉浸。物理沉浸感是虚拟现实技术的必要组成部分,其简单定义不够具体,因为许多其他媒体都属于它的参数。在虚拟现实媒介中,也将物理沉浸感称为虚拟现实系统的属性,它替代或增强了对参与者感官的刺激。虚拟现实是一种媒介,人们可以通过它使用人们的物理场景来体验想象中的现实;也就是说,人们在体验过程中较少使用自己的想象力,而更多地依赖内容创造者的想象力。换句话说,虚拟现实是一种媒介,它允许人们拥有接近物理现实的模拟体验。虚拟现实技术还可以让人们有目的地降低物理现实的危险,并创造现实世界中不可能出现的场景。感官反馈对于物理沉浸感至关重要,因此对于虚拟现实也是如此。虚拟现实系统根据参与者的相关操作为参与者提供直接的感官反馈。接收反馈包括视觉、触觉和听觉等。

(四)关键要素 5:互动性

为了使用户能沉浸在虚拟世界中,人机交互是必不可少的。用户在虚拟环境做出操作后系统通过各种传感器(压力传感器、加速度传感器和位置传感器等)能快速识别并且做出相应的反应(图片和声音等)。经典的计算机游戏《俄勒冈之路》(最原始的版本)、《冒险》和 Zork(最初被称为《地下城》),都通过文本描述呈现游戏里的世界。每个世界都会响应玩家输入的命令,让玩家有身临其境的感觉。在这些想象的世界中,玩家与其中的物体、角色和地点相互作用。基于文本的交互式世界媒介现在通常被称为交互式小说。影响基于计算机的世界的能力描述了一种形式的交互性。另一种形式是在一个世界中改变自己观点的能力。交互式小说可以定义为用户/玩家通过改变位置、拾取并放下物体、翻转开关等与世界互动的能力。虚拟现实技术与参与者在世界中身体移动的能力更密切相关,通过头部的运动获得新的有利位置。

二、虚拟现实技术的类型

在大量的虚拟现实技术中,以下是最具影响力的五种:非沉浸式虚拟现实、完全沉浸式虚拟现实、半沉浸式虚拟现实、增强现实、协作虚拟现实。无论是对于软件,还是硬件,沉浸式系统的实现是难度最大的。

(一)非沉浸式虚拟现实

非沉浸式虚拟现实是指通过计算机实现的一种虚拟体验,你可以在软件中控制一些角色或活动,但环境并不直接与你互动。除了台式计算机,你还可以为虚拟机找到一台功能强大的笔记本电脑,以便随时随地工作。由于越来越多的人喜欢移动,制造商创造了强大的系统。例如,当你玩像《魔兽世界》这样的电子游戏时,你可以控制游戏中拥有自己动画和属性的角色。从技术上来说,你所面对的是一个虚拟世界,但你并不是游戏中的焦点。所有的动作或特征都是与游戏中的角色进行互动。所以所有基本形式的游戏设备,如 PlayStation、Xbox、Computer 等,都在提供一种非沉浸式虚拟现实体验。

(二) 完全沉浸式虚拟现实

与非沉浸式虚拟现实相反，完全沉浸式虚拟技术可以确保你在虚拟世界中获得真实的体验。它会让你有一种身临其境的感觉，让你觉得所有发生在你身上的事情都是真实的。这是一种昂贵的虚拟现实形式，包括头盔、手套和带有感觉探测器的身体连接器。它们与一台功能强大的计算机相连。你的动作、反应，甚至眨眼在虚拟世界中都能被检测和投射。例如，在游戏中的玩家可以使用虚拟的武器与敌人战斗，解决谜题或与游戏世界中的其他角色互动。随着技术的进步，一些虚拟现实系统还开始尝试加入嗅觉或味觉模拟，进一步增强沉浸感。这种完全沉浸式的虚拟现实体验让玩家能够以前所未有的方式体验和互动，为他们提供一种全新的娱乐和学习方式。例如，人们正在研究一种新的虚拟医疗培训概念，以培训神经外科医生在复杂的脑部手术中避免意外。更多这样的概念正在进入生活，希望能让人们的生活更美好。但完全沉浸式虚拟现实的成本很高，而且没有被广泛应用。

(三) 半沉浸式虚拟现实

半沉浸式虚拟现实是非沉浸式和完全沉浸式虚拟现实的混合体。它可以是一个3D空间或虚拟环境的形式，你可以通过计算机屏幕或虚拟现实盒子/耳机自己移动，虚拟世界中的所有活动都集中在你身上。然而，除了你的视觉体验，你没有真正的身体运动。在计算机上，你可以用鼠标在虚拟空间中移动，在移动设备上，你可以用触摸和滑动来移动。大多数半沉浸式虚拟环境支持陀螺仪，这意味着虚拟空间将基于垂直轴固定在你的手机上，你必须移动手机到不同的方向来查看这些方向的虚拟环境，仅靠滑动是不行的。那些连接到虚拟现实盒子的设备更具互动性，因为它们也是陀螺仪的一种形式。当你戴上虚拟现实设备时，你只能看到虚拟环境，而不是你的真实世界。从而创造出一种真实的体验。半沉浸式虚拟现实是除非沉浸式虚拟现实外最具成本效益和最常用的一种虚拟现实形式。《虚拟之旅》是当今最受欢迎的半沉浸式虚拟现实，大多数企业都在采用。它们可以是基于设备的，也可以是基于网络的。总的来说，它们提供了一种交互式的虚拟体验。

(四) 增强现实

增强现实是指某个实体或设备似乎存在于现实中，但实际上并不是。虚拟实体不是将你置于虚拟世界中，而是通过任何设备置于现实世界中。例如，通过你的手机屏幕，你可以查看你的房间，并可能在角落里放置一个卡通人物。你能够通过手机屏幕看到角色，而不是在现实中真实地看到。它主要被家具供应商或装饰商等企业使用。例如，一个愿意购买桌子的人可以通过他的手机显示器将桌子放在他的房间里。这将让他明确这张桌子是否适合他的房间，是否看起来不错，或者他是否必须选择另一种设计。增强现实通常被认为是一种独特的技术形式，而不是虚拟现实技术。但它因具有虚拟放置实体的能力通常被归入虚拟现实技术类别。

(五) 协同虚拟现实

协同虚拟现实是一种虚拟世界的形式，来自不同地方的不同人可以在其中接触，通常以3D或投影角色的形式出现。例如，有一款名为《绝地求生》(玩家未知战场)的电子游戏，在这款游戏中，大量玩家以他们可以控制的独立虚拟角色的形式存在。在这里，他们可以通过麦克风、耳机和聊天界面相互交流。最近，人们开始习惯使用虚拟会议室进行远程商务会议或虚拟辩论比赛。这种形式的虚拟现实的主要目标是创造人与人之间的协作。

第四节 虚拟现实系统的组成

通用虚拟现实系统主要由专业图形处理计算机、应用软件系统、数据库、输入设备和输出设备组成。

一、专业图形处理计算机

专业图像处理计算机起着控制整体的作用。计算机访问用户通过输入设备输入相关操作，根据所需对相关数据库中的数据进行访问，获取数据后进行计算通过输出设备输出实时的计算结果来更新虚拟世界。

二、应用软件系统

在虚拟现实系统中，应用软件完成的功能有虚拟世界中物体的几何模型、物理模型、运动模型的建立，三维虚拟立体声的生成，模型管理技术及实时显示技术、虚拟世界数据库的建立与管理等。在这方面国外软件比较成熟，如 MultiGen Creator、VEGA、EON Studio 和 Virtool 等。国产软件比较有名的当属中视典公司的 VRP 软件。

三、数据库

数据库的主要功能是存储虚拟世界所需的虚拟物体模型，虚拟现实技术需要实时的反馈，所以在构建虚拟世界的过程中的计算机将会向数据库进行增加、删除和修改等操作。

四、输入设备

输入设备上用户操作虚拟空间的输入端，包括三维位置跟踪器和虚拟现实系统的交互接口。功能是通过鼠标、键盘或者数字手头接收用户的各个操作并将其操作数据传输至专业图像处理计算机实现的。

五、输出设备

输出设备是虚拟现实系统向用户做出的相应反馈的接口，系统主要从视觉、听觉、嗅觉和触觉等感官将信息传送至用户。其中输出设备通过头盔显示屏传递视觉信息，通过音响或者立体耳机传递听觉信息，通过感力数据手套传递触觉信息。

第五节 虚拟现实技术应用案例

从帕尔默·勒基（Palmer Luckey）2012年的OculusRift设计到智能手机的观看盒，随着虚拟现实头戴设备的大量生产和数百万人开始使用头戴设备，世界迅速发生了变化。随着越来越多的人可以接触到这项技术，虚拟现实技术的应用也更加广泛。

一、娱乐领域的应用

自20世纪80年代早期，随着个人计算机和视频游戏的兴起，人们就开始梦想着深入自己所玩的电子游戏世界。这个概念在1982年因迪士尼电影 *Tron* 而更加广为人知。2011年，Valve公司为了让玩家能够以高仿真度的虚拟化身探索广阔的世界，通过HTC Vive虚拟现实头盔打造了《传送门2》的沉浸式体验。这是一款在虚拟环境中进行的解谜游戏，它允许玩家以第一人称视角亲身经历游戏中的谜题和挑战。Virtuix Omni跑步机，用于在第一人称射击游戏 *Lucky's Tale* 中实现行走的操作，它提供了一种舒适的第三人称视角，因为用户似乎漂浮在其所控制的角色之上。德保罗大学研发的 *Dumpy* 游戏以玩家看起来有一个巨大的象鼻而显示了与其他游戏的不同，因为它是专门利用虚拟现实的力量而设计的。

2013年，一款名为Virtuix Omni的全方向跑步机被推出，其通过虚拟现实环境设计，增强了用户的沉浸感。同年，Joo-Hyung Ahn为Oculus Rift开发了一款名为VR Cinema的应用程序。该应用为用户提供了一个虚拟现实电影院的体验，用户可以在其中自由选择座位。通过这个应用，用户可以将存储在硬盘上的任何标准格式的电影或视频流式传输至虚拟影院的大屏幕上进行观看。其支持的视频格式包括2D和3D。为了增强现实感，应用程序中的虚拟投影仪会投射出模拟现实电影院投影仪灯光的闪烁效果，并通过调整音频输出模拟出影院级别的音响效果。

2014年，跨学科团体BeAnotherLab制作了"另一种机器"（The Machine to be Another），在这里你可以与另一种性别交换身体。每个人都戴着一个前面装有摄像头的虚拟现实头盔。因此，每个人都是从另一个人的近似观点来看世界的。他们被要求以协调的动作移动他们的手，这样他们就能看到他们的新身体适当地移动。

虚拟现实提供的第一人称视角是一种强大的工具，可以让人们对他人的情况产生共鸣。在全球范围内，各社会正积极推进在种族、宗教、年龄、性别、性取向、社会地位及教育背景多样性下的包容性和平等。其关键在于培养对不同身份背后经历的深刻理解，这是推动社会进步与和谐的基石。一个具体例子是Clouds Over Sidra，这是一个由联合国赞助的虚拟现实项目，它展现了一个叙利亚难民营中一名年轻女孩的生活，旨在引发人们对2015年叙利亚危机受影响人群的共情。虚拟现实通过提供沉浸式的体验，使人们能够以一种更加直接和深刻的方式理解和感受他人的生活和挑战。

在许多应用中，虚拟现实技术在现实世界中叠加虚拟物体，增加用户的趣味性。迄今为止，许多应用程序的目标都是帮助企业更有效地进行运营。Pokemon Go是任天堂于2016年推出的一款基于地理位置的游戏，用户可以想象一个叠加在现实世界上的虚拟世界。他们只能"透过"智能手机屏幕看到口袋妖怪角色。

Tilt Brush 由 Google 在 2018 年推出,是一款创新的虚拟现实应用,它允许用户在三维空间内进行绘画和创作。利用虚拟现实头盔和手持控制器,创作者可以在虚拟环境中使用各种颜色、笔刷和效果,从而创造出立体的艺术作品。Tilt Brush 的界面直观易用,让艺术家们能够轻松地将他们的想象力转化为虚拟现实中的视觉艺术。不仅如此,用户还可以从不同角度和尺度观察和修改他们的作品,这为艺术创作带来了前所未有的自由度和可能性。Tilt Brush 打破了传统平面艺术的界限,开辟了虚拟现实艺术创作的新领域,为艺术家和设计师提供了一个全新的表达平台。

Half-Life 是 Alyx 由 Valve 在 2020 年发布的一款深受欢迎的虚拟现实第一人称射击游戏,也是经典 Half-Life 系列的最新作品。游戏设置在 Half-Life 和 Half-Life 2 之间,玩家扮演爱莉克斯·万斯,与父亲艾莱·万斯一起对抗外星种族 Combine 的侵略。Half-Life:Alyx 是专为虚拟现实设计的,充分利用了虚拟现实技术的沉浸感,提供了丰富的交互体验,用户可以用手抓取物品、解谜,以及使用各种武器与敌人战斗。游戏中,环境的细节处理和物理互动机制展示了 Valve 对于虚拟现实平台的深入理解和创新,使 Half-Life:Alyx 成为虚拟现实游戏设计的一个里程碑,提升了玩家对于虚拟现实游戏的期待和体验。

Horizon Worlds 是由 Meta 开发的一款虚拟现实社交平台,于 2022 年对公众开放。这个平台提供了一个广阔的虚拟世界,其中包含了由用户和开发者创建的各种游戏和社交空间,允许用户在虚拟环境中创建、探索和互动。用户可以利用虚拟现实头盔,如 Oculus Quest 2,进入 Horizon Worlds,并以自定义的虚拟形象出现。在这个平台上,用户不仅可以参与各种互动游戏和活动,还能与来自世界各地的其他用户会面和交流,从而获得一个全新的社交和娱乐体验。

二、教育培训领域的应用

在工程、数学和科学领域,虚拟现实提供了可视化复杂几何关系和难以解释概念或数据的独特机会。此外,虚拟现实技术特别适用于实践培训场景,因为在虚拟环境中培养的技能可以顺畅地应用到现实世界中。一个典型的例子是美国空军使用的飞行模拟器,它使用户能够坐在配备了环绕显示屏的物理座舱中,以模拟飞行经验。其他应用示例包括消防训练、核电站安全演练、搜索与救援操作、军事训练和医疗程序模拟。

虚拟现实技术在人文学科教育中也展现出巨大潜力,尤其是在历史、人类学和外语学习方面。例如,2016 年,Learning Sites Inc. 与伊利诺伊大学合作,开发了一款虚拟现实体验,重现了亚述国王阿舒尔纳西尔帕二世的尼姆鲁德宫殿,为用户提供了探索这一古代废墟重建城市的机会。此外,2022 年推出的一款虚拟现实旅游应用——Petra VR,为用户提供了虚拟探索约旦佩特拉古城的体验。佩特拉古城是一处著名的考古遗址,以其雄伟的岩石建筑和复杂的水利系统而闻名于世,被列为世界文化遗产。通过 Petra VR,用户可以不受地理和时间限制,身临其境地游览这座古老的城市。Petra VR 通过高清 360 度视频捕捉和精确的三维重建技术,再现了佩特拉古城的宏伟景象和细节之美,包括著名的卡兹尼宫殿和长廊。此外,Petra VR 还提供了丰富的历史和文化背景信息,让用户在探索的同时,增加对这个古文明的理解和欣赏。Petra VR 是虚拟现实技术在文化和教育领域应用的一个典范,为用户提供了一个全新的学习和旅游体验。

三、设计领域的应用

在现实世界中,构建原型是为了了解提议的设计给人的感觉或功能。3D打印和相关技术使构建原型比以往任何时候都更容易。IVR-NATION 制作名为 Ty Hedfan 的装修设计的演示,在其中加入虚拟现实技术的设计,将设计师的想法和观点先在虚拟现实中构建,这使设计师和客户能更好地进行交流,提升整体的效率。虚拟现实技术不仅能融入装修设计,还可以融入工程构建等其他设计领域。

四、医疗服务领域的应用

尽管健康和安全是虚拟现实技术面临的挑战,但这项技术也展现了其在改善人们的健康状况方面的潜力。随着分布式医疗的流行,虚拟现实技术使医生能够远程为全球偏远地区的医疗人员提供有效的培训和指导。例如,Jump Trading Simulation 和 Education Center 与伊利诺伊大学合作开发的心脏可视化系统,通过利用真实心脏图像,使医生在手术前能更准确地分析病情并制订手术方案,同时也方便向患者或其家人解释医疗方案,帮助他们做出更明智的决策。此外,虚拟现实在治疗应用中的潜力也正在被挖掘,如通过提供模拟治疗和认知训练来帮助缓解衰老和神经系统障碍。未来,虚拟现实技术有望通过提高老年人的生活质量和身心健康,减轻他们的孤独感,并使他们能够参与远程社交和活动,从而积极影响他们的总体福祉。

第六节 虚拟现实的信息融合

虚拟现实可以使用户体验到虚拟环境中的真实感受。它可以将真实世界的信息与虚拟环境中的信息融合在一起,以便用户可以更好地参与虚拟世界的交互式仿真系统,虚拟现实技术涉及多个方面的计算机技术,如人工智能、多传感器、图像处理与模式识别、网络等。

融合模型主要解决虚拟环境中人机交互部分的输入问题。它是多传感器信息融合后,从虚拟环境中大量的外围传感器信息中获得的简单有效的控制信息。融合模型分为三个层次:数据关联、模式识别和行为估计。

在虚拟环境中,多传感器可以尽可能地获取目标及环境的信息。由于虚拟环境对用户体验感及智能化程度较高,信息量相对就较大,系统实时性要求也比较高。

一、人与虚拟环境

了解人类的心理学及自然环境感知机理是设计适合人类的虚拟环境的基础。如果设计不太合理,就会导致用户体验差,甚至损害用户的健康。

(一)虚拟环境系统的特征及其基本构成

BurdeaG 发表的"虚拟现实系统及其应用"中提出了"虚拟环境技术三角形",即想象、沉浸、交互，如图 8-1 所示。

想象、沉浸、交互三者均突出了人在虚拟环境的主导作用。在虚拟环境中，人与虚拟环境之间的交互是利用多传感器来实现的：能够沉浸到计算机创建的虚拟环境中；能够从环境中得到感性和理性的认识。设计虚拟环境的目的是通过计算机对信息进行处理满足人的需求，

图 8-1　虚拟环境系统的基本特征

从而无须使用设计不是很亲和的系统。创建虚拟现实系统主要利用多种类传感器及高性能的计算机硬件和软件，创建一个能够使用户身临其境的交互环境。

为构建这样的虚拟环境，硬件方面通常需要以下几类。

(1) 音频系统：判定空间位置及提供声源。

(2) 图像显示系统：生成视觉影像及立体显示。

(3) 触觉系统：提供力的反馈。

(4) 跟踪系统：确定用户的头、手等身体部位的位置。

(5) 高性能传感器。

(6) 高性能计算处理系统。

构建虚拟环境的目的、需要攻克的技术难点及所需计算机软硬件支持如图 8-2 所示。

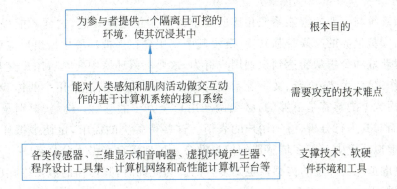

图 8-2　构建虚拟环境的目的、需要攻克的技术难点及所需计算机软硬件支持

(二) 人的环境感知与虚拟环境

通常人类通过眼睛和耳朵两个部位来获取 90% 以上的外部信息，剩下的部分则由鼻子等部位获取，所以视觉和听觉也被认为是虚拟环境中较为重要的两个接口。在虚拟环境中，影响用户体验感的关键因素之一是用户自身能够通过身体的各个部位操纵环境中的虚拟物体，并同时能够感应到相应的反馈。

(三) 虚拟环境中人机交互系统的设计概述

整个虚拟环境系统包括虚拟环境生成器、头盔显示器等设备及人机交互系统。在虚拟环境中，用户和虚拟世界进行交互是最重要的部分，其中的人机接口作用于用户，传感器主要是将获取的用户行为数据反馈到虚拟环境系统中，系统通过对数据进行处理，进而生成场景、音频等，以使环境更加符合规律、逼真，再将结果作用到用户。虚拟环境人机交互系统通常如图 8-3 所示。

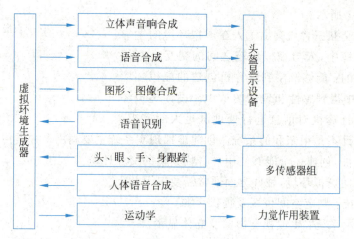

图 8-3 虚拟环境人机交互系统

在虚拟环境系统中,一种较为理想的情况是由多传感器构成的集成系统。该系统在音响的立体生效、图像的分辨率、语音逼真程度、力感程度等方面都有比较好的表现,只有达到这种效果,用户在体验过程中才可能不会容易感到疲倦。

1. 传感器分析与虚拟环境中操作者监测

虚拟环境系统与一般的智能系统相比所要求的智能化程度较高,这样才能提高人机交互使用户在参与虚拟世界的时候身临其境,沉浸其中。用户在虚拟环境中做出反应后,人机交互系统需要快速获取和分析从而达到识别用户行为,这要求该环境中要具有用户交互的接口,如感力装置、动作追踪、手势、语音、文字等系列的接口;为了能够营造让用户的体验感较高的环境,仅仅依赖视觉上的感官是不够的,必须调动用户全方位的感官;检测、识别及跟踪用户的人脸图像,进而对其进行分析,感知用户的表情。这些待解决的需求,也使虚拟环境中的人机交互,尤其是虚拟环境中对于多传感器的信息融合及处理将会变得十分复杂。

用以构建虚拟现实环境的传感器也是多样的。与此同时,其传输的数据格式也有所区别。相关的传感器如下。

(1) 视点跟踪传感器。视点跟踪传感器主要用来确定用户的视线位置,用户仅使用视觉便可触发一些动作,进而操纵虚拟环境。

(2) 图像传感器。图像传感器带来的立体视觉效果,能使用户与虚拟环境形成更加直接的人机交互方式。

(3) 动作感应传感器。动作捕捉(MOCAP)是虚拟现实的一项重要技术,因为它可以将用户的动作捕捉到虚拟世界中,用于虚拟游戏或动画,一般用于在一定分辨率下捕捉对象的大规模身体运动,以及使用可穿戴传感器(如红外传感器、FOV 传感器或电磁传感器)对用户进行整体跟踪。

(4) 生理监测传感器。生理数据的收集一般是为了了解人体的身体状况。该虚拟环境基于用户的生理数据,一方面,这可以让体验更有趣;另一方面,它可以使用户更多地了解自己的真实身体状况。

(5) 环境监测传感器。环境监测传感器将环境信息引入虚拟环境,以增加玩家的真实沉浸感。一方面,环境信息的收集主要是为了了解真实的环境细节;另一方面,它是为用户提供真实环境与虚拟环境之间的连接,从而给予其更满意的虚拟体验。到目前为止,虚拟现实游戏中已经应用了一些可以收集环境信息（如光照强度、湿度、温度和气味）的可穿戴传感器和设备。除此之外，加速度传感器、压力传感器等也被广泛应用。

2. 虚拟环境中信息融合模型的层次

在人机交互中最为重要和突出的是用户和系统能有效地沟通，该功能由不同的感官传感器完成，这就意味着你的任何动作和反应都会被反馈给系统，即便你只是随意的动作，传感器也会将这些数据传输给系统。而系统对这些信息进行融合，进而发现并找出这些信息的含义，然后将结果反馈到虚拟环境中。

用户在虚拟环境中做任何有效的操作都能被识别，无论该动作以什么样的形式传达给虚拟环境，它一定是包含开始、中间过程以及结束三个过程的。因此，该动作在传感器中的表现形式也应该是一段与之相对应的表示动作特征的数据流。

信息融合中的中间层次为特征级融合。系统在接收来自各种感官传感器的信息后，特征级融合的功能将信息中的特征进行提取、识别、分析和分类。该结果相比原始信息，更加简单明确。该层次的融合主要优点在于实现对原始信息的压缩，便于后面实现数据的实时传输，且通过对信息进行合适的处理，使特征值更加便于与后面的控制决策等任务对接。

信息融合模型的输出结果是简单明确的控制信息，其适合作为虚拟环境中用于推理的推理机的输入。推理机主要就是控制信息，推理当前目标的位置、运动轨迹等信息。因此，特征级融合是一种适合虚拟环境的信息融合模型。

二、虚拟现实环境中的信息融合算法

融合模型主要解决虚拟环境中人机交互部分的输入问题。它是多传感器信息融合后，从虚拟环境中的大量外围传感器信息中获得的简单有效的控制信息。融合模型分为三个层次：数据相关、模式识别和行为估计。在数据关联之前，需要对传感器进行分配，提取传感器信息特征值。数据关联后，需要进行时间调节，得到标准特征值序列，用于后续模式识别。由于人类行为的时间多样性，有必要对这些实际特征值序列进行正则化。每次扫描后，融合模型计算当前扫描结果的数据相关性，以确定该扫描是否是新的融合目标的开始。数据相关性的核心问题是如何克服传感器测量的不准确和干扰所带来的模糊性，即保持数据的一致性。当数据相关性正确时，融合模型使用融合推理算法识别模式并估计融合目标集的行为。行为估计是符号推理过程，属于之前的数值计算过程。融合模型的前端是多传感器信息，后端是虚拟环境中的推理引擎。

（一）数据相关

数据相关需要对多源数据进行相关性分析，然后根据一定的规则，把分析结果分为不同的集合，其中每一集合又关联于相同的源（目标或事件）。数据相关可分为动态数据相关和静态数据相关。动态数据相关需要对动态目标的位置进行预测，具有反复性；静态数据相关需要对处于禁止状态的事物进行测量。

在虚拟环境系统中，由于传感器测量对象是确定的，即需要被关联的目标是静态的，不需要动态地进行目标跟踪。因此，不需要用数据模型来表示目标轨迹状态，故在虚拟环境系统中采用静态的数据相关。

(二) 模式识别

在虚拟现实中，模式识别主要用来解决在考虑到系统中目标随着时间动态变化的特性，且无法获取先验知识的情况下，能够创建一个适应性和稳健性都比较好的环境。与此同时，引入这个概念，也为了能够降低递推估计的计算复杂性。在虚拟环境系统中，信息融合模型需要定时地检测多传感器测量的数据，同时保持这些数据的一致性，在对这些数据进行特征值提取后，再按照时间序列，能够得到具有相同维数的特征值序列。这样便于后面的融合推理。

(三) 动态时间规整

在虚拟环境系统中，动态时间规整主要用于对数据进行预处理。当特征值序列与已存储模型相匹配时，未知融合目标的时间轴需要不均匀地弯折，以便能够使其特征值序列与模板的特征值序列对正。

(四) 行为估计

识别具有连续特征值序列的单个融合目标，可以使用模板匹配技术。但由于时间规整和其自身的一些原因，要实现识别多个连续融合目标是存在一定困难的。而行为估计就可以解决这个问题，模板匹配只进行目标识别，行为估计则用来分析这些融合目标的组合意义。这样设计的融合模型就能既识别单个目标也能识别连续融合目标。

行为估计分为静态行为估计和动态行为估计两种，其中输出估计在连续输出估计之前。而动态行为估计则通过推理机对环境的上下文信息进行推理。

(五) BP 神经网络

神经网络现被广泛应用于解决各种问题，其中神经网络并非能够真正地实现与生物神经网络的能力，仅仅是模拟、抽象它的功能。

一个神经元网络的结构通常包含输入层、隐藏层和输出层。一个简单的神经网络结构如图 8-4 所示，x_1, x_2, x_3 为神经网络的输入特征。$h_{W,b}(x)$ 为神经网络的输出函数，其中，W 表示权重参数，b 表示偏置参数。

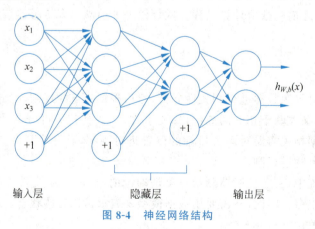

图 8-4　神经网络结构

(六) 多叉树

在多叉树中,从根节点到叶节点的一条路径就是一个融合目标的组合,称为行为,叶节点下的信息解释该组合的含义。在该结构中,行为始于根节点,终于叶节点,中间节点对应行为中的融合目标。

如图 8-5 所示是一棵"再见"行为的多叉树。在该树结构中,模式识别中间的每一个行为,即"左摆"和"右摆"。

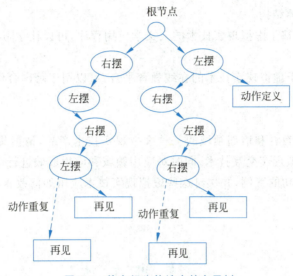

图 8-5　静态行为估计中的多叉树

本章阐述了虚拟现实的定义、发展趋势、要素及其应用,并介绍了虚拟现实技术的实现方式,进而阐释了虚拟环境中与人机交互相关的信息融合算法。

1. 虚拟现实体验有哪几个关键要素?
2. 简述虚拟现实技术的主要类型及其特点。
3. 简述虚拟现实系统的体系结构。
4. 举例说明虚拟现实技术的典型应用。
5. 简述虚拟现实环境中的信息融合算法。

案例讨论题

VR Anatomy、Star Chart 与 Engage

VR Anatomy：一款基于虚拟现实技术的解剖学应用程序，旨在提供一种互动的方式，让学习者更好地了解人体结构。

Star Chart：一款基于虚拟现实技术的天文学应用程序，可以让学习者了解太阳系和星系的知识。

Engage：一款基于虚拟现实技术的在线教育平台，可以用于跨国合作项目、在线课程和虚拟现实实验等。

讨论题：

1. 以上是应用于教育和培训领域的三种虚拟现实技术产品，请搜集相关产品信息，描述每种产品所采用的虚拟现实交互技术，同时对应用领域和应用成效进行调研。

2. 请列举一些成功的案例，并探讨这些虚拟现实技术应用如何改善学习者的学习体验和知识传递效果。

参考文献

[1] 陈华. 虚拟现实的视觉与触觉场景三维同步匹配[D]. 武汉：华中科技大学，2007.

[2] 王雷. 基于信息融合的虚拟现实理论研究[D]. 西安：西安电子科技大学，2002.

[3] LI Y, HUANG J, TIAN F, et al. Gesture interaction in virtual reality[J]. Virtual Reality & Intelligent Hardware, 2019, 1(1): 84-112.

[4] 钱小龙，宋子昀，黄蓓蓓. 沉浸式大学智慧校园的整体实现：理论构建与实践探析[J]. 重庆高教研究，2023, 11(5): 49-61.

[5] SUTHERLAND I E. The ultimate display[C]//Proceedings of the IFIP Congress, 1965, 2: 506-508.

[6] ALQAHTANI A S, DAGHESTANI L F, IBRAHIM L F. Environments and system types of virtual reality technology in STEM: A survey[J]. International Journal of Advanced Computer Science and Applications, 2017, 8(6): 77-89.

[7] KRUEGER M W, GIONFRIDDO T, HINRICHSEN K. VIDEOPLACE—an artificial reality[C]// Proceedings of the SIGCHI conference on Human factors in computing systems, 1985: 35-40.

[8] KOCIAN D F. A visually-coupled airborne systems simulator (VCASS): an approach to visual simulation[M]. Williams Air Force Base, AZ, USA: Aerospace Medical Research Laboratories, 1977.

[9] AKINOLA Y M, AGBONIFO O C, SARUMI O A. Virtual reality as a tool for learning: The past, present and the prospect[J]. Journal of Applied Learning and Teaching, 2020, 3(2): 51-58.

[10] MANDAL S. Brief introduction of virtual reality & its challenges[J]. International Journal of Scientific & Engineering Research, 2013, 4(4): 304-309.

[11] 万强. 虚拟警务战术训练系统的设计与实现[D]. 上海：上海交通大学，2008.

[12] 周希，宛小昂，杜頔康，等. 不连续虚拟现实空间中的再定向[J]. 心理学报，2016, 48(8): 924-932.

第九章 云计算技术

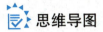 思维导图

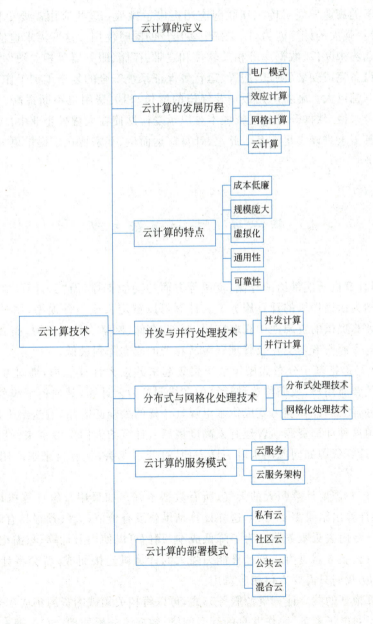

学习目标

学习层次	学习目标
了解	1. 云计算的发展历程 2. 并发与并行处理技术 3. 分布式与网格化处理技术
理解	1. 云计算的定义 2. 云计算的特点 3. 云计算的服务模式 4. 云计算的部署模式

计算机科学的高速发展对传统互联网应用提出了挑战：这些应用需要更稳定、更安全的运行环境，以及更强大的计算能力，以支持更多用户的同时使用。这些需求迫使应用软件企业花费大量成本购买中间件、数据库等相关软件和宽带、存储、服务器等相关硬件设备，还需要针对这些软件和设备完成安装、测试、配置、运行等保证系统安全的复杂维护工作。显而易见，支持这些应用的开销巨大。随着应用数量及规模的增长，相关费用也不断提高。对于中小型企业及个人创业者来说，软件开发的运维成本难以承受。即使在大规模企业中，应用交付使用时用户也会抱怨其需求难以满足。基于此，云计算应运而生，其宗旨在于提供更大量、更快速、更强大的计算服务。

第一节 云计算的定义

"计算"，即计算机所能供给的存储、资源等方面的功能支撑，而"云计算"就是功能强大的计算机以互联网为途径提供的计算服务。云计算可以被定义成一种模型，用户可以在任意时间高效地在云计算提供的资源池中获取应用、服务、存储、网络等计算资源，而云计算模型致力于将该过程中与资源所有者交互及管理资源所花费的成本降到最低。

2006年，亚马逊把基于分布式操作系统聚集起来的强大计算能力，通过互联网的方式输送给千千万万的普通用户，人们称这种计算的在线服务为云计算，其通俗解释就是：把分布式操作系统的这种强大的计算能力变成像水电煤气一样的大众必需品，输送给千家万户，让每个人都能高效利用这种计算资源。曾经有人高度概括云计算给人们生活带来的巨变：在云计算时代，人们使用计算资源如同使用水电一样方便，打开水龙头，就有自来水能用，打开开关，就有电可用。

例如，假设用户需要计算明天的天气，所有数据备好。如果用自家计算机计算，因其计算能力有限，想要计算出结果需要一年，这样计算结果就没有价值（天气预报具有时效性）。但不能为了预报天气专门去买服务器。为了降低成本，我们可以使用云计算，只需把计算的方式传输到云端，云端（云服务器是由一群计算能力强大的计算机连接而成）就会将计算出的结果返回到你的计算机，我们只需要支付相应费用。

基于云计算模型的共享计算资源服务方式，可以将相关领域的资源集成起来，通过互联网提供服务。由于对电子商务、协作共享的社会网络、数据流分析处理、SOA 搜索等功能的需求急剧增长,人们越来越依赖云计算模型的服务模式。此外,计算机基础元件性能的不断改进也令互联网的规模不断扩充,这样的环境进一步增加了人们对统一的云计算管理模式的需要。

由于云计算模型实现了强大的计算服务在互联网中共享这一关键技术,因此人们经常将其称为"革命性的计算模型"。自从使用云计算模型以后,个人及小型企业不再需要花费巨额成本配置计算所需的硬件环境,人们只要租赁、购买计算服务就可以在互联网中获取需要的资源。

从狭义上讲,云计算模型要解决的问题就是计算基础设施如何在互联网中共享及交付使用,相关的开发人员需要确保用户能够在互联网上高效地获取软件、计算平台、硬件的计算服务及资源。其中,"云"就是可以供给计算资源及服务的网络。从用户的角度来看,云中的资源应该是可以在任意时间内获取、扩展、按需提供服务并收费的。因此,云计算服务模式可以被理解为让用户像使用电和水这样的基本资源一样在互联网中使用计算基础设施。而从广义上讲,云计算模型旨在解决计算服务的使用、共享和交付模式的问题。人们需要从互联网上以可扩展、可匹配需求的形式获取计算服务。这一类服务不仅可以同互联网、硬件、软件相关,也可以是其他形式的服务。

总的来说,云计算就是一种集成并分发计算资源的模型,它以互联网为传播服务的载体,以虚拟化技术为手段,以计算设施平台为基础。个人和企业用户可以灵活使用云计算服务。用户可以在未购买硬件设施的情况下在云计算服务商处购买服务。云计算的出现为企业提供了新的业务模式,在该模式下实现了计算资源灵活获取及计算服务流程标准化。

第二节 云计算的发展历程

实际使用中的需求使人们广泛关注云计算模型,其相关技术也逐渐发展成熟。下面介绍云计算技术的主要发展阶段。

一、电厂模式

在最初阶段,人们期望将互联网中的计算资源进行集成,实现统一管理,以降低计算成本,便于用户使用。这就类似于发电厂的工作过程:人们基于发电厂的体量降低发电成本,便于用户在未购买发电装置的情况下以较低费用用电。

二、效应计算

20世纪,中小型企业及研究机构难以获取价格高昂的计算机设备。鉴于此,研发人员提出了共享计算服务资源的思路。1961年,麦肯锡借鉴电厂模式的思想提出了"效应计算"的概念,其基本思路是将各个地方的应用程序、文件存储系统和服务器等计算资源进行集成并向大量用户共享这些资源,使相关领域的工作人员可以像使用水电资源一样获取计算服务,并根据使用情况来支付费用。虽然人们对于共享计算服务资源已经有了效应计算这样的初步想法,但互联网等必要工具在这一时期还并未出现。由于技术上的局限性,这些想法在该时期并未实现。

三、网格计算

在处理一些较复杂的计算问题时,人们需要很多计算资源。网格计算的思想是将复杂的计算问题划分为一系列简单的子问题,并将每个子问题分配给一个对性能要求不高的计算机来执行,最后根据每个子问题的处理结果构造原始问题的解。由于技术可行性与安全性、商业运行模式等方面的缺陷,网络计算技术并未在相关领域被广泛应用。

四、云计算

云计算模型的核心思想非常接近于网络计算与效用计算,其目的都是以网络为载体,令用户使用计算服务资源像使用水电资源一样方便快捷。随着互联网、分布式计算等相关技术的发展,云计算模型在技术层面已经相当成熟了。

第三节 云计算的特点

云计算作为一种新兴的计算模式,已经成为现代信息技术的重要组成部分。它通过互联网提供各种计算资源,如存储、处理能力和网络服务,彻底改变了传统的 IT 架构。云计算的广泛应用得益于其独特的特点,这些特点使得企业和个人用户能够以更低的成本、更高的效率和更大的灵活性使用计算资源。以下是云计算的几个主要特点。

一、成本低廉

在计算机操作系云计算采用按需付费的商业模式,用户只需为自己实际使用的计算资源支付费用,无须进行大额的前期硬件投资。这种模式不仅大大降低了企业的初始成本,还减少了硬件维护和升级的负担。云计算服务提供商通过规模效应降低了资源成本,用户也因此可以享受更具竞争力的价格。同时,云计算还使中小企业可以使用到过去只有大公司才能负担的高性能计算资源。

二、规模庞大

云计算能够支持从个人用户到全球大型企业的多种规模需求。其底层基础设施可以随着用户需求的增加而自动扩展,提供几乎无限的计算能力和存储空间。这种可扩展性使企业能够应对流量激增或临时任务的需求,而不必担心硬件设备的局限性。用户可以在几分钟内增加计算节点,快速适应业务增长或项目需要。

三、虚拟化

虚拟化技术是云计算的核心,使物理硬件资源可以被抽象为多个虚拟资源,从而更有效地分配和管理计算能力。通过虚拟化，云计算平台能够同时运行多个操作系统和应用程序，实现资源的最大化利用。用户可以根据需要快速创建、启动、停止或删除虚拟机，灵活调整资源配置，提升系统的灵活性和响应速度。同时，虚拟化还为故障恢复和迁移提供了便利。

四、通用性

云计算平台具有高度的通用性，能够支持各种操作系统、开发环境和应用程序的运行。无论是用于大数据分析、人工智能模型训练，还是开发与测试环境，云计算都能提供相应的支持。由于云计算服务提供商通常遵循开放标准，用户可以在不同的云平台之间迁移应用和数据，从而避免了技术锁定。同时，云计算还为各行业提供了定制化的解决方案，可以满足不同行业和领域的具体需求。

五、可靠性

云计算通过多层次的冗余设计和自动化管理，提供了高度可靠的服务。数据中心通常分布在多个地理区域，确保即使某一地区发生故障，服务也能迅速切换到其他地区，保障业务的连续性。此外，云计算平台提供自动备份、数据恢复和灾难恢复等功能，进一步提高了数据的安全性和可用性。云服务提供商通常还会提供服务级别协议，确保服务的可用性达到 99.9%以上，满足企业对高可靠性的需求。

第四节　并发与并行处理技术

一、并发计算

在计算机操作系统的运行过程中，并发计算这一工作模式指的是系统允许在同一个处理机及同一个时间段内处理多个运行中的程序，但在一个固定的时间点上只允许一个程序处于运行状态。

由于在并发计算这一模式下，程序不再具备封闭特性，因此操作系统在工作过程中不再要求计算与程序的一对一映射关系，可用基于多个计算操作处理同一个程序。程序的执行过程不再是连续状态，而是可以有间隔地进行。此外，并发计算处理的程序之间会互相制约，其中一种制约关系为多个程序会竞争使用缓冲区、处理机等单一资源，另一种制约关系是程序之间互相依赖其计算结果。

并发计算中程序等运行状态并不等同于并行执行。并发计算允许多个程序在相同的时间段内被执行，但在单一处理机及时间点内，只有一个程序可以运行，而并行这一概念要求同一时刻内多个程序被同时执行。从宏观角度来看，并发计算是在同时运行超过一个程序，但从微观角度来看，这些程序都是在不同的时间内被交替地运行。如果操作系统有多个处理机可以调用，那么多个程序就可以被分配到不同处理机上运行，实现同一时刻运行多个程序的处理流程。

二、并行计算

同时调用多个计算服务资源的计算过程被称为并行计算。如果要实现并行计算,那么就需要配置能连接资源的网络及拥有多个处理机的本地机器。当面对复杂的大型计算难题时,并行计算是一种行之有效的方法。此外,如何使用大量计算能力弱的节点替换大型计算平台执行任务、合理高效地调用非本地资源,也可以通过并行计算得到答案。

执行并行计算的流程要求能在任意时间内执行超过一个指令,并可以将一个复杂任务划分为多个子任务以便于执行。依照这样的工作模式,人们在拥有众多计算资源的情况下可以更快地完成计算任务。

并行计算的工作方式与串行计算过程相反,其中的并行包括允许多个处理器并发的空间并行及流水线上的时间并行。在并行计算技术中聚焦空间并行方法。如果从程序开发人员的角度来看,并行计算可以划分为任务层面的并行及数据层面的并行。其中,数据层面的并行计算任务通常旨在分解一个复杂的原始计算任务,相比于任务层面的并行处理来说更加简单。

在并行计算中,计算机主要以网络为载体将执行任务的处理机连接起来,其中,连接方式主要包括动态连接和静态连接两种。动态连接的形式允许连接网络根据被执行的应用程序需求动态调整。静态连接要求应用程序的连接网络在程序执行期间不能发生变化。

第五节　分布式与网格化处理技术

一、分布式处理技术

在分布式计算领域,人们致力于将一个复杂的、需要耗费大量计算资源的问题划分为很多简单的子问题,并将这些子问题分配给求解性能有限的计算节点去处理,最后基于每个节点给出的计算结果完成计算任务。目前,人们已经开始利用分布式计算技术挖掘各个位置的闲置计算资源来求解很多复杂问题。

人们使用分布式计算技术求解的问题通常具有较大规模,解决这些问题对计算资源的要求极大,凭借一台本地机器无法在短时间内解决这些问题。人们曾经尝试构造一些超级计算机来执行这样的任务。然而,研发、构造、维护一台超级计算机的费用十分高昂,中小型企业、普通的科研院校及个人用户是没有能力使用超级计算机解决问题的。在这样的背景下,人们针对复杂问题给出了便捷且廉价的解决方案——分布式计算技术。

分布式计算要求在多个计算应用程序之间共享计算服务资源及计算所需的数据。这些计算应用程序可以在由网络连接起来的计算机集群中运行,也能运行在本地机器上。分布式计算模式的主要优势在于可以调度计算资源,能将计算任务部署在合理的节点上,可以实现稀缺计算服务资源的跨节点共享,并能实现多个计算节点上的负载均衡。在研发分布式计算技术时,思路是节点负载均衡和计算服务资源跨节点共享。

在分布式计算中,可以作为载体的操作系统有以中间件为基础的操作系统、网络操作系统及分布式操作系统。其中,以中间件为基础的操作系统和网络操作系统由一组拥有独立操作系统的本地机器组成,而分布式操作系统可以被分为多机系统及多处理器系统两种类别,这两种系统都只拥有一套操作系统,在分布式计算的各个节点中构造一种具有高透明性的网络连接结构。

二、网格化处理技术

随着互联网及其相关应用的快速发展,人们提出了网格计算技术。网格计算是一种重要的分布式计算模式,用来处理复杂的科学计算任务。网格计算模式以互联网为载体,将处于不同位置的计算机器集成起来,以构造一个功能强大的计算集群。其中,参与集群的每个计算机被称为一个节点,完整的计算集群就是由大量的节点组成的网格,这也是网格计算这一名称的由来。按照这种方式搭建的大型计算集群优势在于它能挖掘网格中的闲置计算资源,并拥有强大的计算性能。

第六节　云计算的服务模式

一、云服务

作为一种新兴的计算服务资源共享模式,云计算模型依赖互联网,其提供的服务可以进行分解并供给给用户。云计算的服务模式可以同立体停车房类比。在立体停车房中,人们按每个车位上的停车时长及其本身的大小计算通车服务费。而云计算模型在提供服务时,也会给出多种形式以满足用户的各种需求。

通常来说,负责提供云计算服务的机构只管理云计算模型的出租层,而接受服务的用户自己负责更上层次的部署和管理,两者负责的"逻辑层"加起来刚好就是一个完整的四层 IT 系统。例如,有一家云服务提供商对外出租云计算业务,云服务提供商负责机房基础设施、计算机网络、磁盘柜和服务器/虚拟机的建设和管理,而云服务消费者自己完成操作系统、数据库、中间件、应用软件的安装和维护,以及管理数据信息(如初始化、数据备份、恢复等)。更进一步,如果云服务提供商能负责更多业务,那么云服务消费者只需安装自己需要的应用软件并进行数据初始化即可。总之,云服务提供商和消费者各自管理的层数加起来就是标准的 IT 系统的逻辑层次结构。

二、云服务架构

基础设施即服务的服务架构,方式是把 IT 系统的基础设施层作为服务出租出去。由云服务提供商把 IT 系统的基础设施建设好,并对计算设备进行池化,然后直接对外出租硬件服务器、虚拟主机、存储或网络设施(负载均衡器、防火墙、公网 IP 地址及诸如 DNS 等基础服务)等。

提供云服务的机构会维护虚拟机、服务器、存储器、网络等计算基础设施,而接受服务的用户自己负责部署必要的数据信息、应用程序、中间件、数据库、操作系统等。所以,基础设施即服务的用户需要掌握基本的云计算管理技术。

在基础设施即服务中,服务提供商需要将网络消耗量、公网地址数量存储容量等因素考虑到计算服务费用中。出租的物理服务器和虚拟机统称为主机,云服务提供商如何对外出租主机呢?或者是租户如何使用这些租来的主机呢?相对于租户来说,这些主机不在现场而在"远方",租赁之后并不是把这些主机从云端搬到租户的办公室来使用。出租前后主机的物理位置并没有改变,租户仍然是通过网络使用这些云端主机。租户登录云服务提供商的网站,填写并提交主机配置表(如需要多少个 CPU、多少内存、多少网络带宽等)后付款,然后云服务提供商向租户告知账号和密码,最后租户以此账号和密码登录云端的自助网站。在这里,租户可以管理自己的主机:启动和关闭机器、安装操作系统、安装和配置数据库、安装应用软件等。其实只有启动机器和安装操作系统必须在自助网站上完成,其他操作可以直接登录到已经安装了操作系统并配置好网卡的主机中完成。

对于租来的主机,租户只关心计算资源(CPU、内存、硬盘)的容量是否与租赁合同上标注的一致,就像租赁同一层楼上的一间房间一样,租户只关心面积是否足够,而不关心房间的墙壁是钢筋水泥结构还是砖块石灰结构。但是对于云服务提供商来说,出租硬件服务器和虚拟机,内部的技术处理是不一样的,其中硬件服务器必须集成远程管理卡并要池化到资源池中。

远程管理卡是插接在服务器主板上或者直接集成在主板上的一个嵌入式系统,需要接网线并配置 IP 地址。只要服务器的电源插头插到插座上,不管有没有按下服务器的电源开关,这个远程管理卡都会启动,其他人就可以通过网络登录到远程管理卡(需要账号和密码),成功登录后就可以进行启动和关闭服务器、安装操作系统等操作。只不过云服务提供商把远程管理卡的功能集成到了租户自助网站中,从而实现了物理机和虚拟机的统一管理。

基础设施即服务的基本架构模型逻辑上分为三层:第一层为管理全局,第二层为管理计算机集群(一个集群内的机器地理位置上可能相距很远),第三层负责运行虚拟机。第一层的云管理器与第二层的集群管理器之间一般通过高速网络连接,当增加数据中心为云端扩容时,就能体现网速的重要性。而集群内的计算机之间倾向采用本地局域网(如 10Gbit/s 以太网)或者超高速广域网,如果采用局域网,则灾难容错差;如果跨广域网,则网络带宽会成为瓶颈。

第一层(云管理器):云管理器是云端对外的总入口,在这里验证用户身份,管理用户权限,向合法用户发放票据(然后用户持此票据使用计算资源)、分配资源并管理用户租赁的资源。

第二层(集群管理器):每一个集群负责管理本集群内部的高速互联在一起的计算机,一个集群内的计算机可能有成百上千台。集群管理器接受上层的资源查询请求,然后向下层的计算机管理器发送查询请求,最后汇总并判断是部分满足还是全部满足上层请求的资源,再反馈给上层。如果接下来收到上层分配资源的命令,那么集群管理器指导下层的计算机管理器进行资源分配并配置虚拟网络,以便能让用户后续访问。另外,本层 PLS 中存储了本集群内的全部虚拟机镜像文件,这样一台虚拟机就能在集群内任意一台计算机上运行,并轻松实现虚拟机热迁移。

第三层(计算机管理器):每台计算机上都有一个计算机管理器,它一方面与上层的集群管理器打交道,另一方面与本机上的虚拟机软件打交道。它把本机的状态(如正在运行的虚拟机数、可用的资源数等)反馈给上层,当收到上层的命令时,计算机管理器就指导本机的虚拟机软件执行相应命令。这些命令包括启动、关闭、重启、挂起、迁移和重配置虚拟机,以及设置虚拟网络等。

对于用户来说,租赁基础设施即服务最大的优点是其灵活性。用户可以自行决定操作系统、数据库、应用软件、中间件等,相当于购买了一台计算机,要不要使用、何时使用,以及如何使用全由自己决定。

第七节 云计算的部署模式

一、私有云

云端资源所有的服务不是供别人使用,而是供自己内部人员或分支机构使用的。这是私有云的核心特征。而云端的所有权、日常管理和操作的主体到底属于谁并没有严格的规定,可能是本单位,也可能是第三方机构,还有可能是二者的联合。云端位于本单位内部,也可能托管在其他地方。一般企业自己采购基础设施,搭建云平台,在此之上开发应用云服务。私有云的一个显著优势是可以保证用户私有网络的隐私性。云计算的这种部署模式适用于对数据安全要求较高的政府部门或结构较为复杂的大型企业。在这些机构中,用于计算的数据集中于数据中心这一点令私有云成为其首选的云计算部署模式,企业可以通过私有云灵活地控制数据的隐私性及计算资源的使用权限。但是,部署私有云的成本相较于其他部署模式更为高昂。

二、社区云

在社区云部署模式中,云平台中的计算服务资源集中供给几个固定的机构中的用户。这些机构要求对云平台具有相同的服务要求(如使用合规性、使用机制、安全性能需求等)。云端的管理操作及所有权可以由社区内的一个或多个机构负责,也可以由不在社区范围内的第三方单位负责。在这种部署模式中,云平台可以部署在本地,也可以部署在其他地方。

三、公共云

在公共云部署模式中,云平台中的计算资源可以向社会公众开放。云平台的日常管理操作可以由政府部门、科研机构、商业组织负责,也可以由多个机构联合负责。云端可以部署在本地或本地以外的地方。公共云部署模式的服务对象主要是外部客户,其服务不是自己使用而是供给别人。目前,比较成功的公共云,如中国的用友伟库、阿里巴巴搭建的云平台,以及美国亚马逊的 AWS、Salesforce.com 和微软的 Windows Azure Platform。从用户角度来看,使用公共云带来的主要优势是云计算所需的数据、服务资源、应用软件都被部署在云计算服务的提供者处,用户自身并不需要做出建设和部署工作。使用公共云模式的主要挑战在于其安全性方面的隐患,因为数据并不是在使用者自己的数据中心中存储。此外,这种部署模式中云平台的可用性不由使用者决定,这也为云计算服务的使用带来了具有不确定性的因素。

四、混合云

混合云是指由多种不同类型的部署方式(包括公共云、社区云、私有云等)构造的云服务模式。混合云中的成员各自独立。云服务开发人员使用技术手段将这些成员组合连接起来,实现计算服务资源及数据在成员之间的流动。由多个类型相同的云集成在一起的模式被称为多云。混合云并不等同于多云，混合云是多云的一种。目前，最常用的混合云部署模式是集成公共云及私有云。在私有云所需资源比较庞大的少数时间内，可以自动从公共云中获取资源以满足自身需求。混合云是一种可以同时供给客户及自身的云服务部署模式。这种部署模式对云服务供应者及其对技术要求更高。

本章小结

本章阐述了云计算技术的定义、发展历程、特点，并发及并行处理技术、分布式与网格化处理技术等云计算领域中的常用技术，以基础设施即服务为例，介绍了云计算的服务模式，并探讨了私有云、社区云、公共云、混合云等不同的云计算部署模式。

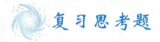

复习思考题

1. 什么是云计算技术？
2. 简述云计算的特点。
3. 并发计算与并行计算有哪些区别？
4. 分布式处理与网格化处理有哪些区别？
5. 什么是混合云？

案例讨论题

GoogleMap

GoogleMap 是 Google 公司提供的一种云计算服务。当人们需要使用 GoogleMap 时，只要在互联网上搜索并提出需求，应用程序就可以在后台服务器中处理需求，返回人们所申请的 Map。这一类服务依赖资源调度等多项技术。云计算模型为人们完成这样的服务提供了保障。基于云计算模型，人们可以在不安装相关软件的情况下，直接通过互联网获取服务。这样的服务流程优势在于很多较为复杂的计算任务可以在本地计算机存储上限较低、计算能力有限的情况下被较好地完成。如果用户有需要的话，可以不需要在本地机器配置环境，而在网上编程并把写好的程序存储在网上，这种方式极大地解放了客户端。

讨论题：请根据上述内容回答 GoogleMap 这一类云计算服务相对于传统计算的优势体现在哪些方面？

资料来源：MALEKIMAJD M,SAFARPOOR-DEHKORDI A. A survey on cloud computing scheduling algorithms[J]. Multiagent Grid Syst. ,2022,18(2)：119-148.

参考文献

[1] 陈康,郑纬民.云计算:系统实例与研究现状[J].软件学报,2009,20(5):1337-1348.
[2] 罗军舟,金嘉晖,宋爱波,等.云计算:体系架构与关键技术[J].通信学报,2011,32(7):3-21.
[3] 杨际祥,谭国真,王荣生.并行与分布式计算动态负载均衡策略综述[J].电子学报,2010,38(5):1122-1130.
[4] AGCA M A,FAYE S,KHADRAOUI D. A survey on trusted distributed artificial intelligence[J]. IEEE Access,2022,10:55308-55337.
[5] 王占丰,张林杰,吕博,等.基于机器学习等云计算资源调度综述[J].无线电通信技术,2022,48(2):213-222.
[6] CHANG W,GOLIGHTLY L,MODESTI P,et al. A survey on intrusion detection systems for fog and cloud computing[J]. Future Internet,2022,14(3):89.
[7] 欧阳雪,徐彦彦.IaaS云安全研究综述[J].信息安全学报,2022,7(5):39-50.

第十章　物联网技术

思维导图

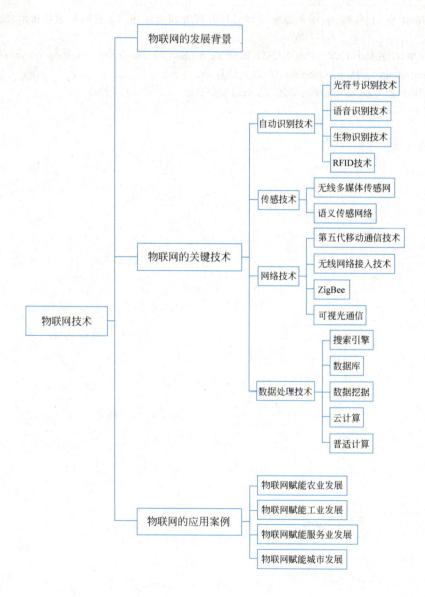

第十章 物联网技术

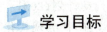
学习目标

学习层次	学习目标
了解	1. 物联网的发展背景 2. 物联网赋能农业发展 3. 物联网赋能工业发展 4. 物联网赋能服务业发展 5. 物联网赋能城市发展
掌握	1. 物联网的自动识别技术 2. 物联网的传感技术 3. 物联网的网络技术 4. 物联网的数据处理技术

数字经济以数字化信息服务为核心，推动产业转型升级，促进社会生产力提高。物联网(Internet of Things, IoT)作为一项新兴技术，通过泛在连接万物并提供信息感知、传输、处理等服务，为各行业数字化、网络化、智能化转型提供关键支撑，是数字经济发展的重要基础技术。本章主要阐述物联网技术的起源和发展、核心技术和应用前景等内容，重点介绍物联网涉及的基本理论和概念。通过本章的学习，读者可以对物联网技术有个全局的了解，进一步激发对数字经济时代下物联网世界探索的兴趣。

第一节 物联网的发展背景

随着相关技术的进步和应用创新的突破，物联网概念长期处于动态发展的过程之中。1999 年，Auto-ID 中心基于物品编码、无线射频识别技术及互联网，首次提出了物联网的概念。2005 年，国际电信联盟(ITU)在年度报告中首次正式提出了"物联网"一词并指出物联网通过将短距离的移动收发器内嵌到各种配件和日常用品中使人与人、人与物、物与物之间形成了一种新的交流方式，即在任何时间、任何地点都可以实现实时交互。2008 年，欧盟物联网研究项目工作组将物联网定义为"由具有标识、虚拟物体或对象所构成的网络，它们在智能空间中通过智慧的接口与用户、社会和环境进行交流"。目前，国内对物联网的权威定义之一来自中国科学院物联网研究发展中心，其从信息技术的角度将物联网定义为"具有感知和智能处理能力的可标识的亿万物品，基于标准的、可互操作的通信协议，在宽带移动通信、下一代网络和云计算平台等技术的支撑下，智能处理物品或环境的状态信息，提供对其进行管理和控制的决策依据，甚至在人类直接干预或无须人工干预情况下实现联动，从而形成信息获取、物品管理和控制的安全可信的全球性信息系统"。

2009 年，中国政府提出"感知中国"的战略，物联网被正式列为国家五大新型战略性产业之一，写入政府工作报告，这使物联网在中国受到了全社会极大的关注，一些高等院校也开设了物联网工程专业。2011 年正式颁布的中国"十二五"规划指出，在新兴战略性产业中，新一代信息技术产业的发展重点是物联网、云计算、三网融合和集合电路等。2016 年，中国"十三五"规划建议提出要实施"互联网＋行动"计划，大力发展物联网技术和应用。2021 年，工信部、中央网信办、科技部等八部门联合印发《物联网新型基础设施建设三年行动计划（2021—2023年）》，明确到2023年年底，在国内主要城市初步建成物联网新型基础设施，社会现代化治理、产业数字化转型和民生消费升级的基础更加稳固。

第二节　物联网的关键技术

2016年的《物联网标准化白皮书》给出的物联网体系结构为三层，它按照物联网数据的产生、传输和处理的流动方向，把物联网从下到上分为感知层、网络层、应用层。感知层的核心技术是自动识别技术；网络层的核心技术是无线传输网络技术和互联网技术；应用层的核心技术是数据库技术和云计算技术。本小节将从自动识别技术、传感技术、网络技术、数据处理技术四个方面介绍物联网的关键技术。

一、自动识别技术

自动识别技术是一种高度自动化的数据采集技术，它是以计算机技术和通信技术为基础的综合性科学技术，是信息数据自动识别、自动输入计算机的重要方法和手段。自动识别技术已经广泛应用于交通运输、物流、医疗卫生和生产自动化等领域，从而提高了人类的工作效率，也提高了机器的自动化和智能程度。

（一）光学字符识别技术

光学字符识别（optical character recognition，OCR）是指利用扫描仪等电子设备将印刷图像和文字转换为计算机可识别的图像信息，再利用图像处理技术将上述图像信息转换为计算机文字，以便对其进行进一步编辑加工的系统技术。OCR属于图形识别的一种，其目的是让计算机知道它到底看到了什么，尤其是文字资料，从而节省因键盘输入花费的人力和时间。

OCR技术的识别过程包括图像输入、图像预处理、特征提取、对比识别、人工校正和结果输出等几个阶段，其中最重要的阶段是特征提取和对比识别阶段。OCR技术的应用领域比较广泛，如零售价格识读、订单数据输入、单证识读、支票识读、文件识读、微电路及小件产品上的状态特征识读等。在物联网的智能交通应用系统中，可使用OCR技术自动识别过往车辆的车牌号码。

（二）语音识别技术

语音识别技术开始于20世纪50年代，其目标是将人类语音中的词汇内容转换为计算机可识别的数据。语音识别的应用包括语音拨号、语音导航、室内设备控制、语音文档检索等。

首先要基于模板匹配的方法，通过学习获得语音的模式，将它们做成语音特征模板存储起来，在识别时，将语音与模板的参数一一进行匹配，选择出在一定准则下的最优匹配模板。模板匹配识别的实现较为容易，信息量小，而且只对特定人语音识别有较好的识别性能，因此一般用于较简单的识别场合。许多移动电话提供的语音拨号功能使用的几乎都是模板匹配识别技术。

基于马尔可夫模型的识别算法,通过对大量语音数据进行数据统计,建立统计模型,然后从待识别语音中提取特征,与这些模型匹配,从而获得识别结果,这种方法不需要用户事先训练,目前大多数大词汇量、连续语音的非特定人语音识别系统都是基于马尔可夫模型的。它的缺点是统计模型的建立需要依赖一个较大的语音库,而且识别工作运算量相对较大。

人工神经网络的方法是20世纪80年代末期提出的一种语音识别方法。人工神经网络本质上是一个自适应非线性动力学系统,它模拟了人类神经活动的原理,通过大量出路单元连接构成的网络来表达语音基本单元的特性,利用大量不同的拓扑结构来实现识别系统和表述相应的语音或者语义信息。基于神经网络的语音识别具有自我更新的能力,且有高度的并行处理和容错能力。与模板匹配方法相比,人工神经网络方法在反映语音的动态特性上存在较大缺陷,单独使用人工神经网络方法的系统识别性能不高,因此人工神经网络方法通常与马尔可夫算法配合使用。

(三)生物识别技术

生物识别技术主要是指通过人类生物特征进行身份认证的一种技术。生物特征识别技术依据的是生物独一无二的个体特征,这些特征可以测量或可自动识别和验证,具有遗传性或终身不变等特点。

生物特征的含义很广,大致可分为身体特征和行为特征两类。身体特征包括指纹、静脉、掌形、视网膜、人体气味、脸型,甚至血管、DNA和骨骼等。行为特征包括签名、语音和行走步态等。生物识别技术对生物特征进行取样,提取其唯一的特征,转化成数字代码,并进一步将这些代码组成特征模板。当进行身份认证时,识别技术获取特征,并与数据库中的特征模板进行对比,以确定二者是否匹配,从而决定接受或拒绝。

生物特征识别发展最早的是指纹识别技术,其后,人脸识别、虹膜识别和掌纹识别等技术也纷纷进入身份认证领域。

(四)射频识别技术

射频识别(radio frequency identification,RFID)是20世纪90年代提出的一种非接触式的自动识别技术,它首先在产品中嵌入电子芯片(电子标签),然后通过射频信号自动将产品的信息发送给读写器进行识别。RFID技术涉及射频信号的编码、调制、传输和解码等多个方面。RFID识别过程无须人工干预,可在各种恶劣环境中工作,可识别各种运动物体,可同时识别多个标签,操作快捷方便。这些优点使RFID迅速成为物联网的关键技术之一。

一般来说,RFID系统由五个部分组成,包括传送器、接收器、微处理器、天线和标签。传送器、接收器和微处理器通常被包装在一起,也被称为读取器,因此业界通常将RFID系统分为三个部分:读取器、天线和标签。这三个部分一般都可以由不同的制造商生产。RFID来源于雷达技术,所以它的工作原理和雷达非常相似。首先,读取器通过天线发射电磁波;标签接收信号并发送内部存储的识别信息;其次,读取器通过天线接收和识别标签上的信息;最后,读取器将识别信息发送给主机。电子标签与阅读器之间通过耦合元件实现射频信号的空间(无接触)耦合。在耦合通道中,根据时序关系实现能量传递和数据交换。射频信号耦合有两种:一种是感应耦合,变压器模型通过空间高频交变磁场耦合,理论基础是电磁感应定律;另一种是电磁反向散射耦合,雷达模型发射电磁波时接触目标并反射回来,而携带目标信息的理论基础是电磁波在空间的传播特性。

二、传感技术

近年来,随着传感器技术的发展,节点平台可以使用的传感器越来越多。目前比较简单的有光传感器、温度传感器,还有比较复杂的二氧化碳传感器。使用什么样的传感器往往取决于具体的应用需求和传感器本身的特性。通常情况下,处理器与传感器的交互方式有两类:模拟信号和数字信号。基于模拟信号的传感器为每个测量的物理量输出一个原始的模拟量,如电压。在使用模拟之前,必须将其数字化。因此,这些传感器需要外部模拟转换器,以及额外的校准技术。基于数字信号的传感器本身提供了一个数字接口,使处理器能够直接读取与感知信号相对应的数字,简化了处理器与传感器之间的交互。

(一)无线多媒体传感网

无线多媒体传感网(wireless multimedia sensor networks,WMSN)就是无线传感网中引入低功耗视频和音频传感器,使之具有音频、视频及图像等多媒体信息的感知功能。WMSN被广泛应用于图像注册、分布式视频监控、环境监控及目标跟踪等项目中。

(二)语义传感网络

语义传感网络在传感器网络中引入语义 Web 技术。越来越多的传感器设备具有访问 Web 服务的能力,语义传感器网络就是利用语义 Web 技术,对传感数据进行分析和推理,从而获取对事件的认知能力和对复杂环境的完全感知能力。

三、网络技术

物联网的最终目的是利用互联网构建一个全球性的网络,但目前通信网络的种类繁多,性能不一,因此不同类型的物联网,需要采用适合的接入技术和通信网络。通信网络的融合发展也使彼此的界限和层次关系不再泾渭分明,其发展趋势是利用 IP 技术把各种异构网络无缝地连接起来。

(一)第五代移动通信技术

随着 4G 网络进入规模化商业模式,2020 年以后,移动技术的重点将转向第五代移动通信技术。4G 时代的终端以智能设备为主,而在 5G 时代,绝大多数的消费、工业和物流产品都可以连接到互联网上。5G 物联网还将与云计算、大数据等技术融合赋能,实现全社会的物化、智能化。在 5G 时代,预计连接终端数量将增长 10~100 倍;大功率、低功耗通信设备的电池寿命将延长 10 倍,传感器或寻呼机等终端设备的电池寿命将达到 10 年"触觉互联网",端到端延迟小于 1~5ms,可靠性高。

互联网(含移动互联网)是物联网的基础,因为随着网络技术的发展,互联网已经形成了一条高速稳定、覆盖全球的信息高速公路。在此基础上,可以有效地收集和使用大量的感知数据,并将智能决策及时反馈到广阔的物理世界中。互联网和移动互联网不仅是物联网中万物互联的基础,也是全社会信息交流的基础设施。互联网和移动互联网本身包含着庞大的技术体系和大量的开发技术。篇幅所限,本书无法深入探讨这些技术的细节。有兴趣的读者可以进一步阅读相关专业书籍。

(二) 无线网络接入技术

无线网络包含一系列无线通信协议，如 Wi-Fi、WiMAX 等。组成无线网络的基本元素如下。

1. 无线网络用户

无线网络用户也称无线网络节点，是指具备无线通信能力，并可将无线通信信号转化为有效信息的终端设备。例如，装有 Wi-Fi 无线模块的台式机、笔记本电脑，装有通信模块的手机和装有 ZigBee 无线通信模块的传感器。

2. 无线连接

无线连接是指无线网络用户与基站或无线网络用户之间就有线、光缆、有线网络同轴双绞线等进行连接的媒介。无线连接主要通过无线电波、光波或声波传送。不同的无线连接技术提供不同的数据传输速率和距离。

3. 基站

基站实际上也是一个无线网络用户，其特殊功能是将一些无线网络用户连接到较大的网络，即公共网络，如校园网、互联网和电话网络。因此，基站是一个可以在更高的带宽上与公共网络直接交换数据的"超级"节点。无线网络用户通过基站接收和发送数据包，基站将用户的数据包转发到其所属的上层网络，并将上层网络的数据包转发到指定的无线网络用户。在不同的无线连接协议下，基站有不同的名称和覆盖范围。例如，Wi-Fi 基站被称为接入点，而它们的覆盖范围一般在几十米以内；移动电话网络的基站被称为蜂窝塔，在城市里它们的覆盖范围只有几千米，而在开阔的郊区它们的覆盖范围有几十千米。用户只有在基站能够到达的范围内，才能通过基站与数据进行交互。

(三) ZigBee

ZigBee 是一种无线连接，可工作在 2.4GHz（全球流行）、868MHz（欧洲流行）和 915MHz（美国流行）三个频段上，分别具有最高 250Kbps、20Kbps 和 40Kbps 的传输速率，它的传输距离在 10~180m（室内一般不超过 60m，室外一般不超过 180m）。

(四) 可视光通信

可见光通信（light fidelity，Li-Fi）是英国爱丁堡大学工程学院的教授哈拉尔德·哈斯（Harald Haas）研发的一项新的无线技术，它使用可见光谱来传输数据。由于 LED 灯的高速电调，可通过高速明暗闪烁信号传输信息（如 LED 开表示 1，关表示 0），这些闪烁肉眼不可见，但可由电子接收器或流动装置读取。这些设备甚至可以将信号发回收信号收发器。这是 LED 灯作为通信光源，在高速通信中实现可见光的基本原理。

四、数据处理技术

物联网的智能体现在对数据处理的程度上。物联网数据处理的具体技术包括搜索引擎、数据库和数据挖掘等，计算模式包括主机计算、网格计算、云计算和普适计算等。

(一) 搜索引擎

搜索引擎是指根据一定的策略、运用特定的计算机程序从互联网上搜集信息,在对信息进行组织和处理后,为用户提供检索服务,将用户检索的信息展示给用户的系统。物联网的搜索将不再只基于文字关键词的文档搜索,搜索引擎将走向多元化和智能化,搜索内容的形式也从传统的文字,逐渐向图片、音频、视频和实时等领域扩展。

(二) 数据库

数据库是存储在一起的相关数据的集合,是一个计算机软件系统,通过对数据进行增、删、改或检索操作,实现数据的共享、管理和控制功能。物联网的数据是海量的,很多是实时的,这就要求物联网能够提供分布式数据库系统、实时数据库系统及分布式实时数据库系统等。

(三) 数据挖掘

数据挖掘就是从数据库海量的数据中提取出有用的信息和知识。数据挖掘是知识发现的重要技术,数据挖掘并不是用规范的数据库查询语言(如 SQL)进行查询。而是对查询的内容进行模式的总结和内在规律的搜索,从中发现隐藏的关系和模式,进而预测未来可能发生的行为。

(四) 云计算

云计算是一种基于互联网的计算模式,也是一种服务提供模式和技术。云计算使整个互联网的运行方式就像电网一样,互联网中的软硬件资源就像电流一样,用户可以按需使用,按需付费,而不必关心它们的位置和它们是如何配置的。云计算通过虚拟化技术将物理资源转换成可伸缩的虚拟共享资源,按需分配给用户使用。

云计算是物联网的关键技术之一。企业在建设物联网时,可以不必建设自己的 IT 基础设施,数据处理所需的服务器、存储设备等可以向 IT 服务提供商租用。在云计算模式下,IT 服务商提供的不是真实的设备,而是计算能力和存储能力。这样,企业就不用建设和维护自己的服务器机房。

(五) 普适计算

普适计算(pervasive computing 或 ubiquitous computing)就是把计算能力嵌入各种物体,构成一个无时不在、无处不在而又不可见的计算环境,从而实现信息空间与物理空间的透明融合。普适计算就是让每件物体都带有计算和通信功能,人们在生活、工作的现场就可以随时获得服务,而不必像现在那样需要人们对计算机进行操作。计算机无处不在,但却从人们的意识中消失了。物联网的发展使普适计算有了实现的条件和环境,普适计算又扩展了物联网的应用范围。

第三节 物联网的应用案例

近年来,伴随着人工智能、云计算、大数据等新一代数字信息技术的飞速发展,物联网被广泛应用到各类生产生活领域,人类社会已经进入以数字化、智能化、自动化为特征的新时代,

"全面感知、互联互通、智慧服务"的梦想正在逐步成为现实。在物联网环境下,作为客观存在的物体与环境被赋予了某种程度的智慧,这一变革极大地改变了人类传统的生产方式和生活方式,并广泛体现在工农业生产、城市治理环境保护、居家生活等诸多社会经济领域,衍生出智慧农业、智能工业、智能金融、智能交通、智能环保、智能医疗、智能家居等新兴行业模式,成为推动我国经济从传统要素数量型增长模式转向技术创新驱动型高质量发展模式的重要因素。

一、物联网赋能农业发展

智慧农业又称物联网农业,是一种新型的农业生产方式。它通过在农作物生长环境中部署先进传感器设备,借助遥感遥测、地理信息系统等技术手段,实时获取土壤、温度、湿度、光照等影响作物生长发育的参数。这些数据信息经物联网通信网络传输到农业智能管理系统进行综合性分析,通过对农业生产过程的动态模拟和对生长因子的科学调控,并与土壤快速分析、自动灌溉施肥、自动耕作收获等智能化农机技术相结合,辅助管理人员优化农作物生长环境,调整农业产业布局,进而实现合理使用农业资源、降低农业生产成本、保护农业生态环境、提高农产品产量和质量等多重目标。

智慧农业主要通过提升农业生产过程中投入的精准化、培育的精细化、监管的智能化等路径,变革传统农业粗放式的生产模式和管理模式,赋能农业高质量发展。覆盖农作物生长环境的先进传感器网络能够实时精确地获取所需的农业信息参数,农业智能管理系统在分析这些数据的基础上可以及时对农作物进行浇水施肥和打药作业,进而提升农业生产过程中要素投入的精准化水平。通过物联网技术在农业生产过程中的深入应用,农业生产者和管理者可以更加全面地了解自己所培育农作物的生长规律及所处农业生态环境的详细信息,进而有能力制订更为精细的农业生产计划,挑选适于当地农业生态环境的农作物并对其进行拟人化培育,满足农作物的各类养分需求,提升农作物培育的精细化水平。借助物联网系统强大的感知能力,农业生产者和管理者可以高效采集农作物的生长信息并建立数据库予以记录,进而提高农作物生长过程和农业生产活动的时间可追溯性,实现农业监管的及时化与智能化。

智慧农业是物联网技术应用于农业生产过程的重要成果,它在农业生产对象和农业生产管理者之间搭建了一座信息传输与沟通的桥梁,将农业生产决策所需的各类信息及时汇集到农业生产管理者手中,进而有效避免了传统农业生产过程中观测滞后、控制滞后的缺陷,大幅提升了农业生产与管理的精细化与智能化水平,使我国农业转向以高产高效、优质安全、生态环保为特征的高质量发展模式的重要驱动因素。

二、物联网赋能工业发展

工业是物联网技术大规模应用的主要领域,以工业物联网和智能制造为代表的新工业革命已经使工厂生产与管理模式发生了重要变革。伴随着物联网技术及其应用的突破创新,人们很快发现工业生产过程中很多环节都可以借助物联网技术进行数字化的改造升级工作,最终形成所谓的工业物联网,以实现工厂运营效率的大幅提升。根据中国电子技术标准化研究院在《工业物联网白皮书(2017版)》中的定义,工业物联网是通过工业资源的数据互通、网络互联和系统互操作,实现制造过程的按需执行、制造环境的快速适应、制造原料的灵活配置和制造工艺的合理优化,从而构建资源高效利用、服务驱动型的新工业生态体系,具有数字建模、实时分析、泛在连通、智能感知、迭代优化、精准控制六大特征。

目前，各种具有环境感知和监测能力的工业传感设备正以前所未有的速度接入工业生产的各个环节，测度特定物体和环境的状态变化，实时采集工业生产线上设备的功率、温度、形变、振动等数据信息。在智能化算法程序的辅助下，工厂管理人员可以基于这些数据信息实现对工业生产的预测性维护和生产计划的动态调整，优化生产流程，提高产品质量，降低生产成本和资源损耗，提高工厂整体运营效率，将传统工业提升到智能工业的新阶段。具体而言，物联网技术在工业生产中的应用一方面有利于管理人员实时采集工业生产参数，增强生产线过程检测、生产设备监控和材料消耗检测能力，促进工业生产过程的工艺优化；另一方面，各种先进传感设备与工业制造技术的深度融合使工厂管理人员可以实时监控生产线工作状态，对工业生产过程进行职能控制和职能诊断，及时排除工业生产设备故障，保障生产过程的稳定性与连续性。此外，融合物联网技术与环保系统可以有效提高对工业生产过程的污染监测和管控能力。例如，借助在工厂排污口安装的无线传感设备，环保部门可以实时监测工业排污情况，从而加强对污染性工业企业生产流程的监督与管制工作。

工业物联网是物联网、云计算、大数据等新一代数字信息技术与工业深度融合的产物，是传统工业进行数字化转型实现高质量发展的主要路径之一。当前，以美国为代表的西方发达工业化国家已经制定了包括工业物联网在内的工业发展战略规划，力图重塑工业竞争优势。我国全面推进实施制造强国的战略文件《中国制造 2025》也特别强调要利用物联网、大数据等新一代数字信息技术为传统制造业赋能提质，加快实现工业智能制造，将先进的信息化理念和工业智能技术融合应用在产品研发到生产销售的全过程，支持工业企业实现高效率、高质量、低排放运转，为我国工业的转型升级和高质量发展提供动力基础。

三、物联网赋能服务业发展

目前，物联网技术在物流仓储、教育医疗、金融保险等服务业领域也得到了广泛应用，是赋能我国服务业高质量发展的重要因素之一。在物流服务领域，通过植入具有无线传感、信息交互、协同处理能力的物联网设备，并借助 RFID 技术和网络系统采集各环节的物流数据，可以实现物流过程的实时监控和调度安排，对物流资源进行信息优化调度和精准控制，进而增强货物跟踪、产品追溯和安全管理能力，减少相关搜寻时间和劳动力成本，达到提高物流效率、改善物流服务和降低物流成本的目的。

在教育服务领域，伴随着物联网、大数据、人工智能等新一代数字信息技术的迅速发展，传统学校正在向以互联互通为主要特征的智慧校园转型，虚拟教师、智慧课桌、智能机器人等新型要素构成了智慧化的教育学习环境，人机交互成为学校教育和学生学习的常态。智慧教室是一种基于传感器、电子标签等物联网技术所创造的智慧化的新型教学环境，它集数字化教学、环境智能调节、资产智能管理等于一体，在改善学生学习方式、优化教师教学工作、提高学校管理效率等方面发挥强大作用。

在医疗服务领域，智能医疗是数字信息技术应用到医疗卫生事业中的产物，其物联网应用主要体现在医用物资智能管理、医疗信息流程管理、远程医疗监控系统、临床护理监控系统等多个方面。智能医疗以数字通信技术为基础，通过 IC 卡、RFID 等物联网设备和技术实时采集和监控患者的健康状态信息，并借助移动互联、智能宽带等网络系统实现医疗信息的承载和传输。智能化的临床决策支持系统可以汇集和处理临床指南、电子病历等各类医疗信息，辅助医生在临床路径指导下进行规范化诊疗,全面提升医疗系统服务患者的质量和速度,实现医疗过程的数字化、医疗流程的科学化和服务沟通的人性化。

在金融服务领域,物联网技术目前已广泛应用到银行管理、金融安全、金融监管等方面。金融机构可以通过在服务企业的工作环境中安装传感器设备,并借助物联网系统强大的识别感知与信息处理功能,实现对其服务对象经营状态的实时监控,进行所谓的可视化跟踪,及时准确地掌握关键数据信息,消除金融行业固有的信息不对称性,降低道德风险所引发的金融不确定性和风险管控成本。商业银行可以通过在其金融业务涉及区域内加装物联网传感设备,对金融交易和资金存储场所进行全方位的安全监管,并借助后方的智能管理平台联系多级银行组织机构,实现对所有前端网点的实时掌控,有效提升银行金融系统的可靠性和安全性。

四、物联网赋能城市发展

管理城市与管理企业有很多相似之处,而物联网赋能城市高质量发展的主要逻辑就在于其对城市管理的优化。在城市化过程中,随着人口、产业等社会经济要素在城市地区的持续聚集,城市治理的难度也在不断增加,环境污染、交通拥挤、住房紧张、秩序混乱等典型的"城市病"问题随之而来,不断激化着城市内部矛盾,降低城市居民的生活质量。在新发展阶段,我国的城市管理者需要新的工具手段以提高城市系统的整体运行效率。基于物联网的智能解决方案便是其中一条可行的路径,采用该方案的城市通常被称为智慧城市。在2008年年底,IBM公司首次提出了"智慧地球"的概念,并将之作为一种新型的社会发展模式,而智慧城市则是智慧地球战略在城市领域的延伸性内容。

具体来说,智慧城市是指利用物联网、大数据等新一代数字信息技术提高城市管理,提高城市资源使用效率,在与居民充分互动的同时提供更具弹性和可持续性的优质社会公共服务,全面提升城市居民的生活质量。在智慧城市中,各种类型的智能传感设备被广泛布置和嵌入公路、桥梁、建筑、电网、大坝、管道等城市公共设施之中,实时感测和传递交通、能源、通信等城市核心系统运行所产生的数据信息,监测城市系统的整体运行状态,为城市管理者提供丰富且翔实的城市数据。通过将城市物联网系统与互联网系统进行充分融合,借助大数据、云计算、人工智能、超级计算机等数字信息处理技术,管理者可以将城市运行过程中所产生的海量数据资源进行充分整合,在提取有效信息后进行优化决策,形成科学可行的城市治理方案。利用物联网技术改造城市传统基础设施,将其接入城市物联网系统并使其智能化,由此可以增进城市各个子系统同使用者、管理者之间的高效协作关系,进而提高城市系统的整体运行效率。经验研究表明,智慧城市建设不仅能增强城市的规模效应和集聚效应,而且还能有效缓解因城市规模过大而导致的拥挤问题,并提升管理者对城市环境的治理能力。由此可见,物联网技术在城市治理领域的广泛应用是实现我国城市高质量发展的强大助力。

本章小结

本章通过物联网的起源与发展,介绍了物联网的发展现状,特别强调了我国对物联网的政策扶持;分别从自动识别技术、传感技术、网络技术、数据处理技术来介绍物联网核心技术;

最后在农业、工业、服务业等行业上探讨了物联网的应用前景。

物联网的愿景是让每个目标物体通过相关的技术方法接入网络,让人们享受"随时、随地、随物"三个维度的自由交流。信息产业的每一次革命不仅是技术上的发明,更是国家战略引导的硕果。随着社会各个领域信息化的不断深入,大量的场景需要许多智能化的机器到机器、机器到人的通信,物联网应用需求日益突出,并将成为新的发展趋势。

1. 简述物联网的定义。
2. 简述物联网的自动识别技术。
3. 简述物联网的传感技术。
4. 举例说明物联网在生活中的应用。
5. 简述物联网面临哪些挑战。

物 语 智 能

安居守护平台由数据采集端、数字孪生中台系统、大健康应用端组成。数据采集端包括智能手表、智能血压计等终端设备,采用4G、5G/NB-IoT等联网方式,通过底层协议层到应用协议层实现与数据中心底座的无缝衔接。数字孪生中台系统在风控体系下,通过自动报警终端、主动求助终端、PC统调度中心、网格员运营移动端、家长小程序监护端等多应用形态,实现养老服务资源接轨。

讨论题:请分析4G、5G/NB-IoT等联网方式对智能硬件终端的发展有何影响?针对老年人的需求,未来智能硬件终端可能面临哪些创新方向和发展前景?

资料来源:张馨予.数字养老新升级 居家守护更安心 杭州市"安居守护"数字应用平台上线[EB/OL]. (2023-03-27). https://www.hzzx.gov.cn/cshz/content/2023-03/27/content_8500636.htm.

华 为 制 造

华为在深圳建设了一座全球领先的智能工厂,充分利用物联网技术,实现了全面的数字化和智能化生产。在生产线上,各种设备通过物联网连接,形成了一个高度自动化的生产体系。传感器和监测设备被广泛应用,能够实时监测设备运行状态、生产进度和产品质量。通过大数据分析,华为实现了对生产过程的精准控制和优化,提高了生产效率。

讨论题:请分析华为的智能工厂如何实现生产过程的精准控制和优化?讨论其他制造业企业在引入物联网技术时可能遇到的挑战是什么?如何克服这些挑战以实现生产效率的提升?

参考文献

[1] ITU Strategy and Policy Unit. ITU internet reports 2005：The internet of things [R]. Geneva：International Telecommunication Union,2005.

[2] 中国电子技术标准化研究院. 物联网标准化白皮书[EB/OL]. (2016-01-18)[2024-04-15]. https://www.cesi.cn/201612/1694.html.

[3] KASSIM M R M. IoT applications in smart agriculture：Issues and challenges[C]. 2020 IEEE conference on open systems,IEEE,2020：19-24.

[4] 沙乐天,肖甫,陈伟,等. 面向工业物联网环境下后门隐私泄露感知方法[J]. 软件学报,2018,29(7)：1863-1879.

[5] YAQIONG L V,Lei T U,Lee C K M,et al. IoT based omni-channel logistics service in industry 4.0[C]. IEEE International Conference on Service Operations and Logistics, and Informatics,IEEE,2018：240-243.

第十一章 新型人机交互技术

思维导图

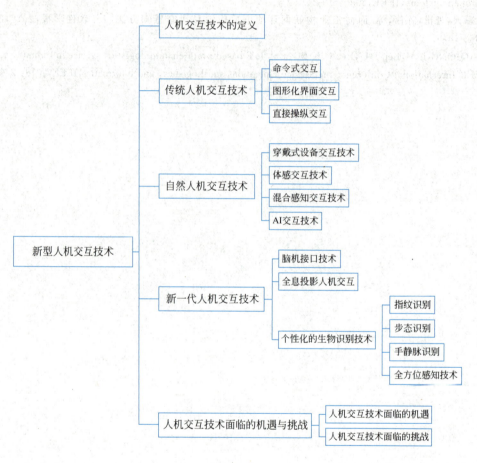

学习目标

学习层次	学习目标
了解	1. 传统人机交互技术 2. 人机交互技术面临的机遇与挑战
掌握	1. 人机交互技术定义 2. 自然人机交互技术 3. 新一代人机交互技术

第十一章 新型人机交互技术

当前计算机越来越紧密地融入人们的生活。计算机的存在不仅拉近了人与人之间的距离,还给人们的日常生活带来了极大的方便,在生产、医疗、教育、科研等各个领域发挥重要作用。人类经历了从适应计算机到通过一定的技术手段使计算机和人之间进行互动,从而更好地让计算机为人类服务的过程。人机信息交互通常以键盘、鼠标和显示器等为媒介,随着科技的发展,人们不满足于常规的交互方式,声音、面部表情、手指活动等都可以实现信息传输,完成人与机器系统的"交流""对话"。人机交互技术越来越引起人们的重视,成为计算机科学中一个重要的研究和实践领域。

第一节 人机交互技术的定义

人机交互技术是指人与计算机之间通过一定的交互方式实现信息交换,从而共同完成特定任务的技术,它包括人到计算机的信息交换和计算机到人的信息交换两个部分。狭义地讲,人机交互技术就是指计算机通过输出设备或显示设备,以数字、字符、图像、声音等形式给人提供信息或提示,人通过键盘、鼠标、摄像头、扫描仪、语音输入装置等给计算机输入相关的信息。

人机交互技术是计算机用户界面设计中的重要内容之一。2008 年,微软总裁比尔·盖茨(Bill Gates)提出自然用户界面的概念,并预言未来几年人机互动模式将会有很大的改观。随着传感技术的发展,有机用户界面逐步兴起,给人们的生活带来重大影响。近年来,人工智能技术的快速发展为人机交互带来了革命性的变化,人机交互方式将产生颠覆式的创新,交互设备、交互内容、交互体验都将被带到新高度,特别是生成式人工智能和元宇宙技术的快速发展和相互融合,有望将人机交互带入身心交互阶段,实现从时间和空间上完全解放用户,同时为用户带来全新的体验感和参与感。

第二节 传统人机交互技术

一、命令式交互

命令式交互是最早的人机交互形式。从机器语言、汇编语言发展到现今层出不穷的高级语言,计算机语言的发展历程和人机交互技术的发展进程高度相关。机器语言、汇编语言时代,通过输入特定的命令、指令与机器进行交互是早期的人机交互特点,人机交互的实现依赖命令式语言的输入。这个阶段以手敲输入语言指令(二进制机器代码)的方式控制计算机,但这种交互的方式并不符合人的使用习惯,耗费时间的同时极易出错,以至于只有那些专业的技术人员才可以灵活使用。经过不断发展先后出现了 FORTRAN、PASCAL、COBOL 等语言,这些语言的出现赋予了人用较习惯的符号形式实现人机交互的能力,但此时的人机交互仍需要受过专业训练的人员才能完成,如需要记忆诸多控制的命令,甚至还需要了解一些专业的人机交互知识。

20 世纪 60 年代中期,命令式交互出现了新的变化,命令行界面(command line interface,

CLI)逐渐出现在人们的视野,人们可以通过问答式对话、文本菜单或命令语言等方式实现与机器之间的交互。在命令行界面可以看作第一代的人机交互界面。在命令式交互界面中,人操作机器并主动发出命令,机器只是根据输入做出被动的响应,所以这种交互方式较为缺乏自然性。命令式交互示意图如图11-1所示。

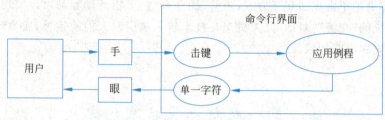

图 11-1 命令式交互示意图

二、图形化界面交互

由于命令行界面的交互方式不自然,人们探索更自然的交互界面形式,图形化界面交互应运而生。图形化界面交互是指利用图形化的界面实现人机交互的方式,图形用户界面(graphical user interface,GUI)的出现是人机交互历史上一次重大的突破。图形化界面交互主要包括桌面隐喻、WIMP(窗口 Window、图标 Icon、菜单 Menu、指点装置 Pointing Device)技术等。与命令式交互界面相比,GUI 的操作就显得极其简单易学。它减少了键盘操作,使一般的计算机使用者也可以较熟练地实现人机交互,拓宽了计算机的用户人群,图形化界面交互示意图如图11-2所示。

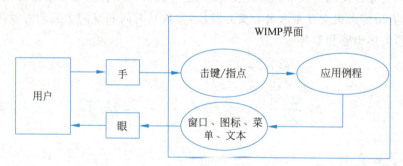

图 11-2 图形化界面交互示意图

20 世纪 60 年代是 GUI 技术的起始阶段,美国麻省理工学院的伊万·萨瑟兰(Ivan Sutherland)发明的 Sketchpad 被视为 GUI 技术发展的开始,其首次引入了很多图形化界面交互,比如不可重叠的瓦片式窗口、图标、菜单等。图形化交互的用户界面基本上都依赖菜单选择及小交互组件,命令基本可以通过鼠标来完成,鼠标驱动的人机界面便于初学者使用。和命令式交互相比,图形化界面交互的自然性和效率都有较大的提高。但是图形化用户界面所需要屏幕空间比较多,也难以进行非空间性的抽象信息的交互。

三、直接操纵交互

为了实现更好的人机交互,一种更为简单明了的交互方式——直接操纵交互诞生。直接操纵交互最早由本·施耐德曼(Ben Shneiderman)于1982年首先提出,他称为"直接操纵"系统,认为其应具有以下特点:①是真实世界的某种扩展;②一直可见的对象和操作;③增量操作迅速且有直观的显示结果;④方便逆转的增量操作。

直接操纵使用形象的隐喻模拟现实生活中的动作来达到效果,拖动图标、点击和选择即可实现人机交互,它可以把操作的对象、属性、关系都表示出来。直接操纵交互是一个用指点设备(光笔、鼠标、触摸屏或数据手套等)直接从屏幕上获取形象化命令与数据的过程。直接操纵的对象可以是某种命令,也可以是一些数据或是对数据进行的某种操作。直接操纵交互示意图如图11-3所示。

图11-3 直接操纵交互示意图

直接操纵的优点是将任务这个概念可视化,使用者辨别起来十分方便,对用户操作有及时的反馈,人机交互人员的主观满意度相对较高。直接操作交互分为三个阶段:自由阶段——用户执行操作前的屏幕视图;捕获阶段——用户动作(单击、单击拖拽等)执行过程中屏幕的显示情况;终止阶段——用户动作执行后屏幕的显示情况。直接操纵的特点是:操纵对象是动作或数据的形象隐喻;用指点和选择代替键盘输入;操作结果立即可见;支持逆向操作;借助物理、空间等多种方式表示。

科学技术发展水平日新月异,不同的人机界面(HCI)所代表的不同人机交互方式如雨后春笋般不断涌现,无论是命令式交互、图形化界面交互,还是直接操纵交互都已经可归为传统的人机交互方式,其发展已经相当成熟。

第三节 自然人机交互技术

一、穿戴式设备交互技术

随着人工智能技术的快速发展,用户和计算机之间的信息交互越来越成为人们日常生活的重要组成部分。传统的人机交互技术由于受到时间、空间等自然因素的制约,已经无法满足用户对于便携性和实用性的需求。于是,在20世纪60年代,美国麻省理工实验室率先提出了可穿戴技术,让人们随时随地就能使用穿戴设备实现各种信息的沟通交流。

穿戴式设备交互技术由于需要具有和许多智能终端同样的功能,因此涵盖了传感器、终端互联、集成芯片和操作系统等多个技术层面。该技术通过采集使用者的用户数据,然后进行数据解析生成相应的操作指令。用户通过佩戴穿戴式设备,可以获得丰富的视觉、听觉反馈,体验更深层次和更加真实的交互过程。穿戴式设备交互技术的具体流程如图11-4所示。

目前,市面上已经出现了各种各样的智能穿戴设备,它们大致可以分为头戴式、腕带式、携带式和身穿式四种类型。头戴式设备最常见的莫过于VR、AR设备。它可以在用户佩戴后展示出一种虚拟环境,或者显示用户所在真实场景与虚拟场景的融合。腕带式设备的主要代表是苹果公司的iWatch和华为的运动手环。携带式设备如苹果公司AirPods系列产品,能够轻松实现语音控制、触摸响应、蓝牙连接等基本功能。身穿式设备相较于其他设备而言,更多被应用在专业度较高的领域,如智能跑鞋、智能衣服等。

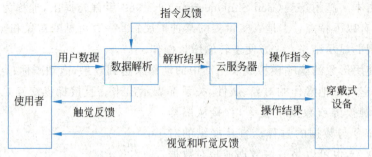

图 11-4　穿戴式设备交互技术的流程

除了体育运动领域,可穿戴设备也逐步在医疗卫生领域得到应用。例如,糖尿病、心脏病等疾病,都可以通过佩戴智能穿戴设备监测病情。此外,在智能家居方面,穿戴式设备交互技术也有广泛的应用,极大程度上提高了人们在家居环境下的生活水平及生活便利性。

二、体感交互技术

体感交互技术与穿戴式设备交互技术不同之处在于,人们可以直接利用自身的肢体动作与周围的设备或环境进行互动,是一种更为自然的人机交互方式,让用户产生身临其境的感觉。该技术的主要工作原理是基于传感器等设备追踪使用者如手、头或腿等关键部分的位置,获取用户在现实世界的运动姿态数据,以此作为交互信息输入,然后通过显示设备反馈给用户。体感交互技术的流程如图 11-5 所示。

图 11-5　体感交互技术的流程

体感交互技术的实现方式很多。例如,在体感交互游戏中,用户可以通过对自身肢体动作的摆动实现对游戏人物的控制与操作;在智能家居中,用户可以利用向左、向右、向上、向下等手势实现对电视的控制。此外,体感技术还已经成功应用在手机中。例如,摇动一下手机就可以切换音乐,把手机转一转就可以实现横屏和竖屏之间的切换等。除了游戏娱乐领域,体感互动技术也被广泛应用于医疗、电子商务、教育培训等领域。随着后续科技的日益完善,体感交互技术将融入各个领域,给人们的日常生活带来巨大的便利。

三、混合感知交互技术

近年来,混合感知交互技术成为人机交互与增强现实技术的一个重要发展趋势。混合感知交互技术利用视觉、听觉、嗅觉、触觉等不同的感官感知,实现与计算机的并行、非精确交互,从而摆脱了传统交互的桎梏,使人们迈入了自然、高效的自然交互时代。

混合感知交互技术的工作原理非常易于理解。首先,用户通过各种器官将信息传输给相应的传感器类接收设备;其次,设备将接收到的信息通过转换处理生成多通道信息;最后,计算机设备通过特定的显示方式如声音、图像、味道、震动等将信息传输出来,并反馈输入给用户相应的感觉。混合感知交互技术的流程如图 11-6 所示。

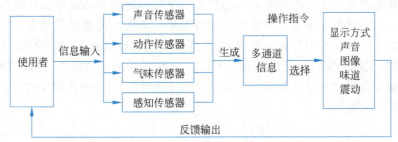

图 11-6　混合感知交互技术的流程

混合感知交互技术首先应用于游戏娱乐领域。美国 Feelreal 公司研发了一款 VR 头盔,当玩家在玩游戏或者观看视频时,它会根据场景和剧情的需要,释放出一种特殊的香味。与此同时,该头盔还具有震动功能,在玩家下巴受到撞击时,它能提供一种力量反馈,使玩家体验身临其境的感觉;德国 Hyve 公司开发了一款虚拟现实的飞行仿真系统,它能给使用者带来一种更加与众不同的飞行体验,就像一只鸟儿在空中翱翔。此外,混合感知交互技术还在生活、教育、科技等领域都有较为成熟的应用场景。利用混合感知互动技术,用户能够与空调、计算机、电源开关等设备进行更自然的互动,从而有效地推动智能住宅朝着更智能化方向发展,使人们的生活更便捷。

四、AI 交互技术

AI 交互技术是人类与机器之间有效沟通的一种新技术。AI 交互技术可以把海量的自然语言信息转化为计算机语言,帮助用户完成各种复杂的工作。

语音识别技术是 AI 交互技术中较为成熟的一种人机交互技术,尤其是在一些不能通过传统的键盘进行输入的情况下,语音是最好的选择。语音识别技术的实现原理很简单。首先,设备采集语音并进行处理,得到目标语音的一些特征信息,然后把这些特征信息和数据库中已经存在的数据进行相似度的搜索对比,当比对相似度最高的信息出现时,就得到识别出的结果。语音识别技术的流程如图 11-7 所示。

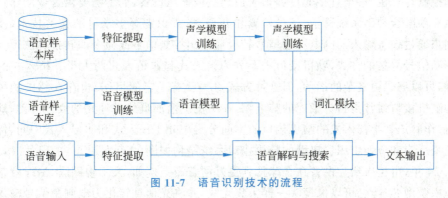

图 11-7　语音识别技术的流程

目前,人们基于语音识别技术实现了许多便于日常生活的功能。例如,文字转换功能,通过语音直接转换为文字,使输入更加快速。智能家居方面使用者不需要手动操作,便可直接通过语音对家居设备或者软件发布命令。此外,语音识别技术还广泛应用于工业控制、语音拨号、酒店服务、医疗服务、银行服务等各个领域。

AI交互技术的另一关键就是视觉识别技术。视觉识别技术是指利用计算机来实现人的视觉功能,也就是用计算机来实现对客观的三维世界的识别。视觉识别技术工作原理与语音识别技术类似,它以光学检测原理为基础,通过摄像机获取被观测对象的图像,并将图像信息以图像信号的形式传送到图像处理系统;图像处理系统从图像的像素、亮度、颜色等因素入手,提取观察对象的图像特征并与数据库中的模型分类对比,最后得出识别结果。视觉识别技术的流程如图11-8所示。

图11-8 视觉识别技术的流程

谷歌公司开发了一个翻译软件,只要把手机镜头对准想要知道英文的文字,谷歌翻译便可以马上解决这个问题,这就是使用视觉识别技术的实例之一。自动驾驶汽车也是视觉识别技术的具体实现。视觉识别技术还广泛应用于其他领域,涉及医疗、农业、安全、航天、工厂、教育等各个行业。

第四节 新一代人机交互技术

一、脑机接口技术

脑机接口是人脑与计算机或其他电子设备之间建立的一条通道,人类可以通过该通道直接交流和控制计算机,甚至直接通过脑来表达想法或操纵设备,而不需要语言或动作。脑机接口技术是一项融合神经系统科学、信号检测和处理、模式识别等多学科的交叉技术,技术的核心是把用户通过设备输入的脑电神经信号转换成输出控制信号或命令的转换算法。

根据脑信号采集的方式,脑机接口主要分为植入式和非植入式两大类。植入式的脑机接口更精确,可以编码更复杂的运动,但这种方式对大脑有一定的损伤,也存在感染的风险。非植入式的脑机接口通常是指头戴式的脑电帽,在头皮上监测群体神经元的放电活动,缺点是不够精确,操作麻烦。半侵入式的脑机接口的空间分辨率介于侵入式和非侵入式中间,优点是不易引发免疫反应和愈伤组织。典型的脑机接口系统结构如图11-9所示。

过去20年,可植入治疗设备在全球得到更好的普及。例如,人工视网膜,治疗就是向患者的眼中植入微型芯片,它可以像镜头一样采集光线,并将光信息转化为电刺激信号输入人脑中负责视觉的部分以此重建视力。在2014年巴西世界杯上,一个身穿"机械骨骼战甲"的瘫痪少年就通过脑机接口技术为世界杯开出第一球。美国卡内基梅隆大学教授贺斌团队开发出一种

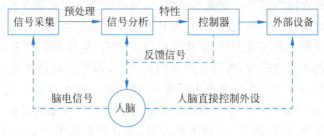

图 11-9　典型的脑机接口系统结构

可与大脑无创连接的非植入式脑机接口,它直接从人的头皮上获取神经信号,能控制机器臂连续、快速运动,如通过意念控制灯的开关和拉开窗帘。很多研究人员已经在尝试把脑机接口技术应用到游戏控制中。此外,脑机接口在文字输入的相关研究中也应用得非常广泛,只需要将注意力集中在需要关注的字符上,通过对脑电信号事件相关电位的分析就可以得到对应的字符。由于汉字的特点,如何提高中文输入效率还有待研究。

脑机接口技术发展的核心是如何在最大限度利用大脑和最低限度损伤大脑之间取得合理的平衡。随着脑机接口向超小型化、无线化、采集刺激一体化方向发展,侵入式脑机接口芯片或将成为未来脑科学发展的重要领域,柔性电极的研发和医疗技术的发展是该技术走向产业化的关键。同时,众多脑机接口新范式的涌现扩大了脑机接口的应用范围,结合人工智能技术,人们对大脑的认知、电极设计和人工智能算法的精进,脑机接口应用将趋向更加精细化。

二、全息投影人机交互

全息投影技术是一种三维成像技术,它利用干涉原理记录物体的原始影像,并通过衍射再现方法还原物体真实的三维图像。物体上所有点的光学信息都能被记录下来,原则上它的每一部分都能再现还原物体的整体图像,再现的图像立体感强,具有真实的视觉效应。

2020年,《苏宁易购11.11超级秀》在浙江卫视全球直播,视觉团队在歌曲《耳朵》中带来令人震撼的裸眼3D视觉效果体验。目前全息投影技术可分为空气投影、激光束投影、雾屏成像。空气投影是一种直接在空气中显现图像的技术,通过将图画投射在水蒸气液化的小水珠上形成立体感较强的画面。激光束投影是日本一家科技公司发明的一种利用激光束来投射实体的技术,当氮气和氧气混合分散在空气中时会变成热糊,可以在空气中形成一个短的3D画面。雾屏成像是较常见的一种投影技术,它利用雾化设备产生雾化屏幕,再利用雾化屏幕的平面特性将其作为光路载体,利用投影机将图像投射在该载体上在空间中形成虚幻立体的影像。南加利福尼亚大学创新与技术研究所的研究人员制造出一种通过在高速旋转的镜子上投射图像完成三维图像的技术,这种技术被称作360度全息显示屏。

在日本虚拟偶像"初音未来"的演唱会上,动画形象"初音未来"就是通过3D全息投影技术展现的。在中国的某些大型晚会上,虚拟形象与真人实时同台演出,效果相当逼真。全息投影技术还可以在医学上用来辅助医学教育,解决可供解剖尸体不足的问题。利用三维虚拟数字化可视人体技术辅助进行医学解剖教学,通过全息成像技术或者在已有断层扫描三维重建技术的基础上构建全息解剖影像,通过三维悬浮立体再现。全息影像技术在军事领域可用来模拟战场环境,通过投影虚拟武器平台、军事目标等要素达到军事伪装的目的。在教育教学上,该技术打破传统教学的局限性,发挥其高沉浸的优点,提高学生学习效率。在选购衣物时,客户对某件商品有试穿倾向但不方便亲自试穿时,可利用投射光和动作感应装置,把相应商品的图片依据客户即时动作在展台上投影出,为其提供一种挑选商品的新方式。

尽管全息投影技术正在飞速发展,但从市场情况来看,使用的高亮度设备投影仪、全息膜及影像融合软件等设备价格昂贵,为保证声音的真实度,需要采取高保真音效等,这些因素大大提高了该技术的使用成本。在室外恶劣环境下,使用全息技术容易受天气和光线变化影响,导致投影的偏差,无法清晰成像。全息投影技术研究的专业型人才非常少,培养人才的体系也不够成熟。在信息传输方面,随着5G技术的发展,全息投影技术研究应重视5G技术的推动作用,将两者有机紧密结合起来,实现更高效的数据传输与画面呈现;在教育领域,有望打造"AR教室""VR虚拟实验室""全息课堂"等情景式、沉浸式的教学方式,并通过5G传播到全国各地,更好促进地教育资源共享和教育公平化。

三、个性化的生物识别技术

传统的身份识别,如社会符号(如身份证、工作证等)是个人身份识别最为实用和流行的符号,这样的识别方式非常容易伪造或失效。生物识别则完全不同,它是综合运用计算机与光学、声学、生物传感器和生物统计学等高科技手段,通过人体固有的生理特性(如指纹、声纹、人脸、虹膜、热谱图、静脉、体味等)和行为特征(如声音、打字的速率、步态等)等"生物密钥"来实现个人身份鉴别的,很难丢失或伪造,具有典型的唯一性。

(一)指纹识别

最早的电容式指纹识别主要利用硅晶圆与皮肤上的电解液接触形成电场,传感器记录下指纹的形状。现今比较常用的是光学指纹识别,它主要利用光的反射与折射来实现传感器识别。比较新兴的技术是超声波指纹识别,原理是基于皮肤反射声波的压力读数绘制出指纹声波,再由传导器识别。指纹识别示意图如图11-10所示。

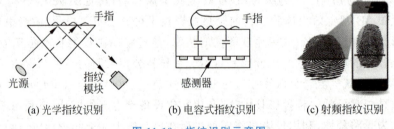

(a) 光学指纹识别　　(b) 电容式指纹识别　　(c) 射频指纹识别

图 11-10　指纹识别示意图

在目前对指纹识别的研究中,射频指纹因其稳定性与唯一性,可以有效地对设备身份进行识别。中国科学院大学张晔提出基于CNN-GRU网络的射频指纹识别方法,大幅提高了识别准确率。总而言之,指纹识别推动保障用户信息安全技术的创新变革,在未来的发展中,指纹识别技术还会更加完善和科学,对构建经济的快速发展起到重要作用。

(二)步态识别

步态识别是较新的非接触的生物特征识别技术,即通过人的走路方式和姿态差异等来区别不同的人。步态识别根据人体的体型特点、肌肉特点等来对人物进行识别,特别适合远距离的身份识别,具有不容易伪装、难以模仿等优点。步态识别的一般方法如图11-11所示。

图 11-11　步态识别的一般方法

自动步态识别系统的原理是先由摄像机采集人的步行视频数据,通过检测拍摄到的视频序列,计算机预处理分析提取该对象的步态特征,将采集的步态特征与数据库的步态特征进行比对得出匹配结果,如图11-12所示。

图 11-12　银河水滴步态识别系统成功识别嫌疑犯

步态识别最典型应用的场景是安防领域,如用来监控人员流动、寻找走失儿童、追踪犯罪分子等。近年来,随着国内步态识别技术的成熟和发展,越来越多商业应用开始使用步态识别,如将步态识别技术应用于智能家居系统中,将智能感知化功能赋予家电系统。在石油行业防止非法闯入者破坏油田,减少经济损失。在危险的矿井中安装步态识别系统,发生事故可以第一时间识别受困人数及被困的地点,有利于及时救援生命。

步态识别发展需要攻克的困难之一是其计算复杂性比较高,而且易受周围环境和行人身体状态等因素的影响,如拍摄视角变化、路面起伏变化、行人行走方向变化、目标行人的穿着改变等。研究人员提出基于无线信号的步态识别,利用 5G 毫米波无线信号进行步态识别,有望实现更高的准确率。

(三) 手静脉识别

手静脉识别主要分为手掌静脉识别、手背静脉识别和手指静脉识别,主要原理是以人体手部皮肤组织下的血管分布为依据,利用人类静脉中流动的血红蛋白能吸收特定波长的近红外光的特性,用该波段的近红外光照射手指就能得到手部静脉图像;然后将静脉图像存储到计算机,经过预处理后比对验证用户身份。

作为人体识别方面的新兴技术,手静脉识别在当前众多生物特征识别技术中占有重要的地位。该技术在日本各家银行 ATM 系统已配备,在台湾的应用也逐渐多元化,从门禁系统,到与 RFID 结合的智能型监控,再到能够与客户关系管理系统做整合。2012 年,国防科技大学成功研制出了指静脉识别认证系统,打破了日、韩垄断局面。2014 年,内蒙古自治区教育招生考试中心在有关高考反作弊措施中,采用了"指静脉采集器"设备。2019 年,手指静脉识别进入智能领域,被应用在如智能门锁、地铁进出站验证等场景。

如图11-13所示,手静脉识别技术已应用于很多领域,发展前景可观。作为人体生物特征识别技术的一种新技术,其优势明显优于其他识别技术。相信随着未来手静脉识别研究的进步,该技术能达到更佳的识别效果,也会在更多的领域得到应用。

(a) 掌静脉识别仪　　(b) 微距光指静脉识别　　(c) 掌静脉识别支付　　(d) 手指静脉识别鼠标

图 11-13　手静脉识别技术

(四)全方位感知技术

为了实现更加精准的人机交互,人们希望机器人能从不同维度感知人类的情绪,并能做出相应的反馈。全方位感知就是一种多维融合技术,结合"看""听""闻"或"感觉",综合分析人所处的环境状态。早在 2014 年,国外就有多感官城市搜救机器人的研究,这些研究使用了虚拟和真实的机器人,将视觉、听觉、触觉和嗅觉感官信息传输给机器人,让机器人对其加以识别,结果证实了多感官信息识别在提高用户感知能力和人物表现方面的有效性。

中国已成为全球机器视觉增长最快的国家。基于数据全方位感知,上海建成第一批 50 家智慧安防社区,人脸识别、RFID 轨迹检测、门禁感知等全方位、多维度感知社区治理模式已逐渐普及,围绕社区安全管理、公共服务、智能小区、智能家居等建设了一系列智慧小区。2021 年,觉非科技发布了知寰系统,其具备强大的全场景环境感知算法模型及面向 V2X 的激光点云 SLAM 技术,为车路协同应用场景提供了感知和定位软硬一体化解决方案。同年,本田推出"Sensing 360"感知技术,让"减少碰撞制动系统"变得更加安全。武汉全华光电发布了"基于全方位感知侧的智慧高速"解决方案 BFSH,帮助我们全方位把握高速公路路况。

全方位感知技术不仅在智慧城市、智慧道路方面为人们提供了更加安全、方便、快捷的服务,还为人类探索海洋提供了支持。随着人们活动领域向海洋扩展,涉及海洋平台设计、水下装备制造、水下传感器、人工智能和信息处理等技术正在飞速发展,海洋信息网络平台装备正向无人化、智能化和多样化的方向发展,形成了一批覆盖"空、天、岸、海、潜"的新型海洋平台装备,为建设海洋全方位综合感知奠定了基础。

借助人工智能与大数据的融合,机器人能够非常直观、直接、全面地捕捉人的需求,并且协助我们处理。可以预见,在未来的生活中,将会有越来越多的多感官融合人工智能产品出现,这些产品将会对人们的生活产生巨大的影响。

第五节　人机交互技术面临的机遇与挑战

一、人机交互技术面临的机遇

随着信息技术、人工智能、传感技术等的快速发展,人机交互技术的发展潜力已经逐渐展现。同时,随着机器智能化的提高,图像识别、VR、AR 等技术的广泛应用,以及智能汽车、智能家居、工业控制,甚至航天航空等智能产品的发展也给人机交互技术带来了新的发展机遇。

近年来,在国家大力支持下人机交互技术得以飞速发展,2016年《国家自然科学基金"十三五"发展规划》将人机交互技术列为重点支持的研究课题。《中国制造2025》强调新一代信息技术与制造技术深度融合,推动数字化、网络化、智能化制造,工业十大领域中新一代信息技术产业、高档数控机床、机器人、航空航天装备、智能汽车等,这些都离不开新型人机交互技术的支持。随着人工智能的快速发展使机器越来越"聪明",人机交互与人工智能相结合,使人机交互技术得到了极大的提升。

大数据、物联网、人工智能等技术的发展也促进了人机交互技术的更新换代,新型人机交互技术更侧重向感官与直觉的多模态交互、自然交互方向发展。例如,手写汉字识别方面的"汉王笔"、移动医疗下的智能可穿戴设备的交互技术等领域的应用。此外,一些新兴领域的发展也推动了人机交互技术的发展。2021年,"元宇宙"的概念风靡全球,它是通过整合多种前沿科学技术进行链接和创造,与现实世界映射与交互的虚拟世界,本质上是对现实世界的虚拟化、数字化过程,通过扩展现实(extended reality,XR)、数字孪生、增强现实、混合现实等技术来实现,因此元宇宙的实现成为人机交互技术的"助推器"。

5G技术以其高速率及低时延的信息传输优势推进了人机交互模式的升级,如实时远程手术的成功、5G时代多模态数字人的发展。在5G浪潮的鼓舞下,社会生产中有形产品与数字产品之间的边界越来越消弭,人机交互技术应用领域将会更加广泛,并有可能在未来实现应用大众化。

在新型人机交互技术领域中,一些关键的热点技术已经逐渐发展起来,并展现出了巨大的潜力,例如RMIT的"悬挂式酒吧"运动游戏项目、应用于新型工业的协作机器人等。新型人机交互技术在各大场合均有使用。央视2022年春节联欢晚会上以三星堆文明为主题的创意舞蹈《金面》惊艳亮相,舞蹈演员的表演与XR技术相结合,为观众展现了一场浪漫而神秘的视觉盛宴(见图11-14)。2022年北京冬奥会的开幕式上同样使用了XR技术,并在冬奥会期间为奥运选手提供了基于VR、AR的训练及体验项目,如VR滑雪、VR飞船模拟器等。借助人机交互技术,人们甚至可以在家里体验到滑雪、跳伞等难以在日常生活中体验的项目。

图11-14 《金面》XR技术展示图

二、人机交互技术面临的挑战

新型人机交互技术需要随着科技和社会的发展去融合多种学科的知识,需要不断地学习新的技术紧跟科技潮流。如今的人机交互涉及了计算机科学、心理学、社会学、认知科学、神经学、人工智能等多个研究领域。众多学科知识的交叉融合是极具挑战的,其发展不仅要从心理学、社会学、管理学等多学科中交叉研究人与计算机的关系(见图11-15),还要从人的认知科学、大型动态画面等方面研究如何呈现人机交互的界面。人的生理变化、心理变化都会随时间影响而变化交互状态,计算机作为认知的主体,怎样精确地理解人的交互行为、意图并进行反馈仍是挑战。如何让人机交互在社会上被广泛接受,怎样克服交互技术问题,对于人机交互的发展仍是很大的挑战。

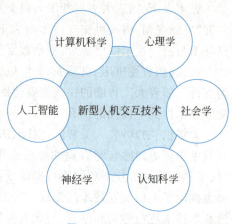

图11-15 交叉学科

多数的智能产品还是依赖触摸动作的交互方式,如智能手机、平板电脑、触摸屏智能家居等,由于触摸屏简单、方便、自然等优点,许多产品都加上可触摸屏幕来实现触控的交互,甚至于一些传统的笔记本电脑也加上了触摸屏幕。热点技术的应用开发是机遇更是挑战,触控的方式与传统的鼠标点击方式从根本上来说没有区别,而其他交互方式如三维的手势交互研究在移动端AR或VR设备中实现,应用范围十分有限,体感交互在现实的应用中还有着局限性,由于体感交互应用于现实中还存在一定的风险,所以体感交互目前大部分只在游戏领域中使用。体感、生理等交互方式符合人们的使用习惯,但由于研发成本高,操作复杂等因素还没有广泛应用。语音交互可以解放人的双手,因而在市场中很受欢迎,但语音交互容易出现线性输入的方式,无法持续输入,在嘈杂环境下容易受到影响。人机交互技术仍需继续发展,脑接机、生物识别技术等先进的人机交互技术仍有很长的一段路要走。新型人机交互的未来发展应该是在面对细分的人群和深入的场景时,能够解放双手、全方位感知的、自然舒适的智能化交互。这些先进技术研究不仅要突破现有技术难题,而且仍要面临安全问题、人性问题、伦理问题、社会接受度等问题。

新型人机交互技术正在面临重重挑战,应对这些挑战需要在计算机科学、神经学、认知科学等众多学科培养高质量人才。在众多学科人才共同努力下,加强用户对虚拟环境中的自然交互行为的感知问题及虚拟现实环境对人类交互行为意图的理解问题的研究,解决混合现实中交互技术问题及社会接受度等问题。相信在不远的未来,新型人机交互技术会突破现有瓶颈,让大部分交互产品实现解放双手的智能化交互,为人们提供更加便利的服务。

本章小结

本章首先介绍了人机交互技术的概念及内涵;接着分析了命令式、图形化界面交互、直接操纵等传统的人机交互方式,分析了基于生理传感器和机器视觉的自然人机交互技术;重点讲解了当前热点研究方向——人工智能(AI)人机交互技术及其应用领域;最后展望了未来的人机交互技术,指出了人机交互技术面临的挑战。

复习思考题

1. 混合感知交互技术有什么优势？一般应用在哪些领域？
2. 人机交互过程中经常要利用到的人的感知是什么？它们各有什么特点？
3. 什么是脑机接口技术？它的应用前景是什么？
4. 人机交互技术面临的挑战是什么？应怎样应对？
5. 简述人机交互技术的未来发展方向。

案例讨论题

虚拟体育

2022年10月30日，上海虚拟体育公开赛"一江一河"虚拟赛艇特别邀请赛落下帷幕，体育爱好者在虚拟的"黄浦江"上展开赛艇竞技。而作为新兴的体育形式，今年的上海虚拟体育公开赛也纳入了"虚拟赛艇"项目，在推动赛艇运动普及的同时，也在突破传统体育的边际。作为国内首个虚拟体育综合性赛事，除赛艇外，上海虚拟体育公开赛还设有骑行、滑雪、赛车、高尔夫四大虚拟运动项目。足不出户就能深度体验户外运动的魅力，虚拟体育如何让运动变得触手可及？

10月29日，在2022上海赛艇公开赛比赛首日，前国家赛艇队运动员、现同济大学赛艇队教练周意男带领团队斩获了混合八人单桨（高校组）4.2公里追逐赛冠军。周意男说："虚拟赛艇就是用健身的划船机，然后配合上视觉效果，有点儿像边划边看电影的感觉。我觉得现在市面上的体感游戏机可能更贴近虚拟赛艇，它也相当于一个体感游戏。"

作为新形态的体育赛事，虚拟体育赛事把传统体育的竞赛内容通过虚拟的人机交互形式，以及AI智能、场景仿真等高科技手段呈现，让一些平时难以接触的运动变得触手可及。上海东方体育评估咨询副主任由会贞认为，人们加入一个体育项目，前提是好玩和容易参与，而虚拟体育的特点恰恰可以成功地吸引年轻人，为他们提供接触传统体育的全新接口。体育产业专家、体育评论员房学峰观察发现，虚拟体育依托训练器械和"身临其境"两级技术革命，如今正面向两个发展方向，通过打造户外体育的"无界之境"连接"云端对抗赛"的热血激情，彻底打破传统体育竞技的时空和地域限制。

虚拟体育是创新科技与传统体育的结合，把传统体育的竞赛内容通过虚拟的人机交互形式，以及AI智能、场景仿真等高科技手段呈现出来。虚拟体育依靠创新科技让一些平时难以接触的运动变得触手可及，对体育的多元化内容和丰富渠道具有正向意义。北京体育大学教授、博士生导师林显鹏认为，我国数字技术的发展，尤其是人工智能、物联网等技术的成熟，为虚拟体育的展示提供了很好的机遇，有可能未来会给我们创造出一个新的产业，甚至一个新的商业模式。一方面，我们可以通过虚拟体育赛事把单一的空间全部串联起来，形成一种规模经济；另一方面，虚拟体育赛事有可能在未来带动一些体育用品制造业进一步成长，各种项目，如高尔夫、保龄球、乒乓球也可以进行模拟。

讨论题：

1. 虚拟体育应用到了哪些人机交互技术？
2. 谈谈你对虚拟体育的态度，你认为发展虚拟体育有什么意义？
3. 要进一步发展虚拟体育，特别是实现虚拟体育大众化，还需要做哪些工作？

资料来源：丁骁.足不出户就能体验户外运动的魅力 虚拟体育如何让运动变得触手可及？[EB/OL].（2022-10-30）.http://china.cnr.cn/yaowen/20221030/t20221030_526046011.shtml.

参 考 文 献

[1] 贾计东，张明路.人机安全交互技术研究进展及发展趋势[J].机械工程学报，2020，56(3)：16-30.

[2] AHMED N，KHAROUB H，MEDJDEN S M，et al. A natural user interface for 3D animation using Kinect[J]. International Journal of Technology and Human Interaction，2020，16(4)：35-54.

[3] FAN J，TIAN F，DU Y，et al. Thoughts on human-computer interaction in the age of artificial intelligence[J]. Scientia Sinica Informations，2018，48(4)：361-375.

[4] REN F，BAO Y. A review on human-computer interaction and intelligent robots[J]. International Journal of Information Technology & Decision Making，2020，19(1)：5-47.

[5] 孔晓昀，董金祥.基于直接操纵方式的可视界面编辑器[J].浙江大学学报（自然科学版），1995(1)：36-42.

[6] TU Y，LIU L，LI M，et al. A review of human motion monitoring methods using wearable sensors[J]. International Journal of Online Engineering，2018，14(10)：168.

[7] 刘彦，李泓池，张昊男，等.体感交互技术在医学领域中应用的前沿与趋势[J].中国数字医学，2022，17(1)：95-100.

[8] 张维，林泽一，程坚，等.动态手势理解与交互综述[J].软件学报，2021，32(10)：3051-3067.

[9] ZHANG X，SUN Y，ZHANG Y. Evolutionary game and collaboration mechanism of human-computer interaction for future intelligent aircraft cockpit based on system dDynamics[J]. IEEE Transactions on Human-Machine Systems，2022，52(1)：87-98.

[10] 杨明浩，陶建华.多通道人机交互信息融合的智能方法[J].中国科学：信息科学，2018，48(4)：433-448.

[11] WANG T. Key technology for intelligent interaction based on internet of things[J]. International Journal of Distributed Systems and Technologies，2019，10(1)：25-36.

[12] 清华大学新闻与传播学院新媒体研究中心.元宇宙发展研究报告2.0版[R/OL].（2022-01-21）[2024-04-15].https://mp.weixin.qq.com/s?__biz=MzA5NDAwMjA2OA==&mid=2673959755&idx=2&sn=2b6be0b73dd48b15605d1126005f633a&chksm=8ac08db0db704a6d0b57713cef31b9a26bac94298fec4e495baf700324cd882b74a5bf20c5c&scene=27.

[13] 张凤军，戴国忠，彭晓兰.虚拟现实的人机交互综述[J].中国科学：信息科学，2016，46(12)：1711-1736.

[14] HATICE K，BIDIT L，YOGESH K，et al. The impact of social media on consumer acculturation：Current challenges，opportunities，and an agenda for research and practice[J]. International Journal of Information Management，2020，51：102026.

第三篇　实践篇

第十二章　智能制造

第十三章　智能交通

第十四章　智慧零售

第十五章　智慧物流

第十六章　智慧能源

第十七章　智慧环保

第十八章　智慧康养

第十九章　智慧城市

第二十章　数字乡村

第十二章 智能制造

 思维导图

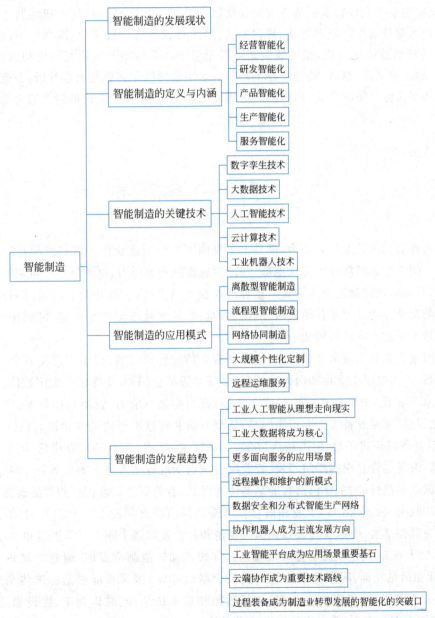

学习目标

学习层次	学习目标
了解	1. 智能制造的发展现状 2. 智能制造的发展趋势
掌握	1. 智能制造的定义和内涵 2. 智能制造的关键技术 3. 智能制造的应用模式

伴随着大数据、云计算、人工智能、区块链等技术加速创新,实体经济与数字经济不断深化融合,传统制造业正在以智能制造为方向加快转型升级。数字经济时代的智能制造是指企业运用数字技术对传统生产制造方式、管理模式、组织形式等进行数字化、网络化、智能化改造,从跨部门转型到智能化升级,是传统制造业乃至整个产业转型升级路径与机制的根本转变。与此同时,通过对研发、制造、销售等各个环节的数字化网络化智能化改造升级,企业进一步深化数字经济与实体经济融合发展,内涵式发展能力得到增强,在产业价值链上的竞争地位不断提升。

第一节 智能制造的发展现状

在人类经历三次工业革命之后,世界上主要国家均把制造业作为国家经济及综合国力发展的基石。随着全球经济环境持续走低,各国普遍面临转型压力,这给制造业带来前所未有的发展机遇,但同时也使制造业面临着多重挑战。在市场方面,全球各行业产能过剩问题凸显,激烈的市场竞争环境导致经营模式从原有的大批量、规模化逐渐向小批量、定制化模式转变,由此也导致上下游产业链的转变。

新中国成立尤其是改革开放以来,我国制造业持续快速发展,建成了门类齐全、独立完整的产业体系,有力推动工业化和现代化进程,显著增强综合国力,支撑世界大国地位。然而,与世界先进水平相比,中国制造业仍然大而不强,在自主创新能力、资源利用效率、产业结构水平、信息化程度、质量效益等方面差距明显,转型升级和跨越发展的任务紧迫而艰巨。2015年5月19日,国务院正式印发《中国制造2025》。2021年11月,工业和信息化部、国家发展改革委、财政部、市场监管总局四部门印发《智能制造试点示范行动实施方案》,部署开展2021年度智能制造试点示范行动,主要包括智能制造优秀场景、智能制造示范工厂和智能制造先行区三个方面。2021年12月28日,工业和信息化部等八部门联合印发了《"十四五"智能制造发展规划》,是为贯彻落实《中华人民共和国国民经济和社会发展第十四个五年规划和2035年远景目标纲要》《"十四五"制造业高质量发展规划》,加快推动智能制造发展,编制的规划。2021年11月,工业和信息化部、国家标准化管理委员会联合印发《国家智能制造标准体系建设指南(2021版)》(以下简称《指南》),《指南》包括智能制造系统架构、总体要求、建设思路、建设内容、组织实施五部分内容,并提出阶段性建设目标。

国际上,各主要工业国也在大力发展智能制造,其对比如表 12-1 所示。

表 12-1 各主要工业国智能制造升级对比

国家	时间	战略	目标
美国	2011 年	先进制造伙伴计划(AMP)	推进制造业回流,带动经济增长
德国	2012 年	工业 4.0	工业 4.0 为系统提供全生命周期管理与服务
日本	2013 年、2015 年	产品重振计划(2013 年);工业 4.0J(2015 年)	加强智能基础设备的研发制造竞争力(2013 年);提出比工业 4.0 计划更高一级(2015 年)
韩国	2014 年	制造业创新 3.0	优化现代制造业,建立智能化生产模式
中国	2015 年至今	中国制造业转型升级系列规划	深入推进信息化与工业化深度融合,提出数字化、智能化、网络化是转型升级的关键

第二节 智能制造的定义与内涵

一、智能制造的定义

智能制造是一种由智能机器、人类专家、新一代信息技术共同组成的智能系统,它在制造过程中能进行分析、推理、判断、构思和决策等智能活动。其概念最早由美国人赖特(Wright)、伯恩(Bourne)在著作 *Smart Manufacturing* 中提出,将"智能制造"定义为"通过集成知识工程、制造软件系统、机器人视觉和机器人控制来对制造技工们与专家知识进行建模,以使智能机器能够在没有人工干预的情况下进行小批量生产"。

第四次工业革命的到来为各个国家提供了发展和转型的机遇,也使它们面临竞争力格局变化的挑战,智能制造成为各国竞争的新战场。德国于 2011 年首次提出工业 4.0 概念,其定义为"通过广泛应用互联网技术,实时感知、监控生产过程中产生的海量数据,实现生产系统的智能分析和决策,生产过程变得更加自动化、网络化、智能化,使智能生产、网络协同制造、大规模个性化制造成为生产新业态"。2014 年,美国能源部将"智能制造"定义为"智能制造是先进传感、仪器、监测、控制和过程优化的技术和实践的组合,它们将信息和通信技术与制造环境融合在一起,实现工厂和企业中能量、生产率、成本的实时管理"。我国工业和信息化部与国家标准化管理委员会于 2021 年 11 月最新发布的《国家智能制造标准体系建设指南(2021 版)》中对智能制造进行了新的定义:"智能制造是基于先进制造技术与新一代信息技术深度融合,贯穿于设计、生产、管理、服务等产品全生命周期,具有自感知、自决策、自执行、自适应、自学习等特征,旨在提高制造业质量、效率效益和柔性的先进生产方式。"

二、智能制造的内涵

各国尽管对智能制造的定义不同,但对"智能制造"的理解都不再局限于单体智能和生产过程,而是扩展到各产业链环节、包含企业经营各个方面。由全新定义出发,智能制造在实践中的运用和渗透将帮助企业实现在经营、研发、产品、生产和服务五大方面的智能化升级。

（一）经营智能化

随着智能制造技术在企业经营各环节不断深入应用，制造企业获取数据的实时性、完整性、准确性不断提高，可不断提升企业在资源管理、能耗管理、供应链管理、订单管理、设备管理等方面的决策效率，变被动管理为主动管理和预防性管理，使管理更准确、高效、智能。

（二）研发智能化

随着数字孪生等新技术的引入，智能制造改变了传统研发模式，由串行化逐渐向并行化、协同化发展。智能制造能够产品制造之前应用数字孪生技术建立产品的数字孪生体，通过数字孪生体建立产品实体与虚体之间的数据交互，使产品在研发阶段即可进行仿真与优化，获得更好的用户功能体验。

（三）产品智能化

将传感器、新一代信息技术嵌入产品，使产品具备感知、自决策和通信能力，成为物联网连接的终端，从而使产品拥有"可追溯、可交互、可识别、可定位"等功能。根据 GSMA 预测，到 2025 年智能终端数量将增长到 250 亿个。

（四）生产智能化

生产智能化包括生产设备智能化和生产过程智能化两个层面。生产设备智能化包含单机智能化，以及单机设备的互联而形成的智能制造单元、智能产线、智能车间、智能工厂等；生产过程智能化，则是新一代信息技术的融合应用，将生产过程中的生产要素，以及上下游企业融合，以用户价值为中心，实现网络化协同和柔性化生产。

（五）服务智能化

在产品智能化的基础上，企业与终端用户交互更为直接，为用户提供更好的服务体验将成为智能制造的重要组成和价值增量，越来越多的制造企业将从生产型制造向服务型制造转型，制造与服务的边界逐渐消弭。

第三节　智能制造的关键技术

智能制造技术发展趋势使众多更加前沿、先进的技术进入制造业领域，成为新的技术驱动力，推动制造业的产业变革。

一、数字孪生技术

数字孪生又称"数字双胞胎"，它将工业产品、制造系统、城市等复杂物理系统的结构、状态、行为、功能和性能映射到数字化的虚拟世界，通过实时感知、连接映射、精确分析和沉浸交互来刻画、预测和控制物理系统,实现复杂系统虚实融合,使系统全要素、全过程、全价值链达到最大限度的闭环优化。

二、大数据技术

大数据是指无法在一定时间范围内用常规软件工具进行捕捉、管理和处理的数据集合,是需要新处理模式才能具有更强的决策力、洞察力和流程优化能力的海量、高增长率和多样化的信息资产。大数据技术能对不同类型的数据进行处理,它不仅能够对一些大量的、简单的数据进行处理,还能够处理一些复杂的数据,如文本数据、声音数据及图像数据等。

三、人工智能技术

人工智能技术是让计算机生产出一种能以人类智能相似的方式做出反应的新技术,包括机器人、语言识别、图像识别、自然语言处理和专家系统等。人工智能可以对人的意识、思维的信息过程的模拟。人工智能不是人的智能,但能像人那样思考,也可能在某些领域超过人的智能。

四、云计算技术

云计算技术又称云计算,是一种基于互联网的相关服务的增加、使用和交付模式的技术,它通常涉及通过互联网来提供动态扩展,且经常是虚拟化的资源。"云"其实是一种比喻的说法,它所代表的是网络和互联网,在过去的时候,"云"常常代指电信网,后来也常常用来表示互联网和底层基础设施。

五、工业机器人技术

工业机器人是广泛用于工业领域的多关节机械手或多自由度的机器装置,具有一定的自动性,可依靠自身的动力能源和控制能力实现各种工业加工制造。工业机器人被广泛应用于电子、物流、化工等各个工业领域。目前,工业机器人主要分为六大类:关节机器人、直角坐标机器人、多关节机器人、并联机器人、Polar 机器人和圆柱坐标型机器人。

第四节　智能制造的应用模式

随着技术的不断进步,越来越多的传统制造业开始利用智能制造技术对生产过程进行智能化转型升级。在智能制造模式方面,目前智能制造应用模式主要有离散型智能制造、流程型智能制造、网络协同制造、大规模个性化定制及远程运维服务等五大类。下面分别对上述五类智能制造应用模式进行介绍。

一、离散型智能制造

离散型智能制造模式通过持续改进,实现生产过程动态优化,制造和管理信息的全程可视化,使企业在资源配置、工艺优化、过程控制、产业链管理、节能减排及安全生产等方面的智能化水平显著提升。

离散型智能制造模式关键要素:车间总体设计、工艺流程及布局数字化建模;基于三维模型的产品设计与仿真,建立产品数据管理系统(PDM),关键制造工艺的数值模拟及加工、装配的可视化仿真;先进传感、控制、检测、装配、物流及智能化工艺装备与生产管理软件高度集成;现场数据采集与分析系统、车间制造执行系统(MES)与产品全生命周期管理(PLM)、企业资源计划(ERP)系统高效协同与集成。

混合动力汽车电机整流部件制造智能工厂是典型离散型智能制造模式,如图12-1和图12-2所示。其建设融入状态感知、实时分析、自主决策及精确执行的理念,结合整流部件核心零件制造及装配中的业务流程特征,搭建企业层、车间层,以及单元层的三层构架数字化车间,建立以ERP、MES等信息系统集成为基础,制造过程管理及工艺设计管理等高度集成的企业层;借助车间级的工业互联网桥梁,以业务流程来驱动各执行终端的精确持行,实现车间现场的生产管控,助推企业电机整流部件制造系统高效,稳定性的批量生产。

图12-1 汽车电机整流部件制造数字化车间压铸智能制造单元生产线

图12-2 汽车电机整流部件制造数字化车间机加智能制造单元生产线

混合动力汽车电机整流部件制造智能工厂从产品设计、工艺、车间规划到生产、交付,打通产品到交付的核心流程,通过全三维环境下的数字化车间建模平台、工业设计软件,以及产品全生命周期管理系统的应用,实现研发的数字化与协同。通过智能工厂核心装备智能化,物流配送敏捷化、质量管控协同化实现生产过程智能化,以及人、财、物、信息的集成管理;并基于物联网技术的多源异构数据采集和支持数字化车间全面集成的工业互联网,驱动部门业务协同与各应用深度集成;通过自动化立体仓库/AGV等智能物流装备的应用,实现物与物、人与人之间的互联互通。

二、流程型智能制造

流程型智能制造模式通过持续改进,实现生产过程动态优化,制造和管理信息的全程可视化,使企业在资源配置、工艺优化、过程控制、产业链管理、节能减排及安全生产等方面的智能化水平显著提升。

流程型智能制造模式关键要素:工厂总体设计、工艺流程及布局数字化建模;生产流程可视化、生产工艺可预测优化;智能传感及仪器仪表、网络化控制与分析、在线检测、远程监控与故障诊断系统在生产管控中实现高度集成;实时数据采集与工艺数据库平台、车间制造执行系统(MES)与企业资源计划(ERP)系统实现协同与集成。

高能量密度锂电正极材料数字化车间是典型离散型智能制造模式。其建设采取数字化手段对生产车间进行总体方案设计(见图12-3),车间布局建模、搭建采用数字孪生模型,并进行正极材料烧结工艺仿真,建设四个层面的数字化车间:数字化设备层、现场数据采集和管理层、数字化制造执行层、数字化决策层。其中数字化设备层有五大系统,分别为自动配料系统、自动输送系统、自动装钵系统、智能辊道窑烧结系统、破碎系统等;现场数据采集和管理层主要由若干分布的传感器对生产过程的数据信息、图文信息进行采集,通过制造数据库、在线质量监测系统进行分析应用;数字化制造执行层由MES系统组成;数字化决策层由ERP管理系统、集成控制系统、可视化系统组成,同时,搭建工业互联网实现机机对话设备的信息互联互通,通过四层面若干子系统联合运作,实现锂离子电池正极材料生产的在线订单管理、生产计划排单,满足生产过程可视化、在线质量监测的自动化生产,实现设备信息、工艺信息、产品信息等信息化数据的共享、可视和全程管控,以及现场数据与生产管理软件的信息集成。

 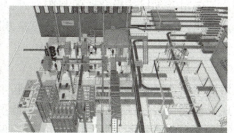

图12-3 生产车间数字化仿真模型

三、网络协同制造

网络协同制造模式通过持续改进,网络化制造资源协同云平台不断优化,企业间、部门间创新资源、生产能力和服务能力高度集成,生产制造与服务运维信息高度共享,资源和服务的动态分析与柔性配置水平显著增强。

网络协同制造模式关键要素：建立网络化制造资源协同平台，企业间研发系统、信息系统、运营管理系统可横向集成，信息数据资源在企业内外可交互共享。企业间、部门间创新资源、生产能力、市场需求实现集聚与对接，设计、供应、制造和服务环节实现并行组织和协同优化。

制造装备网络协同制造中心是典型网络系统制造模式。其围绕机床用户的实际需求，打造面向传统制造业的网络化协同中心，以工业互联网带来的新思维和新的商业模式促进制造业的转型和升级。某机床企业将标准化工作放在重要的地位上，通过标准的研制和应用，打造包括设计协同、制造协同、供应链协同和服务协同等不同协同模式的网络化协同生产和制造模式，实现设计、供应、制造、服务等环节的并行组织和协同优化，如图12-4所示。

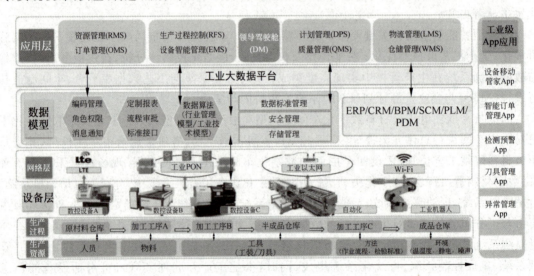

图12-4 某机床企业网络协同制造平台

（一）面向机加产品和工艺的设计协同

产品设计方案可以依托平台的工艺设计师，结合平台相关的制造资源，设计实现高效的工艺方案。工艺制定包括选择合适的制造方式、明确加工步骤、选择合适的刀具、设计制造的辅具和量具、编制数控加工程序、明确质量检验方案等内容。

（二）面向机加过程的制造协同

网络协同制造平台会接入包括金属切削、木加工、电火花等不同加工类型的制造资源。当产品完成工艺设计后，可以依托网络协同制造平台进行制造企业的选择，通过接入相关企业的制造执行系统和制造装备，可以获取生产过程的相关数据。通过生产计划和完工数据的汇聚和分析，一个产品在不同企业的前后工序可以更好地衔接，以实现同一产品在制造过程上的协同。

（三）面向机加生产过程的供应链协同

网络协同制造平台依托接入的众多产业链上下游企业，根据不同产品的特点和生产过程的需要，以信息的自由交流，知识创新成果的共享，相互信任、共担风险、协同决策，无缝连接的生产流程和共同的战略目标为基础,实现供应链相关企业的协调和合作,实现供应链的协同,从而提高产业链的整体竞争力。

(四)机加行业装备的服务协同

网络协同制造平台提供对机加装备的全生命周期支持,包括制造加工解决方案设计、安装调试、使用支持、维护保养、设备回收转让等全过程;依托接入平台的相关装备制造企业的专业服务,可以提供专门的制造加工解决方案。平台提供企业选择设备、设计加工方案、确定购买或租赁、选择设备提供方等服务,帮助企业快速构建加工能力。

四、大规模个性化定制

大规模个性化定制模式通过持续改进,实现模块化设计方法、个性化定制平台、个性化产品数据库的不断优化,形成完善的基于数据驱动的企业研发、设计、生产、营销、供应链管理和服务体系,使快速、低成本满足用户个性化需求的能力显著提升。

大规模个性化定制模式关键要素:产品可模块化设计和个性化组合;建有用户个性化需求信息平台和各层级的个性化定制服务平台,能提供用户需求特征的数据挖掘和分析服务;研发设计、计划排产、柔性制造、物流配送和售后服务实现集成和协同优化。

纺织服装智能制造是典型大规模个性化定制模式。经过多年来的发展,中国服装产业建立起了全世界最为完善的现代制造体系,产业链各环节制造能力与水平均位居世界前列。但同时服装行业又存在很多问题,如产业链长、产销不匹配、提前生产导致库存高、订单趋向小批量多种类、大货生产模式柔性不足、不了解用户需求、缺少售后护理服务导致的用户满意度低等。针对行业存在的以上难题,某云平台为纺织服装行业提供大规模定制模式转型、智能生产、数字化管理、协同制造等技术支持,最终满足用户日益个性化的服饰需求,如图12-5所示。

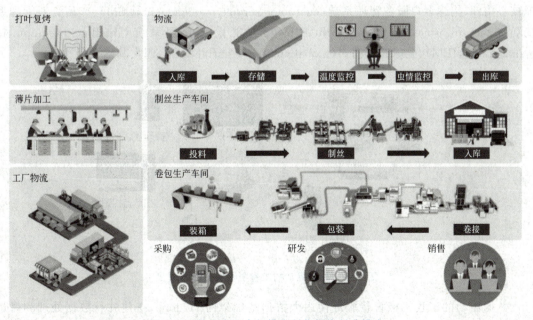

图 12-5 纺织企业大规模定制化智能制造模式

云平台打造的服装行业大规模定制解决方案,通过建立 MTM 定制系统、TDC 数字技术中心,实现直连用户个性化需求,版型、工艺等自动匹配,并集成 CAD、ERP、SCM、MES、WMS 等系统,同时结合业务与流程优化、智能化设备应用等实施,实现生产全流程数据驱动,全过程数据采集、实时监控与预警。企业实现牛仔服装大规模定制与柔性快返生产模式,并通过云平台链接用户大数据、供应链资源等,构建协同、互联生态,形成用户全流程交互,产业链协同。云平台既能使企业实现快速精准研发、高效生产、降低库存,又能大幅提高用户体验感与产品满意度,为其实现个性化需求。基于以上升级,企业实现了"柔性化、个性化、智能化"的战略转型。

五、远程运维服务

远程运维服务模式通过持续改进,建立高效、安全的智能服务系统,提供能够与产品形成实时、有效互动的服务,大幅提升嵌入式系统、移动互联网、大数据分析、智能决策支持系统的集成应用水平。

远程运维服务模式关键要素:建有标准化信息采集与控制系统、自动诊断系统、基于专家系统的故障预测模型和故障索引知识库;可实现装备(产品)远程无人操控、工作环境预警、运行状态监测、故障诊断与自修复;建立产品生命周期分析平台、核心配件生命周期分析平台、用户使用习惯信息模型;可对智能装备(产品)提供健康状况监测、虚拟设备维护方案制定与执行、最优使用方案推送、创新应用开放等服务。

数据驱动的工程机械智慧服务是典型的远程运维服务模式,如图 12-6 所示。以国内某大型工程机械企业为例,其面向全生命周期的工程机械运维服务构建智能服务管理云平台,借助 5G、GPS、GIS、RFID、SMS 等技术,配合嵌入式智能终端、车载终端、智能手机等硬件设施,构造设备数据采集与分析机制、智能调度机制、服务订单管理机制、业绩可视化报表、关重件追溯等核心构件,构建客户服务管理系统(customer service management,CSM)、产品资料管理系统(product information management,PIM)、智能设备管理系统(intelligent equipment management,IEM)、全球客户门户(global customer portal,GCP)四大基础平台。

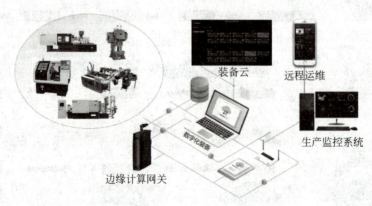

图 12-6 数据驱动的工程机械智慧服务模式

数据驱动的工程机械智慧服务使用大数据基础架构 Hadoop,搭建并行数据处理和海量结构化数据存储技术平台,提供海量数据汇集、存储、监控和分析功能。基于大数据存储与分析平台,进行设备故障、服务、配件需求的预测,为主动服务提供技术支撑,延长设备使用寿命,降低故障率。基于大数据研究成果,建立企业控制中心(enterprise control center,ECC),实现大数据的存储、分析和应用,有效监控和优化工程机械运行工况、运行路径等参数与指标,提前预测、预防故障与问题,智能调度内外部服务资源,为客户提供智慧型服务。

信息化和智能化的手段对服务流程进行管控,使服务资源、服务过程信息更透明、更及时、更准确、更高效地为客户提供优质服务,从而提高服务规范,提升核心竞争力。

第五节 智能制造的发展趋势

智能制造源于人工智能的研究。一般认为智能是知识和智力的总和,前者是智能的基础,后者是指获取和运用知识求解的能力。智能制造应当包含智能制造技术和智能制造系统,智能制造系统不仅能够在实践中不断地充实知识库,还具有自学习功能,还有搜集与理解环境信息和自身的信息,并进行分析判断和规划自身行为的能力。智能制造发展前景呈现以下新趋势。

一、工业人工智能从理想走向现实

一方面,人工智能技术在制造业中的应用侧重工业智能产品或特定工业痛点的解决方案。另一方面,与"锦上添花"的工业智能产品相比,"雪中送炭"技术更容易被制造企业接受。例如,基于机器视觉的表面质量检测技术有助于提高产品质量;或者使用基于知识图谱的智能CAD提高生产效率;或者使用基于人工智能的能量分配来降低生产成本。

二、工业大数据将成为核心

在工业大数据的发展中,安全性将成为企业做出智能升级决策的重要依据。例如,工业核心数据、关键技术专利等数字资产对企业的价值正在加速提升;降低数据安全风险、提高系统安全性和数据安全性已成为企业数字化转型升级中日益重要的参考指标;提高厂区生产安全和工艺安全迫在眉睫。

三、更多面向服务的应用场景

例如,基于工业数据的故障诊断和预测性维护是典型的面向服务的应用场景。在该服务场景中,智能系统对生产线的监控和历史数据进行处理和存储,然后进行基于人工智能的预测分析,为企业提供维护建议,并对生产进行实时预警。

四、远程操作和维护的新模式

设备状态智能管理系统将成为远程运维的新模式,将形成以数据为核心的闭环运行模式,从智能采集、智能分析、智能诊断、智能调度、自动调试、推送方案、远程支持到智能巡检,进而进入新一轮的智能采集。

五、数据安全和分布式智能生产网络

一方面,工业区块链技术可以为工厂提供不同安全级别的区块链加密服务,无须中介在工厂之间传输重要数据,保证重要生产数据的加密安全;另一方面,随着工业区块链技术的应用,将形成分布式智能生产网络。引导终端客户需求,促进行业服务转型;通过集成和智能生产提高企业效率,通过标准化、网络化生产降低企业生产成本。

六、协作机器人成为主流发展方向

在上海工业博览会上,丹麦 UR、日本 FANUC、德国川崎、KUKA 等国际机器人公司发行了协作机器人产品;国内企业如宋新、杰卡、罗氏、姚博等也纷纷发布了自己的协作机器人。在世界机器人大会、上海工业博览会和世界智能制造大会上,协作机器人受到国内外制造商的高度追捧,前景广阔。

七、工业智能平台成为应用场景重要基石

不同的行业都有自己独特的行业门槛,不同行业、不同企业的每个行业场景的需求都有很大不同。人工智能与制造业深度融合的途径是将信息技术与工业场景应用相结合。核心流程的建模、算法和编码的工业智能算法平台可以为工业智能应用产品的底层应用提供便捷的开发服务。

八、云端协作成为重要技术路线

一方面,未来丰富的云业务能力将扩展到边缘节点,实现传感器、设备、应用集成和图像处理的协同;另一方面,行业会在云和边缘协同工作,云会联合起来打造行业的工业大脑。算法升级将由云完成。

九、过程装备成为制造业转型发展的智能化的突破口

未来,核心工艺装备与人工智能的融合,实现工艺装备的智能化,将成为制造业转型发展的突破口。

本章小结

以智能制造为代表的新的工业经济将成为数字经济发展的主导性力量,特别是对数字经济的持续健康发展将会产生巨大的作用。智能制造本身就是全方位的数字经济,在当前全球

主要国家对发展数字经济达成共识之际,落实《中国制造 2025》,推动制造业数字化、网络化、智能化,大力发展智能制造将是促进数字经济发展的有力支撑。本章的主要内容:①简述了国内外智能制造的发展背景及发现状;②从智能制造定义与内涵的角度阐述了智能制造的基本概念;③对当前智能制造领域主要关键技术进行了简要的概述;④列举了从离散型智能制造、流程型智能制造、网络协同制造、大规模个性化定制和远程运维服务五个智能制造新模式的应用案例;⑤对智能制造的发展趋势进行了展望。

1. 简述各国智能制造升级的目标。
2. 智能制造的定义与内涵是什么?
3. 目前智能制造领域的关键技术有哪些?
4. 智能制造新模式应用分为哪几类?
5. 智能制造有哪些发展趋势?

智能制造助力九江石化高质量发展

九江石化以"原创、高端、引领"为方向,以"提高发展质量、提升经济效益、支撑安全环保、固化卓越基因"为目标,将新一代信息技术与石化生产最本质环节紧密结合,从理念到实践、从实践到示范、从示范到标杆,探索出了一条适合石化流程型企业面向数字化、网络化、智能化制造的路径,企业已形成经营管理科学化、生产运行协同化、安全环保可视化、设备管理数字化、基础设施敏捷化,智能工厂全域赋能核心业务绩效变革式提升,助推企业高质量发展取得可喜成效。

1. 实施路径

(1)搭建智能工厂总体框架。在石化企业典型信息化三层平台架构之上,构建了集中集成、数字炼厂和应急指挥等公共服务平台,实现了"装置数字化、网络高速化、数据标准化、应用集成化、感知实时化",形成了石化流程型企业面向数字化、网络化、智能化制造的基本框架。

(2)重塑生产运营指挥中枢。生产管控中心实现了"经营优化、生产指挥、工艺操作、运行管理、专业支持、应急保障"六位一体的功能定位,生产运行由单装置操作、管控分离向系统化操作、管控一体转变,有效地支撑生产运行管理变革式提升。

(3)提升流程管控智能优化。以 ODS 为支撑,集成 MES、ERP、LIMS 等重要数据,建立基于核磁技术的原料油快评系统,开发主装置机理国产模型,推广 APC 应用,试点 RTO,实现炼油全流程优化一体化联动优化功效,生产运营由传统经验模式转变为协同优化模式,助推企业经济效益稳步提升。

（4）构建数字炼厂创新应用。建成与物理空间完全一致的数字化炼厂,实现工艺、设备、HSE 管理等六大类深化应用虚拟场景可视化呈现,并通过模型场景渐进性分层加载技术,突破了终端运行环境的硬件配置瓶颈,为石油石化行业探索 CPS 积累了宝贵经验。

（5）实现 HSE 管控实时可视。通过施工作业线上提前备案、监控信息公开展示,实现"源头把关、过程控制、各方监督、闭环管理"。建立"集中接警、同时响应、专业处置、部门联动、快速反应、信息共享"的调度指挥模式,提高事故响应速度。集成各类环境监测数据,实现环保管理可视化、一体化、异常情况及时处置、闭环管理。

2. 实施成效

数字化转型、智能化发展助推企业结构调整和两化深度融合,设备自动化控制率 95%,生产数据自动采集率 95% 以上,运行成本降低 22.5%,能耗降低 2%,软硬件国产化率达到 95%,有效提高企业核心竞争力。"十三五"期间,企业经营业绩持续提升,累计盈利 57 亿元,年上缴税费均超 100 亿元。2015 年,九江石化入选工信部智能制造试点示范企业;2017 年,入选工信部首批"两化融合管理体系贯标示范企业"和第一批绿色工厂示范企业;2019 年,入选国家智能制造标杆企业。

讨论题:

1. 九江石化智能制造主要体现在哪些方面?
2. 智能制造与传统制造模式相比有哪些优点?

资料来源:MM 自动化与驱动网.

参考文献

[1] 吴小节,马美婷,汪秀琼.智能制造研究述评[J].研究与发展管理,2023,35(6):32-45.
[2] 李新宇,李昭甫,高亮.离散制造行业数字化转型与智能化升级路径研究[J].中国工程科学,2022,24(2):64-74.
[3] 汪淋淋,王永贵.制造企业的定制化战略类型识别与选择研究——基于数字化赋能视角[J].西安交通大学学报(社会科学版),2023,43(2):41-49.
[4] 李金华.中国建设制造强国进程中制造业竞争力的国际比较[J].财经问题研究,2022(5):38-45.
[5] 戚聿东,徐凯歌.智能制造的本质[J].北京师范大学学报(社会科学版),2022(3):93-103.
[6] WRIGHT P K. 21 世纪制造[M].北京:清华大学出版社,2004.
[7] WANG L, TRNGREN M, ONORI M. Current status and advancement of cyber-physical systems in manufacturing[J]. Journal of Manufacturing Systems,2015,37(2):517-527.
[8] 陈晓红,刘飞香,艾彦迪,等.面向智能制造的工业数字孪生关键技术特性[J].科技导报,2022,40(11):45-54.
[9] 张卫,王兴康,石涌江,等.工业大数据驱动的智能制造服务系统构建技术[J].中国科学:技术科学,2023,53(7):1084-1096.
[10] 李瑞琪,韦莎,程雨航,等.人工智能技术在智能制造中的典型应用场景与标准体系研究[J].中国工程科学,2018,20(4):112-117.
[11] 常丰田,周光辉,李锦涛,等.边-云协同下智能制造单元的物联网络协调配置方法[J].西安交通大学学报,2022,56(6):184-194.
[12] 赵威,王锴,徐皓冬,等.面向智能制造的工业机器人健康评估方法[J].机器人,2020,42(4):460-468.
[13] 刘强.智能制造理论体系架构研究[J].中国机械工程,2020,31(1):24-36.

第十三章 智能交通

思维导图

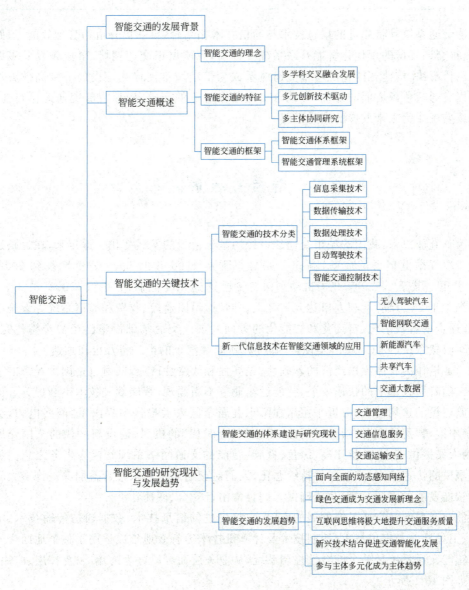

学习目标

学习层次	学习目标
了解	1. 智能交通的发展背景 2. 智能交通的理念 3. 智能交通的体系建设与研究现状 4. 智能交通的发展趋势
掌握	1. 智能交通的定义 2. 智能交通的特征 3. 智能交通的框架 4. 智能交通的关键技术

智能交通系统是将先进的信息技术与通信技术相结合,旨在提升道路管理效能、道路安全性,并改善交通环境的现代化智能互联系统。目前,我国城市交通拥堵、事故频发及资源浪费等问题亟待解决,构建智能化的城市交通体系成为推动城市现代化建设的一种高效方法。根据对我国交通行业各方面的评估,并结合交通运输行业的需求,确保智能交通运输行业健康、长期持续发展成为未来发展的核心思路。

第一节 智能交通的发展背景

自改革开放以来,我国的城市交通建设经历翻天覆地的发展变化。近年来,在道路建设方面进一步取得举世瞩目的成就,高速公路总里程从 1996 年的 5300 公里增长到 2023 年的 17.7 万公里。截至 2023 年,我国机动车保有量已达到 4.3 亿辆,其中汽车保有量 3.3 亿辆,新能源汽车 1821 万辆,驾驶人口达 5.2 亿人。同时,道路监控、收费和通信系统等设施已初步建成,并逐步朝着数字化、自动化和智能化的方向发展。交通基础设施已经初步搭建完成,电子不停车收费系统(ETC 系统)实现全国联网,新能源汽车的推广普及也在加速。

交通运输作为我国国民经济的基础性、先导性和战略性产业,同时也是国民经济的重要组成部分。随着科技水平的快速发展,智能运输业务不断涌现,智能驾驶技术不断提升。面对智能化公路建设的迫切需求,习近平主席在第十九届全国人大报告中提出了"网络电力,交通电力,数字中国,智慧社会"的指示。因此,抓住"黄金时代"的机遇,建设新一代的全国交通控制网络,为人民提供安全、性价比高、绿色、低碳、智能的交通网络系统已成为当务之急。随着我国城市规模的快速扩大,交通条件持续恶化,人们对交通需求的依赖日益加深。许多大城市面临城市智能发展的难题,如何才能确保人们日常出行安全、便捷?

智能交通系统是交通系统发展的方向,它将先进的信息技术、数据通信传输技术、电子传感技术、卫星导航与定位技术、控制技术及计算机技术等有效地集成运用于整个地面交通管理系统。智能交通系统是一个综合性控制系统,从业务层面可以分为终端层、支撑层、应用层,具体架构如图 13-1 所示。

面对日益严峻的城市交通环境,必须从科技创新、管理创新、体制创新等多个角度来解决这一问题。与传统的道路运输方式相比,智能化交通更加注重从系统化的视角来处理问题。

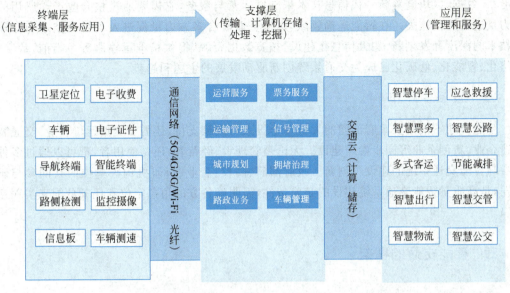

图 13-1 智能交通系统架构

它以服务为导向,使交通参与者能够了解周围发生的事情,并通过广泛而紧密的交流和整合方式来组织和管理交通,从而在最优化的情况下为他们提供更多的交通选择。

第二节 智能交通概述

一、智能交通的理念

智能交通是未来运输的发展趋势,涵盖信息、通信和电子传感等相关技术。智能交通系统是以先进的电子信息技术为基础、以交通为中心的一种新型交通服务体系。智能交通以其对各种信息的收集、利用和分析为特点,为交通行业提供更便捷的服务;通过将操控手段与智能计算机等技术结合,实现对交通系统进行精确的、多维度的、随时随地的管理。将现有的交通设施与先进的智能交通系统相结合,将有效缓解交通堵塞、环境污染等社会问题。

二、智能交通的特征

(一)多学科交叉融合发展

智能运输体系的构建是涉及各个行业庞大、繁杂的系统工程,涵盖多个学科专业,主要包括交通工程、车辆工程、土木工程、信息通信工程、控制工程、机电工程等,呈现跨学科一体化的发展趋势。高效利用交通大数据支持分析决策,提升交通行政管理水平。

(二)多元创新技术驱动

智能交通系统是综合性系统,主要依靠移动通信、宽带网络、RFID、传感器、云计算、人工智能、大数据、区块链等新一代信息技术来支撑运营与服务,它需要通过整合政产学研用的创新力量进行协同攻关。在智能运输领域,运输企业联合多方力量促进人工智能技术和运输管控技术的深度开发创新,加大信息化建设,拓宽数据资源,提供精准运输服务。当前,数字化、网络化、智能化、低碳化已成为交通系统创新驱动发展的主题和趋势。

(三)多主体协同研究

智能交通不仅需要政府部门的大量资金投入与政策支持,还需要交通运输企业、交通装备制造企业、新创企业等同步参与建设。无论是管理者、经营者,还是使用者,都可以通过多种途径参与智能交通系统的建设与创新。政府部门、高校、企业、科研机构等单位的共同参与研究开发,是高质量智能交通系统建设的必要条件,需明确各方的角色定位和任务分配来实现互利共赢。

三、智能交通的框架

(一)智能交通体系框架

智能交通体系建设目标是建成"高效、安全、环保、舒适、文明"的智能交通运输体系,大幅度提高交通运输系统的管控水平和运行效率。智能交通系统(ITS)将极大地改善城市运输效率,为旅客提供便捷、高效、快捷的运输服务,创造人性化、智能化和生态化的交通环境。智能交通系统包括以下内容。

1. 智能停车与诱导系统

系统通过实时发布停车场、停车位、停车路线指引的信息,引导司机到达指定停车区域,对停车场进行数字化管理,包括预订、识别和统计等功能。通过智慧停车与诱导控制提升司机停车效率,减少停车拥堵、耗时等问题。

2. 绿波监控与管理系统

通过传感与多媒体技术,实时收集和处理路面的车流信息并监测安全情况。通过物联网技术实现绿波速度的实时反馈与指导,促进城市交通顺畅与智能管理。系统还可以自动记录车重、轴距、轴重等数据,协助交警记录违法行为。

3. 智能公共交通系统

智能公共交通系统可以定位、跟踪和预测公共交通工具行驶情况,具有车站信息发布、公共出行路线调度、油耗管理、数据云分析等功能;通过人员集中管理、车辆集中路线规划、人力资源和运力资源的动态优化与调配,降低运营成本,提升交通组织应急响应能力和旅客服务质量。

这些智能交通系统的建设与应用将为城市交通提供更高效、便捷、安全、环保的解决方案,并为未来智慧城市的发展奠定基础。

(二)智能交通管理系统框架

基于社会物理信息系统(cyber-physical-social systems,CPSS)的智能交通管理系统由物理层、信息层和社会层组成,如图13-2所示。

1. 物理层

物理层是指实际的交通运输系统,包括人员、车辆、道路和管理设施等。在物理层中,人、

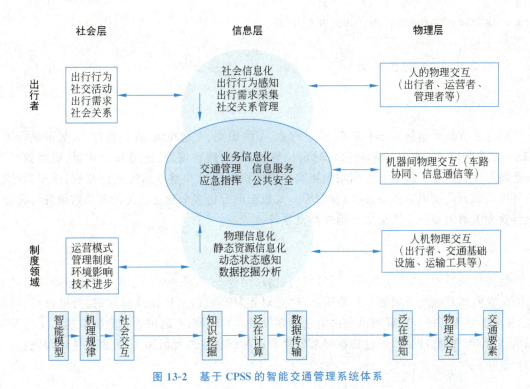

图 13-2 基于 CPSS 的智能交通管理系统体系

车、路和管理设施之间进行物理性的交互；泛在传感技术采集各种物理交互信息，并将其传输到信息层。

2. 信息层

信息层主要实现对物理层的信息化。一方面，它代表交通供给的基础设施、载运工具等实现信息化。另一方面，它代表交通需求的出行行为、出行需求实现信息化。这两者的交互形成交通管理和出行服务的信息化。在信息层中，虚拟化的交通系统得以形成，以支持智能交通的各项功能。

3. 社会层

社会层是基于交通系统相关要素的社会化交互，综合考虑出行者的需求特点和制度领域的各种要素，形成具有组织规则的广义互联社会。社会层的交互影响着交通系统中个体的行为。因此，对交通系统的社会化特征进行深入剖析并与技术系统进行整合，是实现智能交通管理的重要步骤。

这种基于 CPSS 的智能交通管理系统框架使交通系统能够更加智能化、高效化和人性化，提供更好的交通服务和管理决策支持。它将物理、信息和社会三个层面的要素有机地结合在一起，促进了交通系统的整体优化和可持续发展。

第三节 智能交通的关键技术

智能交通的目的是缓解交通拥堵和提高交通安全系数，所涉及的一系列技术范围广泛，不仅限于无线通信、感知技术、控制技术、图像处理、卫星定位、大数据处理等，该方向已成为交通行业的研究热点,同时也成为就业的热门方向。

一、智能交通的技术分类

(一)信息采集技术

信息采集技术包括GIS+北斗、动态称重、车牌识别、交通检测、视频监控、大数据融合等。GIS+北斗获取全天候持续不断的实时定位数据,对于路径规划、交通状态判别、精准救援等交通服务至关重要。视频监控利用视频监控摄像机对路口和重点路段进行监控,采集到的视频可以用来判断交通流状态、应急管控等。大数据融合将多个独立系统的多源数据进行融合,根据业务需求为服务系统提供基础数据支撑等。

(二)数据传输技术

数据传输技术包括"互联网+"、区域链、物联网等。"互联网+"能解决交通设施和运营的数据信息资源互通共享问题。区块链具有"点对点"传输、信息传输过程加密、自动执行、可溯源、安全性好等特征。物联网是通过信息感知设备与本地网、互联网进行数据联通来实现智能识别、监控和管理的网络,通过物联网来处理数据和信息使之更加快速、可靠地传递问题。

(三)数据处理技术

数据处理技术包括图像处理、人工智能、分布式平台、云计算等。图像处理是通过图像的方式对车辆进行检测、掌握交通路况、车辆信息等信息,在车辆检测、电子警察、障碍物检测中被广泛应用。人工智能将自然语言处理、推理与规划、计算机视觉等理论方法应用到自动驾驶、智能交通机器人、智能交通监控、智能出行决策等领域。分布式处理则在控制系统统一管理控制下,将不同功能或不同数据的业务连接起来进行协调控制,常用的分布式平台有Hadoop、Spark。云计算系统则通过计算与分析系统,使不同的管理系统之间相互通信确保有效的资源共享。云计算系统可以对系统中的数据进行系统性的整合与处理,以便让管理系统使用更加高效。

(四)自动驾驶技术

自动驾驶技术包括车路协同、感知与感知决策、路径规划、控制与决策等。车路协同技术(V2X)实现车辆之间的碰撞预警警告、事故安全通报,以及辅助驾驶等功能。感知与感知决策通过自动驾驶车辆搭载各种传感器(如激光雷达、摄像头、雷达等)获取周围环境的信息,利用人工智能算法进行感知和决策。通过计算机视觉和深度学习等技术,车辆可以识别和理解道路、障碍物、交通标志、行人等各种元素,并做出相应的决策和规划行驶路线。路径规划与决策则基于人工智能的路径规划算法帮助自动驾驶车辆选择最佳的行驶路径和决策。这些控制系统可以根据传感器数据和算法输出的决策指令,对车辆的加速、转向、制动等进行精确控制,以确保安全驾驶和遵守交通规则。

(五)智能交通控制技术

智能交通控制技术包括交通地理信息系统、公共交通出行信息服务系统、智能决策控制系统等。交通地理信息系统以地域空间数据资料库为关键核心,实现对地理空间数据的全面采集,并对多种空间位置和多种动态数据信息进行呈现。公共交通出行信息服务系统的应用将通过分析地理信息系统(GIS)、乘客IC卡和车辆GPS数据等,增强出行者与公共交通系统之间的联系、使用便利性和安全可靠性的改善、提升公共交通系统的满意指数,促进公共智能交通的发展。

二、新一代信息技术在智能交通领域的应用

在交通强国的背景下,智能交通系统的应用对于促进科技创新和产业可持续发展至关重要。新一代信息技术在智能交通系统(ITS)中扮演着重要角色。智能交通系统是基于区块链、云计算、物联网、人工智能等新一代信息技术并服务于交通运输的系统。智能交通系统通过收集各种信息并利用前沿技术进行统筹的分析、发布、处理和利用,能够使出行者、道路、车辆之间的交互以全新的面貌呈现出来,实现可靠、准确、高效、节能的目标。交通系统智能化建设架构如图13-3所示。

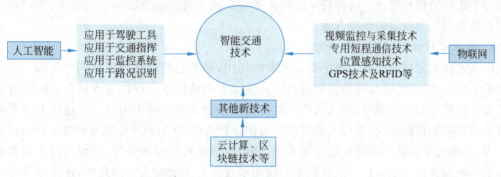

图13-3 交通系统智能化建设架构

新一代信息技术在智能交通系统中的应用如下。

无人驾驶汽车:利用人工智能和感知技术,无人驾驶汽车能够自主进行行驶和决策,提高交通安全性和行驶效率。

智能网联交通:通过物联网技术,车辆和基础设施之间可以实时通信和交换信息,促进交通系统的协同和智能化。

新能源汽车:推广使用新能源汽车有助于减少对化石燃料的依赖,减少污染和碳排放。

共享汽车:通过互联网和移动应用,共享汽车服务提供便捷的出行选择,减少城市交通拥堵和车辆闲置。

交通大数据:利用大数据分析技术,对交通系统中的各种数据进行处理和挖掘,帮助交通规划和管理部门做出科学决策。

新时代我们应加强交通运输规划,实施交通重大科技专项研究,建立科学实验平台,为制定交通发展战略和全国立体交通网的总体规划提供支持。这将有助于推动智能交通系统的发展,实现智能、安全、绿色、高效和便捷的道路运输。对制定我国的交通发展战略、全国立体交通网的总体规划等工作提供支持。

(一)物联网

物联网技术通过将各种物理实体与网络连接起来,使这些实体能够收集、传输和共享数

据,从而实现更智能、高效和便捷的管理和控制。物联网技术在智能交通的应用如下。

1. 传感器技术

传感器技术是物联网技术系统中的关键组成部分,在城市道路上被越来越广泛地应用。将传感技术应用于智能交通运输中可以实现对路面的实时监测和治理。以下是具体的实施步骤。

(1) 安装感应装置:路面上设置感应线圈等装置,用于感知汽车行驶情况。

(2) 感应信号传输:当汽车行驶经过感应装置时,感应装置会接收到相应的感应信号,并根据电感的变化产生相应的电流信号,并将其传送出去。

(3) 数据统计和分析:当汽车驶出监测范围后,接收到的信号逐渐衰减,并形成一个波形。利用这个波形进行统计分析,可以在一定的时间段内对某一地区的车流进行统计。

(4) 车速计算:通过统计不同感应器产生的信号,可以得到汽车的速度信息。这有助于促进汽车的高效运行和工作。

通过应用传感器技术,智能交通系统可以实时监测并统计分析车流情况,从而实现对交通流量和车速的监控和管理。这种技术的应用能够提高交通运输的效率和安全性,为城市交通提供更加智能化和高效的解决方案。

2. 嵌入式技术

嵌入式技术在智能交通领域中具有重要的作用,通常包括软件和硬件两个方面。它具备稳定的工作性能,并能够实时监测数据。嵌入式技术的硬件平台可以实现对数据的实时采集和处理。在智能交通领域中,嵌入式技术常常应用于交叉路口的大屏幕上。这些大屏幕能够实时反映交通和道路状况,为行人提供多种最优路径选择,从而减少交通拥堵情况。通过嵌入式技术,这些大屏幕能够即时获取交通数据,并对数据进行处理和分析,以便为行人提供准确可靠的导航和路径规划信息。这种技术的应用不仅提升了交通系统的效率,还改善了行人的出行体验,为城市交通提供了更智能化和高效的解决方案。

(二) 人工智能

随着我国城市化进程的迅速发展,城市交通运输能力的提升已成为当务之急。传统的城市交通管理模式已无法满足城市发展的需求。随着科技的快速进步,智能化交通系统逐渐引入人工智能技术,以建立智能交通体系。这种智能化交通系统可以有效解决城市交通问题,改善交通条件,推动城市的可持续发展。本部分详细研究了基于人工智能的城市智能交通系统。人工智能技术在智能交通中的应用如下。

1. 车辆控制的人工智能

随着社会经济的发展,人们对车辆性能和舒适性的要求不断提高,汽车制造商在生产过程中采用各种先进技术。在汽车的控制系统方面,人工智能技术目前主要应用于以下方面:自动导航、减少尾气排放、优化悬挂系统、提高车辆稳定性、优化无人驾驶车辆参数、调整遥控车辆运动轨迹及防震制动等。

研究分析可知,基因算法是当前汽车控制中常用的方法之一。它不仅可以降低能耗,还可以改善汽车的制动性能。在无人驾驶车辆领域,基因算法实现了对无人驾驶车辆的自动控制。此外,汽车控制系统还应用了其他两种人工智能技术,如神经网络和模糊推理。这些人工智能技术的应用使汽车控制系统更加智能化,提升了汽车的性能和安全性,满足了人们对汽车的高要求。随着人工智能技术的不断发展,我们可以期待在未来汽车领域看到更多创新和进步。

2. 交通控制和预测系统的智能化

在城市智能交通系统的研究中,交通控制和预测系统是主要研究内容。这些系统广泛应用多种人工智能技术,其中以人工神经网络为主导的,超过45%。同时,城市智能交通系统还结合了遗传算法、模糊逻辑和专家系统等技术,以实现一个完善的城市道路网络,有效减少交叉路口的拥堵时间。

人工神经网络在交通控制和预测中的应用,能够通过模拟人脑神经元之间的连接方式和学习机制,实现对交通流量和交通状态的预测和控制。它可以分析大量的交通数据,学习交通模式和规律,并根据实时数据进行智能决策和调控,以优化交通流动性和减少拥堵。遗传算法是一种模拟生物进化过程的优化算法,在交通控制中被应用于寻找最优的交通信号配时方案;通过迭代的方式,逐步优化信号配时参数,以提高路口通行效率和减少延误。模糊逻辑在交通控制中用于处理模糊的交通信息和不确定性因素。它能够将人类的模糊知识和经验转化为规则集,从而实现对交通信号的智能调节和控制。专家系统结合了领域专家的知识和经验,用于解决特定领域的问题。在交通控制中,专家系统可以根据实时数据和交通规则,提供智能化的决策支持,优化交通流量和减少道路拥堵情况。

通过综合运用这些人工智能技术,城市智能交通系统能够实现对交通流量的准确预测和实时控制,从而优化城市道路网络的运行效率,减少道路拥堵现象的发生。

3. 无人驾驶的实现

在新时代和新形势的双重冲击下,科学技术和人工智能的发展速度不断加快,无人驾驶汽车已经成为一种先进的技术,并朝着实用化的方向迅速发展。无人驾驶车辆,也被称为无人汽车,相较于一般汽车具有许多优点。它不需要人为操作,而是通过电脑智能系统来执行预设的命令和目标。此外,无人驾驶车辆能够根据计算机系统的实时情况对道路进行规划,确保行车任务的科学性和高效性。这表明,未来的科学技术将得到更大的发展,而无人驾驶车辆终将成为现实。

无人驾驶汽车的发展可以提高道路的安全性,减少交通事故的发生,还能够提高交通效率,减少道路拥堵情况,优化道路资源利用。然而,无人驾驶技术的发展还面临一些挑战,包括技术成熟度、法律法规和道德伦理等方面的问题。为了实现无人驾驶汽车的广泛应用,需要进一步提高技术水平,加强法规和标准的制定,开展公众接受程度的教育提升,以确保无人驾驶汽车的安全性和可实施性。

4. 道路安全和事故预测自动化

在智能交通系统中,道路安全和事故预测技术起着关键的作用,它们能够降低交通事故的发生率,提高驾驶员和乘客的安全性。

在城市交通运输中,交通事故的发生通常受道路状况、环境因素、流量条件和驾驶员行为等多种因素的影响。道路安全和事故预测系统,可以对所有车辆进行分析,并提供有效信息来预防交通事故的发生。在道路安全和事故预测方面,人工神经网络、遗传算法、模糊逻辑和专家系统等人工智能技术得到广泛应用。人工神经网络可以通过学习和模拟人脑神经元的工作方式来进行交通事故预测和道路安全分析。遗传算法则通过模拟生物进化的方式来寻找最优解,可以用于优化交通流量控制和道路规划等。

综上所述,利用人工智能技术来改进指挥控制可以提高交通运输的效能。智慧红绿灯等智能交通指挥系统能够根据实时交通情况进行智能调度,优化交通流动,减少道路拥堵,提高交通的利用率,从而改善城市交通状况。

第四节　智能交通的研究现状与发展趋势

智能交通系统是当前世界各国广泛关注和研究的重要系统。智能运输具有与国情、行业和地域相关的特点，新技术的出现是智能交通系统建设的强大推动力。20 世纪末，我国政府大力推进交通信息化的发展，旨在实现高效、安全和便捷的交通目标。根据我国的国情特点，通过创新驱动和引领，智能交通系统在我国实现了绿色发展的目标。近年来，在科技强国战略、数字交通建设、立体交通一体化网络建设等政策推动下，智能交通系统已经进入高速发展阶段。

一、智能交通的体系建设与研究现状

1994 年，正式认定 ITS 为国际性术语。在此之前，美国称相关技术或研究项目为智能车辆道路系统（IVHS）；日本称为通用交通管理系统（UT-MS）；欧盟则称为道路交通信息技术（RTI）。中国起步相对较晚，2005 年，国家智能交通系统工程技术研究中心发布了国家 ITS 体系框架（第 2 版）。依据该框架，智慧交通可划分为交通管理、电子收费、交通信息服务、智能公路与安全辅助驾驶、交通运输安全、运营管理、综合运输、交通基础设施管理和数据管理 9 个服务领域。下面对体系建设的几个主要内容展开讨论。

（一）交通管理

交通管理系统作为体系框架的重要组成部分，主要用于对交通管理人员进行管理。它涵盖了交通信息的监测、需求管理、交通管制、交通事件管理、服务管理、交通执法和停车场管理等功能。

交通动态信息是指在时间和空间上不断变化的交通流信息，包括交通流量、车速、占有率、车头时距等。收集这类数据的方法可分为固定式和机动式两种。固定式数据采集技术包括磁频采集、波频采集和图像采集，而机动式数据采集技术则利用装有专用装置的机动车辆来综合应用交通信息，目前主要分为电子标签、GPS 和机动车车牌自动辨识三大类。交通需求管理是一种针对交通来源的管理方法，也是政府采取的一种行政手段。交通管制则是一种技术性的交通流量管理方式，通过有效的管理和调控手段对交通流量进行控制和引导。交通管制策略主要包括交通信号控制（如交叉路口信号灯控制）、干线交通控制（如绿色通道）和区域性交通控制等。

（二）交通信息服务

交通信息服务是指向驾驶员在行驶过程中提供信息服务，包括出行前提供的信息服务、行驶中驾驶员信息服务、途中公共交通信息服务、其他旅客信息服务、路径诱导和引导、个性化信息服务等。

随着我国交通运输业的不断发展，运输行业的信息类型和发布手段日益多样化。云平台和大数据技术广泛应用于运输系统将使智能交通系统变得更加准确、智能和及时，从而保障人们的出行更加科学和低碳。这种发展趋势将为交通运输行业带来许多益处。通过云平台，不同交通运输服务提供商可以实现信息共享和整合，为用户提供更全面的出行信息和个性化服

务。同时,大数据技术的运用可以对庞大的交通数据进行分析和挖掘,提供精准的交通预测和优化建议,帮助人们更好地规划和安排出行。表 13-1、表 13-2 为公共交通乘客和驾驶员的出行信息需求,目前交通信息系统已经能够满足上述要求。

表 13-1　公共交通乘客的出行信息需求

信息类型	信息类别	信息内容
出行前信息	票务信息	检票方式、购票地点和票价等
	时刻信息	发车班次表和间隔时长等
	站点信息	所经站名、主要换乘站点和路网衔接状态等
出行中信息	引导乘车信息	站台布局、乘车方向、地图和警告等引导标识
	车辆运行信息	车辆到站、车辆离站、发车间隔、运行正点、实时位置和行程时间等信息
	服务信息	车内拥挤程度、高峰时段及是否有座位等信息
	换乘信息	公交线网内和多方式的换乘信息
	紧急信息	特殊事件及出现事故时的相关信息
个性化信息	公共服务设施信息	前往政府机关及企事业单位的乘车和转乘等信息
	沿线景观信息	城市旅游景点的乘车及转乘等信息
	天气新闻信息	天气、新闻和休闲娱乐等信息

表 13-2　驾驶员的出行信息需求

交通状态	信息类别	信息内容
正常	交通状态信息	各道路交通状况 (常发性)拥挤情况 延误时间
	行程时间信息	路段行程时间
异常	异常事件信息	事件类型 事件地点(区域) 针对事件的交通管制措施 事件持续时间 (偶发性)拥挤情况
	交通状态信息	拥堵(排队)长度 事件影响区段的车速 事件影响区段的延误
	替换路线信息	推荐替换路线
	行程时间信息	路段行程时间

(三) 交通运输安全

交通安全涉及各类公路的安全治理和应急处置。公路交通安全管理可分为公路安全建设和公路交通安全检查两个方面。

在公路交通安全管理中,确保道路具备完善的安全设施至关重要。除了明显的路面标志和视线引导等标志外,还需要在必要的地段和路侧设置防撞栏杆,以确保失控的汽车可以平稳转向,不对其他交通工具造成影响,并保障行人的安全。道路安全性评估是为了识别道路潜在的危险因素,它采取适当的措施来减少不利后果,以确保道路在规划、设计、施工和运营等各个环节都能充分考虑安全因素。

交通安全是一个重要的领域，需要通过公路安全建设和公路交通安全检查等措施来确保道路的安全性，并进行道路安全性评估，以提供安全的交通环境，保障道路使用者的生命和财产安全。图13-4是道路紧急救援体系的逻辑架构，阐述了紧急救援的责任部门、救援任务及交互关系。

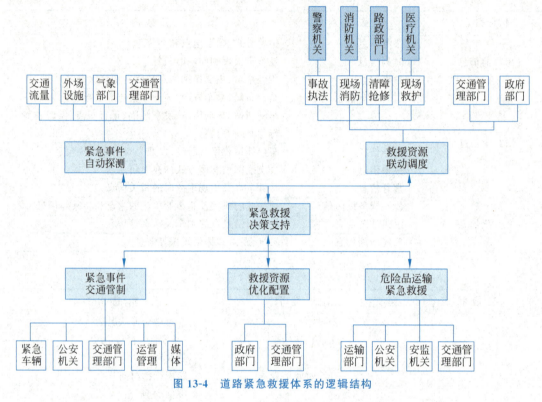

图13-4　道路紧急救援体系的逻辑结构

道路紧急救援体系应具备紧急事件自动探测、救援资源优化配置、救援资源联动调度、紧急救援决策支持和紧急事件交通管制等功能如图13-4所示。

二、智能交通的发展趋势

智能交通运输体系得到政府资本、科研机构和企业越来越多的重视，其发展速度也日益加快。智能交通呈现出以下特点与趋势。

（一）面向全面的动态感知网络

在智能运输体系中，数据是智能交通系统的核心，对信息的收集方式进行深入的创新将成为智能运输的先导。为构建全面且具有动态意义的"泛在网"，智能运输需要采用新一代的交通采集装置，如感应线圈、微波雷达、地磁监测、KPS、RFID、智能手机、物联网终端和汽车网络终端等。这些装置像神经线一样分布在整个交通系统中，收集与交通相关的视频、图片、文字和基础数据等信息。通过这种方式，道路的运行状态可以实现可视化、可测量和可控制。在智能运输的真正建设过程中，智慧交通是一个复杂的系统工程，需要全面考虑从底层感知到上层应用和服务对象的各个方面。这意味着需要综合考虑感知技术、数据传输和处理、信息分析和决策支持等各个层面的要求。结合理论经验，图13-5给出了智能交通的层次架构。

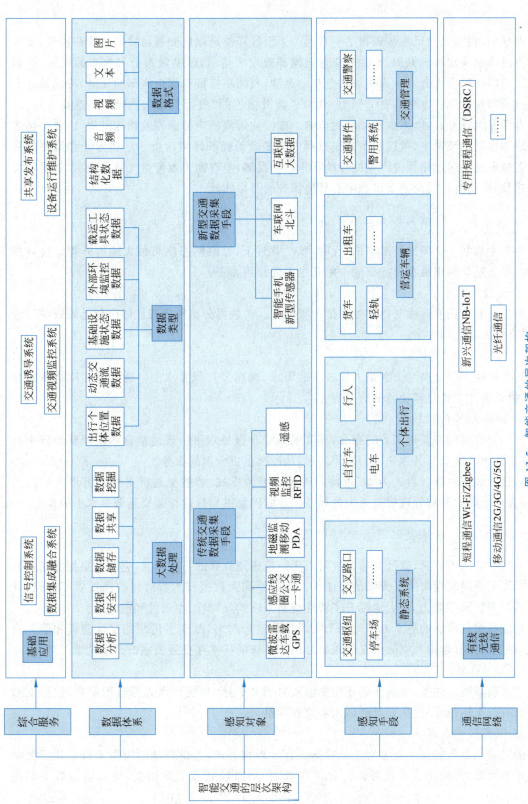

图 13-5 智能交通的层次架构

（二）绿色交通成为交通发展新理念

近年来，我国交通运输部颁布了一系列关于引导和推进绿色交通运输的方针和建议，旨在推动可持续发展和环境保护。其中，交通运输部曾发布指示，鼓励城市公共汽车的发展，并倡导市民采用环保出行方式。为实现绿色交通运输，我国积极推动绿色汽车的发展，特别是混合动力汽车等新能源汽车的应用；同时，致力于建设绿色的"慢行交通"，鼓励人们选择步行、自行车等环保出行方式，以减少对环境的影响。推广使用清洁能源和高效物流管理，以及优化运输网络和提高物流效率，可以减少运输过程中的能源消耗和环境污染。这些方针和策略的实施将促进绿色交通运输相关产业的持续竞争力和发展，也有助于改善空气质量、减少能源消耗和碳排放，推动可持续交通发展和生态环境保护的目标实现。

（三）互联网思维将极大地提升交通服务质量

在当今被纳入全国发展战略的"互联网＋"背景下，互联网思维将极大地提升智能交通的服务水平。互联网思维在智能交通中的几个重要作用如下。

1. 大数据思维

大数据的应用使运输变得更加便捷和智能化。大数据分析和处理能够优化运输资源的配置，提高服务能力和效率。

2. "以人为本"思路

智能运输工程更加注重满足人民群众的需求，提高公共服务水平。通过关注用户体验和需求，提供更加个性化和便利的交通服务。

3. 跨越式思考模式

加强智能运输与其他工业的融合，提高工业综合服务水平。通过整合不同领域的技术和资源，实现智能交通与其他领域的协同发展，从而提供更全面的服务。

通过大数据思维、"以人为本"思路和跨越式思考模式，智能交通将更好地满足人们的需求，并为城市的发展和管理带来更大的效益。互联网思维将推动智能交通服务水平的提升。

（四）新兴技术结合促进交通智能化发展

通过物联网的应用，智能交通系统可以更好地感知外界的各种因素，它所收集到的信息数据为智能交通的实现带来了无限的可能性。云计算和大数据技术为海量数据提供了存储、计算和科学分析预测能力，极大地提升了智能交通系统的及时性、主动性和前瞻性。

智能技术将运输的各个方面与每个人的智慧结合起来，改变了传统的交通管理和服务观念，取得了非常有价值和实际意义的成果。以下是智能技术在交通领域的几个关键优势。

1. 实时感知

通过物联网的连接，智能交通系统能够实时感知道路、车辆和乘客等各种信息，包括交通流量、路况、车辆位置等，从而及时做出响应和调整。

2. 数据驱动决策

云计算和大数据技术能够对大量数据进行分析和处理，提供科学的决策支持。基于数据的分析和预测，智能交通系统可以优化路线规划、交通控制和资源调度，提高运输效率和便利性。

3. 增强安全性

智能交通系统通过实时监测和预警，能够及时发现交通事故和紧急情况，并采取措施进行应急处置。同时，智能技术还可以提供驾驶辅助和安全提醒功能，提高道路安全性。

综上所述，智能技术的应用为智能交通带来了巨大的变革和优势。通过物联网、云计算和大数据技术，智能交通系统能够实现实时感知、数据驱动决策、个性化服务和增强安全性，为人们的出行提供更便捷、高效和安全的选择。

（五）参与主体多元化成为主体趋势

智能交通已经不再局限于政府一家独大，各种主体积极参与其中。交通运输企业、交通设备制造企业和互联网企业等都在积极投入智能交通领域。同时，普通民众也通过各种途径参与其中。未来，我国交通行业将更加注重政策创新、信息公开和公平，为智能交通的发展提供良好的环境。交通运输企业将不断提升自身的业务信息化水平，为智慧交通的发展奠定基础。交通设备制造企业将致力于提高设备的智能化水平，打造更加功能强大的智慧交通设备。互联网企业在智能交通领域发挥着重要的作用，承担着交通产业转型的重任。电信企业则可以充分利用自身的无线网络优势，共享各种优势资源，为智能交通的发展提供支持。政府、交通运输企业、交通设备制造企业、互联网企业、电信企业及普通民众等都将在智能交通建设中发挥重要作用，共同推动智能交通的发展和进步。

本章主要对智能交通的发展背景、智能交通的理念和关键技术进行详细介绍，针对新一代电子信息技术在智能交通领域的运用进行分析与阐述。通过物联网、云计算、大数据统计分析、人工智能等交叉融合科学技术的应用，智慧交通系统能够有效解决交通拥堵、交通事故频发、资源浪费、环境污染等问题。最后，本章简要分析未来智能交通发展的几大趋势，方便读者对智能交通及智慧交通系统的建设有更深入的认识，并能够快速融入智能交通的建设队伍，促进我国交通事业快速发展。

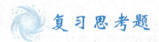

1. 相比传统的交通网络，目前的智能交通系统有哪些优势？
2. 简述智能交通对智慧城市建设的作用与优势。
3. 当前的智能交通系统还有哪些需要改进的地方？
4. 科技发展对智能交通有什么影响？
5. 智能交通未来的发展趋势是什么？

案例讨论题

银江智能交通案例

南昌是江西省的省会城市,常住人口接近 550 万人。随着城市的迅速发展和城市化进程的加快,相关的交通运输问题日益凸显。在过去的九年中,南昌市交警支队和银江集团在南昌市交警部门的大力支持和协助下,与相关交通运输部门联合开展了全面的改革和建设工作,致力于推进南昌地区的"智慧交通"工程。这一工程的实施将促进交通管理的现代化,改善交通组织和流动,提高道路通行效率,并为市民提供更便捷、安全的出行环境。银江集团依据南昌市现有的具体条件,利用多种前沿互联网技术,如大数据、云计算、物联网、人工智能等,在深化交通系统的统筹安排管理、保障维护、智能抓拍等方面进行了进一步的深入研究。这一整套的管理实施方式在南昌市的城市交通里的运用取得了较好的结果。

1. 拓展智能卡口抓拍功能

针对越来越多的各类交通违章驾驶,开发了智能化的路口拍照系统,实现了全天 24 小时的自动拍照与录像功能。对于各种危险驾驶行为,如不系安全带驾驶汽车、开车打电话、大货车闯关、外地牌照闯禁行等违法行为进行自动抓拍。使用图像搜索、图像检索等方法,实现了汽车特征的自动识别,并与汽车驾驶管理系统进行了全面的对比,对于那些套牌车辆、故意遮挡牌照的车辆、违法而又涉嫌逃逸的车辆及黑名单车辆进行查处处理。运用科学技术加强警力,既节省警力资源,又消除了由于不规范而造成的一些安全事故。

2. 交通组织精细化管理

首先,在交通信号时段,通过合理地利用路口的闲置时段,设计一条可调的左转弯机动车道,提高交通运输的利用率。其次,在交叉口设置左转直行等待区,并根据 LED 等待屏幕的指示,将机动车引入等待区。通过这些优化方法来提高该路段的通行效率,缓解部分地区的早晚高峰时段出现的潮涌拥堵问题。

3. 快速运维保障平台

根据南昌交通管理局的实际情况,银江公司研制了一套快捷的无纸运营保障系统。该系统可以对发生故障的系统和种类进行自动识别,或者对报警的呼叫进行迅速的查找,从而使维修团队迅速做出反应,准确抵达维修地点,处理各种设备的各种问题。

讨论题:

1. 南昌智能交通系统的主要优势有哪些?它与传统交通相比的优点有哪些?
2. 智能交通如何改变人们的日常生活方式?

资料来源:王媛丽.银江智慧交通案例|看南昌"智慧交通"如何治理城市交通[EB/OL].(2019-06-28). https://www.yicai.com/news/100240934.html.

参考文献

[1] 李瑞敏,王长君.智能交通管理系统发展趋势[J].清华大学学报(自然科学版),2022,62(3):509-515.
[2] 高柯夫,孙宏彬,王楠,等."互联网+"智能交通发展战略研究[J].中国工程科学,2020,22(4):101-105.

[3] 陆化普.智能交通系统主要技术的发展[J].科技导报,2019,37(6):27-35.
[4] 徐猛,刘涛,钟绍鹏,等.城市智慧公交研究综述与展望[J].交通运输系统工程与信息,2022,22(2):91-108.
[5] 董西松,沈震,熊刚,等.城市轨道交通CPSS平台构建研究[J].自动化学报,2019,45(4):682-692.
[6] 张毅,姚丹亚,李力,等.智能车路协同系统关键技术与应用[J].交通运输系统工程与信息,2021,21(5):40-51.
[7] 谢军,庄建楼,康成斌.基于北斗系统的物联网技术与应用[J].南京航空航天大学学报,2021,53(3):329-337.
[8] 朱力,龚泰源,梁豪,等.边缘智能在轨道交通中的应用:前景与展望[J].电子与信息学报,2023,45(4):1514-1528.
[9] 严新平,褚端峰,刘佳仑,等.智能交通发展的现状、挑战与展望[J].交通运输研究,2021,7(6):2-10,22.
[10] 杨希,王振.数字经济发展形势下智能交通建设解决方案探讨[J].数字通信世界,2021(4):33-34,58.

第十四章 智慧零售

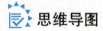 思维导图

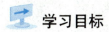
学习目标

学习层次	学习目标
了解	1. 零售业的发展历程与发展困境 2. 智慧零售的发展历程 3. 零售业的发展趋势 4. 智慧零售的应用案例 5. 智慧零售的发展趋势与挑战
掌握	1. 智慧零售的基本原理 2. 智慧零售的关键技术

在人工智能、互联网、大数据等新技术的推动下,我国商品零售产业正在以多样化、个性化的消费需求为基础,上演一场深刻的变革。无人超市、无人货架、智能配送等新兴业态持续涌现,中国零售业各显神通,在时代的风口下展开一系列探索,加快行业布局,引领智慧零售发展潮流。

中国的零售业正处于关键转型期。线下零售面临前所未有的冲击,线上流量红利也逐渐见顶,线上零售巨头积极入场,线下龙头企业也纷纷转型,零售业已经进入自我改造和快速更迭的快车道。正如数字经济时代不断涌现的新经济业态,智慧零售的"革命性"不仅体现在数字化和新技术的应用,还对技术创新与商业模式变革在业态演变、数据运用、场景重塑、营销链路、供应链融合等多个方面提出了要求。可以说,整个行业的每一个环节都在发生着深刻的变化,而这些变化积聚起来,就构成了"智慧零售"的完整图景。零售业的变革会给中国的消费产业带来巨大的机会,无论是零售商还是品牌商都会在这一历史性机遇中找到自己的位置,寻找破解这个巨变时代的商业密码。

第一节 智慧零售的发展背景

一、零售业的发展历程

零售是伴随人类文明而产生的最悠久的商业形态,其发展演化和社会经济、信息技术密切相关。最早的零售是挑担货郎走村串户贩卖商品,到 1852 年前后,出现了第一家百货商店,零售业由古老的家庭小作坊自给自足、"随缘交易"的方式转变为专业售卖、囤货流通的百货商店模式。1859 年,单个的百货商店转变为连锁百货店,运用同样的商品、同样的运作交易模式,由原本一家店铺开始向更多的店铺发展。1930 年,超级市场诞生,一些百货店铺的品类、数量、规模已经无法满足人们的需求。随着科技的进步,百货商店引入了现代化的收银系统、核算系统、订货系统(最早的进销存系统)等,同时对不同人员的功能划分,进一步加强了销售的能力,这就是我们现在看到的超市的雏形了。由于互联网的普及,20 世纪 90 年代电商的兴起拉近了世界的距离,使人们跨越了地域限制,拓展了消费者对商品的选择范围,让更多的商品流通起来。电商的出现也颠覆了传统的多级分销体系,减少了货物在中间商流通的次数,大大降低了最终客户在购入时的价格,让更多人在更大的范围内,有更多性价比很高的商品可选择。

二、零售业的发展困境

21世纪的前15年是零售业发展的黄金时期。高速互联网、在线支付、物流等基础设施不断完善,零售不断演化出新的形态。例如,电商企业通过网站或App直接面向消费者销售商品或服务的B2C(business to customer)模式,企业之间通过电子商务平台进行贸易的B2B(business to business)模式,个人通过电商平台直接与其他个人进行交易的C2C(customer to customer)模式,互联网与实体店融合、用户线上消费线下体验的O2O(online to offline)线上到线下模式,整合了社交和电子商务的社区零售模式。

2016年以来零售业遭遇了新的经营困境,全行业商品零售额增速连年下滑、关店潮频现。当前零售业发展面临的困难如下:一是生产显著放慢。2016年上半年,批发零售业增加值同比增长6.4%,自2015年以来已经连续七个季度"跑输"服务业和GDP;2020年,零售业增加值超4万亿元,占GDP比重为4.07%,较2016年下降1.03个百分点。二是实体零售线上线下渠道无法打通。一直以来,实体零售企业非常重视线下销售渠道的建设,但是却忽略了线上渠道的发展。长期依赖线下渠道带来的眼前利益,实体零售企业多故步自封,对网络零售的冲击选择视而不见或坦然接受。由于实体零售企业线上渠道的欠缺,实体零售企业在第一轮竞争中败下阵来。实体零售线下渠道先天条件不足,线上线下渠道融合无法打通,严重影响实体零售企业的发展。三是实体零售成本收益难以匹配。近几年,实体零售企业一方面面临房租和人力成本持续上涨的影响,另一方面商品或服务的收益也越来越低,实体零售企业成本和收益难以匹配问题突出。

最严重的问题在于传统零售企业一直以来增长模式粗放、无法匹配新的消费需求。例如,在产品研发阶段,品牌商往往以人口结构或收入水平等简单划分消费客群,但这已不能对消费者需求和行为给出细致入微的洞见,研发的新品缺乏差异化和针对性;在生产和分销端,传统零售企业往往缺乏对市场真实需求的掌握,保持着"只要能够生产出来,就能卖出去"的盲目乐观心态,导致库存积压、经营压力剧增。

三、智慧零售的发展历程

2016年,国务院办公厅发布《关于推动实体零售创新转型的意见》,鼓励零售企业与创意产业、文化艺术产业、会展业、旅游业融合发展。2019年,国务院办公厅发布《国务院办公厅关于加快发展流通促进商业消费的意见》,明确提到要促进新业态新模式发展,促进商旅文体跨界融合。2020年9月9日,中央财经委第八次会议强调构建国民经济循环、打造现代流通体系的战略意义。2021年7月30日,中共中央政治局会议要求加快贯通县乡村电子商务体系和快递物流配送体系。这一流通体系发展方向的确立,将会带来大量新概念、新业态、新模式的创新发展。目前,亚马逊超市、永辉超市等依托线下优势,专攻线上建立智慧零售网络;京东、天猫等电商平台集合商家资源,推出线下智慧零售体验店;盒马鲜生、钱大妈等生鲜品牌从诞生之初便开启了深入社区的线上线下深度融合零售模式。生鲜行业、快消品行业等与智慧零售深度接轨。

四、零售业的发展趋势

传统零售企业必须敢于打破过往的固化思维、调整经营模式,以应对激烈的市场竞争和不断变化的消费者需求。中国零售市场正面临着五大关键趋势,这些趋势助力企业准确把握发展方向,实现业务的创新和升级。

(一)消费者个性化需求的崛起

消费者由过去的"人以群分"逐渐转变为"千人千面"。80后、90后、00后等新一代消费者成为市场的核心群体,他们具有更强的自我意识,消费态度和行为更加个性化。科尔尼公司的调研显示,这些消费者更愿意提供数据以获得增值服务,对环保、公益等品牌价值诉求更为重视。年轻消费者更注重购物过程体验,希望与品牌商及零售商建立信任感和亲密感。因此,零售企业需要针对个性化需求提供定制化的产品和服务,并通过社交媒体等渠道与消费者建立更紧密的关系。

(二)数字科技贯穿消费全程

新技术的成熟和应用门槛的降低使数字科技贯穿了整个消费旅程。人工智能、AR/VR、物联网、大数据等技术在零售领域得到广泛应用。一些领先的零售企业已经开始利用这些数字科技,提升消费者体验、提高运营效率和降低成本。通过在实体店内部署人工智能技术,结合摄像头、智能货架、移动支付等技术,零售商能够实现对消费者外貌特征、产品偏好、情绪变化、消费记录等数据的汇总,实现线下流量的数字化,从而更好地满足消费者的需求。

(三)线上线下界限模糊、加速融合

移动互联网和智能终端的普及使消费者更加频繁地在线下实体店和数字渠道之间进行切换。消费者通过在线渠道获取更多产品信息,进行产品和价格的比较,最终做出购买决策。线上线下的融合已经不再是简单的对立,而是趋向融合与协作。零售商和品牌商需要适应这一趋势,将线上线下的交互点提升为更有价值的接触点。融合模式包括线上→线下、线下→线上、线下→线上→线下等,关键在于如何提高每个接触点在消费者心目中的价值。

(四)数据驱动运营升级

大数据和人工智能等技术的成熟应用使零售更加智能化。零售企业能够从采购端、物流端、消费端到服务端覆盖全产业链条,实现数据的全面收集与分析。这种数据驱动的运营模式使互联网的思路在传统零售中得以应用,帮助企业挖掘更大的价值空间。同时,零售商需要强化用户体验的概念,从以流量为中心向以用户为中心转型。

(五)助力企业推出新产品、调整销售策略

智慧零售能够准确记录消费者购物的全过程,通过人工智能等技术将消费者的行为转化为数据,再把数据转化为生产力。通过线上平台,零售企业可以基于用户数据进行定向设计、价格制定和产品选择,实现C2B智能制造模式。依托线上平台,零售商能够实时了解用户对商品的需求量、审美偏好、性能和品质倾向等,推出不同功能的产品,并有针对性地区分不同类

商品在不同地区的零售策略。

综合来看,这五大趋势为传统零售企业提供了发展的方向和机遇。通过拥抱数字化、智能化和个性化的趋势,传统零售企业能够更好地适应市场变化,提升竞争力,实现业务的可持续发展。如图 14-1 所示,哈佛商业评论在《2018 年度零售业数字化案例榜》中指出,零售业数字化存在诸多正反馈循环,无论是线上网店、线下实体店还是线上线下混合的数字化转型方案,只有在创造了独特的客户价值,让竞争差异化,并与零售商整体商业战略一致的情况下,才能为零售业带来改变。

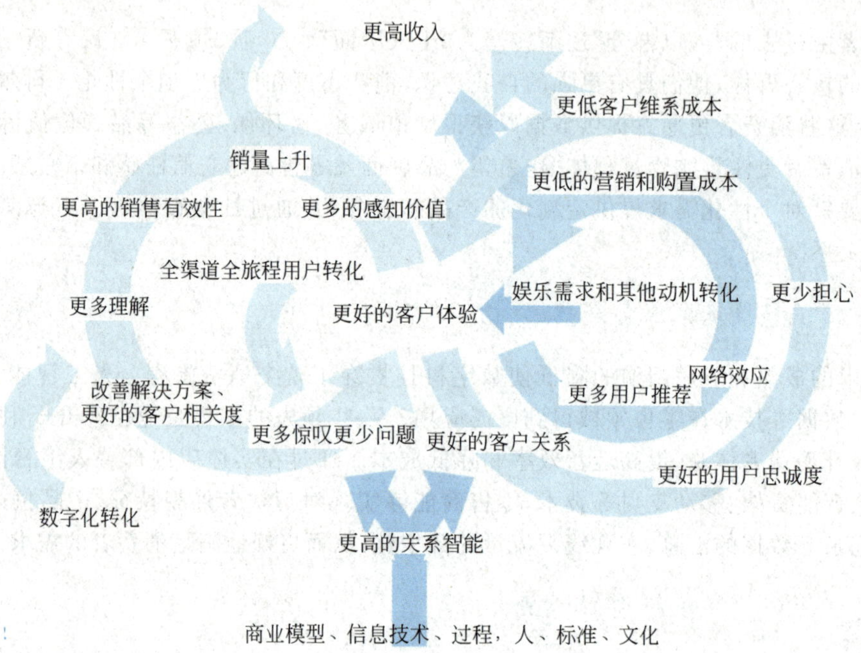

更高收入
更低客户维系成本
销量上升
更低的营销和购置成本
更高的销售有效性   更多的感知价值
全渠道全旅程用户转化
娱乐需求和其他动机转化   更少担心
更多理解   更好的客户体验
网络效应
改善解决方案、更好的客户相关度   更多用户推荐
更多惊叹更少问题   更好的客户关系
更好的用户忠诚度
数字化转化
更高的关系智能

商业模型、信息技术、过程、人、标准、文化

图 14-1　零售业数字化中的正反馈循环

第二节　智慧零售的基本原理

一、智慧零售的概念

2016 年,阿里巴巴集团董事局主席在杭州的云栖大会上提出,纯电商时代即将终结,未来发展过程中,新零售才是主流,线上线下的融合是一种必然。苏宁将新零售称为智慧零售,将其定义为,运用互联网、物联网、人工智能等技术,充分感知消费习惯,预测消费趋势,引导生产制造,为消费者提供多样化和个性化的产品服务。

二、智慧零售的核心

智慧零售的核心是以消费者为中心的零售活动的生态化,与零售相关的生产设计、物流仓储、集中采购、场景售卖、服务活动、经营管理、资金流转等所有环节都逐渐融入数据化和智能化的平台,最终达到零售商效益优化,消费者体验优化,实现万物互联智能决策的自主商业。

三、智慧零售的特征和支撑技术

智慧零售通过融合多种前沿技术如大数据、人工智能、AR/VR等,实现线上线下无缝连接、零售流程的智能化,以及以消费者为核心的精准化运营,从而打造崭新的消费场景和购物体验,推动零售业向一个智能化和个性化的新时代迈进。

(一)无界化

无界化旨在整合线上与线下资源,打通销售渠道壁垒,消除时间、空间界限,畅通资金、信息、技术、人员、产品流动,实现全渠道零售。支撑技术包括大数据和云计算、人工智能、AR/VR技术、移动互联网,以及物联网和RFID等。这些技术打破线上和线下界限,提升零售效率。

(二)重塑价值链

智慧零售追求智慧化,利用人工智能、大数据等技术记录消费者信息,通过分析转化为可计算数据,重塑零售系统的价值链。关键技术包括计算机视觉和深度学习、语音识别和语音合成、知识图谱和推理、AR/VR,以及自动化设备。

(三)以消费者需求为核心

应用数字化技术形成消费者数据库,通过大数据分析、精准定位、个性化推荐系统、社交媒体分析、无人零售和VR/AR等技术,实现对消费者需求的精准把握。智慧零售将商品或服务与消费者需求结合,以消费者为中心,提升消费者体验,激发消费活力。

第三节 智慧零售的关键技术

智慧零售的技术核心是大数据分析、人工智能、移动互联网和AR/VR这四大技术。大数据分析提供精准的消费者洞察,人工智能实现智能化的零售运营,移动互联网连接线上线下渠道,AR/VR优化用户体验。这四大技术相互协同,共同推动零售业向智能化和数字化转型,满足消费者的个性化需求,实现企业以消费者为核心的智慧零售新模式。

一、用户行为分析技术

在智慧零售中,大数据分析技术涵盖用户行为分析、交易数据分析、社交数据分析、视频分析、空间分析与定位及数据挖掘,其中用户行为分析技术至关重要。用户行为数据是理解用户的最直接来源,具有可获得性强、数量大、实时性好的特点,是用户画像、用户细分和个性化推荐的基础。用户行为分析技术通过洞察用户需求和偏好,支持线上和线下整合营销,提供更全面深入的用户洞察，实现以用户为中心的精准运营。智慧零售中大数据分析技术的主要步骤如下。

（一）数据采集

结合用户属性，将用户行为数据与注册信息、用户画像属性结合起来，进行行为属性细分，获得更深入的用户洞察。数据采集源包括零售商的线上渠道（官网、移动App）、线下实体门店（Wi-Fi热点、视频监控、射频技术、POS机）、第三方平台（社交媒体、评论网站），以及用户自身设备（GPS、Wi-Fi、蓝牙等）。

（二）数据预处理

为深度挖掘用户行为价值，对原始用户行为数据进行预处理，包括清洗去噪、补齐缺失、转换格式、融合构建等过程，形成结构化和规范化的数据集，提高数据质量，为后续深度分析提供可靠的数据基础。

（三）用户画像

构建用户画像通过综合分析用户的各类行为数据，如历史交易、交易价格、浏览商品类目、浏览时长、搜索词、关键词等信息。这些信息能够判断用户的年龄层级、消费能力层级、兴趣爱好等属性，为后续精准用户营销和商品推荐提供基础。

（四）需求预测

通过对不同用户群体的历史行为数据进行对比分析，发现用户群体在浏览商品、购买频率、交易时间等方面的行为模式差异。利用这些差异，零售商可以采用个性化推荐系统和差异化营销策略，满足不同群体的商业需求。

（五）个性化推荐

实现个性化推荐主要基于用户画像和行为数据的综合分析。智慧零售大数据分析技术采用过滤推荐、协同过滤推荐等多种推荐算法，通过特征工程构建用户和商品的向量空间模型，建立商品特征知识图谱，采用深度学习技术构建用户和商品的嵌入向量，整合混合推荐系统，以提高个性化推荐的精准度和用户满意度。

这些步骤共同构成了智慧零售中大数据分析技术的基石，为零售业提供了更智能、更个性化的服务和运营模式。

二、计算机视觉技术

计算机视觉又称机器视觉，是用计算机模拟人眼对目标进行识别、跟踪和测量，并对图形和图像进行识别、解释和处理。近十年来，视觉准确率从50%提高到99%以上。随着深度学习技术的发展，计算存储的扩大、可视化数据的激增，计算机视觉近年来发展更为迅猛。

在智慧零售场景中，计算机视觉技术如目标检测、跟踪、识别等为零售商提供了智能感知和分析的"眼睛"，它们可以识别商品、统计人流、实现智能安防监控、图像分割和质量预测，甚至结合AR实现虚实交互。计算机视觉与零售业务的深度融合推动了零售向智能化和无人化方向发展,极大地提高了零售的效率、质量和安全性。

通常而言,计算机视觉的处理过程分为以下四个步骤,具体流程如图 14-2 所示。

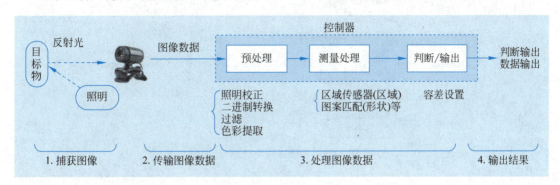

图 14-2　图像处理流程

(1) 捕获图像:释放快门并捕获图像。

(2) 传输图像数据:将图像数据从工业相机传输到控制器。

(3) 处理图像数据:预处理图像数据以增强功能。

(4) 输出结果:测量图像数据上的缺陷或尺寸,并将处理结果以信号的形式输出到连接的控制设备(PLC 等)。

图像处理流程的具体技术有图像预处理、图像特征处理算法和机器学习、深度学习算法。其中,图像预处理又可以细分为图像梯度算法、角点检测算法、边缘检测算法、直线检测算法。图像特征处理有尺度不变特征变换、加速稳健特征、直方图和特征匹配。机器学习和深度学习方法则包含最近邻、支持向量机、随机森林、贝叶斯、卷积神经网络和循环神经网络等基本算法及各种算法变种。

三、多模态融合技术

智慧零售中多模态融合技术,是指同时利用文本、语音、图像、视频等多源异构数据,通过语音识别、自然语言处理、计算机视觉等技术手段实现不同数据模式之间的理解和协同,使系统能够全面感知环境、解析用户意图、做出正确决策,实现更人性化的用户交互、更智能化的服务推荐和更精细化的运营管理。

多模态融合技术的早期应用之一是 20 世纪 50 年代提出的视听语音识别。2000 年左右,互联网的兴起促进了跨模态检索应用的发展。早期,人们使用文本(关键词)来搜索图片、视频,近年来出现以图搜图、以图片搜视频等。接着,基于多模态数据的人类社交行为理解被提出。2015 年后,联合视觉与语言的任务大量出现并逐渐成为热点。多模态融合技术的代表性任务是应用语言描述图像,即生成一句话对一幅图的主要内容进行描述。多模态融合技术可以在智慧零售中的直播场景中,通过丰富的信息和多样化的模态,让用户快速认知商品,激发兴趣。例如,打造以虚拟人为主的智能直播间和真人直播的智能助理。图 14-3 给出了一个多模态融合的计算示例,它应用多种深度网络处理文本、语音、图像的混合输入,将结果拼接后输出。

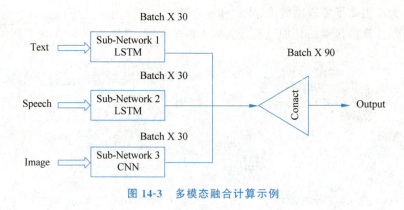

图 14-3　多模态融合计算示例

第四节　智慧零售的应用案例

从 1.0 到 4.0，中国零售业经历了从线下实体店到移动互联网再到智慧零售的发展蜕变，时代的变迁带来线上线下融合的新业态。企业必须紧跟时代发展，适应智慧零售的新模式，只有在传统与变革中找到平衡，才能在复杂多变的市场中占据主动。盒马鲜生借助大数据、人工智能、无人技术、AR 技术等在选品、仓配、门店、支付等全链路进行技术创新与运用，实现了从数据驱动的智能决策到无人便利购物的零售场景变革，成为智慧零售的典范，让消费者享受智能、便捷、优质的全新购物体验。

一、构建了以消费者为核心的精准运营体系

盒马鲜生依托阿里强大的大数据技术实力，通过消费者社交数据、交易数据等多源异构数据的分析挖掘，精准洞察目标用户的消费习惯、商业偏好和消费能力，实现了对不同用户群体的细分，并基于这些用户洞察，采用个性化推荐算法，构建符合不同用户需求的精准服务，包括商品个性化推荐、营销优惠的差异化、App 内容的自定义等，真正实现了以消费者为中心的零售服务。

盒马鲜生构建精准运营体系的关键是洞察和理解消费者，形成精细化的用户画像。具体来看，盒马鲜生主要从以下几个方面进行技术驱动。

（1）丰富的数据源。盒马鲜生可以收集自有业务系统中的用户注册信息、交易数据、用户评价等数据。同时，依托阿里系统，盒马鲜生可以连接更多的外部数据，如社交平台数据，实现多源异构数据的互联互通。

（2）大数据分析技术。借助阿里在大数据挖掘方面的技术积累，盒马鲜生可以采用各种算法工具对数据进行挖掘分析，包括用户购买频次和时间序列分析、关联规则学习用户习惯联系、文本分析等。

（3）精准用户画像。根据用户行为数据、交易数据、社交数据等多个维度，盒马鲜生可以为每个用户构建详细的标签画像。这些标签可以反映目标人群的年龄、职业、消费能力、生活方式、价值观等多个方面，形成细分到每个用户的精细化用户画像。

（4）个性化算法应用。根据不同用户标签，盒马鲜生可以进行用户群体划分，采用个性化推荐算法对不同用户群体进行定制化输出，形成一对一的个性化服务体系。这包括商品推荐、搜索结果定制、营销优惠的差异化等。

（5）闭环式运营。依托洞察用户行为，盒马鲜生还可以建立闭环式的运营体系，持续评估服务效果，且不断迭代更新算法模型，以提升推荐和用户满意度，实现全链路的精准化。

通过技术手段深入理解用户，盒马鲜生构建了高度智能化、个性化的精准运营体系，让消费者获得真正个性化的购物服务体验。这也使其成为智慧零售的引领者。

二、实现了智能化的购物场景

盒马无人店实现了全天 24 小时开放，消费者可以随时进入购物，无须排队结账，整个购物过程极大地提升了购物的便利性。无人店内部使用计算机视觉、传感器等技术监控商品状态，保障商品质量；智能车辆实现自动化的商品配送；无人仓储技术实现商品的自动化分拣上架，进一步提升了运营效率。这些智能化的技术为消费者提供了高效、优质的购物体验。

盒马鲜生在购物场景上的智能化探索，使其成为智慧零售的典范。具体来看，主要体现在以下几点。

（1）无人店场景。盒马无人店最大的特点是 24 小时开放，顾客入店完全自助购物。无人店运用计算机视觉技术实现智能监控、智能补货，使商品供应及时；同时使用 RFID、视觉感知等技术监控商品状态，保证商品质量，一旦发现问题，就可以快速下架处理。这为顾客提供了极大便利。

（2）智能支付。盒马提供扫码、刷脸等非接触式支付，顾客完全自助，无须排队，就可以快速完成支付。整个购物流程零等待，大幅提升了效率。

（3）智能选品。盒马借助深度学习等技术，可以自动识别商品，判断商品质量，配合机器人技术实现无人化的自动选品上架。

（4）智能仓配。盒马构建高度自动化的仓配系统，借助视觉技术、自动搬运机器人、自动分拣系统实现商品入库和出库的全自动化操作，降低成本，提升效率。

（5）智能配送。无人配送车辆可以配合订单进行自动配送，规划最优路线，并可以通过实时感知技术避开障碍，大大提高了配送效率。

从智能店铺到智能仓配再到无人配送，盒马鲜生在零售全流程中广泛应用智能技术，积极构建无人化、智慧化的新型购物场景，这为消费者带来了更便捷高效的购物体验，也减轻了企业的人力成本压力，使其成为智慧零售的典范。

三、促进了线上线下的无缝融合

盒马鲜生在推进数字化转型过程中，充分利用移动互联网技术，构建应用平台，实现了线上线下的无缝连接。顾客可以通过移动 App 享受查看周边门店、进行商品查找、在线下单购买、到店自提、使用刷脸支付等创新服务。平台打通了线上线下的用户系统、商品信息、营销活动、订单体系、支付方式等，实现了数据和服务的一致性，让顾客在线上线下获得统一的会员权益和购物体验。盒马鲜生借助移动应用平台，成功连接线上线下资源，成为零售数字化转型的引领者。

盒马鲜生通过大数据分析、无人技术、新零售技术在品牌理念、运营模式、购物场景各个方面推动数字化转型,实现了以消费者为核心的智慧零售,成为行业的典范。

第五节 智慧零售的发展趋势与挑战

一、智慧零售的发展趋势

当前,中国零售业经历了三次重大变革,它们分别是实体零售、虚拟零售、虚实融合的智慧零售。智慧零售的发展趋势表现在三个方面:一是要拥抱新一代信息技术,创新零售业态,变革流通渠道;二是要从B2C转向C2B,实现用户需求牵引零售业发展;三是要运用社交化客服,实现个性化服务和精准营销。

移动支付在多场景、多维度下得到广泛应用。移动支付依托5G等新一代通信技术,实现了超高速网络,使支付交易在瞬间即可完成,远超传统方式的效率。同时,面部识别、指纹识别等生物特征技术为移动支付增添了安全保障,实现了非接触式支付的便捷性和安全性。移动支付逐渐取代传统的现金和银行卡,成为主流支付方式,简化了支付流程,提高了购物体验。然而,移动支付也存在一些风险,如技术或网络故障可能导致支付中断,个人账户和隐私数据更容易被盗,因此需要技术创新和法规监管来促进其健康发展。

无人零售商店依托各种先进技术实现了全自动化运营,不再需要销售人员值守,降低了人力成本。在无人商店内,商品货架配备传感器,计算机视觉系统可以识别顾客拿取的商品,RFID技术实现自动扫码结账。无人商店后台运用大数据和深度学习分析顾客购买数据,从而进行精准的商品推荐和智能补货。无人商店提供全天候自助式购物,提升了购物便利性。然而,无人商店也面临一些挑战,包括建设成本增加;缺乏销售人员,无法为顾客提供专业建议;设备故障可能导致服务中断等问题。虽然无人零售能够实现更高效的购物模式,但在短时间内仍需不断优化技术手段,解决问题,才能赢得广泛认可。

精准个性化推荐技术通过挖掘用户的深度需求,实现真正智能化的个性化商品推荐。系统收集和分析用户的基本信息、浏览点击行为、社交内容及购物交易记录,全面了解用户的人口属性、喜好、行为特征;利用大数据处理技术对用户数据进行汇总、建模,实现用户标签化。精准个性化推荐技术运用深度学习算法计算商品与不同用户画像的匹配度,根据匹配度向不同用户推荐不同的商品。这种个性化推荐方式提高了购物的精准性和效率,帮助用户发现真正符合自身喜好的商品,同时也帮助商户更精确地推荐商品给潜在目标用户。

全程无接触购物与自动补货技术使未来的购物更为便利与智能。在无接触购物过程中,自动驾驶技术和无人机帮助实现无人参与的自动化配送,用户无须人工接触,避免传染病扩散风险。商店则可利用物联网传感器技术实时监控商品库存,一旦检测到某物品即将缺货,系统将自动提醒后台,发出补货指令,后台可立即下单采购补充商品,并通过自动化系统传送至相应货架,无须人工介入监控和补货。这两项智慧零售技术共同提升购物效率,解决了顾客的"最后一公里"问题,优化了商家的库存管理。实现此智能商业模式还需不断优化支撑技术,如自动驾驶、机器人技术、仓储自动化系统等。

元宇宙虚拟商场通过 AR、VR 等沉浸式设备，打造虚拟而逼真的购物环境和高度社交的空间，为用户带来新的购物体验。虚拟商场依托 5G、边缘计算等先进技术构建，用户通过 AR 或 VR 头盔进入虚拟空间，看到精细的三维虚拟商场，并与虚拟角色高度交互。虚拟商场为传统购物带来全新的可能性，但也面临多重技术挑战，如虚拟人模型生成、实时渲染大量图形场景、支持多人互动的系统架构等。数据安全和用户隐私也需要重点考虑。虚拟商场为核心技术带来突破，但在完全构建沉浸式的虚拟商场方面仍需不断努力。

综合而言，中国零售业正处于智慧零售的变革中，各种技术创新将为购物体验和商业模式带来深刻的变化。在这一过程中，零售业需要不断解决技术、安全和隐私等方面的挑战，促使智能零售更好地服务于消费者和商家。

二、智慧零售面临的挑战

2018 年，格雷格·波尔特尔、艾比·克拉尼基、贺晓青在《哈佛商业评论》的零售业数字化专刊上发表了"无摩擦商业时代，零售业如何加强个性化服务？"一文。在无摩擦商业中，零售主体如何打造新的竞争力？首先，企业应该把注意力从渠道策略转向以消费者为中心的销售模式。数字连接似乎让各个销售渠道变得难以分辨。因此，与其耗费资源去了解渠道模式，倒不如把更多的资源投入消费者洞察，包括内部组织资源的投入，数据获取渠道资源的投入，分析数据获得消费者洞察方面资源的投入等。其次，重新定义目标市场。如今，价值观在消费群细分模型中扮演越来越重要的角色。人口统计数据将逐渐被"性格统计数据"所取代。也就是说，未来的消费者决策模型将以定义明确的消费者群体作为根据，而各个群体的个体消费者的需要，则要用心理学、人类学和社会学统计数据进行识别。为了转变细分模型，公司必须先了解个人消费者消费行为的变化，然后利用先进的技术来捕捉新兴群组的共同需求和偏好。最后，成本是个性化产品和服务的最大挑战，而"规模化生产的个性化产品或服务"则是应对挑战的解决方案。数据是通向个性化消费的必然之路。但拥有大量消费者数据并不值得自满，具备更高级、更快速的分析能力和反应速度才是关键所在。同时，同伴影响力是一股正在增长的力量。消费者在哪里花钱、被什么品牌吸引，都是由它决定的。传统观念上的消费者权利来自财富，但如今它却更多来自消费者社群。这些社群由兴趣相同的人组成，而其人口结构也是由社群自己选出来的。

凭借电商和移动支付的快速发展及 BATJ 等互联网大平台的积极推动，中国已经在相当程度上迈出了无摩擦商业的重要一步。在线购买比例在国际高居前列，消费者持续在线时间份额超过 50% 等。相比其他国家，中国消费者对社交媒体中所出现的品牌植入、品牌广告接受程度极高。其中，年轻一代消费者对此类营销信息态度较上一代更为开放、正面。研究表明，互联网原住民（1995 年后出生的网民）和千禧一代（1982—2000 年出生的网民）在生活中的很多方面是可以追踪的，他们也更愿意分享自己的数据，但前提是能通过数据提升自己或获取增值服务。其中，中国消费者的数据分享意愿最高。值得注意的是，针对中国市场的调研表明，中国年轻一代消费者对本土知名品牌的喜爱度正逐渐超过国际品牌。互联网原住民中的 71% 对本土知名品牌的信任度上升，57% 对国际大品牌信任度上升。这是本土品牌崛起的重要信号。对于中国企业而言，获取年轻一代消费者的喜爱正是最好的时机。

本章小结

智慧零售通过深度数字化赋能，正在重构传统零售业，推动其实现由传统商店向智能化购物场景的转变。零售业正进入一个崭新的智能互联时代。具体来看，智慧零售依托大数据、云计算、物联网、人工智能等核心技术，将线上线下的消费者数据、商品信息、订单流程、支付结算等打通、统一，实现零售数据的集中管理与智能化处理，为消费者提供统一且个性化的服务。各类感知设备、无人技术、自动售货机等广泛应用于零售场景，取代人工操作，极大地提高了效率。消费者可以享受到更便捷的选购、更畅通的支付、更实时的配送服务。VR、AR等沉浸式技术也在不断丰富线上线下的购物体验。移动互联网将所有环节无缝连接。智慧零售不仅提升了零售效率，更通过数字化创新重塑了传统商业，正在引领零售业进入一个全新的智能互联时代。

复习思考题

1. 零售业有哪些发展趋势？
2. 什么是智慧零售？
3. 智慧零售有哪些特征？
4. 智慧零售有哪些关键技术？
5. 智慧零售有哪些发展趋势与挑战？

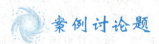

苏宁易购的智慧零售战略

苏宁易购是中国领先的家电零售商，目前已经发展成为一个拥有多个业务板块的大型零售企业。苏宁易购采用大数据、人工智能等数字化技术。例如，它通过分析顾客的购物数据和行为，为顾客提供个性化的推荐和服务。苏宁易购还建立了智能物流体系，通过自有物流和合作物流的协同运作，提高了物流效率和顾客的满意度。苏宁易购的智慧零售战略改变了传统零售业，为消费者提供更加便捷、快速的购物体验，同时也推动了整个行业的数字化转型。

讨论题：分析苏宁易购的智慧零售战略，包括其采用的技术和数据分析手段，以及其对消费者和零售业的影响。

资料来源：经济观察报.家电增速超行业 苏宁易购如何"逆周期"生长？[EB/OL].(2024-02-02).https://baijiahao.baidu.com/s?id=17897689462669979673&wfr=spider&for=pc.

参考文献

[1] 廖夏,石贵成,徐光磊.智慧零售视域下实体零售业的转型演进与阶段性路径[J].商业经济研究,2019(5):28-30.
[2] 刘阳阳.新零售背景下我国智慧物流的特征、问题及发展路径[J].商业经济研究,2019(17):14-16.
[3] 闪茜,赵红梅,欧阳喜玉.共享经济视角下零售业营销创新路径研究[J].商业经济研究,2021(11):70-72.
[4] 张小英.供给侧结构性改革下推动实体零售创新发展的路径分析[J].商业经济研究,2019(2):5-8.
[5] 杨永芳,张艳,李胜.新零售背景下实体零售数字化转型及业态创新路径研究[J].商业经济研究,2020(17):33-36.
[6] 王福,刘俊华,长青.场景如何基于"人货场"主导逻辑演变赋能新零售商业模式创新?——伊利集团案例研究[J].管理评论,2023,35(9):337-352.
[7] 程晓栋.基于消费者期望的5G赋能智慧零售新架构[J].商业经济研究,2021(19):48-50.
[8] 赖红波.数字技术赋能与"新零售"的创新机理——以阿里犀牛和拼多多为例[J].中国流通经济,2020,34(12):11-19.
[9] 翟金芝.基于大数据的网络用户消费行为分析[J].商业经济研究,2020(24):46-49.
[10] 袁之淇,易树平,王钰涵,等.基于用户行为分析的企业ERP操作可视化及应用[J].工业工程与管理,2022,27(3):127-138.
[11] 伍麟,郝鸿宇,宋友.基于计算机视觉的工业金属表面缺陷检测综述[J].自动化学报,2024,50(7):1261-1283.
[12] 李键,李华,胡翔坤,等.基于深度学习的表面缺陷检测技术研究进展[J].计算机集成制造系统,2024,30(3):774-790.
[13] 张壮,冯小年,钱铁云.基于多模态融合技术的用户画像方法[J].北京大学学报(自然科学版),2020,56(1):105-111.
[14] 尹瑶,叶敬忠.新零售驱动消费革命的实现逻辑——基于盒马鲜生平台的数字化实践[J].农业经济问题,2024(6):45-57.
[15] 匡祥琳.数字经济视域下流通业智慧化转型的创新路径[J].商业经济研究,2022(12):37-39.
[16] 杨勇,窦尔翔,蔡文青.元宇宙电子商务的运行机理、风险与治理[J].电子政务,2022(7):16-29.

第十五章 智慧物流

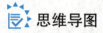思维导图

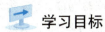 **学习目标**

学习层次	学习目标
了解	1. 智慧物流的信息技术 2. 智慧物流的发展趋势
掌握	1. 智慧物流的概念 2. 智慧物流的核心功能 3. 智慧物流的体系层次 4. 智慧物流的实施条件 5. 智慧物流的系统结构

2009年,美国提出"智慧的地球"这一国家战略,将新一代IT技术在各行业领域的应用作为IT产业的重要阶段性任务,认为应将传感器件嵌入铁路、电网、隧道、桥梁、公路、建筑、油气管道、大坝及供水系统等各种现实世界的物体中,并连接形成"物联网",再将其与互联网进行整合,实现物理系统与人类社会的无缝对接。在这张整合的大网中,通过计算能力超级强大的中心机群实现对网内的各种物理实体(包括人)的管理与控制,从而使人可以精细化、动态化地对生产和生活进行实时智慧管控,提高生产效率及资源利用水平,实现人与自然和谐发展。本章将介绍智慧物流的概念、智慧物流技术、智慧物流系统结构及智慧物流的发展趋势。

第一节 智慧物流概述

一、智慧物流的概念

继美国提出"智慧的地球"后,2009年8月,我国提出"感知中国",随后,物联网在《政府工作报告》中被正式列为国家五大新兴战略性产业之一。考虑到物流业是较早应用物联网技术推动实现物流作业自动化、智能化的行业,中国物流技术协会信息中心、华夏物联网、《物流技术与应用》编辑部等率先于2009年提出了"智慧物流"(intelligent logistics system,ILS)的概念。

智慧物流作为现代物流发展的新型物流业态,自概念提出以来,受到了专家和学者的高度关注,在技术与市场因素的驱动下,智慧物流还将不断演化,进入新的发展阶段。

智慧物流在自动感知、智能计算、自主决策、网络通信、安全透明、高效协同等关键技术体系的支撑下,呈现互联互通、数据驱动、深度协同、高效执行及自主决策、学习提升等主要特征,释放出智慧物流的数据价值、连接价值和协同价值。尽管智慧物流在发展过程中仍存在不少瓶颈,但发展态势良好,未来将通过技术与模式的创新,提升其服务水平;通过多链内外联动,促进物流线上和线下的双网高效融合;通过多主体协同,推动智慧物流生态圈共生协调。

总体而言,智慧物流仍处于起步阶段,学术界与工业界在智慧物流的内涵、体系架构、实施框架等方面尚未达成共识。本章在总结相关学者关于智慧物流概念阐述的基础上,采用如下的定义:"智慧物流"是一种以信息技术为支撑,在物流的运输、包装、装卸搬运、仓储、流通加工、配送及信息服务等各功能环节实现系统感知、全面分析、实时处理及自我调整功能，实现物流规整智慧、发现智慧、创新智慧和系统智慧的现代综合性物流系统。其依托"互联网＋"，以物联网、云计算、大数据分析、人工智能、5G通信、区块链等新兴核心技术，实现物流系统的自动感知与识别、实时跟踪与溯源，以及可智能优化与决策。智慧物流的内涵包含概念内涵、主要特征、基本功能三个方面，如图15-1所示。

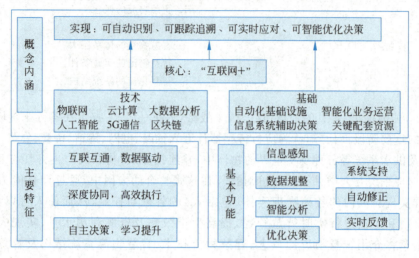

图15-1 智慧物流的内涵

二、智慧物流的核心功能

（一）自动感知功能

运用各种先进信息技术获取运输、包装、装卸搬运、仓储、流通加工、配送，以及信息服务等各功能环节的海量信息，实现数据的实时收集，使系统相关方能精准掌握货物、车辆和仓库等信息，初步实现感知智慧。

（二）规整功能

把自动感知获取的各种信息通过网络传送到数据中心，构建大数据库，利用大数据分析处理技术实现数据的关联、开放和共享，实施跨网络的系统整合与数据融合，实现系统的规整智慧。

（三）智能分析功能

智能分析是智慧物流的主要体现，利用在系统运行过程中积累的海量数据及人工智能技术手段，发现物流系统各环节的运作规律与潜在模式，随时发现并改进系统的薄弱环节，实现系统的发现智慧。

（四）优化决策功能

根据系统运行过程的不同场景，从物流成本、作业时间、服务质量、绿色水平等多个侧面，对系统进行预测分析与风险评估，通过协同优化，提供科学决策方案，实现系统的创新智慧。

（五）系统支持功能

智慧物流系统内的各个环节并非相互独立，而是相互关联、开放共享，从系统全局实施资源的优化配置，为各环节的协调、协作与协同提供强大支持。

（六）自动修正功能

在前述各功能的支持下，系统可以自动发现问题，并通过大数据、人工智能等技术手段实施自动修正，保证系统自动按照最优模式运行。

（七）实时反馈功能

实时性是智慧物流的显著特性，实时反馈也是系统修正功能的必要条件，借助自动感知及智能分析等其他功能，实时反馈贯穿智慧物流系统运作的全过程、全环节，是了解系统实时运行情况、及时处理系统问题的重要保障。

三、智慧物流的体系层次

按照智慧物流体系服务的对象和服务的范围来划分，智慧物流可以分为企业级智慧物流、行业或区域级智慧物流、国家级智慧物流三个层次。

（一）企业级智慧物流

企业级智慧物流主要负责各种信息技术在物流企业的推广应用，具体表现为：推广应用各种传感感知技术、设备，实现仓储、运输、装卸、搬运、包装、配送的各环节的智慧化，进而实现智慧供应链，培育一批物流信息化水平高、带动效应强的智慧物流应用示范企业。

（二）行业或区域级智慧物流

行业或区域级智慧物流主要包括区域智慧物流中心、智慧物流行业，以及预警和协调机制建设三个方面。

1. 区域智慧物流中心

建设区域智慧物流中心的关键是构建区域物流信息化平台，这是区域物流活动的中枢，用于连接物流系统的各相关方，将传统上相互分离的商流、物流与信息流和采购、仓储、运输、代理、配送等诸多物流环节紧密关联，形成完整供应链。此外，还要建设智慧物流园区，充分利用信息化平台、供应链管理、电子商务等优势，实现商流、资金流、信息流的安全快捷、准确高效流动，为政府的行业监管、市场监管等多部门的协同工作提供支撑。

2. 智慧物流行业

以快递行业为例，加强先进技术的开发与推广应用，如自动报单、自动跟踪、自动分拣等系统；加大信息主干网、PC 机与移动互联设备的数据交换系统的建设力度等。

3. 预警和协调机制

在对系统运行大数据的智能化分析、挖掘的基础上，加强监测，及时发现相关问题，有针对性地建立预警和协调机制。

（三）国家级智慧物流

国家级智慧物流包括打造一体化的现代物流支持平台，以制度协调，保障规划同网、交通同制、铁路同轨、乘车同卡，通过物流的一体化平台实现资源互补及需求放大的效应，推动整个社会经济的快速增长；构建一体化的运输服务网络，基本建成以国家通道网、区域物流网及城市配送网为主体的快速公路运输网络，"客货并举、以货为主"的航空运输网络，"水陆配套、多式联运"的港口集疏运网络，"干支直达、通江达海"的内河货运网络；并重点建设若干关键的智慧物流节点，更多地发挥其信息中枢与指挥调度的作用。

四、智慧物流的实施条件

（一）硬件条件

信息网络是智慧物流系统的硬件条件。系统中各种数据的采集、信息传输与共享都离不开一个强大的信息网络。

（二）技术条件

大数据挖掘和人工智能等是实现智慧物流的技术条件。对海量数据进行筛选规整、分析处理，利用挖掘到的有价值的信息，结合人的智慧，为系统的智慧决策提供支撑，并进一步自动生成可供决策者参考的解决方案。

（三）软实力条件

良好的物流管理与运作水平是智慧物流系统的软实力条件。智慧物流系统如果没有良好的物流管理与运作为基础，就可能不会对业绩改善有所帮助，甚至会适得其反。只有将良好的运作管理与智慧物流系统相结合，才能充分发挥系统的协调、协作与协同作用，实现系统智慧。

（四）智力条件

专业的 IT 人才与物流人才是智慧物流的智力条件。物流行业属于专业、技术密集型行业，没有专业的人才队伍，诸如大数据分析处理、智能算法开发等技术活动及相应的推广应用都将难以开展。

（五）认知条件

从传统物流观念向现代物流观念的转换是实施智慧物流的认知条件。智慧物流系统的运作必须建立在综合物流观的基础之上，否则，智慧物流系统难免落入局部智能的窘境，难以发挥系统智慧的功效。

（六）基本途径

物流技术、人工智能技术及相关技术的有机结合是实施智慧物流的基本途径。这些技术主要包括：传感感知技术、条形码技术、RFID、EDI、大数据技术、云计算技术、区块链技术、人工智能技术、物联网技术等，只有综合应用这些技术，才能实现集感知、规整、发现、创新及系统智慧于一体的智慧物流系统。

第二节　智慧物流的信息技术

信息化、数字化 网络化、集成化、智能化、柔性化、敏捷化、可视化、自动化等是智慧物流系统具备的技术特征,最新的编码、定位、云计算、无线传感网络等高新技术在物流全过程的广泛应用产生了海量数据,充分挖掘蕴含在这些大数据背后的有用信息,并用以提高物流效率,是实施智慧物流大数据战略的意义所在。

按照物流大数据的处理流程,大数据背景下智慧物流信息技术主要包括信息捕捉技术、信息推送技术、信息处理技术、信息分析技术及信息预测技术五个方面。

一、信息捕捉技术

传统的智慧物流信息捕捉主要采用条形码、RFID、GPS、GIS 技术等,进行基于供应链视角的信息采集。在大数据背景下,现代智慧物流信息捕捉技术除使用传统的信息采集技术之外,还基于物品商品类型、物流业务角度,针对更广域的超大体量数据环境,如企业的营销数据、Web 搜索数据等,捕捉智慧物流系统中的商品需求分布、数量分布、来源等海量信息。

二、信息推送技术

智能物流系统通过采用移动通信网络、互联网、无线传感器网络等为信息推送提供基础硬件保障,在大数据背景下,通过数字传感技术将现实世界的"物"转化为网络世界的信息和数据,并通过无线或有线通信网络将其传输至智慧物流系统应用平台,再通过信息传输技术将平台产生的有价值的信息反馈给"人"加以处理和应用,实现信息在人与物、物与物之间的精准流动,完成物流系统运作过程中人与系统的复杂交互。

(一) 基于供应链的智慧物流信息推送

基于供应链的智慧物流信息推送,即通过对物流信息的实时掌控与推送,实现供应链业务的高效、快捷。其中,基于拉式生产的准时制(JIT)技术与理念被应用于智慧物流中,可从原材料采购、产品生产和销售各个环节,避免供应链供应缺乏或供应过剩、生产与运输之间的不协调、库存居高不下等弊端。

(二) 基于商品的智慧物流信息推送

在互联网经济下,为了实现"以客户为中心"的要求,在准确分析供需关系和商品流量流向的条件下,力求发布的内容符合个性化需求,即为特定用户推送与其消费心理、消费习惯相符的商品信息。基于商品的智慧物流信息推送即根据特定消费者的消费倾向与购物习惯等,为其提供合适的商品信息的过程。

三、信息处理技术

智慧物流的信息处理技术通过建立智慧物流数据仓库,构建物流云计算平台,并对物流信息进行实时处理,包括对信息的存储、计算以及实时流处理等,保证智慧物流系统数据的完备性。

(一)智慧物流的数据仓库

数据仓库技术主要对数据进行集成化收集和处理,不断地对信息系统中的数据进行整理,为决策者提供决策支持。数据仓库技术主要解决数据的组织和存储、数据的提取、数据的集成及数据的性能优化等问题。大数据背景下的数据仓库技术主要包括 Hive、Hadoop DB、Hadapt 等。

(二)智慧物流的云计算平台

在基于云计算的智慧物流模式下,用户数据被保存于互联网的数据中心,依托互联网的大规模服务器集群运行应用程序,云计算智慧物流管理平台如图 15-2 所示。云计算的服务提供商进行数据的管理和维护,保证数据的正常传输,智能物流管理平台可以为用户提供足够的存储空间与计算能力,可以对接入云端并实现互联互通的全社会物流数据资源实施统一调配,用户可通过移动互联设备、计算机等终端设备使用数据和服务,享受高性能的计算和应用服务。云计算下的智慧物流管理平台能够降低企业的平台投资和使用费用,降低企业实施智能物流管理信息的门槛,有利于提升企业的竞争力。

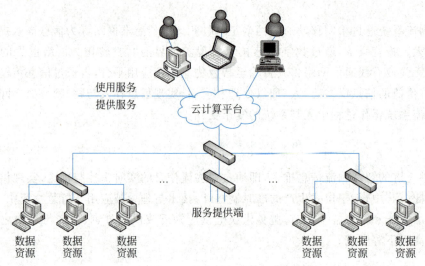

图 15-2 云计算智慧物流管理平台

(三)智慧物流信息的实时处理

在智慧物流信息化时代,大数据实时流处理(real-time stream processing)可以借助 Hadoop 平台,Flume、Kafka 等开源技术,实现数据的实时存储、计算与分析等,挖掘数据资源的价值,并为与其他在线系统实施数据对接提供基础。

四、信息分析技术

智慧物流的信息分析技术通过对物流大数据实施聚类分析、关联分析等,可以完成诸如商品关联分析、物流客户关系分析及物流市场信息的聚类分析等活动,为智慧物流的科学运营提供决策支持。

(一)客户关系挖掘

针对已有的客户与商品大数据,应用数据挖掘、机器学习技术发现其关联与内在规律,进而为物流企业的发展提供决策支持,是大数据背景下智慧物流的主要目标。面对海量的客户信息,物流提供商在设法留住老客户的同时,还要尽可能挖掘潜在的新客户,拥有处理海量数据能力及自我学习能力的数据挖掘技术与物流信息系统相结合,能够为物流企业提供强有力的支持。

(二)商品关联分析

在大数据环境下,充分利用大数据分析处理技术对巨量货品信息进行关联分析,进而合理安排储位,能够有效提高分拣效率,同时有助于企业制定营销策略。

(三)市场信息聚类分析

一般而言,产品销量的变化随着时间的推移呈现四阶段模式,即导入期、增长期、成熟期与衰退期。不同阶段,产品的生产要求及实物分拨策略也不尽相同。在大数据环境下,针对庞大且瞬息万变的物流市场,利用大数据技术对物流市场数据的分析处理结果,能够为物流企业规避风险、科学决策提供帮助。

五、信息预测技术

利用完备的数据资源和先进的运营理念,借助大数据信息预测相关技术,可以为物流系统的预测性运输、仓储预测与动态管理及配送路线优化等,提供决策支持。

(一)业务管理预测

在大数据背景下,智慧物流业务管理预测以实现物流各个环节业务预测的信息化、数字化、可视化、智能化为目的,涵盖物流配送业务、运输业务、仓储业务等方面,实现物流配送路线优化、预测性运输和仓储的动态管理。

(二)供应链预测

在大数据背景下,智慧物流供应链从产品设计、原料采购、产品生产、订单管理、产品销售到协同的各个环节,都能够运用大数据预测技术进行更为翔实的动态掌控。涉及各个物流环节的供应链预测技术很多,如利用SAS分析平台的需求预测技术、供应链计划预测技术、供应链风险预警技术等。

（三）商务预测

在大数据背景下,通过智慧物流商务预测技术,对商品货物的品类、流量流向、供需平衡等进行预测,可以帮助调整商品的营销策略,实现货品流量流向的前瞻性,合理构建物流网络,实现对供需市场的快速响应。

第三节 智慧物流的系统结构

依据传统物流系统动态要素的构成,智慧物流系统可以分解为智慧物流信息系统、智慧运输系统、智慧配送系统、智慧仓储系统、智慧流通加工系统、智慧包装系统及智慧装卸搬运系统七个子系统。七个子系统相互关联、相互交融,协同实现采购、入库、出库、调拨、装配、运输等环节的精确管理,完成各作业环节间的完美衔接。

一、智慧物流信息系统

智慧物流信息系统的构成如图 15-3 所示,智慧物流信息系统依靠 RFID 技术、条码技术等获得产业信息及物流各作业环节的信息(信息采集),通过计算网络完成信息传输及发布(信息传递),运用专家系统、人工智能等处理信息并给出最佳实施方案。同时,智慧物流信息系统利用产品追踪子系统还可以对产品从生产到消费的全过程进行监控,从源头开始对供应链各个节点的信息进行控制,为供应链各环节信息的溯源提供服务。

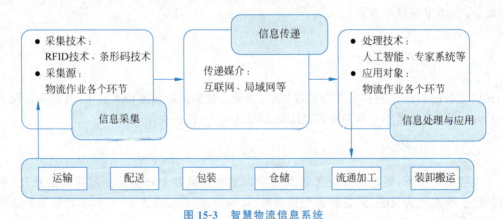

图 15-3 智慧物流信息系统

二、智慧运输系统

智慧物流系统的运输服务功能是在现代综合运输体系的基础上实现的,智慧交通技术是完成运输服务的主要手段。智慧运输子系统的目标是降低货物运输成本,缩短货物送达时间。其核心是集成各种运输方式,应用移动通信技术、GPS、车辆识别技术及物联网等高新技术,建立一个高效运输系统。

智慧运输系统按功能要求可划分为以下几个模块：先进的交通信息服务子系统、先进的交通管理子系统、先进的公共交通子系统、先进的车辆控制子系统、货运管理子系统、电子收费子系统和紧急救援管理子系统等。智慧运输系统通过在运输工具或运输货物上加装自动追踪识别装置，实时采集车辆的位置信息及货物的状态信息，从而可以实时为客户提供货物的位置信息及车辆的预计到达时间等信息，为指定物流中心的配送计划及仓库的存货战略提供科学依据。智慧运输系统运行示意图如图 15-4 所示。

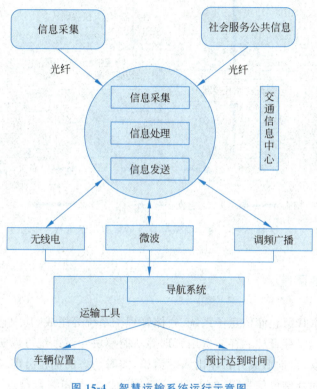

图 15-4　智慧运输系统运行示意图

三、智慧配送系统

智慧配送系统包括配送信息处理子系统、智能配载及送货路径规划子系统、配送车辆智能追踪子系统、智慧客户管理子系统。配送信息处理子系统将取货信息、送货信息及配送信息等进行收集整理，并分发给智能配载及路径规划子系统；智能配载及送货路径规划子系统根据运送货物的位置分布信息，应用地理编码和路径规划技术，为每台配送车辆规划出最佳的行驶路线，并按照该路线来规划车辆的货物配载；配送车辆智能追踪子系统通过 GPRS 系统将车辆的移动信息录入信息系统，并与地面信息系统集成，及时收集路面信息与行驶信息，并根据路况实时优化车辆的行驶路线；本着"以顾客为中心"的原则，智慧客户管理子系统负责收集客户信息及其配送信息，通过智能化关联分析，为后续作业流程的改进、顾客满意度的提高和系统的优化提供帮助。图 15-5 为电子商务环境下的智慧配送流程。

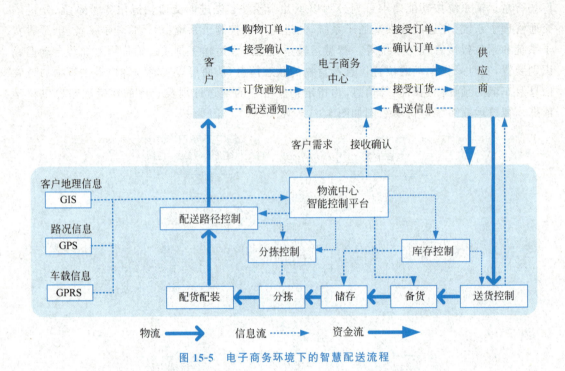

图 15-5 电子商务环境下的智慧配送流程

四、智慧仓储系统

智慧仓储系统由智慧仓储信息子系统、仓储管理子系统等组成,其中仓储管理子系统包括进货管理、出货管理、库存管理和存储费用管理等功能模块。该系统可以实现产品信息及仓储信息的自动精准获取,自动形成并打印出入库清单,实时动态的储位分配,产品库存信息(包括数量、位置、在库时间及储位信息等)的查询,库存的随机盘点和综合盘点,各类库存信息的汇总与统计,各类统计报表的打印输出等。

五、智慧流通加工系统

规模经济效益决定了企业趋向于"商品少、大批量、专业化"的大生产模式,而与消费者的个性化需求产生隔阂,流通加工正是弥补这种隔阂的有效手段。流通加工是在物品离开生产领域向消费领域流动的过程中,为了促进产品销售、维护产品质量和实现高效流通,而对物品进行的加工处理。流通加工的主要内容包括装袋、分装、计量、贴标签、刷标记、拴牌子等。

这种在流通过程中对商品进一步的辅助性加工,可以给批量化生产的同一产品装饰不同的包装,还可以根据市场特征对产品进行组装(如为打印机组装符合不同电压标准的变压器),满足用户的个性化需求,更好地衔接生产与需求环节,使流通过程更加顺畅、高效,是物流活动的一项增值服务。

智慧流通加工系统利用物联网技术和设备监控技术加强对加工过程的信息管理和服务创新,及时、正确地采集生产线数据,实时掌握加工状态,提高加工过程的可控性,减少生产线的人工干预,并合理制订加工计划和进度。

六、智慧包装系统

智慧包装系统主要应用信息型智慧包装技术,通过在包装上加贴标签,如条形码、RFID标签等,一方面利用化学、微生物和动力学的方法,记录在仓储、运输、销售期间,商品因周围环境影响引起的质量改变,监控产品质量;另一方面可管理被包装物的生产信息和销售分布信息,提高产品的可追溯性。这样顾客能够掌握商品的使用性能及其流动过程,而生产商可以根据销售信息掌握市场动态,及时调整生产、库存策略,缩短整个供应链周期,节约成本。

七、智慧装卸搬运系统

智慧装卸搬运系统会将装卸货物、存储上架、拆垛补货、单件分拣、集成化物品等任务信息收集起来并传递到智能决策子系统,决策系统将任务分解成人员、物品需求计划,合理选择装卸搬运方式,科学配置装卸搬运机械设备,尽可能减少装卸搬运的次数,以节约物流费用,获得较好的经济效益。根据系统功能要求,该系统主要由输送机、智能穿梭车、控制系统、装卸搬运信息系统、通信系统及计算机监控系统等部分组成。

第四节 智慧物流的发展趋势

随着《中国智能制造 2025》全面推进,中国电子商务物流的高速发展,以及大数据、云计算、物联网、区块链、柔性自动化、超级自动化、人工智能等新技术的发展与集成应用,推动了智慧物流的诞生和高速发展。自 2009 年我国正式提出智慧物流概念以来,智慧物流已经过了十多年的发展,按照权威研究机构统计分析,到 2025 年我国智慧物流市场规模预计将突破万亿元。

人工智能技术、机器人技术、物联网技术、数字孪生技术、区块链技术等新型技术在物流业的集成创新应用,必将推动智慧物流的发展呈现如下新的趋势。

一、开放智能化

智慧物流是在万物互联的时代诞生的,智慧物流体系应该是互联互通和无缝连接的智能网络。但现实情况却恰恰相反,正是因为万物互联,而每一个物品实体,不管是商品还是机器设备,都有专属产权,分属不同企业或个人,都有自己的私密性和自己的标准,也因此必然带来信息孤岛、自动化孤岛和智能化孤岛。

封闭的智能化孤岛与智慧物流要求的万物互联大趋势完全背道而驰,智慧物流应该是全网互联互通、群体智能、柔性扩展、虚实一体、全面共享的智慧系统,因此智慧物流发展必然呼唤开放智能化,新时代物流发展必须解决智能化孤岛痛点,开放智能化新理念必将是大势所趋。

开放智能化是指体系开放的智能化网络,既包括内部开放,也包括外部开放。

(1) 内部开放是指一个物流系统内部硬件系统间的标准开放。例如,非移动智能硬件(模块)可以实现即插即用,实现分布式的即时组合与搭建;移动型智能硬件(如物流机器人),即使是不同的品牌与厂家,也可以实现自主接入、自动入网、实现即时的柔性扩展、管理调度与互操作。

(2) 外部开放是指智能网络体系对外开放,根据实际需求和经过授权,不同的智能化网络系统间可实现即时性的数据连通、软件共享和硬件互操作等功能,并能够确保每个独立智能网络平台的安全性和商业利益。

二、绿色智慧化

绿色智慧化是指物流系统既具备智慧化功能,又满足绿色低碳化的要求。在国家把绿色化发展作为国家战略的大背景下,在我国向全世界庄严承诺 2030 年实现碳达峰和 2060 年实现碳中和的大背景下,绿色智慧化也必将成为中国智慧物流的发展方向,是未来智慧物流系统的必然要求。

要实现绿色智慧化,需要大力推进智能物流装备绿色化、物流自动化系统绿色化、物流大脑系统绿色化、物流信息网络绿色化等;将涉及电机节能驱动系统技术、自动化系统能量回收与利用技术、物流全链路能源管理技术、无人仓节能降耗技术等。

(一) 智能装备绿色化

物流自动化系统是智慧物流的执行系统,也是实现绿色智慧化最重要的系统。物流自动化系统主要有自动化立体库、自动化智能分拣、穿梭车与密集货架、自动搬运与装卸等各类型智慧物流机器系统,在这些系统中需要大力推动节能电机的应用,推广智能化的电机驱动节能技术和系统集成的综合节能技术的应用。

(二) 物流大脑系统绿色化

物流大脑包括智能计算系统、数据存储系统、调度管理系统的绿色节能。智能计算涉及计算机系统绿色化技术;数据存储涉及存储机房节能降耗,调度管理系统节能方式形式多样,如最短路径、订单合成(减少订单配送次数)、共同配送等。

(三) 智能物流能源管理

智慧物流系统的能源主要是电力,对整个智慧物流系统加强能源管理,推进绿色办公、绿色仓储、绿色设备采购、绿色电池管理等技术至关重要。

三、全面无人化

全面无人化是指物流系统的各个环节均可以实现机器代人,推进无人化物流的发展。智慧物流系统在仓储作业、搬运作业、分拣作业、物流运输、上门配送等方面,都可以根据实际情况和现实需求,推进机器人代人、软件代人;尤其在物流客户服务、流程管理、作业调度、管理规划等方面,也可以发展软件机器人技术,如聘用数字员工取代管理人员。

四、面向物流的设计

智慧物流是物流互联化、全程数智化、作业自动化、产业链一体化的智能系统,在智慧物流时代,物流与产业链、供应链深度融合,成为产业经济的新基础设施。

智慧物流深度融入产业链与供应链,必然带来物流变革,产生新的物流理念。智慧物流从产品设计开始,贯穿原材料供应、生产制造、产品销售、仓储运输、物流配送,直至到消费者手中全部过程,对应着采购物流、线边物流、销售物流、商贸物流、电商物流、快递快运等流程,智慧物流已经可以打通全链条,实现全链路互联互通与智能化发展。

智慧物流从产品设计开始融入产业链与供应链,这个起点非常重要,它是物流起点,决定着全链路物流效率的提升,决定着全链路物流的组织调度和作业操作,也决定着全链路物流的成本。

面向物流的设计(design for logistics, DFL)是指让物品的物流起点前置,在进行产品设计时就考虑产品在制造、仓储、销售、配送等过程中对物流友好,提前考虑到让产品的规格尺寸与产品的包装便于运输、存储、配送、装卸、搬运、堆码和信息感知或数据采集,从而推动物流全链路成本降低,使产品更具竞争力。

五、物流元宇宙

元宇宙是通过数字化形态承载的与人类社会并行的平行宇宙,为了发展创造元宇宙,需要发展增强现实技术、虚拟现实技术、互联网技术、物联网技术、数字仿真技术、数字孪生技术、区块链技术、人工智能技术、数字机器人技术、数字货币技术等,并推进这些技术的集成应用与迭代创新,提升各类数字技术的成熟度。

尽管目前智慧物流距离物流元宇宙还有点远,但智慧物流发展为创造物流元宇宙打下了坚实基础,也就是说物流元宇宙不是不靠谱的炒作,但也不是很快就可以实现的目标。

首先,智慧物流数字仿真技术获得了巨大发展,借助数字仿真技术,可以实时模拟智慧物流体系中软硬件运作流程,用户可以通过单击、拖戒了解每个技术细节,可以按设计要求测试智慧物流系统运作过程,做动画模拟分析,观察设备协同运作情况,提前发现系统存在问题。这一原理用于物流教学模拟,可便于学生生动形象了解智慧物流技术与知识。

其次,近年来数字孪生技术已经在智慧物流领域得到了很多应用,获得了巨大发展,借助数字孪生技术,可以从一个智慧物流硬件的诞生开始,即建立该硬件的数字孪生体,并贯穿该硬件全寿命周期过程。借助数字孪生系统,可以实现异地实时观察智慧物流系统运作,检测设备故障并远程维修指导等。

再次,智慧物流大脑可视化平台技术近年来获得了巨大发展,物流大脑可视化借助物联网技术、信息物理系统(CPS)技术、边缘计算、雾计算、云计算技术、智能分析技术、5G通信技术,可以实时再现实体物流智慧系统与虚拟智慧物流系统的情景交融,做到实时数据分析、可视化智能调度、远程现场监测、远程实时人工介入等。

最后,随着超自动化技术发展,基于软件机器人的数字员工已经开始在物流业上岗。数字员工可以从事复制、粘贴、点击、输入、比较、校对、应答等规则固定、重复性高、附加值低的管理与服务工作,并在实际工作中不断迭代进化,也将在元宇宙虚实沉浸式场景中大放异彩。

本章小结

本章介绍了智慧物流的概念及内涵、大数据背景下的智慧物流的信息技术、智慧物流应用系统的体系结构,并对智慧物流未来的发展趋势进行了展望分析。智慧物流是现代信息技术发展的必然结果,具有柔性化、社会化、一体化和智能化等显著特点,其功能是感知、规整、智能分析、优化决策、系统支持、自动修正和及时反馈。在大数据背景下,新一代信息捕捉、推送、处理、分析及预测技术将全面助推智慧物流的发展壮大。在社会发展过程中,智慧物流扮演着越来越重要的角色,物流企业对智慧物流的需求也越来越强烈、越来越多样化,智慧化将在物流系统的七大功能环节推广应用。未来的 10 年至 20 年,智慧物流将向开放智能化、绿色智慧化、全面无人化、面向物流的设计及物流元宇宙等多个方面全面升级。

复习思考题

1. 什么是智慧物流?如何理解智慧物流?
2. 智慧物流的基本功能有哪些?
3. 智慧物流常用的信息技术有哪些?
4. 简述智慧物流信息系统的构成。
5. 智慧物流有哪些发展趋势?

海尔智慧物流系统

1. 系统简况

海尔智慧物流系统基于云计算架构,能够自动化接单、自动化处理订单、自动优化配车装车、自动化计费计算,并以最终用户回访实现流程闭环,同时通过全流程信息实时获取、信息自动显示、事前预警报警及智能优化分析实现业务优化,实现了对集团内和外部业务的最优化管理,物流运输、库存管理、区域配送和用户配送的物流全价值链的全流程可视化监控,与用户的全流程信息交互和对用户的需求反馈的全流程闭环优化,从而降低物流成本,提高物流效率,提升客户体验和满意度。其总体架构如图 15-6 所示。

2. 主要功能

海尔智慧物流系统主要由应用服务、平台服务和基础设施服务三部分组成。

(1) 智慧物流云计算应用服务。智慧物流云计算应用服务负责为客户、承运商、配送网

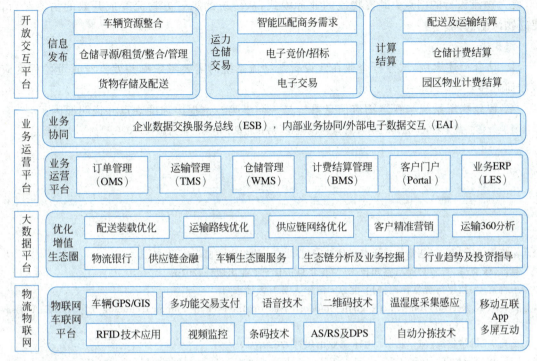

图 15-6　海尔智慧物流系统总体架构

点、内部员工等不同角色所承担的物流工作提供服务,具体包括以下内容。

客户门户:客户订单录入、订单查询、费用结算、系统对账、客户合同查看等。

承运商门户:承运商合同查看、运单响应和接收、招标竞价响应、车辆调度、运单状态更新、费用结算、移动 App 等。

员工工作门户:基于员工角色及相应权限使用以上提到的各项功能模块。

物流终端服务网点操作门户:接收订单、反馈状态、查看管理网点订单库存、费用核算、手持终端的支持(入库、出库扫描)等。

(2) 智慧物流云计算平台服务。智慧物流云计算平台服务抽象出物流服务所需的公共服务,并以模块方式实现,主要包括订单管理模块、计费结算管理模块、在途跟踪模块、运输优化模块、运输执行管理模块、预警管理模块、业务智能分析模块、基础数据管理模块和客户信息管理模块。

(3) 智慧物流云计算基础设施服务。智慧物流云计算基础设施主要由物流数据中心、物流计算中心,以及现有 GPS 系统、RFID 识别系统等物流运营系统构成,负责物流数据的持久存储、集中计算和数据识别与采集等。平台充分利用分布式虚拟存储等技术,实现海量数据存储的安全、稳定和可靠;实时深度挖掘物流数据,研究物流优化算法,优化物流服务装配计划和线路,为企业节省资源,提高服务效率。

3. 效益分析

海尔通过项目的实施,构建了智慧物流开放系统总体架构,研究并制定第三方物流服务业务开放接口标准;研发融合、开放的智慧物流平台,实现物流服务全程的信息化、自动化、智能化和网络化;并引入第三方物流服务,拓展物流服务的产业链。颠覆传统的运输配送管理,从派工送货变成在线抢单、获取用户资源的智终端;颠覆仓库的功能,从仓储管理变成 TC 超市,成为物流银行的网点;颠覆物流的业务模式,从传统的第三方物流变成开放的物流平台,建立物流生态圈。

讨论题:

1. 结合上述案例,试分析企业在建设智慧物流系统时需要考虑哪些要素?其重要程度应该如何排序?

2. 智慧物流系统与智慧物流信息系统是一回事吗?请提出你的观点并说明原因。

资料来源:魏学将,王猛,张庆英.智慧物流概论[M].北京:机械工业出版社,2020.

参考文献

[1] 霍艳芳,齐二石.智慧物流与智慧供应链[M].北京:清华大学出版社,2020.
[2] 赵惟,张文瀛.智慧物流与感知技术[M].北京:电子工业出版社,2016.
[3] 王喜富.大数据与智慧物流[M].北京:清华大学出版社,2015.
[4] TANG X. Research on smart logistics model based on Internet of Things technology[J]. IEEE Access,2020,8:151150-151159.
[5] 王先庆.智慧物流[M].北京:电子工业出版社,2020.
[6] LIU W,ZHANG J,SHI Y,et al. Intelligent logistics transformation problems in efficient commodity distribution[J]. Transportation Research Part E: Logistics and Transportation Review,2022,163:102735.
[7] 韩佳伟,李佳铖,任青山.农产品智慧物流发展研究[J].中国工程科学,2021,23(4):30-36.
[8] 刘伟华,李波,彭岩.智慧物流与供应链管理[M].北京:中国人民大学出版社,2022.
[9] 唐隆基,潘永刚.数字化供应链[M].北京:人民邮电出版社,2021.

第十六章 智慧能源

思维导图

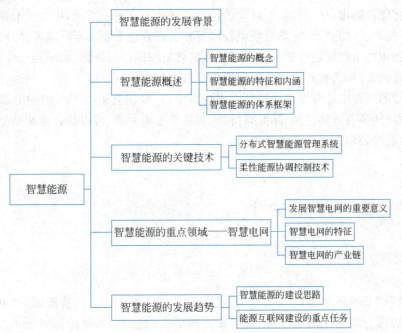

学习目标

学 习 层 次	学 习 目 标
了解	1. 智慧能源的发展背景 2. 智慧电网 3. 智慧能源的发展趋势
掌握	1. 智慧能源的概念 2. 智慧能源的特征和内涵 3. 智慧能源的体系框架 4. 智慧能源的关键技术

改革开放以来,我国已经成为世界上最大的能源生产国和消费国。根据《"十四五"可再生能源发展规划》的要求,我国需要从整个能源产业链实现端到端的改革创新,智能整合能源生产、运输、消费、储存各个环节,让智慧能源的理念与技术有机贯穿从生产端到消费端的整个过程,从而实现碳达峰、碳中和目标任务。

第一节　智慧能源的发展背景

2022年6月,国家发展改革委、国家能源局等九部门联合印发的《"十四五"可再生能源发展规划》指出,"十四五"及今后一段时期是世界能源转型的关键期。我国需要在世界能源转型和能源革命战略中实现碳达峰、碳中和目标任务。在推行能源改革过程中,各种前瞻性、颠覆性能源技术兴起,结合国产化技术的创新实践,新型的智慧能源技术已经在持续创新实践。在我国能源转型过程中,一方面,可再生能源是能源转型一个重要的发展方向,催生以消费端为中心的多元化能源需求,从而产生了巨大的消费市场潜力。另一方面,可再生能源涉及的新能源技术、储能技术、氢能技术、冷热电联供技术等相关产业链发展为不同能源品种之间的生产、转化、运输、使用的全产业链智慧化提供了更大的创新空间。云计算、物联网、5G技术、人工智能等技术的蓬勃发展,为智慧能源的发展提供了有力保障。

"十四五"的可再生能源发展战略是以用户为中心,采用就近生产与消纳的综合智慧能源策略,能够提高能源有效利用率、降低碳排放、促进新能源发展,可以结合能源整个产业链的改革,切实提升能源领域相关产业的竞争力。

第二节　智慧能源概述

一、智慧能源的概念

"智慧能源"是各种类型能源的融合,它既包含电、水、汽、油传统能源,也包含风电、太阳能等再生能源。智慧化的新技术,可以让不同形式的能源、各种能源转换的技术、各式各样的能源终端设备在国产化、智慧化、高速化系统下形成一个智慧能源网络,赋予能源智慧基因。

二、智慧能源的特征和内涵

智慧能源具有实用性、系统性、多样性、网络性等特征。智慧能源涉及多种综合能源,采用专业智能化技术,为整体解决方案进行优化设计、输配、调试、运营和服务,从而达到高效、节能、清洁的目的,因此是一个高效、互动、融合的能源体系。智慧能源包括常规能源、新能源、分布式能源等多种能源形式,结合国内外发展现状和我国城市能源特点,建设智慧能源可优先发展智慧电网、智慧建筑和智慧微网。

智慧能源致力于终端客户的多样化能源供应,以电为核心,综合考虑本地资源特征和用户负荷的完整估计供应,利用大数据、物联网、移动互联网、人工智能等先进技术进行有机协调。实现横向"电、热、冷、气、水"等能源多品种之间、纵向"源—网—荷—储"能源多供应环节之间的生产协同、配送协同、需求协同,以及供给和消费间的互动,如图16-1所示。

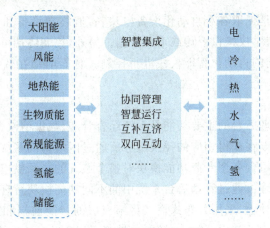

图 16-1 智慧能源的内涵

三、智慧能源的体系框架

智慧能源的体系架构为分层分布式体系架构,主要包括以下四个部分。

(1) 发展基础体系包括能源资源、能源基础设施。

(2) 技术支撑体系包括能源供应技术、能源消费技术、信息和通信技术、智能控制技术、决策支持技术的研发。

(3) 智能消费体系包括能源交易、能源服务、决策支持、优化控制。

(4) 标准规范体系包括遵循开放架构、公共信息模型、网络安全等核心标准,逐步建立时钟同步、通信技术、统一数据传输格式、统一价格信息模型、需求响应、能源协调、新能源汽车、能源分配与消费等技术标准。

第三节　智慧能源的关键技术

一、分布式智慧能源管理系统

(一) 分布式智慧能源管理系统概述

分布式能量管理系统,是实现低碳社会可持续发展的重要因素之一。系统的目标是实现多种能源优化,提高能源利用效率,减少二氧化碳排放,最大限度地减轻环境负担,抑制社会的总体成本。分布式能量管理系统能够以智能的方式对纷繁复杂的信息进行各种处理或协调控制。分布式能量管理系统必须具备能够收集各种信息,采用先进信息和通信技术(ICT)传输信息,通过智能算法分析处理关联信息,并能够根据信息做出快速反应的控制技术。

(二) 分布式能量管理系统架构

分布式能量管理系统一般采用以下两层网络架构。

1. 第一层:智能前端

智能前端主要放置在各应用场景的客户端,一般为嵌入式 Linux 系统,其基本功能与网关设备相似。它主要功能是抓取各个自动化设备模块、智能终端设备和自动化控制设备模块的系统数据,通过标准通信协议接口上传或下载数据。另外,控制终端可以根据不同场景实行不同控制功能,实现对不同的自动化智能模块进行控制。智能前端在数据侧主要功能就是负责数据采集任务。

2. 第二层:管理后台

分布式管理系统管理后台的主要功能是系统综合管理、数据清洗、数据分析、数据治理、决策服务等。普通用户可以在获得相应的授权服务后通过网络访问系统管理后台。专业技术用户也可以通过系统管理后台各个专业功能模块对整个系统的能源供应、节能优化、提高效能等进行系统管理。系统管理员通过管理后台系统中的不同功能模块管理智能终端的运行数据。

在整个系统架构设计上,采用分布式模式将第一层的智能前端和第二层的管理后台构建成分布式动态的系统结构。其中,每一个智能前端都可以定位一个分布式的智能设备,智能前端作为一个独立设备,具备完整的软硬件结构和特定的功能性能,每个智能前端根据不同的使用场景设定不同的配置、智能算法、功能策略。在对所有智能前端进行分布式动态调度的过程中,每一个智能前端中的控制算法和策略的作用结果都反馈上传到分布式管理系统后台。分布式管理系统后台将智能前端反馈的结果进行数据分析后做出智能策略调整,然后把调整的策略下发给每一个分布式智能前端。分布式管理系统后台会根据不良运行结果调整后的策略传递给每一个智能前端,智能前端根据调整的策略就可以避免控制策略参数或者配置参数不合理导致的不良影响,始终保持合理高效的运行状态。

基于分布式计算技术并结合主流大数据的计算处理方法,通过云计算技术将第一层和第二层的所有设备构成一个大数据云平台,实现云收集、云诊断、云策略、云控制和云服务等多项服务功能;同时结合云计算技术构建分布式智慧系统架构,可以满足所有的功能服务实现智能控制。

二、柔性能源协调控制技术

传统的能源规划调度以能源的供需情况为出发点,基于不同能源物资的分布情况与相关物资需求重要程度来规划调度,同时不同行业会根据自身情况针对核心的电、热、气等进行专项规划。专项能源规划有许多弊病,所以新区域能源规划就需要利用柔性能源协调控制技术来规避专项能源规划的弊病,最大限度地合理调配能源,实现高效利用能源、节约能源、多种能源协调互补,节能减排,促进碳中和,推进社会经济的可持续发展。

(一)冷热电联供系统

冷热电联供系统是一种在不同能源消耗利用阶梯的基础上将供热制冷及发电一体化的多能源融合协调互补的综合管理系统。冷热电联供系统运行的基本原理就是利用天然气的热能推动原动机进行发电,再利用原动机发电所产生的废热进行供暖或者制冷,从而实现能源的高效梯级利用。

1. 运行设备的三大模式

工厂的电力负荷和蒸汽负荷会因开工状态和季节不同而出现大幅波动。这样废热回收锅炉的蒸汽量也会出现波动。根据工厂大幅变动的电力、供暖需求,及时恰当地供给是设备运用的最优先事项。根据工厂蒸汽负荷和蒸汽供给的状态,利用下面所示的三大模式运行设备。

(1) 正常运行时。工厂开工水平为正常状态时,电力和蒸汽的供给量分别与工厂侧的电力负荷和蒸汽负荷保持平衡;燃气透平在最大负荷下运行;蒸汽透平则进入背压运行模式,自动调节蒸汽供给量。如果工厂电力负荷稍小,则会监视电力,尽量不产生逆电流,避免多余发电。

(2) 蒸汽剩余时。工厂开工水平稍低时,工厂蒸汽负荷便会下降。如果废热回收锅炉运转,则会有蒸汽剩余。此时,不得不放出剩余蒸汽(放蒸)。为了减少放蒸量,可以将蒸汽涡轮的废蒸汽量设定为保持固定的输出运行模式,利用放蒸阀进行压力控制。因发电量减少,需进行监视,以避免发生需求过量。

(3) 蒸汽不足时。即使工厂开工水平为正常水平,工厂也可能会因废热回收锅炉停止而在短时间内蒸汽不足。如遇到这种情况,则需运转辅助锅炉,补充不足的蒸汽后再运行。蒸汽透平在背压运行模式下运行。由于发电量增加,需进行监视,以避免发生逆电流。最佳运行是指消除放蒸量、选择低价燃料且削减燃料使用量,以防发生需求过量或逆电流的情况。但是,在实际运用过程中,会遇到需要长期进行监视或操作人员不同导致结果出现差异等问题,因此无法简单实现。通过能源最佳运行,系统可自动运行,实现较好的节能效果和运用效果。

2. 软件功能和硬件功能的特点

在实际工程中,通常在软件和硬件功能设计方面,将冷热电联供系统设计成一个能够实时进行最佳运行且充分考虑安全性的系统。此外,冷热电联供系统还利用现有燃气透平、蒸汽透平的仪表控制装置来实现最佳运行。这要求在软件功能和硬件功能具有如下特点。

(1) 软件功能的特点。现有的燃气透平、蒸汽透平和废气锅炉中装有负责各项控制的控制系统。系统的定位是成为可赋予设定值的设定控制(set point control,SPC)系统。从有效利用现有检测控制装置的观点和安全性角度来看,系统并不是可赋予下游控制系统设定值的位置型SPC,而是可赋予与当前设定值的差值部分的速度型SPC。由此可见,如果系统发生异常,切断本系统,便可继续安全地运行热电联产设备。在算法中采用超启发式方法,可以利用现有检测控制装置中对应的过程值,不断接近最佳值;然后,在使用能源最佳运用支援软件包等实施模拟的同时,确认算法的有效性。

(2) 硬件功能的特点。在现有的燃气透平和蒸汽透平中加入了专用的控制装置,并且为方便操作人员,设置了远程控制柜。将控制柜变更为可接收从本系统发出的脉冲信号后,可以进行有效利用。此外,远程控制柜还可以与现有系统并用,不使用本系统时,利用现有的控制装置和远程控制柜,便可继续进行原来的运行和运用。系统为可实现节能的系统,遇到紧急情况时可以停止功能,立即切换成由操作人员进行运行。

(二) 冷热电联供地源热泵技术

通过利用少量的高品位能源,地表或者地源的水源热泵系统可以将低温热能转化成高温热能,转变的高温热能具备高利用价值。通过地表或者地源的水源热泵系统消耗1kW能源可以得到4kW高价值的热量或者冷量。地表水源热泵在夏天水体温度低于大气温度、在冬天水体温度高于大气温度,通过提高机组效率来节能。

(三) 相变储能技术

相变储能技术是利用具备相变潜热能力的材料存储能量的技术,这种技术可以有效缓解能量的供需不对称问题,通过将太阳能、风能、热能等多种热源能量存储在高热焓值、高密度的相变材料,可以为用户提供清洁、高效、节能的供热解决方案。同时,大容量相变储能技术可以克服单一热源稳定性差、能效比低等缺陷,使多种热源优势互补。

第四节 智慧能源的重点领域——智慧电网

近年来,各个领域的能源网络正在逐步迈入数字化、信息化、自动化、互动化、智能化的发展阶段,通过各领域的能源网络协调发展,提升能源网络整体的智能化水平,以实现能源生产开发清洁化、储存运输综合效益最优化、消费使用精益化和智能化,最终使各种能源在现代经济社会中协同的开发、储运和利用,达到综合集成能源网络总体优化的目标。本节重点介绍智慧电网的特征及产业链,了解智慧电网的特征及产业链,是实现智慧电网数字化、信息化、智能化的关键基础。

一、发展智慧电网的重要意义

电力是一个国家发展的重要基础。电网在整个能源产业链上是一个核心环节,是整个国家综合运输系统的重要组成部分。随着社会的持续进步和国家各个产业的不断突破发展,电网由完成传统的输配电物理载体功能逐渐演化成促进各种能源的优化调配、整个布局上引导能源的生产和消费布局、保证各个地方能源电力系统稳定运行及电力市场运营等多功能综合体。电力的发展可以反映国家各个行业各个领域的发展情况,所以保障电力可持续发展是保障国家能源安全、清洁、高效和经济社会全面开发可持续发展的基础。

二、智慧电网的特征

中国的智能电网是以特高压电网骨干网架为基础,各个电压等级电网协同发展的电网。智慧电网是一种将传感技术、5G 技术、云计算、大数据、自主可控等先进技术交叉融合集成而形成的新型电网。其主要特征有以下几点(见图 16-2)。

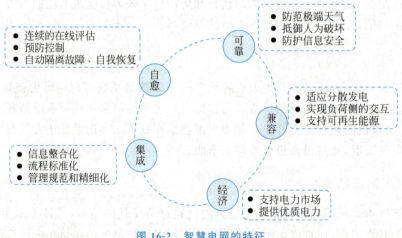

图 16-2 智慧电网的特征

（一）可靠性

智慧电网在发生电力扰动故障时，依旧可以正常给用户提供电力而不会发生大面积停电事故。智慧电网在遇到极端情况，如重大自然灾害、恐怖主义人为破坏等仍然可以保证电网正常运行，二次系统可以确保信息安全，具有防计算机病毒侵害的能力。

（二）自愈性

智慧电网具备在线实时安全评估和分析能力，针对不良情况具备提供预警控制和预防控制的能力。智慧电网还具有自动故障诊断、故障隔离和系统自愈的能力。

（三）兼容性

智慧电网可以兼容各种类型的能源，可以按照标准正常接入并输出新能源，可以实现与用户高效互动，满足用户针对不同能源的多样化电力需求，并且可以为用户提供电力增值服务。

（四）经济性

智慧电网可以满足对火电、水电、风电和其他类型电力的融合运行，不仅支持不同电力市场的正常交易，而且按照需求可以为用户提供清洁优质的电力。智慧电网可以实现资源整合、科学调配、降低损耗、提高能效。

（五）集成性

智慧电网可以实现电网信息的高度集中化和信息高速分享，基于统一的平台和模型，实现标准化、规范化、精细化和智能化的管理。

三、智慧电网的产业链

智能电网产业链主要分为发电、输电、变电、配电及用电五个大环节（见图16-3）：上游发电环节分为可再生与不可再生；中游则包括输电、变电、配电三个环节；下游为终端用户，主要分为工业用电、居民用电和商业用电。

（一）智慧发电

上游发电的环境主要分为可再生能源发电与不可再生能源发电，涉及常规能源、新能源和大容量储能等领导电力技术应用。

针对常规能源的电力技术应用主要是传统发电的协调关键技术，包括发电参数实时测试、发电机组快速调节及电源调峰技术等，还有大型能源接入电网调度控制系统技术、常规能源发电机组优化控制系统、发电机组和设备状态监控及故障诊断预警系统等。

新能源的发电技术应用主要包括风电、光伏发电等规模建模、系统仿真、功率预测和新能源电力并入等先进技术的研发应用推广。研发大规模新能源接入电网调度系统的安全稳定控制系统、新能源发电综合控制及可靠性评估系统、新能源功率预测系统等。

在电力储能应用技术方面需要研制大容量储能设备。结合各种储能材料的特点，在蓄能

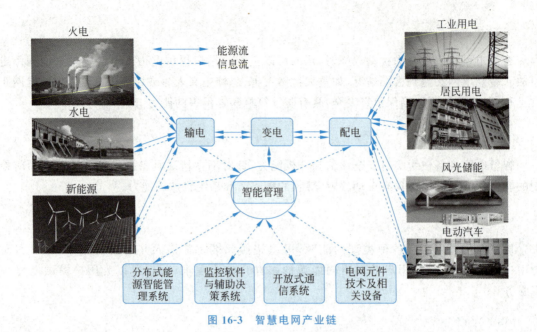

图 16-3 智慧电网产业链

电站的智能调度运行控制系统、化学电池储能装置等方面实现技术突破。

(二) 智慧输电

智慧输电特高压又称电力高速公路,是电压在交流 1000kV 及以上和直流 ±800kV 及以上的输电技术。其优点是输送容量大、距离远、效率高和损耗低。特高压可以分为上游电源控制端、中游特高压传输线路与设备、下游配电设备。

(1) 上游主要分为金属、传感器、绝缘材料和电子元器件等。

(2) 中游特高压分直流,或者交流电。直流特高压主要设备包括换流变压器、换流阀及其控制保护系统,以及直流滤波器、直流开关设备、直流测量设备和直流避雷器等直流场设备。

(3) 下游主要为电网、线缆、铁塔等。

(三) 智慧变电

换流阀是柔性直流输电的心脏,是直流电和交流电相互转换的桥梁,在柔性直流主设备中技术含量最高、挑战最大。柔性直流输电中的换流阀环节价值量约占换流站造价的 25%,技术壁垒深、毛利丰厚,其中交、直流变换的核心部件是晶闸管(常规直流)、IGBT(柔性直流)。

(四) 智慧配电

智慧配电是智慧电网的核心环节。10kV 及以下的电力网络属于配电网络(部分区域有 20kV),配电网是整个电力系统与分散的用户直接相连的部分。智能配电网络系统利用先进的大数据分析、分布式计算、5G 技术、云计算等先进技术,将整个网络中的在线实时数据、历史数据、离线数据、配电数据、用户数据、电网网络结构和地理图形进行综合数据分析,可以实现智能高效地监测、控制、保护、用电和配电管理。

第五节　智慧能源的发展趋势

"十四五"提出可再生能源发展规划的要求,我国需要从整个能源产业链实现端到端的改革创新,智能整合能源生产、运输、消费、储存各个环节,让智慧能源的理念与技术有机贯穿从生产端到消费端的整个过程,从而可以坚决落实碳达峰、碳中和目标任务。国际环境对能源的需求越来越紧张,降低常规能源的依赖逐步建立新能源体系已经成为我国能源发展的方向。智慧能源是基于互联网思维与理念,开发对等信息能源一体化架构,实现能源的供需动态平衡,最大限度接入新能源,激发新能源的发展,高效实现能源优化配置调整。

一、智慧能源的建设思路

智慧能源的建设基于新能源技术、高密度大容量储能技术、5G通信技术、大数据技术和云计算等先进技术与配套的政策措施、市场宏观调配等高度整合,是一项复杂而又精细的系统功能。本书提出我国能源互联网的建设思路如下,为能源互联网的建设和发展提供借鉴及指导。

(一)统筹规划与顶层设计

结合我国国情、社会经济,以及能源分布特点、能源使用分布状况,建设一套适合我国的智慧能源网络体系,利用互联网思维模式,制定符合中国国情发展的智慧能源建设路线图和清晰明确有建设节点的行动指南。

(二)优化能源配置结构

基于现有常规能源和新能源的现状,从实际出发制定可行的新能源发展中长期规划,优先重点发展新能源,先试点再全面拓展,实现新能源的全面可持续发展,扩大新能源在整个能源配置的结构比例。

(三)提升能源5G支撑能力

这可为我国能源互联网建设提供更为有力的技术支撑和储备。加快成熟的云计算技术在能源领域的应用,充分利用大数据技术给智慧能源提供智慧的能力,给重要数据和信息赋予智慧属性。云计算作为智慧能源的基础计算底座,充分利用分布式云计算实现"中心+边缘"科学有效分工合作,支撑大数据的智能分析,高效科学快速合理调配相关策略,满足智慧能源在数据交互的可靠保障。

(四)健全市场机制

智慧能源具备市场高度开发和资源共享的特点,这在一定程度上需要政策和市场的自由开发配合。推动政府健全完善相关智慧能源相关政策措施,建立完备的市场良性发展反馈机制,防止出现市场垄断,综合市场和政府政策调配实现能源市场的自由开发。

（五）制定标准规范的通信传输协议

在智慧能源的网络中，涉及各种各样的终端设备，有新建的也有以往老式的在用设备，智慧能源系统需要统一数据接口标准及信息通信协议，保证各个设备在智慧能源网络中可以互联互通，推动智慧能源网络的建设和部署。

（六）论证智慧能源的必要性和可行性

智慧能源的建设需要基于现有的情况，有步骤、有计划地推进试点工作，先试点运行建设成示范性效应，再通过试点工程以点带面推进智慧能源的技术和相关政策制定，实现科学合理且具备可持续发展的能源网络体系建设。

二、能源互联网建设的重点任务

（一）积极推动智慧能源的生产消费基础设施建设

积极推动建设基于智慧能源平台的风电、太阳能等基础发电设施，实现新能源智能化生产消费；鼓励常规能源如煤、油、气开采加工及全生产链智能化改造，实现常规能源的绿色清洁高效生产；政策支持建设基于智能前端和能源灵活交易的智慧能源家居、智慧能源楼宇、智慧能源小区和智慧能源工厂等。

（二）加强多类型能源协同综合管理

智慧能源的建设需要明确不同能源网络接口设施的标准化、模块化和规范化，支持各种类型能源的生产、传输、消费的设施接入智慧能源网络，提升智慧能源可以兼容接纳各个类型的能源的网络和设备的能力。

（三）有机融合能源和基础通信设施

智慧能源需要有机融合智能前端设备及接入设施，促进水、电、气、热的远程自动集采集抄，实现多表合一。

（四）构建智慧能源生产消费生态

打造开放共享的智慧能源生产消费生态，建设售电商、智慧能源运营商和第三方增值服务供应商等新型市场主体。

（五）发展智慧储能和新能源汽车

积极发展新能源汽车智能充放电业务，建设新能源汽车利用互联网平台参与能源直接交易、电力需求反馈等模式，充分利用风能、太阳能等可再生能源资源，因地制宜在城市、高速公路、景点等地方建设新能源充放电站等基础设施，配合新能源汽车的产业发展。

（六）创新发展智慧用能创新模式

创新发展面向智慧家居、智慧楼宇、智慧园区、智慧工厂、智慧矿山等能源综合体，通过智慧能源网络综合管理能源的生产消费协同调控，实现分布式能源生产、消费一体化。

（七）培育灵活的能源交易平台

建议基于互联网的能源交易平台，能源交易平台可以支持风电、光伏、水电等可再生能源与用户之间实现直接交易，政策上推行可再生能源实施补贴。

（八）积极推进大数据在智慧网络中应用

推进大数据在能源领域的应用，拓展能源领域大数据采集范围，实现大数据分析技术应用于智慧能源。

（九）加快智慧能源的创新技术攻关

支持特高压、大容量高密储能、能源转换、供需调配等方面的创新技术发展，支持相关创新设备、产品的研发和应用推广。

（十）建设全球领先的智慧能源标准体系

按照需求导向、先进适用、急用先行的原则，紧密围绕落实"四个革命、一个合作"能源安全新战略和构建清洁低碳、安全高效能源体系的需要，在智慧能源、能源互联网、风电、太阳能发电、生物质能、储能、氢能等新兴领域，率先推进新型标准体系建设，提升能源传统领域的标准，积极推进标准国际化。

本章小结

本章主要对智慧能源的发展背景、智慧能源的理念、智慧能源的关键技术、智慧电网和智慧能源的发展趋势进行了介绍。智慧能源是高效、互动的能源体系，也是一种整体的能源解决方案，能有效提高能源利用率、降低碳排放、促进新能源发展。能源整个产业链的改革，可以切实提升能源领域相关产业的竞争力。智慧能源的重点领域——智慧电网具有可靠性、自愈性、兼容性、经济性、集成性等优点，可以提高能源利用效率、降低碳排放量。基于互联网思维与理念，开发对等信息能源一体化架构，实现能源的供需动态平衡，最大限度接入新能源，激发新能源的发展，高效实现能源优化配置调整是未来智慧能源发展的方向。

复习思考题

1. 智慧能源的分布式能量管理系统是指什么？其特点是什么？
2. 发展智慧能源将带来怎样的技术变革？
3. 分布式能量管理系统架构有几层？
4. 智慧电网包含哪些产业链？
5. 智慧能源未来的发展趋势是什么？

某风能渗透率比较低的乡村示范项目

某风能渗透率比较低的乡村示范项目。它开发了一个复杂的控制系统来平衡波动的风电,以智能电网为载体,实现可再生能源的电力市场交易。在广泛的现场测试基础上,采用现代信息和通信技术,将电力市场各个参与者集成为一体,以改善目前的能源供应体系,实现可再生能源的广泛集成,如风能、太阳能和生物质能等。建设主动配电网是欧洲未来电网发展主要策略之一。在主动配电网建设方面,该项目主要采用先进的量测设备,实时监测中、低压电网信息,在对监测信息进行分析的基础上,对配电网实施控制与调节。该项目包括按照市场化运作的热电联供机组及冷库、公寓(容量为 0.5~1MW)和分布式发电(如风能、沼气和太阳能)等。各种消费者和可再生能源发电商通过虚拟电厂集成为一体。为 2000 户消费者安装了采用最新技术的智能仪表系统,包括互联网门户网站和触摸屏,为消费者提供有关的信息。实现上述功能,需要具备以下两个前提条件:①通过电力市场交易,实现供求平衡。②采用现代信息和通信技术,传输测量和控制信号。采用标准 IEC 61850 和 IEC 61970/IEC 61968 的公共信息模型(CIM)实现信息互操作。

在分布式信息处理平台上,采用标准的消息总线技术,向用户传递信息。项目的信息和通信体系结构,主要依赖标准 IEC 61850 和 IEC 61970/IEC 61968 实现业务流程层面的互通。在电力市场交易平台上,通过公共信息模型实现互操作,分布式能源控制器之间的控制和状态信息采用 IEC 61850 标准通信。

其项目主要成果如表 16-1 所示。

表 16-1 项目主要成果

序号	功能	内容
集成多个分布式能源	需求响应	直接负荷控制程序;需求响应计划;电动汽车充电(研究项目);储热
	储能	该区的电池储能项目包括,小于等于 100kW·h 公用工程系统电池存储;飞轮储热、储能
	可再生能源发电	太阳能光伏发电(客户自备和公用事业投资);太阳能集热发电;风力发电;沼气发电
	分布式发电	柴油发电机;微型燃气轮机;燃料电池;热电联产;压缩空气储能
关机集成技术和标准	客户系统接口	6LoWPAN;ANSI C.12.Xx;BACnet;DNP3;HomePlug IEC 61850 基于互联网(有线或无线、IP、TCP、HTTP);Modbus 或 ModBus/TCP;oBix;OpenADR/OASIS 互操作;SEP 1.0 或 Zigbee(IEC 802.15.4) 无线局域网(符合 IEC 802.11)供触摸屏系统使用
	分布式系统接口	DNP3;IEC 60870(ICCP);IEC 61850;IEC 61968;IEC 61970; 基于互联网(有线或无线、IP、TCP、HTTP);ModBus 或 ModBus/TCP;Multispeak 该项目非常依赖信息和通信技术,架构符合标准 IEC 61850;CIM 通过 TCP/IP(IEC 61968 和 IEC 61970)实现

续表

序 号	功 能	内 容
关机集成技术和标准	输电系统接口	DNP3；IEC 60870(ICCP) IEC 61850；IEC 61968；IEC 61970 基于互联网(有线或无线、IP、TCP、HTTP)；ModBus 或 ModBus/TCP；Multispeak
	服务系统接口	基于无线通信(1xRTT、GPRS、EVDO、CDMA 等)；ANSI C.12.xx；DNP3；Fix ML IEC 60870(ICCP)；IEC 61850；IEC 61968；IEC 61970 基于互联网(有线或无线、IP、TCP、HTTP)；ModBus 或 ModBus/TCP；Mulispeak；OpenADR/OASIS 互操作
	系统运行接口	DRBizNet；Fix ML IEC 60870(ICCP)；IEC 61850；IEC 61968；IEC 61970 基于互联网(有线或无线、IP、TCP、HTTP)；ModBus 或 ModBus/TCP；Multispeak；OpenADR/OASIS 互操作
	能源交易市场接口	ANSI C.12.xx；DNP3；DRBizNet；Fix ML IEC 60870(ICCP)；IEC 61850；IEC 61968；IEC 61970 基于互联网(有线或无线、IP、TCP、HTTP)；ModBus 或 ModBus/TCP；Mulispeak；OpenADR/OASIS 互操作
	WAN 通信架构	AMI 的基础设施(双向)；射频塔；射频网；互联网 基于无线通信的(1xRTT、CPRS、EVDO、CDMA 等)；电力线载波 WiMAJ 3 层 VPN，将用于大多数连接；或者使用 CDMA、GPRS；DSL 或光纤
	网络安全	认证；加密；入侵检测
纳入动态链接	客户多样性	住宅用户；商业用户；工业用户
	关于价格	实时定价(RTP)；提前一天定价；高峰定价
	激励机制	紧急需求响应；需求招标/回购；容量市场；辅助服务；直接负荷控制
系统集成规划	系统集成	分布式能源实时系统可视化；配电管理系统集成 分布在线测量获得的实时信息
	系统整合与规划	分布式发电未来规划
	集成工具	建模、模拟工具 光伏发电和风力预测、负荷预测、商业/工业用户和热电联产系统信息
项目兼容性	商业案例开发	虚拟电厂与需求响应和 DER 兼容；商业案例的重要文件需求申请
	相关领域标准的采用	客户领域；配电领域；输电领域；服务提供商；调度领域；能源市场领域
	实现分布式发电的最大程度整合	商业案例分享；用户案例分享；成本效益分析结果分享；经验教训分享；标准组织；先进的软件资源开放 整合利用区域市场的分布式能源和虚拟电厂。该项目参考架构和使用信息通信技术标准主要是 IEC 的标准
资金	资金来源	政府；科研单位以外的组织；大学；供应商

讨论题：

1. 该示范项目的主要创新点在于？
2. 项目示范区是一个乡村示范区，如何保证电网的安全和经济运行？
3. 该示范项目能将信息映射到其他地区的流程是什么？

资料来源：冯庆东.能源互联网与智慧能源[M].北京：机械工业出版社，2015.

某园区智能微网项目

某园区一期建筑面积为 $19515m^2$，试验办公楼总用能需求（电力、空调用冷用热、卫生热水）计算负荷约为 3000kW，比常规能源配置节约 2000kW 左右。园区是建筑节能一体化的典范，采用绿色可再生能源为楼供能，屋顶光伏装机容量为 350kW、天然气分布式发电为 400kW、烟气热水吸收式溴化锂机组为 450kW、储能为 200kW、风光互补路灯为 2kW，自供能达 1000kW。另外，还配套电动汽车充电桩、LED 等，具有创能、储能、节能、绿能、微能、多能的突出特点，自供能率超过 50%，整个建筑节能达到 30% 以上。利用天然气内燃机冷热电联供系统、光伏发电系统、储能系统等搭建了一个微网，使用了多种能源协调互补的微能源网技术，旨在研究能源减排、环境保护、缩减用电成本等多方面应用技术，且多种能源协调互补型微能源网技术在降低用户能源消费的总成本和用电成本的同时，也成为尽可能多地应用可再生能源、提高能源利用效率、促进节能减排、实现能源转型的有效途径。该园区智能微网项目节能减排情况如表 16-2 所示。

表 16-2 某园区智能微网项目节能减排情况

分布式能源	供能时间/h	能源总计/(万 kW·h)	减少标煤耗量/tec	减排 CO_2/t	减排 SO_2/t	减排 NO_x/t	减排灰渣/t	减排烟尘/t
光伏发电	1000	34	109.14	272.85	0.24	0.31	25.10	0.19
燃机发电	4320	133.2	427.572	554.81	0.94	0.69	98.21	0.73
燃机供热	1080	43.2	138.672	179.94	0.30	0.22	31.74	0.23
燃机供冷	1080	43.2	138.672	179.94	0.30	0.22	31.74	0.23
数据机房供冷	2160	64.8	208.008	270.26	0.46	0.34	47.84	0.35
总计	9640	318.4	1022.064	1458	2.24	1.78	234.63	1.73

讨论题：
1. 该智能微网项目应用了哪方面技术？
2. 该智能微网项目节能减排的情况如何？

资料来源：冯庆东.能源互联网与智慧能源[M].北京：机械工业出版社，2015.

参考文献

[1] 周伏秋，邓良辰，王娟."十四五"综合能源服务产业发展展望[J].中国能源，2021，43(2)：13-15，20.
[2] ZHU H，GOH H H，ZHANG D，et al. Key technologies for smart energy systems：recent developments，challenges，and research opportunities in the context of carbon neutrality[J]. Journal of Cleaner Production，2022，331：129809.
[3] JIA L，LIAO H，ZHOU Z，et al. Social-Aware Learning-Based Online Energy Scheduling for 5G Integrated Smart Distribution Power Grid[J]. IEEE Transactions on Computational Social Systems，2022，9(8)：1-11.
[4] ULLAH Z，AL-TURJMAN F，MOSTARDA L，et al. Applications of Artificial Intelligence and Machine learning in smart cities[J]. Computer Communications，2020，154：313-323.

[5] 王帅,董爱军.打造现代智慧配电网 服务城市高质量发展[N].国家电网报,2023-03-30(6).
[6] 史纪.一种特大城市智慧配电网可视化运维应用体系的研究[J].自动化与仪器仪表,2021(7):179-182.
[7] 中国社会科学院工业经济研究所课题组."十四五"时期,我国能源发展面临的问题和重点任务[J].中国能源,2022,44(4):6-12.
[8] 金之钧,白振瑞,杨雷.能源发展趋势与能源科技发展方向的几点思考[J].中国科学院院刊,2020,35(5):576-582.

第十七章 智慧环保

思维导图

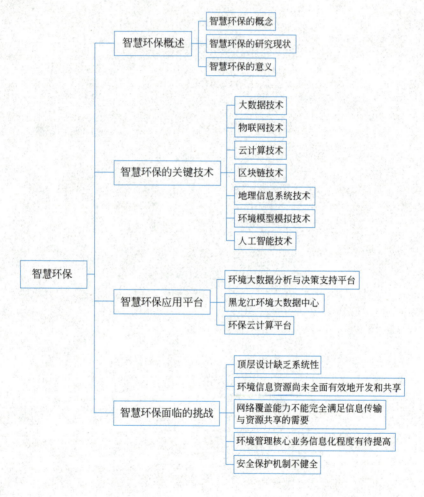

学习目标

学习层次	学习目标
了解	1. 智慧环保的研究现状 2. 智慧环保的意义 3. 智慧环保面临的挑战

续表

学 习 层 次	学 习 目 标
掌握	1. 智慧环保的概念 2. 智慧环保的关键技术 3. 智慧环保应用平台

习近平总书记在2023年出席全国生态环境保护大会时强调,要"深化人工智能等数字技术应用,构建美丽中国数字化治理体系,建设绿色智慧的数字生态文明"。加速数字化、绿色化协同发展的生态文明,为推进人与自然和谐共生的现代化指明了新方向,对实现经济转型升级和高质量发展、加快绿色发展意义重大。为了充分发挥新一代信息技术在环境保护中的巨大效用,利用物联网技术将现有的"数字环保"平台打通,结合大数据、人工智能等技术,逐步推动"数字环保"向"智慧环保"转变,为环境质量监控、污染防治、生态保护、环境管理等业务提供更智慧的决策,使生态环境治理科学化、精准化。

第一节 智慧环保概述

一、智慧环保的概念

智慧环保是在原有"数字环保"的基础上,把感应器和装备嵌入各种环境监控对象(物体),动态储存环境相关数据,借助物联网技术,通过超级计算机和云计算将环保领域物联网整合起来,构建一个高度感知的环保基础环境。智慧环保更加侧重数据的挖掘与决策,实现更广泛且深入的人与环境的智能互动,实现水环境、空气环境、土壤环境及其他生态环境等及时、互动、整合的信息感知、传递和处理,分析和预测环境发展,制订紧急情况下的预警方案,有效监管环境,以更加精细和动态的方式实现环境保护、管理和决策的"智慧"。

智慧环保的总体架构包括感知层、传输层、智慧层和服务层,如图17-1所示。感知层是利用具有感知、测量、捕获和传递信息的设备对环境质量、污染源、生态、辐射等数据进行采集,属于最基础系统;传输层即利用专门设计和建造的环境保护网络、运营商网络,结合4G/5G和卫星通信等技术,将个人电子设备、组织和政府信息系统中存储的环境信息进行交互和共享,实现更全面的互联互通,使海量的数据不再孤立;智慧层是以云计算、虚拟化和高性能计算等技术手段整合、分析、比较海量的环境信息,智慧层中可以实现模型挖掘、实时处理、深度分析,实现智能化的深度变现和进阶处理;服务层则是建立面向对象的业务应用系统和信息服务门户,深度处理的数据分析处理成为简单的结论和指标,如空气质量指数、污染指数等,加工好后上传云端,便于用户的查阅。智慧环保为环境质量、污染防治、生态保护、辐射管理等业务提供更智慧的决策。

二、智慧环保的研究现状

在国内外关于智慧环保的研究主要集中在人工智能在环境保护与环境管理方面的应用。人工智能技术已成功应用于水资源管理、空气污染控制与管理、固体废弃物管理等方面。

图 17-1 智慧环保的总体架构

（一）水资源管理

人工智能在水务领域的开发和应用浪潮始于 20 世纪后期,采用"大数据"训练统计模型。这些类别包括预测模型、水资源管理,以及水污染事件检测和预警优化、决策支持和管理。大数据实验模型实现样本结果或预测信号,为管理层提供决策支持反馈。

1. 预测模型

一般来说,建立水位预测模型有两种方法：基于过程的模型和数据驱动的数值建模。基于过程的模型（HEC-RAS、MIKE-11、MIKE-21 等）通常可以提供准确的结果并充分描述物理现象的性质。但它们的计算成本很高,需要各种类型的水文地貌数据来开发预测系统,并且无法在出现不规则变化时使用。大数据处理使用机器学习的大数据驱动预测模型,旨在揭示特征之间的关系或数据中隐藏的信息。机器学习方法已用于非线性时间序列预测,通过统计建模结合线性关系和通过机器学习结合非线性的混合模型可提供更好的结果并改进预测中的数据序列预测。在越南红河水位建模研究中,使用组合非线性机器学习模型,模型精度被大大提高。人工智能结合 Luku 河的其他数据,对美国夏威夷希洛湾每小时记录的水质参数进行了预测。几种机器学习技术已经应用于研究河流流量对当前时间到 2 小时后的水质参数的影响。人工智能的加入可提前数小时准确预测水质参数,为沿海地区环境管理和监测提供有价值的信息。

2. 水资源管理

在水资源管理中,使用人工智能有利于水分配系统优化和节约用水。人工智能增强了服务提供、投资资本优化,并降低了运营成本。将人工智能等技术应用于水资源管理,有望建立可持续的供水系统。带有传感器和人工智能的软件驱动程序可以动态、智能地制定水务运营策略。未来用水的预测模型、水处理厂的机器人传感器,以及操作金融交易的区块链,都可以通过应用适当的人工智能技术来实现。规划人员创建基于人工智能的计划,使政府机构和水务公司能够实时了解水的损失和滥用情况,设计和实施网络综合分配,同时实现成本节约,最大限度地回收收入以制订财务计划。

3. 水污染事件检测和预警优化、决策支持和管理

在水污染事件检测和预警优化、决策支持和管理方面,人工智能技术也有相关成功的研究应用。研究人员探索了人工智能技术在设计水质监测网络中的有用性,包括专家系统、人工神经网络、遗传算法和模糊逻辑系统;也研究报道了大量的使用人工智能设计一些供水系统或网络的类似应用,如将人工智能用于检测随机水污染。它侧重于有机成分对水的污染,传统上是通过指标测量或可能未受污染的水的替代物理和化学参数推断"常规"水样的检测;然后将与这些正常样本的偏差视为污染的指示,利用未污染水源数据库训练检测算法。该算法已被证明在随机和高度可变的水特征下,能够成功地以非常低的误报率检测浓度相对较低的污染物。

(二)空气污染控制与管理

空气质量一直是世界范围内的一个重要问题,SO_2、NO_2、NO、O_3 和 CO 等污染物对人类健康和环境有重大影响。人工智能辅助技术可以应用于智能城市的空气质量预测。人工神经网络已被广泛用于环境管理、控制和建模过程。人工神经网络研究了二氧化氮、臭氧和气象条件之间的关系,并检验了它们的预测能力。在污染减少过程的控制或管理问题方面,人工智能辅助技术也有相关应用。已有研究人员建立了 24 小时光化学污染预测而创建的反向传播神经网络模型,并将其成功用于对城市空气污染(二氧化氮浓度)的准确性评估和预测。研究人员针对其他的空气污染物(NO、NO_2、CO、O_3 和 SO_2)还建立了基于人工神经网络和多元线性回归的空气污染预测模型。此外其他计算机技术和先进的统计学(如人工智能、物联网和机器学习)也可用来检查环境空气污染或用于室内空气区域的环境条件控制。

(三)固体废弃物管理

近年来,工业废物的回收率不断提高,然而,回收过程中的分离成本却造成了很大的问题。机器学习的应用有助于混合可回收废物的分类和分离过程改进。基于人工智能的混合智能框架可以达到最大化废物和能源回收,这是一个涵盖所有行业部门废物管理链的平台。与其他方法相比,该方法利用机器学习和图论模型优化了短距离和良好的垃圾收集性能。使用混合智能框架有助于从贸易部门回收资源,吸引更多的投资者,并创造一个生态产业的趋势。Huang 和 Koroteev 提出了机器学习驱动的预测分析框架,为能源和废物管理的规划做足了准备,还应用了一个人工神经网络来预测废物数量,并基于现实中可持续能源市场的波动,使用了一种增强的机器学习算法来改善能源成本上的废物收集。仿真结果显示,所分析的废物数量减少了 90%,填埋减少了 40%,运输减少了 15%,成功地生成了有效的废物模型。人工智能技术成功应用在危险废物回收领域、海洋区域石油泄漏的检测和预警等领域。

三、智慧环保的意义

(一)有利于促进环境管理职能的转变和效率的提高

环保行政主管部门把传感器和装备嵌入各种环境监控对象,借助物联网技术,通过分布式

的传感器的同步监测，多传感器节点的协同工作，可以实现对水体水源、大气、噪声、污染源、放射源、废弃物等重点环保监测对象的状态、参数及位置等信息进行多元化、动态、分布式感知。通过云计算技术将环保领域的各物联网设备整合，数据获取后对其进行分析预测和价值挖掘，使监测更加全面。实现人类社会与环境业务系统的整合，以更加精确和动态的方式实现环境管理和决策的"智慧"化。

（二）有利于促进环保监察工作自动化、标准化和全面化

智慧环保充分应用物联网技术实现水、陆、空立体监控。它利用智能监控设备监测水质和空气的质量数据，利用无人机航拍取证，巡检、巡查，利用微型监测站等对污染区实行无死角覆盖，溯源更精准；促进各污染物相关部门数据资源共享、系统整合，避免重复建设或者形成"信息孤岛"，实现信息资源的管理与高效应用；可以发现造假、预批建设等环境违法行为，提高执法的准确性，提高环境监管水平，促进环境监管的发展和创新。

（三）有利于提高环境管理的决策理性和公共服务的品质

大数据技术对环境管理看似不相关、碎片化的信息进行关联分析，发现趋势，识别问题，帮助政府找出实现的规律。"用数据说话、用数据管理、用数据决策"，推动各类问题有效解决，有利于实现"环境质量及其变化说得清、污染源排放情况说得清、环境风险说得清"，提高政府提高环境监管与应急防范能力。

"互联网＋生态大数据"也强化了公共服务能力。在互联网和大数据时代，政府提供电子化公共服务，发挥公众在环境污染管理中的作用，构建以政府、企业、社会公众为多元主体的环境污染防治体系。通过大数据分类计算收集的社会信息数据和公共交流数据，可以帮助环保部门横向设计公共服务。

第二节　智慧环保的关键技术

随着物联网、云计算、大数据等技术的飞速发展，越来越多的技术与设备应用于智慧环保。智慧环保所需要的一些主流核心技术如下。

一、大数据技术

将大数据应用于智慧环保中，用户可以采集、录入、整理和归纳海量环境数据，并对高增长率和多样化的环境数据开展智能分析，为污染源生命周期过程建模，将环境综合管理业务数据、环保行政管理综合数据、环境规划综合数据的管理、归档成果资料等海量异构数据进行统一整理和融合，实现数据共享和统一管理。

生态环境大数据主要通过卫星遥感、传感器、射频识别、物联网和移动平台等技术手段进行采集。采集数据主要分为五类：地面监测数据、卫星遥感监测数据、地理信息数据、社会统计数据及其他数据，如地面气象站监测网络、全球环境监测网络等，主要涵盖生态系统和环境污染监测，收集并分析水生态、陆地生态、环境质量、环境污染及生态环境要素的时空变化情况。

大数据技术充分利用气象数据、空气质量自动监测得到的数据、污染源自动监控得到的数据进行相关性分析,从而对空气质量预警预报。大数据技术还可以将各种不同种类的环境指标信息和污染源排放信息相互结合,开展数据分析活动,通过科学的分析,找到污染环境的成因。大数据技术用来优化生态大数据的处理速度,并在云端集成生态统计分析软件功能,可以实时为研究人员提供监测数据评价,将原本标准化的技术处理和计算流程交由平台运算,研究人员只需要做出关键的人为判断和决策。将大数据技术应用在环保领域,可有效提高我国环境保护治理水平,为我国核心竞争力的提高提供有力支持。

二、物联网技术

根据《环保物联网术语》(HJ 929—2017)的定义,环保物联网是利用信息技术建设并用于环境质量、污染源、生态保护、环境风险等环境数据获取与应用的物联网。环境物联网在实际应用中的范围涉及较广,它是一种先进的对污染源监控和管理的信息系统。

在智慧环保中,环保物联网是数据实时获取、更新与管理的重要手段。它通过物联网技术将各类环境中的感应器联系起来,构建一个全方位、多角度、多层次的立体化环境监测网络,不仅可以时刻得到各项数据,还能实时监控环境是否符合标准要求;提供污染源追踪、动态掌握污染治理的执行情况,并提供异常预警的技术支撑,为污染防治与监管工作提供数据支撑和决策支持,从而合理配置资源。此外,物联网技术在环保行业数据库的建设和环保企业运营方面也有相关应用。它通过大量先进技术的应用,促使环境管理工作模式发生本质上的转变。总的说来,环保物联网在环境监测中的应用具有十分深远的意义。

三、云计算技术

我国为实现"信息强环保"的战略目标,实行了众多重大信息化建设工程、环保系统,涉及的信息化系统日益庞大,但每个信息化系统都是在不同阶段、不同地点、不同技术体系、由不同承建单位建设的,已有系统存在信息资源分配不均,共享率低,建设、管理成本高,扩展能力较差等问题。

环保云技术可以解决以往企业计算资源调配不灵活、能耗高、计算存储资源不能合理按需配置等问题,海量环境大数据依托云计算的分布式数据挖掘和云存储进行环境数据处理,进行资源监控与管理,为总量减排、环境管理、环境执法等提供科学、准确、及时、有效的数据,同时监测环境治理效果,动态更新治理方案,优化环保布局,在减少软硬件设备资源投入的前提下,在虚拟平台中分配资源,更好地实现环保行业的信息资源共享,最大限度地提高数据资源的利用率;还可以加强政府对企业的管理力度,实现政府环保管理和企业深化减排的"双丰收"。我国环保云平台的云群有"政务云""水务云""文化云""治理云""商务云""监测云""固废云"等,形成了"环保云群"大系统。

四、区块链技术

智慧环保管理体系建设的关键和难点是需要打破不同参与主体、不同部门间的信息孤岛问题,从采集、归档、共享、应用等环节建立畅通的渠道,为生态环保问题的监管和公共决策提供有力的技术支撑。而近年来区块链技术的快速发展,为智慧环保管理体系建设提供技术支撑。

区块链技术所具有的不可伪造、全程留痕、可以追溯、公开透明等优势正是建设智慧环保管理体系所急需的。例如,在企业监管方面,区块链可以用于产品追溯,并通过使供应链更加透明来防止资源浪费、低效率和过度排污;在废弃物回收方面,可以以加密令牌的形式提供经济奖励,以换取可回收物品,鼓励公众参与并轻松透明地跟踪数据;在能源利用方面,点对点区块链能源系统将减少远距离传输带来的损失,减少对能源存储的需求,合理分配能源;碳计算、空气污染、监管机制的有效形成,有助于环境条约的有效达成,能够破解环境保护领域的各种争议。在监督和环保政策的公共决策过程中,公众可以以匿名形式提供环保污染线索或政策建议,极大地激活社会组织和公民参与环保治理的主动性。

五、地理信息系统技术

地理信息系统是一种基于计算机的工具,它可以对空间信息进行分析和处理,即对地球上存在的现象和发生的事件进行成图和分析。地理信息系统技术把地图这种独特的视觉化效果和地理分析功能与一般的数据库操作(如查询和统计分析等)集成在一起。

地理信息系统技术在智慧环保中的应用主要体现在以下几个方面:①对环境进行监测,如对土壤监测、对河流和湖泊的水环境监测、对海洋监测、对植被覆盖和沙漠化监测等;②对自然生态现状进行分析,客观地评价生态破坏程度和波及的范围,为各级政府进行生态环境综合治理提供科学依据;③建立重大环境污染事故区域预警系统,使其能够对事故风险源的地理位置及其属性、事故敏感区域位置及其属性进行管理,提供污染事故的大气、河流污染扩散的模拟过程和应急方案;④对环境质量评价和环境影响评价,可将地理信息与大气、土壤、水、噪声等环境要素的监测数据结合在一起,利用地理信息系统软件的空间分析模块,对整个区域的环境质量现状进行客观、全面的评价,以反映出区域中受污染的程度及空间分布情况;⑤用地理信息系统制作环境专题图,在基础电子地图上加入相关的专题数据,就可迅速制作出各种高质量的环境专题地图。

六、环境模型模拟技术

环境模型模拟技术是将一个实际情景的某些特征提取出来,通过计算机的手段模拟出类似的场景,达到模拟的效果。例如,构建一个仿真的污水处理厂模型,可以校核设计参数的变动对运行效果的影响,从而避免在实际污水处理厂中调试可能带来的资源浪费和环境风险。此外,构建模型模拟还有助于理解污水处理过程中复杂的相互作用,如脱氮与除磷的相互作用、碳源、污泥回流比、温度、硝化速率等因素的影响,更有效地掌握污水处理的内在机理,提高工艺灵活性,降低运行成本,更好地保障处理效果。模型模拟技术可以进行各种备选方案的综合比选,这对于评估已有污水处理厂的升级改造方案具有重要意义。通过构建多参数有限差分构建三维地表水动力模型,实现河流、湖泊、水库、湿地系统、河口和海洋等水体的水动力学和水质模拟,从而达到最佳模拟效果,为环境评价和政策制定提供有效决策依据。

七、人工智能技术

人工智能是通过计算机程序来呈现人类智能的技术。人工智能的快速发展,使机器能够胜任一些需要人类智能才能完成的复杂工作。在环保领域应用人工智能技术,可以有效减少环保成本,降低危险发生率,对高污染和偏远区域进行巡逻和治理。利用人工智能的物品识别与分析技术,可以进行污染物分析,识别出不能丢弃、填埋或焚烧的污染物;利用人工智能的面部识别技术可以协助警方抓捕破坏环境的违法分子。将人工智能和 5G 技术融合,有助于提升环境信息监测能力、环境数据传输能力、环境现状治理能力及环境保护应急管理能力等,从而提高决策水平。

第三节 智慧环保应用平台

一、环境大数据分析与决策支持平台

陈晓红院士研究团队系统地开展湖南省环境大数据分析关键技术、平台及应用研究,完成了基于 Hadoop 架构的环境大数据分析与决策支持平台,构建了湖南省环境大数据库,并将其应用在湘江流域水质动态分析与预测、长株潭地区 PM2.5 防控与预警等方面,取得了很好的效果。

(一)环境大数据库构建

该数据库通过构建针对信息实时更新的监控式定向网络爬虫实现数据实时采集,根据湖南省环保厅环境质量发布网站,以及全国空气质量发布网站"空气知音"实时发布的环境质量数据,设计了针对信息实时更新定向网络爬虫进行环境数据的实时爬取。该爬虫基于自动测试技术和分布式技术实现,根据网站的数据更新频率每天采集一组湘江流域 32 个断面地表水的 pH、溶解氧、高锰酸盐、氨氮、总磷、镉、砷、铅等水质指标数据;每小时采集一组全国 379 个主要城市 1573 个监测站关于 AQI、空气质量等级、PM2.5、PM10、首要污染物的空气质量数据,以及湖南省 14 个地市的 AQI、PM2.5、PM10、SO_2、NO_2、CO、O_3 空气质量等数据。此外还有收集区域经济信息表和环境舆情信息表。收集区域经济信息表主要来源是湖南省各市地区年鉴及各地市统计局数据,主要包括县区、年份、年末常住人口、城镇化率、地区生产总值、工业增加值、固定资产投资、进出口总额、地方财政收入、城镇居民人均可支配收入等指标。环境舆情信息表主要来源是网络采集的环境舆论信息,主要包括来源网站、发布时间、发布者、发布内容等信息。

在物理层面,环境大数据库以 HBase 和 MySQL 为核心,前者作为环境大数据的存储空间,完成向数据分析模块的输入;后者作为数据分析视图存储空间,用于接收并保持数据分析的结果和可视化中间数据,并提供中间数据和分析结果的快速查询。

(二)环境大数据分析基础模块

环境大数据管理与分析平台主要通过集成 Sqoop 功能模块实现原始数据及分析数据的导

入、结果数据的导出等数据转移功能；通过集成 Hive 功能模块实现数据分析中的基本数据统计分析功能；通过集成 Oozie 实现 Hadoop 作业工作流控制功能，可以满足定时数据分析作业等需求；通过集成 Hue 实现 Hadoop 与各功能模块的整合，并提供用户操作界面，方便用户对数据进行基础分析。以上组件的有机结合，为后续环境数据分析提供资源管理、数据处理、流程控制、安全管理等完备的平台支撑。环境大数据分析平台基础模块架构如图 17-2 所示。

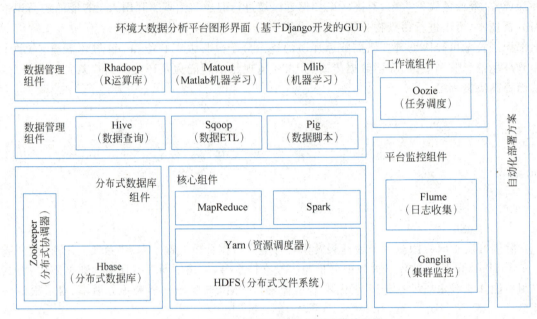

图 17-2　环境大数据分析平台基础模块架构

该平台将环境大数据管理与分析所需要的主要功能提供给开发者。一方面，这些功能覆盖环境大数据管理与分析全过程，包括数据采集、数据提取、数据清洗、数据管理、数据统计分析、分析算法构建、分析算法管理，分析结果可视化等。另一方面，后期开发者可以在该平台上进行二次开发，完成具体分析应用所需的具体分析算法并构建分析工作流，实现了平台的延展性。

（三）湘江水质分析支持模块

在环境大数据分析基础模块的基础上，我们实现了湘江水质分析所需的决策支持模块。基于证据推理的水质评价方法计算模块：通过断面地表水的 pH、溶解氧、高锰酸盐、氨氮、总磷、镉、砷、铅等水质指标数据计算水质评价指标，并可以通过 Hadoop 作业工作流定时的分析新的环境数据，分析湘江流域干流与支流的水质时间变化趋势与湘江流域干流与支流的水质空间变化趋势，以及支流水质对干流水质的影响分析，如图 17-3 所示。通过数据挖掘的聚类方法，分析湘江流域每个断面的水质情况，将各断面聚类分组，分组可为后续的主成分分析等分析奠定基础，也可为提升水质的政策与决策提供依据。

（四）空气污染分析支持模块

对长株潭城市群区域以 PM2.5 为首的大气污染物排放现状与时空变化规律进行了深入调研与分析，并在此基础上系统剖析 PM2.5 排放的时空分布特征，为区域 PM2.5 污染的来源

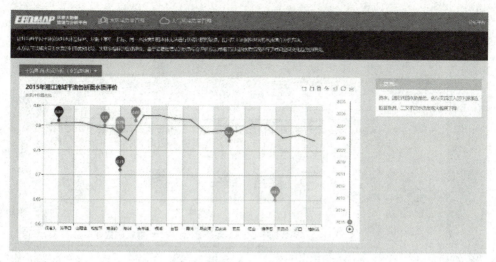

图 17-3　湘江流域支流水质对干流水质的影响分析

解析与防控预警提供重要决策参考。根据 2013—2014 年长株潭城市群 23 个监测点 PM2.5 的每天(从当日 01:00 到次日 00:00)实时浓度的监测数据,并在此基础上绘制出长株潭城市群 PM2.5 日变化规律(见图 17-4)。

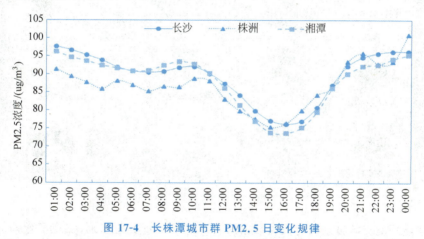

图 17-4　长株潭城市群 PM2.5 日变化规律

与此同时,基于 PM2.5 实测浓度与气象参数的关系,采用滚动预测方法,即依据最近期的气象数据进行预测,由近及远,减少数据波动带来的影响。采用前面 96 小时 PM2.5 的监测数据,预测未来 24 小时的 PM2.5 浓度,可用于 PM2.5 浓度的实时预报预警。

二、黑龙江环境大数据中心

黑龙江省环境数据中心总体建设分为六个部分,具体为:标准规范体系、内网门户、环境信息资源目录、环境业务数据中心、环境空间数据中心、环境业务数据共享与发布。其系统架构如图 17-5 所示。

环境数据中心结合国家标准和黑龙江省环境信息资源数据的实际情况,构建完善的环境资源目录对目录资源进行展示、导航,完善对目录资源关联的数据和元数据进行查询、查看、导

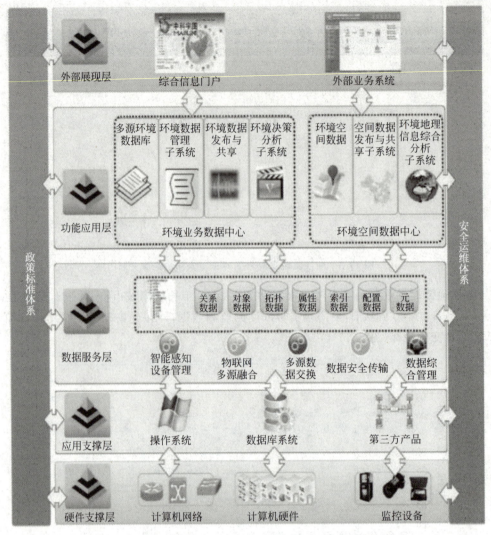

图 17-5 黑龙江省环境数据中心的系统架构

出打印等功能环境资源目录的建设为数据的共享打下了坚实的基础,实现了数据的集中整合与统一管理。

建立四个"一档"环境数据档案,即污染源"一源一档"、机动车"一车一档"、环境质量"一点一档"、12369 信访"一事一档",逐渐打破信息壁垒,从而全面实现整个环境业务的协同。根据污染源管理不同阶段建立切面,进行综合分析,为各业务部门提供分析服务、污染源分层管理,提高综合分析能力。立足本期数据资源中心,着眼环境信息化建设,探索新技术和信息化管理模式,面向数据共享与辅助决策,使信息化更好地为环境管理工作服务。

整合各类地理信息资源和环境保护业务资源,建立环境空间数据中心,为管理者提供"业务带图图管环境"的直观可视化的管理手段,提高环保业务综合管理与分析决策能力。

三、环保云计算平台

云计算作为环保信息化的服务平台,实现了无所不在的环境感知监控,如图 17-6 所示。

它实时采集各类污染源信息和环境信息,并建立统一的智能海量数据资源中心,进行数据挖掘、模型建立,从而为监管部门提供总量控制、生态保护、环境执法等服务的基础数据,以更加精细和动态的方式实现环境管理和决策的"智慧"。环保云通过环保信息化服务和电子商务协同建设,形成企业与政府环保管理部门间、企业与企业间、企业与个人间的环保信息互动平台,实现环保减排及环保业务处理计算机化、业务管理规范化、信息共享网络化、管理决策科学化,工业企业的环保管理水平被全面提升,企业对环境保护的重视力度被加强。

图 17-6 基于环保大数据的智能云平台总体架构图

(一)云数据交换平台

图 17-7 为云数据交换平台的内容组成。云数据交换平台主要包括以下四部分数据资源:①基础空间数据资源包括基础地形、行政区划、航片、路网、POI、地质等基础空间数据;②环境感知数据资源主要分为环境质量监控数据和污染源在线监控数据两大类;③环境数据仓库资源建立以面向环境信息资源为主题数据仓库,将一般信息适当抽象,使用户快速准确地得到所需的信息,包括区域环境数据、环境变化趋势等;④专题扩展数据资源是各项专题业务扩展的专题库,如环境专题数据、规划专题数据、国土专题数据等。

数据交换机制云数据交换平台在数据管理与共享交换机制上采用两种模式:一是集中模式。按照"适度物理集中,基础资源共享"的原则,将各部门的可共享信息资源统一纳入共享交换服务平台空间数据库,为各部门提供空间数据访问服务。二是矩阵模式。横向主要解决同级部门之间的数据共享与交换,纵向主要解决上下级部门之间的数据共享与交换。

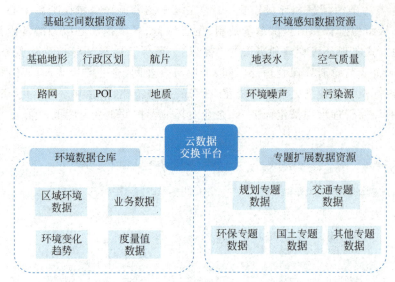

图 17-7　云数据交换平台的内容组成

(二) 贵州环保云案例

贵州省环境保护厅按照省委省政府的要求，于 2016 年开始积极建设"环保云"工程，并以大数据为依托，转变政府管理模式，通过提升环境管理效率，加强社会监督等手段倒逼省内产业升级、淘汰落后产能。基于已有环境信息化建设成果，面向实际环境保护应用及公众对于环境保护的参与需求，贵州省环境保护厅还开展了"环保云"应用平台的建设，并取得显著成效。

基于地理信息系统、RS、GPS 技术，环境地理信息云实现环境业务数据基于"一张图"的分析、应用和展示。纵观整个系统，全省污染源自动监控数据、环境自动监测数据、视频监控数据、环境保护专题数据等环境信息尽收眼底，实现了各类环境管理对象的全方位自动监控。环境自动监测云可对全省 37 个监测点位的地表水的水质、32 个国控监测点位的空气质量、454 家重点污染源排放进行 24 小时全天候不间断监控实时获取海量环境监控数据，有关数据进入"云上贵州"系统，为政府管理提供服务。

采用移动互联的技术手段建设的移动执法系统能够全面提高环境监察执法工作效率，提升环保监察执法的能力、水平和规范执法流程。通过公众 App 展示贵州省的环境质量、环境监管、公众互动信息，为政府、企业和市民搭建移动互联的云技术桥梁。通过政府网站和"环保云"外网门户可及时发布市民及媒体所关心的环境动态、环境质量信息，提供公众与环保部门互动平台。同时，"环保云"平台自动将业务推送到环保电子政务云进行办理，实现全流程网上办事及办公。打造环保部门统一的电子政务外网云桌面，应用程序一处部署，随处运行。突破传统业务办理模式，取代纸质文件流转形式，将厅长信箱投诉、咨询等环境业务交互到内网云平台全面处理。

通过"环保云"应急信息系统实现应急基础信息管理、应急知识库管理、系统规范化管理。在应急信息管理系统中，基于应急预案的内容，建立风险防控体系，利用知识库支撑，做好应急保障。

第四节 智慧环保面临的挑战

智慧环保建设过程中出现的基础设施建设、人员队伍建设、资金保障等关键问题,正在制约我国智慧环保的发展。

一、顶层设计缺乏系统性

顶层设计包括总体发展规划编制、体制机制建立、信息化建设标准体系搭建等。环境管理理念和智慧环保的要求不相匹配,缺乏系统规划。现有的一些智慧环保平台依旧遵循传统的环境管理理念建设,不太注重对环境数据的全面分析和预测,没有实现预防功能,没有提前进行切实有效的干预。尽管它监测到了污染源数据、监测到违法排污,但是这些污染源已经被排放到自然环境中,对环境造成了损害。

二、环境信息资源尚未全面有效地开发和共享

国家、省、市、区(县)环保四级平台共用共享和信息交换不通畅。环保大数据涉及的领域众多、内容庞杂,这些数据的采集、传输、加工、存储、应用比较分散,缺乏规范化管理,功能上还局限于简单的查询和统计。同时,部分地方和单位对环境信息化的要求认识不足,出现各自为政、封锁闭塞的现象,导致系统应用"烟囱"和数据"孤岛"的出现。

三、网络覆盖能力不能完全满足信息传输与资源共享的需要

我国环境信息网络建设已具有了一定的规模,但环境监控、环境信息共享范围小,随着环境管理应用需求的不断增加,业务协同、综合支撑和公众服务能力弱,各地区信息协同能力不足,智能化边缘监测设备普及率不够。现有的污染源在线监测点位局限于工业有源排放,监测设备品牌质量不同影响监测数据传输率,且监测数据有效性不高。末端监测点位不足,数据质量没有保障,会对大数据的有效分析大打折扣。

四、环境管理核心业务信息化程度有待提高

环境信息化建设存在重硬件、轻软件、重建设、轻应用的现象,环保物联网在环境监测、污染总量减排等方面还未能充分发挥作用,从而影响环境保护效果。

五、安全保护机制不健全

在传统工业互联网的运行过程中,数据信息被集成收集,并经过处理后在云端存储,这个流程存在被恶意篡改的可能。因此,需要考虑合理的技术协议,来确保数据储存的完整性及有

效性。除此以外,应当配套合理的信息安全制度,提升信息安全管理人员技术水平,用高标准的安全防护体系来应对数据安全风险,确保数据的安全使用。

本章小结

本章对智慧环保的概念、研究和发展现状及研究意义,智慧环保的核心技术、应用平台进行了概述,并对智慧环保未来发展所面临的挑战进行了分析。智慧环保行业未来的发展是极具潜力的,政府出台了一系列促进环保产业发展的政策,提出了更高的技术要求和环保标准,市场需求也会随之增加,进而带动智慧环保行业的发展;科技在不断进步,这些技术的应用将使智慧环保产品越来越智能化、高效化、集成化。智慧环保的发展前景广阔,但也面临着许多挑战。

复习思考题

1. 什么是智慧环保?
2. 关于智慧环保的应用领域,除了本书所提到的,还有哪些?
3. 智慧环保领域有哪些主流的技术?
4. 如何利用大数据技术推动环保领域智能化?
5. 智慧环保面临哪些挑战?

案例讨论题

抚顺市生态保护红线动态监测系统

1. 总体架构

抚顺市根据《中共中央 国务院关于加快推进生态文明建设的意见》对生态文明建设和环境保护提出一系列新理念、新思想、新战略,而生态保护红线是维护自然生态系统重要部分,对保障生态安全具有关键作用。该市的生态保护红线综合监测管理系统及方案,通过对地市级生态红线划定数据进行汇聚和整合,建立生态功能重要性评价及敏感性评价模型;提供生态红线划定辅助系统,建立生态保护红线监测体系;结合遥感、视频、移动端等技术实现对生态红线动态监测,及时发现侵占红线的违法行为,对生态红线的变更进行管理和维护。其总体架构图如图17-8所示。

2. 建设内容

(1) 成果管理。生态红线数据入库、更新、查询、检索,生态红线地图可视化展示,空间与

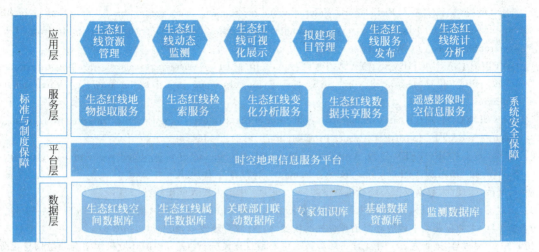

图 17-8　抚顺市生态保护红线动态监测系统总体架构图

属性信息查询,生态红线统计分析。

(2) 生态环境评估。实现生态保护红线划定中生态环境敏感性和生态功能重要性的在线评估,可视化展示。

(3) 动态监测。利用卫星遥感技术对生态保护红线区域实现周期性动态监测,识别红线区域变化和人为活动。

(4) 拟建项目管理。辅助拟建项目合规性评价,实现与政府业务部门协同。

(5) 服务共享发布。将生态保护红线数据服务授权给其他业务部门访问。

3. 建成效果

响应国家的生态红线保护政策:通过划定科学的生态保护红线,响应国家的生态红线保护政策,推动环保战略和规划环评落地,解决当前无序开发、过度开发、分散开发导致的生态空间占用过多、生态破坏、环境污染等问题。

增强生态红线的动态监测能力:通过建设红线管理系统,推进卫星遥感数据在生态红线划定与监管业务中的应用,提高生态红线的划定效率,强化生态动态监测的能力,及时发现侵占生态红线、破坏生态环境的违法行为,并及早予以处罚打击。

提升生态红线数据的共享能力:通过红线管理系统,可实现生态保护红线的数字化、网络化。在此基础上进行红线数据的发布服务,将监测数据共享给城市规划、国土、林业、水利、执法、农业等部门共同使用,加强生态环境的协同监管与保护。

讨论题:请结合上述抚顺市生态保护红线动态监测系统案例,试从应用领域、系统总体架构、所使用到的核心技术及最终的效果对该企业的智慧环保系统进行综合分析,并撰写分析报告。

参考文献

[1] 易建军,李恒芳. 智慧环保实践[M]. 北京:人民邮电出版社,2019.
[2] PANNAKKONG W,PHAM V H,HUYNII V N. A novel hybridization of ARIMA,ANN and K-Means for time series forecasting[J]. International Journal of Knowledge and Systems Science,2017,8:30-53.

[3] ARNON T A,EZRA S,Fishbain B. Water characterization and early contamination detection in highly varying stochastic background water,based on machine learning methodology for processing real-time UV-spectrophotometry[J]. Water Research,2019,155:333-342.

[4] GATTI R C,VELICHEVSKAYA A,TATEO A,et al. Machine learning reveals that prolonged exposure to air pollution is associated with SARS-CoV-2 mortality and infectivity in Italy[J]. Environment Pollution,2020,267:115471.

[5] JIAN H,XU M,ZHOU L. Collaborative collection effort strategies based on the "internet + recycling" business model[J]. Journal of Cleaner Production,2019,241:118120.

[6] HUANG J,KOROTEEV D D. Artificial intelligence for planning of energy and waste management[J]. Sustainable Energy Technologies and Assessments,2021,47:101426.

[7] 吕晓玲,宋捷.大数据挖掘与统计机器学习[M].北京:中国人民大学出版社,2016.

[8] 王运涛,王国强,王桥,等.我国生态环境大数据发展现状与展望[J].中国工程科学,2022,24(5):56-62.

[9] 李玉红.大数据驱动下政府环境治理模式的演变[J].行政管理改革,2023(11):72-81.

[10] 许杰,樊俊佳,刘艳民,等.黑龙江省环境数据中心项目建设分析[C]//中国环境科学学会环境信息化分会,中国环境管理,2016.

第十八章 智慧康养

思维导图

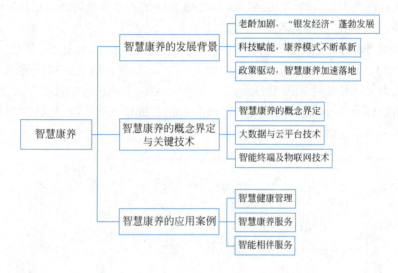

学习目标

学习层次	学习目标
了解	1. 智慧康养的发展背景 2. 智慧康养的应用案例
掌握	1. 智慧康养的概念界定 2. 智慧康养的关键技术

2020年第七次全国人口普查结果显示,我国60岁及以上老年人口已达2.6亿人,约占总人口的18.7%,未来一段时期,我国将持续面临人口老龄化的巨大压力。在家庭养老功能弱化、老年人需求多元化的背景下,传统养老模式已不能满足当前及未来的养老需求,养老事业亟须注入新的活力。随着大数据、物联网等技术的快速发展与深度融合,智慧化养老模式为解决我国养老问题提供了一种可行性方案。智慧化养老以信息技术为支撑,立足老年人的实际需求,将显著提高养老服务的效率与精准度。本章提到的"智慧康养"概念最早由英国的生命信托基金提出,指老人可以不受时间和空间的束缚享受高质量的养老与生活服务。这是我国为解决人口老龄化问题采取的广泛应用于养老事业和产业的信息化手段,能大力推进智慧养老产业发展。

第一节 智慧康养的发展背景

一、老龄加剧,"银发经济"蓬勃发展

中国人口的老龄化程度正在加速加深。现阶段,我国社会老龄化有如下特点。

(一)老龄人口存量大

我国总人口占世界总人口的 18.41%,但老龄人口却占世界老龄人口的 25.54%,已远超世界平均水平,老龄人口占比较重,且存量大。

根据图 18-1 整理的数据可知,我国老龄人口呈现逐年递增的趋势,且在 2020 年我国 60 岁及以上人口已超过 2.6 亿人,占总人口的 18.7%。65 岁及以上人口已达到 1.9 亿人,即将突破 2 亿人大关;据相关预测,我国将在 2023 年左右由老龄化社会进入老龄社会,届时,老年人口年净增量将由 21 世纪的最低值(2021 年出现)直接冲上最高值(2023 年出现),且 65 岁及以上人口将占总人口的 14% 以上。

图 18-1 中国 2015—2020 年年末人口构成

(二)老龄人口比重增长速度快

截至 2021 年年末,我国步入老龄化社会已有 21 年,在此期间,我国 65 岁及以上人口比例增长了 7.2 个百分点,其中 2011—2021 年这十年间就增长了 5.1%,而世界同期增长比重仅为 2.1%。近十年来,中国虽已跨过了第一个快速人口老龄化期,但紧随其后的是一个更快速的人口老龄化期。

我国 60 岁及以上的人口比重由 2015 年的 16.1% 到 2020 年的 18.7%,增长了 2.6 个百分点。65 岁及以上人口比重 6 年间上升了 3%,幅度较大。预计到 2040 年,我国人口老龄化

进程将达到顶峰,之后,老龄化进程进入减速期。此外,对老龄程度进行趋势分析发现我国将是世界上老龄程度发展最快的国家。

(三)老龄人口地区分布不均匀

分析各省人口年龄构成的数据发现,共有 17 个省市 60 岁及以上比重高于全国平均,13 个省市 65 岁及以上老年人口比重超过全国平均水平。由此可知,我国各地区人口老龄化程度各不相同,老龄人口地区分布不均匀。我国社会已由老龄化社会转入老龄社会,急需应对老龄化社会带来的挑战与问题。

通过以上数据可知,老人的赡养与健康问题亟须解决,为此党在十九届五中全会中已经将其上升至国家战略的高度,并出台了相关政策以促进"银发经济"的发展。"银发经济"是指基于老年人心理、生理和行为特征等,专门为"银发群体"提供满足其需求的经济活动的总和。此外,随着城乡养老服务机构的不断完善,养老床位数及机构职工人员数目也大幅上升,再加上收入水平的提高,老年人消费能力也有一定提升,带动了"银发经济"的发展。

二、科技赋能,康养模式不断革新

老龄人口的不断加剧,康养市场的需求量庞大,"银发经济"市场前景广阔,养老模式大致分成四类:健康医疗康养类、居家社区康养类、乡村田园康养类、异地康养类。近年来具有综合性的立体养老类也受到了越来越多人的青睐。现代科技的迅速发展为现代化康养提供了更多的可能性,促进康养模式的革新。

新技术为康养产业发展与升级提供动力。2002 年开始建立的迪拜健康城(DHCC-DUBAI Health Care City,DHCC)是世界上第一个全面医疗保健自由区。该项目投资 18 亿美元,以满足生活在欧洲和东亚之间的 20 亿人口的医药和健康需求为目标,是世界级的健康护理中心。迪拜健康城地处市中心,区域交通便利,实现了医疗区与度假区完美结合。

传统的居家养老无法通过行之有效的管理系统对老年人的健康养老进行监测和防护,相关的健康养老服务产品较少且发挥的作用有限,而科技的发展和关键技术的攻克让健康养老的实用性越来越高,让居家健康养老变得更加便捷和有效,推动高品质居家健康养老的普及。复星康养集团开发了一款智能化的个人健康管理服务软件,它能够检测老年人的身体状况、建立预警系统,为每一位老年人提供动态管理服务,通过智能报警系统保障老年人的生命安全,通过动态人脸识别防止老年人走失,并记录老年人走失情况,在经常出现异常状况的老年人离开小区时发出预警。

在"健康中国"国家战略发展背景之下,休闲度假游已经成为带动乡村产业融合、经济发展的重要引擎。发展田园康养要以"乡村"为载体、以"文化"为内涵、以"康体养生"为目的。晟景文旅在"太阳谷·明日小镇康养度假田园综合体概念设计方案"项目中,面对复杂的河谷冲沟地形与严苛的干热河谷气候挑战,规划通过日照光环境、气温、降雨、风环境等条件,进行合理化的规划布局、制定建筑设计策略及创造性的引入雨洪管理系统。探寻"能源+运动+康养+休闲+景观"的能源利用模式,设计太阳能可移动式休憩设备,利用太阳能实现夜间照明和移动充电;设计太阳能健身步道,采用多晶硅光伏电池基板路面(光伏沥青板),实现夜间路面光伏计步提示。

选择在合适季节出门旅行逐渐成为老年人最为喜欢的养老方式之一,这种经常在自己的居住地与旅游目的地之间往返的养老模式被称为旅居养老,亦称异地养老。入选 2021 年文化和旅游部公布的《首批发展智慧旅游提高适老化程度示范案例名单》的"浙里好玩"老年智慧旅游项目是由浙江省文旅厅打造的旅游信息公共服务平台,涵盖省内 11 个地市的数千个旅游景点介绍、交通信息、旅游路线推荐及景点流量数据。多跨场景及创新应用以老年人的权益保障为初心,扎实做好用户调研,在操作上做减法,在服务上做加法。

三、政策驱动,智慧康养加速落地

近年来国家制定并实施了许多政策措施,如表 18-1 所示。2016 年国务院办公厅发布的《国务院办公厅关于促进和规范健康医疗大数据应用发展的指导意见》指出健康医疗大数据是一种极其重要的基础数据资源,其中明确提出要加快构建统一标准的人口健康平台。提高健康医疗领域大数据的应用,不断推广"互联网＋医疗"的应用,其中最重要的一点就是整合资源、充分利用 App 和信息技术提高智慧健康医疗服务的发展,让健康医疗服务更加便民化、便捷化。

表 18-1　2015—2021 年国家发布的智慧健康养老政策(部分)

年份	部门	政策名称	政策要点
2015	国务院	《关于积极推进"互联网＋"行动的指导意见》	提出促进智慧健康养老产业发展
2016	国务院	《"健康中国 2030"规划纲要》	提出规范和推动"互联网＋"健康医疗服务、推进健康医疗大数据的应用体系建设等规划
2017	工业和信息化部、民政部、国家卫生计生委	《智慧健康养老产业发展行动计划(2017—2020 年)》	要求重点推动智慧健康养老关键技术及产品的研发与使用
2019	民政部	《关于进一步扩大养老服务供给促进养老服务消费的实施意见》	要求加快互联网与养老服务的深度融合,打造多层次智慧养老服务体系
2019	国务院	《关于推进养老服务发展的意见》	要求实施"互联网＋"养老行动,促进人工智能、物联网等信息技术和智能硬件的应用
2020	住建部、国家发改委等六部门	《关于推动物业服务企业发展居家社区养老服务的意见》	要求推进物业服务对接智慧社区系统,建设智慧养老信息平台,配置服务设施等
2021	工业和信息化部、民政部、国家卫生健康委	《智慧健康养老产业发展行动计划(2021—2025 年)》	进一步推动智慧康养产业创新发展,保持政策的延续性和稳定性
2021	国务院	《关于加强新时代老龄工作的意见》	提出发展"互联网＋"照护服务,实施"智慧养老"行动

2017 年 2 月,由工业和信息化部、民政部、国家卫生计生委三部门共同发布的《智慧健康养老产业发展行动计划(2017—2020 年)》明确表示了智慧康养的总体要求是实现优化资源配置、提高使用效率、完善发展环境,满足多样需求,促进康养行业的转型升级。完善康养产品的供给是通过攻克关键技术来实现智慧康养服务产品的不断完善,如多功能健康手环、便携的健康监测设备等,完善服务产品进而能为老年人提供高效精准的老年人服务,推广包括慢性病管理和居家健康养老在内的康养服务。

国务院办公厅 2019 年发布的《国务院办公厅关于推进养老服务发展的意见》指出要实施

"互联网+养老"行动,不断推进智慧健康养老产业的发展、提高信息技术在健康养老中的应用、制定健康养老的产品与服务目录、开始开展部分试点,通过物联网和先进的监控技术对老人进行 24 小时安全监控,加快老年人信息系统的建设。

2019 年 11 月,中共中央、国务院印发《国家积极应对人口老龄化中长期规划》,从战略上阐述了如何应对老年化社会。其中,第三方面要求打造高质量的养老服务和产品供给体系。2020 年发布的《智慧健康养老产品及服务推广目录(2020 年版)》,列举了常见的智慧养老产品的需求,对各类产品的总体要求和具体要求都做了具体描述,初步制定了养老产品的简单标准。企业可以依据目录生产对应的产品,满足智慧养老服务。智慧养老突破了传统养老在居家照顾和健康管理等方面的难点,可以推动现代养老服务业的产业升级。

工业和信息化部、民政部、国家卫生健康委发布的《智慧健康养老产业发展行动计划(2021—2025 年)》提出:①加强包括养老行为检测技术在内的众多关键技术研发及融合多学科拓宽供给;②加强大规模统一信息平台的建设,建立全面的健康养老数据库;③通过"互联网+"丰富健康服务,提升互联网服务的管理能力;④提高智能产品的适老化设计,提升老年人使用智能技术和智能产品的能力;⑤通过科研创新平台的搭建、标准检测体系的构建、加强行业交流、举办互联网大赛探索新模式来提升公共服务能力。

许多省份纷纷响应智慧健康医疗的国家政策,制定了针对智慧健康医疗的地方政策来带动智慧健康医疗的发展。例如,浙江省在印发的《关于推进新时代民政事业高质量发展的意见》中提出要创新养老服务体系,构建多层次的医疗养老结合的多层次养老体系,搭建"浙江里"智慧养老服务平台,通过在健康养老领域应用大数据、人工智能等技术使健康医疗精细化、智能化,鼓励智慧健康医疗发展,并且计划建立一批智慧养老结构。

第二节 智慧康养的概念界定与关键技术

一、智慧康养的概念界定

智慧康养主体是健康康养,是传统医疗领域充分结合了前沿尖端科学技术而交叉融合的产物,提升了健康康养产品及服务的智慧化水平。从数据和信息层面,智慧康养通过采集人体体征、居家环境等数据,推动家庭亲属、医疗机构、康养服务机构间信息的互联互通;从服务层面,提供了多元化、智能化及个性化的服务,实现个人、家庭、社区、机构与健康养老资源的有效对接和优化配置,推动健康养老服务智慧化升级,提升健康养老服务质量效率水平,从而满足日益增长的健康康养需求。

以改善居民健康管理水平为目标,聚焦智慧运营、智慧医疗、智慧服务、区域协同、智慧健康、智慧养老等业务领域,结合人工智能、大数据、5G、物联网、云计算等新兴技术,形成面向医院、居民、企业、政府的智慧康养服务生态体系,如图 18-2 所示。

智慧康养即智慧养老扩展其服务范围,适应更多服务主体的延伸概念。《智慧健康养老产业发展行动计划(2021—2025 年)》提出,要推动智慧康养新技术研发;发展适用于健康管理的智能化技术,开发适用于养老照护的多模态行为监测技术、跌倒防护技术、高精度定位技术;支持突破康复干预技术、神经调控技术、运动功能康复评估与反馈等核心技术。

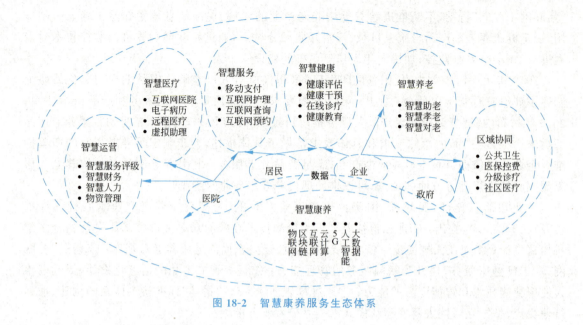

图 18-2 智慧康养服务生态体系

二、大数据与云平台技术

智慧医疗正由传统的专科医疗、以医疗机构为中心的方式向以患者为中心的分布式方式快速转变。一些技术发展鼓励了医疗保健垂直领域的这一快速革命，包括且不限于：大数据信息与云平台技术及物联网技术。

大数据技术是近年高度发展普及、已有一套成熟体系的核心技术，能够通过对用户端数量巨大、来源分散、格式多样的数据进行采集、存储和关联分析，为用户提供个性化服务。而智慧康养平台依托大数据建造而成的系统服务平台，又称"互联网＋"医疗养护平台、智慧健康医疗养护平台等。无论是康养消费者想要定向筛选匹配自己需求的康养方式，为自己量身打造一套符合个人喜好的康养体系，抑或康养商户根据后台数据信息调整自身产业结构，完善产品功能，以提供更合乎市场发展、时代走向的康养模式，与康养机构相辅相成，云平台都能很切实地胜任这些工作。

集成大数据的智慧服务体系，在康养管理层次上，康养机构促进了医疗便携化和空间互通化，弱化了对人力劳动的需求，能让医护人员快速便捷地管理病患，及时发现异常情况并做出相应对策，避免突发事件造成病急发作而酿成的悲剧，还能在一定程度上节省康养资源的使用成本和空间，部分只需观察、即将康复的病人可以通过云平台远程监控管理，大幅削减了线下机构的压力。政府部门的监管工作可以直接在线上进行，或通过这些平台直接查阅对照，数据信息的收集更让官方的统计分析工作简易化、低廉化，进一步优化了数字技术的总体布局。

北京市、河北省承德市、安徽省合肥市等地区通过智慧养老信息平台实现了政府、机构、社区、社会公众之间的互联互通与资源共享。而浙江省杭州市西湖区作为智慧康养建设试点，利用其丰富的医疗资源和先进的康养设备，在智慧康养的建设上起到了示范引领的作用。2020年，西湖区基于该地实际情况，初步确立"服务联合、人才成长、照护标准、康养支付"4 个体系，西湖区的智慧康养建设试点成功入选了国家示范基地名单，为其他地区的智慧康养发展提供了参考方案。

鉴于大数据与云平台发展已有一段时日,网络逐渐完善、体系趋于健全,这一技术应用于医疗行业既是一种对于新领域应用层面的探索,又是一次现有成果的转换和化用。但需要指出的是,这一新兴技术中最需要注意的,正是其饱受诟病的隐私和伦理问题。倘若这一技术越过用户所授予的权限范围,或是在用户不知情的情况下开展数据采集,导致被收集的数据超过用户所希望的范围,就意味着用户的隐私受到了侵犯。在疗养过程中的监控手段要避免给用户带来不适感,并规范信息管理、确保用户的自主控制权、在明确定义的行动框架内协调责任和行动。

三、智能终端及物联网技术

鉴于康养行业并非大数据及云平台应用的第一产业,智慧康养的发展不能指望单一形式的技术。这些技术更多的是信息的采集和展示,实际的操作和对策的实施仍然依赖医护人员和专业设备。智能终端设备及承载设备数据信息的物联网(IoT)技术为智慧康养带来了另一种潜力无限的新可能。

智能装置分为五种,其中以移动式、穿戴式、落地式为主,又有非接触式、无意识触摸式两种其他形式的设备。下面逐一进行介绍。

移动式和穿戴式的传感装置起步较早,现今智能手机上配备的应用程序可以测量用户的心率和压力水平,低成本附加软件能够进一步度量血糖值等精细化信息,类似的智能手表等穿戴型设备也早已配置了健康信息的监控和实时检测。这一系列数据信息除了通过物联网直观地反馈给病患本人,还能在本人允许的情况下将信息传输到亲友端和医护端,报备病患健康状况,方便监护和诊断。这一类设备与物联网技术联动偏少,对病患本人操作要求较高,上述功能中除了定位、反馈等基础功能外,大部分都需要用户自行设置调配才能实现,适应周期长,缺乏独立性,一些特殊病患集体甚至容易对这两类形式的设备产生排斥、抵触心理。

固定式(落地式)器械类似今天流行的智能扫地机器人,以安放型的家具为代表,一般完全固定不可拆卸,或有一定的活动范围,服务于病患的日常生活,营造普通舒适的智能环境,将智能技术融于家居环境中,潜移默化地为用户提供便捷服务。智能家具有助于监测和遥感居民,促进器械系统独立性并提高居民的生活质量。固定设备体系对环境的感知是一个自下而上的过程:设备内传感器使用物理组件监视环境,并借由通信层提供信息;数据库收集和存储这些信息,而其他信息组件将原始信息处理成更有用的知识(如动作模型、模式),根据用户要求或事先安排,这些知识以一定形式向决策机构提供新信息,操作执行自上而下流动。为了实现安全、功能强大的智能医疗家居环境,还需要确保不同系统或数据源之间临床数据的安全交换。

非接触式设备运用声光电感应,拥有更高级、更自动、更智能的非接触式服务。无意识触摸式智能终端则遍布居家环境,通过跟踪病患活动轨迹,监控其活动状态,偏重报警和防范。市面上还新兴认知和感官辅助技术,其包括自动或自我启动的提醒和其他认知辅助工具,如药物提醒和管理工具,以及丢失的关键定位器,或具有已识别记忆缺陷的用户。感官辅助包括帮助有感觉缺陷的用户的技术,现阶段已经能够服务于具有视力、听力障碍的人群。

第三节 智慧康养的应用案例

一、智慧健康管理

智慧健康管理是指采用信息化手段，针对居民的实际需求搭建合理高效的综合健康管理服务平台，对老人的健康状态进行实时连续的监测、管理、预警和行为干预的过程。智慧健康管理能够提供面向全场景养老的解决方案，逐渐渗透社区养老、机构养老、居家养老、健康社区等多场景养老领域，是人口老龄化加剧和数字技术全面赋能双重背景下解决养老问题的重要途径。

（一）AI生物感知技术助力老年监护

上海百芝龙网络科技有限公司自主研发出了基于人工智能的无线网络生物探测传感器"孝智通"，它通过搭载无线智能感知技术和百芝龙人工智能专利算法，能够快速识别人体异常行为，实时掌握独居老人的生存状态、安全状态，以及主动式的意外报警。从技术的延展性来看，其生物识别能力还可以应用在看护员工作监控等更多方面。

目前该应用包含实时报警功能：①摔倒报警，通常应用于卫生间、浴室或其他单人活动空间内，用于监测因意外导致的摔倒、倒地后无法起身自救的情况；②离床监测，适用于监测被看护人离开床位后，未在设定时间内返回的情况，通常应用于对需要看护或行动不便的群体的监护；③非正常滞留报警，在卫生间等隐私场所持续发现微弱体征，且无明显走动等行为超过设定时间后，发出警报。

（二）上海市浦东新区周家渡街道"1+32+X"三级智慧为老服务网络

周家渡街道社区综合为老服务中心在5G网络支撑下，以社区综合为老服务中心为核心，依托街道32个家门口为老服务站，将中心赋能，延伸至社区，实现"康养资源"在15分钟服务圈内可达可触可及，构建周家渡街道的"1+32+X"三级为老服务网络，如图18-3所示。

服务中心提供"智慧养老"微信小程序、"智慧健康屋""互联网+居家护理服务"等功能，基于小程序，为老人、家属、志愿者提供便捷、适配的服务终端，可以随时随地寻找自己所需要的服务内容，并作进一步操作。"慧健康屋"通过大数据、5G和物联网技术，融合智能设备和大数据平台，构建专业、安全、高效的健康管理体系，实现自助健康检测、健康档案建立、慢性病筛查等功能。"互联网+居家护理服务"以现代护理学为基础，运用物联网、云计算、护理知识库、大数据技术构建智慧居家护理平台，对接带有数据传输功能的智能终端设备，建立老人动态健康档案；瞄准居家养老的关键痛点，充分运用互联网和智能化技术，把专业的机构服务延伸至普通家庭，助力居家养老增能。

（三）失智失能安全照护方案

上海迈动医疗器械股份有限公司的失智失能安全照护方案运用物联网、互联网技术，以自主研发的智能床垫作为硬件支撑，配套智慧健康管理平台，对失智失能老人进行不间断监测，

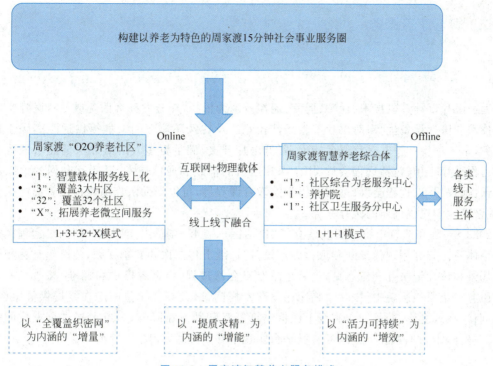

图 18-3 周家渡智慧养老服务模式

同时将数据反馈到信息平台,提升了老人的夜间睡眠安全。失智失能安全照护方案包括:智能床垫硬件、特有离床感应系统、睡眠监测、Wi-Fi 物联智能 App、强大互联网"云"数据库等。产品智能化,包括离床实时感应及超时报警提醒;体动感应及超时防压疮报警提醒;生命体征监测及报警提醒;心率、呼吸实时监测,以及异常报警提醒;深浅睡眠算法分析、数据统计分析等;自定义设备按键,可定义报警内容,如图 18-4 所示。

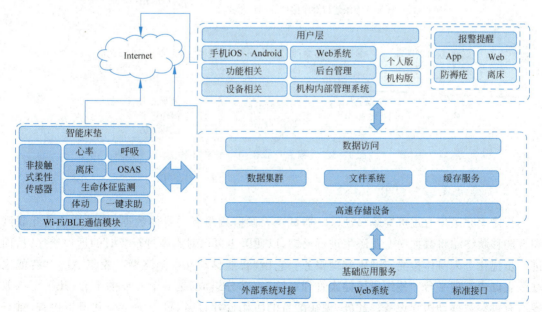

图 18-4 失智失能安全照护系统信号传输图

二、智慧康养服务

(一) 远程医疗

远程医疗以计算机技术、遥感、遥测、遥控技术为依托,充分发挥大医院或专科医疗中心的医疗技术和医疗设备优势,对医疗卫生条件较差的及特殊环境下的人群提供远距离医学信息和服务,是一项旨在提升医疗服务能力、降低医疗开支、满足更多人的医疗保健需求的医疗服务。远程医疗干预,包括远程会诊、用于医疗通信的信息和通信技术、基于互联网的诊断和治疗干预、远程手术、远程会议、远程网络学院教育课程等,可以帮助医疗保健提供者提高工作能力,并帮助他们提供优质的医疗服务。

2023年,呼和浩特市第一医院建立了"自治区—盟市—旗县—苏木乡镇"四级远程医疗服务网络体系。它利用现代诊断和远程医疗设备,连续上传图像和共享视频,使医生查看相同的现场场景和诊疗记录并交流意见,最后记录专家会诊过程,为患者提供高标准、高质量的远程医疗服务。市第一医院提供60个临床科室和专病门诊,共有232位医生在线提供健康咨询、线上问诊、在线复诊、药品配送和线上医保结算等互联网医疗服务,为患者提供全方位的医疗服务。另外,市第一医院与全国各省级平台实现了互联互通,如图18-5所示。

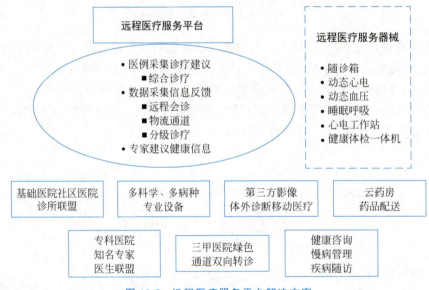

图 18-5　远程医疗服务平台解决方案

(二) 家庭医生

智能家庭医生通过可穿戴移动医疗器械全天候监测患者的身体数据,再通过移动互联网和智能移动终端将数据向专业医生进行反馈,以便医生可以对患者进行及时的远程诊疗,从而进一步优化个人身体检测与健康管理服务。它由"智能移动互检测终端""收集App""智能家庭医生健康管理平台""签约居民健康管理系统"等部分组成,是一个开放的平台,几乎可以兼容所有可穿戴移动医疗设备。此外,现在配备的医用诊疗设备,可以满足公共卫生检查,重点人群(如老年人、慢性病人、0～6岁儿童、孕妇、残疾人等)的筛查和远程监控。

家庭医生出诊时携带"智能家庭医生-全科医生出诊箱",可以实现对签约居民37项以上个人健康数据采集,数据可同步到公共卫生平台进行检查、确诊;对于难以确诊的患者,家庭医生可以通过智能家庭医生终端向上级医院专科医生求援上级专科医生通过视频进行远程会诊,并通过智能家庭医生终端查询签约患者的历史健康数据和实时检查数据,以确定治疗方案和是否需要转诊,如图18-6所示。

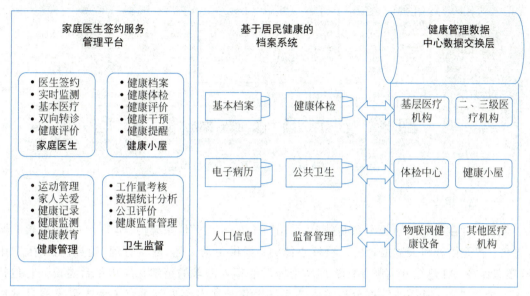

图18-6　家庭医生服务平台系统架构

（三）智慧康养信息平台

支撑健康康养服务体系的智慧康养信息平台指的是融合应用物联网、云计算、大数据、智能设备等信息技术和产品,使居家养老与医疗照护相结合的信息系统。其面向缺乏病前管理,需监测健康状态、掌握病情变化,就医不便,需要远程诊疗服务,需要实时监测异常情况和主动救治的老年人群体,通过即时、便捷、高效率、物联网化、智能化系统的智慧养老服务来提升养老服务效率。

广州蓝色健康科技有限公司设计研发的智慧康养信息平台通过建立老人健康档案,开展健康评估,实施健康干预及进行数据分析,为老人提供健康管理服务,深度为智慧康养工作赋能。它通过物联网采集到的老人健康数据,结合AI人工智能建模、大数据的学习模型,为用户提供心血管、高血压、心脑梗的风险连续监测与健康预警服务,如图18-7所示。

三、智能相伴服务

老年人智能相伴服务,在老年人日常生活的居家、社区、机构等各种场所和养老服务场景中,应用各类智能化、信息化手段,为老年人提供便捷易用的养老信息资源服务和陪伴关爱服务。它可以有效消除老年人"数字鸿沟",帮助老年人享受现代科技的便利;可广泛吸引社会力量参与,满足老年人多样化养老需求,提高老年人及其家庭的获得感、幸福感、安全感。

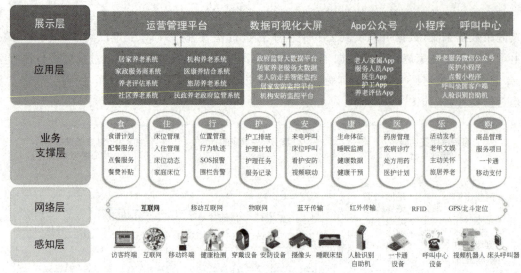

图 18-7　智慧康养信息平台全场景技术架构

（一）AI 银发智能服务平台

中新天津生态城在市级平台基础上,采用"1＋2＋6＋N"体系架构,即 1 个 AI 银发智能服务平台；智能语音和大数据分析 2 项核心能力；提供主动关怀、健康管理、随身监护、生活服务、应急保障、AI 热线 6 大服务；提供 N 个针对老年人需求的精细化应用平台建设。它包括以下几个阶段：一是搭建数据分析关爱体系。汇集独居老年人等重点关爱人群家庭日常用电、用水、用气的情况,通过建模分析,监测使用量突变情况进行预判,及时发布预警信息。二是搭建物联网关爱体系。分级分类地为老年群体配备红外感应器、SOS 按键、智能手环、防摔倒检测器等感知设备,实施全天候关爱保障。三是关心老年人生理和心理健康状态。通过智能语音呼叫系统定期给重点关爱人群拨打慰问电话,结合慢病管理系统的健康数据分析,及时掌握并确认老年人当前健康状况和生活情况,避免意外发生。四是联动公安、交管、医院、急救中心、消防等多部门,当异常事件发生时按照不同的预警级别进行联动处置,如图 18-8 所示。

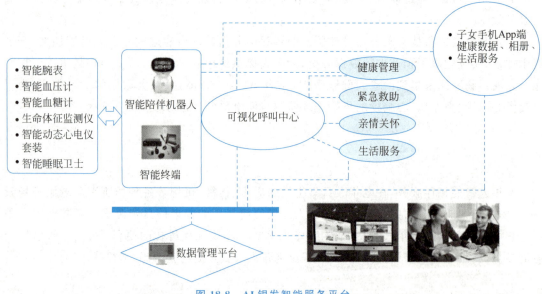

图 18-8　AI 银发智能服务平台

（二）妙伴健康智能机器人

妙伴机器人是由国际顶级的智慧养老产品和服务提供商武汉泰迪智慧科技有限公司自主研发的一款带屏的家用健康服务机器人，集健康服务、生活服务、娱乐陪伴等多项服务于一体。在家庭健康场景，妙伴机器人实现了视频医生、在线挂号、在线购药、智能问诊、健康监测、健康档案、健康音视频、健康问答、SOS紧急呼救等多项功能，妙伴机器人构建了涵盖病前咨询、辅助诊疗、病后康复的全栈式健康管理服务闭环。在娱乐陪伴场景，妙伴机器人囊括了2000W＋音乐曲库、戏曲相声、老年大学、影视资源、家庭KTV、多屏互动等功能，让生活更加丰富多彩。妙伴人工智能养老管理平台是连接老人与服务机构、服务人员，老人与智能终端设备的桥梁，如图18-9所示。

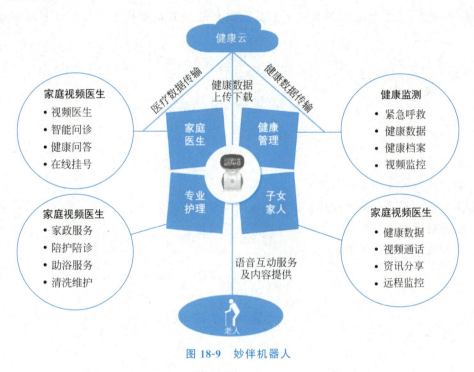

图18-9　妙伴机器人

（三）中银智慧老年教育

中银老年大学是中国银行面向老年群体推出的在线免费学习平台，通过中国银行App银发专区即可进入，并实现一键完成从领取录取通知书到报名、选课、学习、参与线下活动等各环节，通过打造文化养老、公益养老、智慧养老品牌，探索创新金融服务与新时代养老的合作模式。中行上海市分行与上海老年大学共同打造"老年教育＋科技金融"服务模式，支持老年人跨越数字鸿沟；打造全国首家5G智慧养老特色标杆网点，开设涵盖"医、食、住、行、学"等领域的手机银行银发专区。其中，"中银老年大学"模块目前已上线19门免费学习课程，共包含257个学习视频，累计学习点击量60余万次。上海市分行将数字人民币普及等部分线上课程送进老年大学，并布置数字人民币扭蛋机、自助售货机和咖啡机，让老年人体验数字人民币支付带来的便捷，真正做到了让银发人群老有所学、老有所乐、老有所得。

本章小结

在数字技术赋能及国家政策支持下,各地政府、企业、机构在智慧康养领域积极探索、大胆实践,取得了一定的成效,涌现了大量智慧康养平台。然而,智慧康养模式作为一项新生事物,目前处于发展初级阶段,在发展机制和运营过程等环节中存在理念、制度、技术和人才等方面的问题。本章从人口、技术、政策三个方面阐述了我国智慧康养行业的发展背景,介绍了智慧康养的概念与关键技术,阐释了智慧康养的典型应用场景。在互联网时代,如何保证老年人适应智慧康养模式,在信息浪潮的推动下依然能便利的享受新型技术是目前智慧康养面临的问题。

复习思考题

1. 什么是智慧康养?
2. 智慧康养技术主要有哪些?
3. 大数据与云平台技术应用在康养领域的主要优点是?
4. 信息技术的发展将如何影响医疗康养质量管控?
5. 举例说明智慧康养的典型应用场景。

2020年中国家庭医疗健康服务消费白皮书

近年来,国家大力推进家庭医生签约政策,通过与家庭医生团队签约、由家庭医生团队评估并提供相关医疗健康服务并由第三方监管机构进行服务质量控制的监督。但也应注意到,线上家庭医疗健康服务对线下家庭医生签约政策的补充同样不能忽视,如通过线上问诊对居民进行初步健康分类、通过医药O2O直接送药到家、通过联系上级医院名医直接对患者进行治疗方案的指导等。根据调研显示,超过87%的受访者期待拥有包括在线问诊、指标监测、预约挂号、主动随访等服务在内的家庭医生产品。线上与线下家庭医疗健康服务模式融合,将成为家庭医疗健康服务未来的发展方向。家庭康养服务通常由专业的家庭医生进行,包含对每一个家庭成员的全方位生命健康服务。从每个家庭成员的可能遗传疾病、早年社会经历到其目前具体的心理社会因素分析(心理活动、生活压力、社会支持),从而全面掌握该家庭成员健康状况。一旦家庭成员出现症状,家庭康养服务会通过问诊、辅助医学指标分析并综合其之前健康状况得到其目前的大致疾病判断,如果疾病不重,则可提供药物治疗建议;如果疾病很重,则可通过家庭康养服务进行大医院的就诊服务。在平日里,家庭康养服务也会为家庭每个成员制订具体的家庭健康计划,如饮食计划、运动计划等。

对于我国目前情况而言,由于物质生活质量不断提高,慢性病人数迅速增长,目前高血压患者约为 2.7 亿人,糖尿病患者约为 1.18 亿人,且大多与预防不佳及管控失当有关。因此,居民健康更需要长期性、连续性、个性化的医疗服务及照护。我国对于智慧康养服务总体政策导向积极,从上级医院、基层医院到家庭,从家庭医生到家庭个人,都做出了较为清晰的规划,致力于使上级医院与基层医院之间建立合作关系,医生与居民之间建立服务关系,搭建社区居民与社区医护人员、医疗服务机构之间信任的桥梁,改变社区居民的就医习惯,逐步引导社区居民进行有序医疗。

讨论题:
1. 家庭康养服务如何提升居民医疗保健水平?
2. 目前中国家庭康养服务存在哪些安全隐患,该如何规避此类风险?
3. 相关大数据与云平台的构建将涉及哪些技术及实现哪些功能?

资料来源:艾瑞咨询. 2020 年中国家庭医疗健康服务消费白皮书[EB/OL].(2020-08-18). https://www.iresearch.com.cn/Detail/report? id=3636&isfree=0.

参 考 文 献

[1] REYNOLDS C F,JESTE D V,SACHDEV P S,et al. Mental health care for older adults:recent advances and new directions in clinical practice and research[J]. World Psychiatry,2022,21(3):336-363.

[2] SCHADT E E,BJÖRKEGREN J L M. NEW:Network-Enabled Wisdom in Biology,Medicine,and Health Care[J]. Science Translational Medicine,2012,4(115):115rv1.

[3] GINZBERG E. US health care:A look ahead to 2025[J]. Annual Review of Public Health,1999,20(1):55-66.

[4] 侯汉坡,位鹤,王颖超,等. 我国老年智慧康养平台建设路径研究[J]. 中国工程科学,2022,24(2):170-178.

[5] 倪明选,张黔,谭浩宇,等. 智慧医疗——从物联网到云计算[J/OL]. 中国科学:信息科学,2013,43(4):515-528.

[6] LIANG Y,ZHENG X,ZENG D D. A survey on big data-driven digital phenotyping of mental health[J]. Information Fusion,2019,52:290-307.

[7] FANG R,POUYANFAR S,YANG Y,et al. Computational Health Informatics in the Big Data Age:A Survey[J]. ACM Computing Surveys,2016,49(1):1-36.

[8] HARERIMANA G,JANG B,KIM J W,et al. Health Big Data Analytics:A Technology Survey[J]. IEEE Access,2018,6:65661-65678.

[9] YANG Y,ZHENG X,GUO W,et al. Privacy-preserving fusion of IoT and big data for e-health[J]. Future Generation Computer Systems,2018,86:1437-1455.

第十九章 智慧城市

思维导图

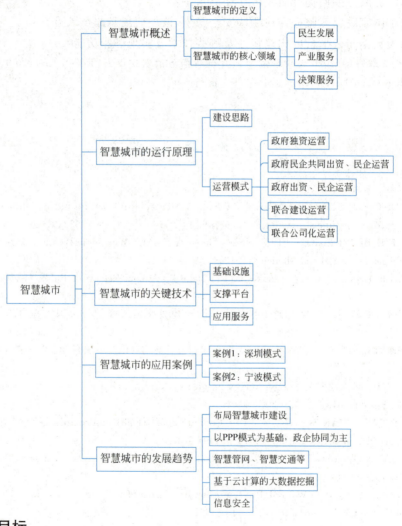

学习目标

学习层次	学习目标
了解	1. 智慧城市的应用案例 2. 智慧城市的发展趋势

第十九章　智慧城市

续表

学 习 层 次	学 习 目 标
掌握	1. 智慧城市的定义 2. 智慧城的核心领域 3. 智慧城市的运行原理 4. 智慧城市的关键技术

随着城市化进程的推进,人口增长、资源短缺、环境恶化、交通堵塞等问题日益凸显。传统的城市治理方式已经很难适应以上变化,因此需以新信息技术手段为依托,对新的城市发展方式及路径进行探索,建立一种全新的城市治理模式,而智慧城市则是这一新理念孕育出的成果。智慧城市是一个巨大的系统工程,是城市和社会信息化发展的必然结果。建设智慧城市将带来新的经济增长方式,形成新的经济结构,促进产业转型升级。

本章从智慧城市的发展背景、运行原理、关键技术入手阐述智慧城市的相关概念及理论基础,通过介绍3个应用案例加深对智慧城市的理解,阐述智慧城市的发展趋势,力图为提高我国智慧城市治理提供参考。

第一节　智慧城市概述

进入21世纪后,IBM提出智慧地球和智慧城市两大愿景,使智慧城市在全球范围内引起较大关注。在IBM描绘的智慧城市愿景中,采用智能传感器进行资产管理和物流配送的优化,帮助用户提高运营效率,实现互联互通。至2023年,我国智慧城市试点已有300多个。

智慧城市始于智能建筑,逐渐由智能单体建筑向区域化智能建筑发展,在智能小区与通信管理中心相连接的基础上,利用物联网和互联网,通过数据的采集、分析和处理对数据采集范围内的人员、设备和基础设施进行实时管控。作为新一轮信息技术变革和知识经济发展的产物,智慧城市是信息化、城市化和工业化深度融合并向更高阶发展的表现。智慧城市的主体是城市,信息化是主要手段。"智慧"是智慧城市的属性,"智慧"是相对的。

众所周知,城市的发展规模需与资源环境承载力匹配,否则难以适应大量人口的集聚。当前,我国城市化率已超过50%。经济社会发展的同时,影响城市发展的各种问题日益凸显,主要表现为:城市基础设施管理难度加大、人口集聚快速增长、环境污染日益严重、资源环境承载压力逐渐增大等。出现以上问题的一部分原因是城市管理者对各类信息的收集分析处理滞后,与管理对象的沟通渠道不畅。如何解决这一系列城市发展难题是当前亟须研究的一项重要课题。

一、智慧城市的定义

党的十八大提出"新型城镇化"概念,新型城镇化是指以城乡统筹、城乡一体、产城互动、节约集约、生态宜居、和谐发展为基本特征的城镇化,是大中小城市、小城镇、新型农村社区协调发展、互促共进的城镇化。2014年3月16日,由发改委牵头,财政部、国土资源部等十多个部委参与编制的《国家新型城镇化规划(2014—2020年)》正式发布。如何释放城镇化红利,化解城市人口增长带来的负面影响是我国当前必须解决的难题。同时,党的十八大还提出要促进信息化、工业化、城镇化和农业现代化同步发展,这为我国城市的发展理念、管理模式和运行方式带来重大创新突破,为城市健康可持续发展提供了可行之道,将进一步加快我国城镇化建设步伐,有力提升城市发展的质量和水平。

智慧城市的发展是人类技术的集成创新和生产模式、生活模式的创新。新时代的中国,在产业及高新技术上均有较多的积累,国内智慧城市建设时机逐渐成熟。智慧城市分为智慧政务、智慧交通、智慧家居、智慧电力、智慧医疗、智慧农业、智慧社区等36个行业。

智慧城市虽然广为人知,但是在不同环境下它有不同的名字,很多形容词可以替代"智慧"一词,从而产生很多概念变体。由表19-1可知,智慧城市的定义包括以下要素:①以信息通信技术与城市基础设施融合为手段;②转变政府治理方式,为市民提供优质公共服务;③创新是智慧城市建设的重要推动力量;④高度重视人力资本和社会资本在城市发展中的作用。

表 19-1 智慧城市的定义

提出者	年份	定义
Hall	2000	智慧城市是一座充分利用智慧材料(微型处理器和视觉系统)监控和整合城市所有关键的基础设施(包括道路、桥梁、隧道、铁路/地铁、机场、海港、通信、水资源、电力、大型建筑),实现优化资源、提供预防性维修活动和安全监控目标的城市
Caragliu 等	2011	智慧城市是指城市对人力资本和社会资本的投资,以及对传统(交通)和现代(信息通信技术)基础设施的投资,能够为经济可持续增长和高质量生活注入活力,并且能够通过参与治理,智慧地管理自然资源
Lombardi 等	2012	智慧城市投资以现代信息通信技术为基础的人力和社会资本,该类投资能够支撑城市经济增长,能够搭建财富创造平台,进而提高生活质量

结合我国新型智慧城市建设特点,新型智慧城市的目标性要素可划分为全程全时的惠民服务、高效有序的城市治理、融合创新的产业经济、绿色低碳的宜居环境及安全可控的网络空间5个方面。新型智慧城市的构成要素和新型智慧城市的体系结构分别如表19-2和图19-1所示。

表 19-2 新型智慧城市的构成要素

目标要素	应用领域
全程全时的惠民服务	政务、医疗、文化、教育、社会保障、文化体育、旅游、交通
高效有序的城市治理	政务、公共安全、市场监督和城市管理
融合创新的产业经济	互联网经济、智能制造
绿色低碳的宜居环境	绿色建筑、智能建筑、环境保护、税务管理
安全可控的网络空间	信息基础设施、信息平台、隐私保护、空间资源网络编码、跨域协同、网络安全保障与治理

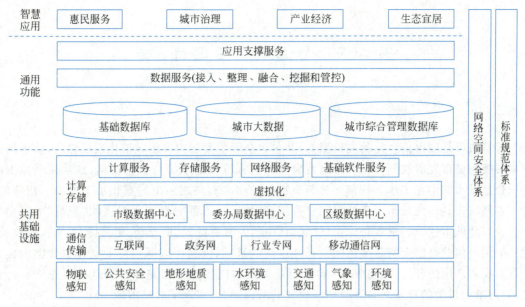

图 19-1　新型智慧城市的体系结构

二、智慧城市的核心领域

智慧城市的三大核心领域为民生发展、产业服务及决策服务。

（一）民生发展

民生问题是中国社会改革与发展中的永恒主题,而如智慧社区、智慧家居、智慧教育、智慧医疗、智慧交通等关乎民生、惠及民生的智慧城市应用,有十分广阔的发展空间。

（二）产业服务

智慧城市的规划和建设,将催生新兴的"智能产业",而相关的新技术、新思维、新理念,亦将推动传统产业的升级改造,以及与新型产业的互动、融合。因此,智慧城市应用和实践的第二个重要领域,即面向传统行业、企业的产业发展应用领域。

（三）决策服务

智慧城市的规划与建设首先需要一个"智慧政府",因此智慧城市方方面面的创新应用、实践的第一个重要领域,就是面向政府的决策服务。智慧城市可以通过运用云计算、大数据、物联网等技术,提高政府部门业务办理与管理效率,加强职能监管,提高政务服务透明度。

总而言之,智慧城市有利于提升城市运行效率,催生大规模新兴产业,引发新一轮的科技创新、商业模式的变革,创造美好的城市生活及生活环境。

第二节 智慧城市的运行原理

一、建设思路

智慧城市是城市信息化的高阶形态,是包含全新要素和内容的城镇化发展模式,属于国家战略层级的城市发展规划。各省市级政府作为国家政策的承接与执行机构,自然而然地发起各项智慧城市的构建工作。任何一种新事物的发展必有与之匹配的意识形态升级。相应的,由于智慧城市是传统城市形态的"智慧"升级,其推进过程需要有与之对接的"智慧"机制保驾护航。智慧城市建设的根本目标是使"城市"中的人有更低碳、更安全、更便捷、更幸福的体验。优质的用户体验是整个智慧城市模式循环运转的基础,因其可以通过商业运作保障整个模式的资金投入产出闭环。人、机制、体验及商业模式共同搭建了智慧城市落地的生态圈。简言之,智慧城市借助信息技术与智慧商业模式的有机融合,实现了战略落地。

二、运营模式

智慧城市建设从最初的规划到现在的逐步实施,衍生出了不同的运营模式。例如,宁波每年出资10亿元吸引社会的资金广泛参与,采用BOT模式;新加坡则是政府投资、委托运营。总体来说,智慧城市的运营模式主要包含政府独资运营模式,政府民企共同出资、民企运营模式,政府出资、民企运营模式,联合建设运营模式,联合公司化运营模式。

(一)政府独资运营

政府独资运营模式是指政府独自投资建设和运营,政府负责宽带、无线网等公共基础设施的投资、建设、维护和运营,部分设施免费提供给用户使用,部分收取相应的费用。

(二)政府民企共同出资、民企运营

政府民企共同出资、民企运营模式是指由政府和企业共同投资,其中政府主导,拥有所有权,进行部分投资,然后通过招标等形式委托一家或多家专业的企业负责投资建设、运营、维护,政府对整个运营过程予以适当监督。

(三)政府出资、民企运营

政府出资、民企运营模式是指由政府投资,其中政府主导,拥有所有权,进行部分投资,企业负责投资建设、运营、维护,政府对整个运营过程予以适当监督。

(四)联合建设运营

联合建设运营是指由整个运营项目上涉及的两家及以上产业企业(如运营商、终端提供商、应用开发商等)联合建设、运营智慧城市项目的模式。

(五) 联合公司化运营

联合公司化运营与联合建设运营类似,只是各产业企业联合成立一个公司及系列子公司,分别负责投资、建设、管理运营等。其特点是进行公司化管理,各产业企业按合同进行新公司的组建。

智慧城市运营模式对比如表 19-3 所示。

表 19-3 智慧城市运营模式对比

运营模式	优劣势	盈利模式	案例
政府独资运营	优势是政府对项目有绝对的控制权和支配权;但是同时存在很大的风险,政府需承担自建成本、维护成本、运营成本等,具有一定的财政压力;可能面临庞杂的后期维护问题,对后期运营能力、建设能力、管理能力要求较高	以美国得克萨斯州为例,市政府将网络容量的 40% 用于市政服务的自动化服务,将网络容量的 60% 出租给 ISP,完全用于建设独立于民用的政务专用网络或公共服务	美国得克萨斯州的科珀斯克里斯蒂市,由政府独自投资 710 万美元建设无线网络服务,提供基于无线网络的各种应用。这些是建立在得克萨斯州政法具有闲置的建设资金,并且具有较强的建设、运营能力的基础之上的。但是,即使如此,网络运营不久,政府就发现这种模式并不像想象中那么简单,因此将网络转售给 EarthLink 公司,由后者进行商业运营
政府民企共同出资、民企运营	优势是比起独资建设政府减小了财政压力,而运营商运用其专业技术、运营经验等降低运营风险与难度;劣势是共同投资,运营商运营时可能在使用网络资源上产生纠纷,同时运营商对运营系统的规划受政府限制,资源利用率可能有所降低	政府给予运营商一定的补贴,然后将绝大部分服务以免费的形式提供给城市用户,一小部分以广告、增值服务等形式收取费用,用以盈利	2009 年 8 月,深圳市政府与广东电信、广东移动、广东联通共同举行战略合作协议签约仪式,共同出资全力建设"数字深圳",提出了创新型城市建设、通信基础设施建设、TD 建设运营、电子政务提升、移动电子商务普及、企业信息化升级、数字深圳建设、深港合作、深莞惠通信一体化、服务大运会"十大工程"
政府出资、民企运营	优势是政府对整个运营体系具有绝对控制权,运营商或机构对整个系统设计、产品建设有较大自主权,其中数据资源可以为企业所用,创造利益;但是政府承担一部分财务压力,后期维护中权责不明的问题也很突出	清楚地划分商业业务和公共服务的界限,特定信息(与公共服务相关)和特定地点(如机场等公共场所)等公共服务免费为主,政府购买服务;商业服务获取资费,结合广告等增值服务获得市场化收入来源	"新加坡智慧国 2015"项目采用政府主导,各产业角色配合的模式。新加坡政府为"智慧国 2015"计划总共投资了 40 多亿新元,同时将产业链划分为无源基础设施建筑商、有源设备运营商、零售服务提供商三个层面,放手各产业运营商负责建设、运营。至此,新加坡智慧城市建设平稳地进行,并且位列国际城市智慧化水平的前列
联合建设运营	优势是各产业企业合作扬长避短,同时风险共担;但是不同企业的合作方式会影响后期权责分配,协调成本提高	与运营商独资模式一样,政府需要购买运营商在公共服务领域的服务支持,在其他场所,城市用户则自己支付使用服务的费用	上海市"随申办市民云"运营服务项目
联合公司化运营	优势是联合提高了综合能力,专业化程度提高,利于产业运作;劣势是重建公司使成本提高,同时协同成本高	政府补贴、政府购买公共服务支付及城市用户购买服务费用	杭州一卡通

第三节 智慧城市的关键技术

智慧城市的建设离不开关键技术的支持,按照技术成熟度将智慧城市相关技术划分为改善性技术、颠覆性技术和前沿技术,如表19-4所示。本节选取部分关键技术进行详细阐述。

表19-4 智慧城市建设关键技术

类别	改善性技术	颠覆性技术	前沿技术
基础设施	雾计算;可穿戴技术;移动互联网;天地一体化信息服务栅格网	4D打印;虚拟现实;实时泛在感知	3D全息投影;802.11ax
支撑平台	容器技术;大数据;微服务架构;自适应性网络空间安全架构	区块链;实时流计算;Open API;低代码平台	情感计算;量子计算
应用服务	情景感知计算;渗透式个性化服务	一切皆服务(XaaS);人工智能	3D生物打印;脑机接口

一、基础设施

(一)雾计算

雾计算是云计算的延伸概念,由思科首创,也称"网络一切"。该模式中数据、数据处理和应用程序集中在网络边缘设备,而非大部分保存在云中。雾计算有以下明显特征:充分利用个人终端闲置计算和存储资源;低延时通信,而非所有通信均经骨干网路由和同步;靠近最终节点实现设备元素的管理、控制和配置,即时响应事件。

(二)可穿戴技术

可穿戴技术是物联网技术的分支,将传感器、无线通信和多媒体等技术应用于衣服和人们日常佩戴的其他附件,通过信息采集、传输、处理、控制和多媒体展示等,使人们的日常生活和工作更加便利和智能。

(三)天地一体化信息服务栅格网

天地一体化信息服务栅格网以地面网络为依托、天基网络为拓展,利用多颗不同轨道上、不同种类和性能的卫星将地球空间剖分成无缝隙、无重叠的立体化网格,并建立全球统一的空间区位标识编码,以网格为单位收集区域空间内部各类信息,并以资源所处网格编码进行位置标注,实现时空对齐,解决GIS与遥感系统、定位系统及通信的识别码关联一致性问题,实现全球覆盖、随遇接入、按需服务和安全可信。

(四)4D打印

4D打印技术是指由3D技术打印出来的结构能够在外界激励下发生形状或者结构的改变,直接将材料与结构的变形设计内置到物料当中,简化了从设计理念到实物的造物过程,让物体能自动组装成型,实现了产品设计、制造和装配的一体化融合。

(五) 虚拟现实

虚拟现实是利用计算机模拟产生一个三维空间的虚拟世界,提供用户关于视觉等感官的模拟,让用户感觉仿佛身临其境,可以临时、没有限制地观察三维空间内的事物。用户进行位置移动时,计算机可以立即进行复杂的运算,将精确的三维世界影像传回产生临场感。该技术集成了计算机形状、计算机逼真、人工智慧、感应、显示及网络并行处理等技术的最新发展成果,是一种由计算机技术辅助生成的高技术模拟系统。

(六) 3D 全息投影

3D 全息投影是一种利用干涉和衍射原理记录并再现物体真实的三维图像,使观众无须佩戴眼镜便可以看到立体的虚拟人物的 3D 技术。其基本原理是:在拍摄过程中利用干涉原理记录物体光波信息,成像过程中利用衍射原理再现物体光波信息,从而能够再现物体真实的三维图像。

(七) 802.11ax

802.11ax 是无线局域网标准,又称高效率无线局域网(High Efficiency WLAN,HEW)。802.11ax 支持从 1~6GHz 的所有 ISM 频段,包括目前已使用的 2.4GHz 和 5GHz(5.8GHz)频段,向下兼容 IEEE 802.11a/b/g/n/ac。其目标是支持室内室外场景、提高频谱效率。相比 802.11ac,802.11ax 在密集用户环境下实际吞吐量提升 4 倍,标称传输速率提升 37%,延迟下降 75%。

二、支撑平台

(一) 容器技术

容器技术是一种虚拟化技术,可同时将操作系统镜像和应用程序加载到内存,解决 Hypervisor 虚拟化技术在性能和资源使用效率方面的问题。

(二) 大数据

大数据是一种新处理模式,它具有更强的决策力、洞察发现力和流程优化能力以适应海量、高增长率和多样化的信息资产。

(三) 自适应性网络空间安全架构

自适应性网络空间安全架框利用大数据分析、模式识别、认知计算和深层机器学习方法模拟人思考,旨在更好甄别出可疑模式和行为并加以防范,以构建一个更具弹性和更具适应性的网络安全架构,使网络安全防范模型更加智能。

(四) 区块链

区块链是 种分布式账本技术,通过去中心化和去信任方式集体维护一个可靠的数据库技术,具有去中心化、去信任、集体维护、信息不可篡改、开源和匿名性等特征。

（五）实时流计算

实时流计算针对业务系统连续不断接收的实时、海量、高速和多种格式的数据，在多台计算机上并行完成实时或准实时的处理或分析。实时流计算在金融服务、网络监控、电信数据管理、Web 应用、生产制造和传感检测等领域有较多应用。

（六）情感计算

情感计算是通过赋予计算机识别、理解、表达和适应人的情感的能力，最终使计算机像人一样能进行自然、亲切和生动的交互，包括情感识别、情感表示、情感建模和情感交互。

（七）量子计算

量子计算是一种依据量子力学理论进行的新型计算，其原理包括量子计算机的物理原理、物理实现和量子算法三部分，量子计算的计算速度将超越图灵机。

三、应用服务

（一）情境感知计算

情境感知计算是指通过收集和利用用户的个人信息及偏好，结合当前所处地理环境信息和周围对象的状态信息，预测用户即时需求，并主动向用户提供丰富的且符合当前需求的内容、功能和其他体验。

（二）渗透式个性化服务

渗透式个性化服务是指平台或商家通过多渠道对用户使用产品的习惯、用户偏好、用户消费习惯和用户所处地域等信息进行收集和综合分析，形成更精确的用户画像，进而使向用户个体推送的广告或内容服务更加有针对性、精准、深入和无处不在。

（三）一切皆服务 XaaS

Xaa 是指通过互联网提供的、可伸缩的按需服务，而不仅仅指本地或现场服务。XaaS 最常见例子是软件即服务（SaaS）、基础设施即服务（IaaS）和平台即服务（PaaS）等。

（四）人工智能

人工智能是指利用人工方法和技术，通过智能机器模拟、延伸和扩展人的智能，从而实现某些机器决策、问题求解和学习等的自动化。

（五）3D 生物打印

3D 生物打印是一种能够在数字三维模型驱动下，按增材制造原理定位装配生物材料或细胞单元，制造医疗器械、组织工程支架和组织器官等制品的技术。

（六）脑机接口

脑机接口又称脑机融合感知，是在人或动物脑与外部设备间建立的直接连接通路。

第四节　智慧城市的应用案例

一、案例1：深圳模式

深圳作为全国经济中心城市及首批智慧城市试点城市之一，在智慧城市建设方面处于领先地位。深圳的电子信息产业发达，具备建设智慧城市的坚实基础。深圳市在2018年提出"一图全面感知、一号走遍深圳、一键可知全局、一体运行联动、一站创新创业、一屏智享生活"，并努力实现"科技让城市生活更美好"的畅想。

（一）项目分析

1. 智慧机场

始建于1991年的深圳宝安国际机场是世界百强机场之一、中国十二大干线机场之一、中国四大航空货运中心及快件集散中心之一。随着机场相关业务的不断发展，信息系统云平台、云存储及网络系统等设备不断扩容需要，原有的信息机房已经不能满足现有业务的发展需求，为满足机场信息系统数据存储、计算资源及数据安全需要，急需新建数据中心机房。

为解决上述难题，以及实现深圳机场信息化、智能化升级改造，深圳启动了"未来机场"信息化改造工程，为满足机场信息弱电系统数据存储和安全需要，在ITC-A栋建设云平台数据存储中心机房（简称"A域机房"），A域云数据中心工程是深圳机场第一个智能模块化云数据中心机房，位于深圳机场ITC大楼A座一层西南侧位置，由云数据中心主机房和UPS电源室两部分组成，主要承载深圳"未来机场"信息化项目和满足卫星厅及其配套工程等新一期扩建工程信息弱电系统运行、数据存储、计算资源和安全运行等需求。

2. 智慧基建

春风隧道工程位于深圳市罗湖区和福田区，工程西起滨河大道上步立交东侧与滨河大道相接，自西向东布线，自滨河路上步立交与红岭立交之间进入地下，新秀立交以南穿出地面，在新秀立交西侧与东部过境高速公路市政连接线配套工程相接。

作为国内盾构直径最大的地下交通隧道工程之一，平台从安全、质量、进度三个维度和人、机、料、法、环五个角度，针对地下隧道工程首创建立了全方位的风险管控软件产品。尤其是核心软件模块——风险源管控，创造性地将水圈、大气圈、岩石圈的表层至深层地质变化的碎片信息，结合InSAR监测、人工监测、自动化监测的动态力学场景信息，利用三维GIS展现、BIM结合、专家会诊等多种专业化手段和仿真模拟、机器学习等多种前沿技术，为保证工程安全提供了科学保障，为动态设计和反馈施工提供了可靠证据，为促进地下工程理论发展和技术水平积累了丰富经验。

3. 智慧水务

目前，大多数城市水务工程，在项目前期受到设计单位图纸提供不及时、准确性低、变更多等问题困扰，而在工程施工过程中，工作内容及工程量数据填报与实际偏差大，信息有效性差，无法支撑项目进度情况汇报；工程现场监测感知数据时效性差、感知不全面等；水务监管单与工程建设相关的水务、流域等数据残缺。同时，现有的信息化系统使用率低，且由于不同项目的建设类型、内容、施工方式、阶段进度和管理方式存在一定的差异,无法快速匹配水务工程项目的业务特征。

深圳市某河流消除黑臭及河流水质保障工程项目,是深圳市全面消除黑臭水体的重点工程之一。作为水务工程建设与信息化应用结合的试点项目,该项目运用信息化手段,统筹流域河道治理、污水处理、管网改造等水务工程管理,建立智慧流域治理管控体系。

(二)项目总结

深圳拥有良好的智慧城市建设基础,并在诸多领域实现"智慧化"的大规模应用,是全国电子信息产业重镇,拥有华为、腾讯等世界500强为龙头的高科技电子信息、互联网产业集群。深圳积极推动技术、业务、数据融合,全面完善物联网、云计算等信息网络基础设施,实现光纤入户率超过90%;启动5G试点,建成城市大数据中心和运营管理中心,建设可视化的城市空间数字平台;加快构建海陆空和地上地下的智慧化综合交通服务体系,逐步建设全市统一的智能停车系统。

深圳在智慧城市建设中也存在诸如各部门零散、分散推进智慧城市建设,顶层设计和统筹实施不够,以及政府各部门依然存在数据"烟囱"和信息孤岛现象等问题。智慧城市的典型特点是边建设、边探索、边规范化和标准化。智慧城市不是简单的建设工程,而是体系化的信息生态系统。在智慧城市建设中需提出整体性的数字政府或智慧城市建设方案。

二、案例2:宁波模式

宁波市不仅是长江三角洲南部重要的经济中心和重化工业基地,是中国东部重要的工业城市,也是浙江省的经济中心之一。2021年,作为宁波数字化改革的重大标志性工程,宁波城市大脑正式启用运营。就像给城市装上了一个高速运转的大脑一样,宁波城市大脑将通过数据的归集与应用,全方位、多维度感知和呈现宁波城市的运行态势,实现数据展示、决策支持、智慧应用与应急指挥等多个功能,让城市变得更加"聪明"、更加"智慧"。

(一)项目分析

在宁波城市大脑的驾驶舱中,各大交通枢纽的运行数据、各家医院的诊断数据及全市制造业的发展数据不断地更新在200多平方米的L形屏幕上。随着宁波城市大脑的正式启用运营,这些跳跃的数据将进一步展现它们的价值,成为宁波现代化治理的"新动力"。目前,宁波城市大脑已拥有党政甬领、政府甬效、经济甬强、民生甬惠、法治甬先、数字甬智六大板块,下辖众多的子板块,集聚了"甬易办"、智慧健康、基层治理四平台、公共交通等一批智慧应用。

至2021年年底,宁波城市大脑的指挥中心、驾驶舱已全面完工,汇集数据102亿条。其中,共享数据超过65亿条,开放数据超过3亿条,已能全方位、多维度感知和呈现宁波城市的运行态势。宁波城市大脑的启用运营,相当于给宁波建了一个数据仓库。在仓库中的数据经过清洗和结构化,一方面去除了大量无效数据,另一方面将有用的数据打上标记,加快数据之间实现联动。

当城市装上"大脑"后,宁波的城市管理发生以下变化:调整交通信号灯,精准治堵;联动气象、水利等部门,精准施策,抗击台风等。当然,它的能力远不止这些。作为城市管理者的全新工具,城市大脑不仅能实时掌握一手资料,还能通过分析数据,作出更精准的决策,让城市变得更加聪明、更加智慧。

例如,宁波要建设一个智能停车导引应用,就可以从城市大脑调取全市车位分布、数量、位置信息,同时获取车位的实施情况,配合路况、车联网信息等数据,建立模型,从而指导车辆快速停车。又如,从城市大脑调取信号灯、车辆流量、实时路况,就能精准控制信号灯时长。而要实现这些应用,需要依靠各个入口数据在城市大脑的不断汇集。

(二)项目总结

宁波城市大脑将接入50个部门及区县(市)的系统,将各个系统应用串珠成链,逐渐形成庞大的智慧应用集成。目前,宁波城市大脑建设仍处于初级阶段,需要进一步完善。按照浙江省"四横四纵"体系架构,宁波城市大脑将构建具有宁波特色的"851"总体框架,即"一网、一云、一库、一中台、一图、一脑、一屏、一码"八大数字应用系统支撑体系,建设城市公共数据中心、城市数字智慧治理指挥中心、城市数据共享开放与交易中心、城市数据安全监测防护中心、大数据新经济赋能中心五大治理中心,以及一体化建设城市大脑和大数据中心,有效支撑全领域数字化改革,让城市大脑成为宁波城市的"信息底座"。

第五节 智慧城市的发展趋势

智慧城市以建设智慧社会为目标,通过数据融合和开放,充分挖掘城市数据资源的价值,并助力城市治理、公共服务和科学决策。本节从以下五个维度对智慧城市的发展趋势进行分析。

一、ICT及互联网企业将争相布局智慧城市建设

ICT及互联网企业将会以行业应用和云计算为切入点,通过开放的合作模式推动智慧城市的建设。同时,国家将通过财政改革、购买服务和政府引导等多种模式推动企业参与智慧城市的发展。目前,中国智慧城市建设呈现合作大于竞争的特点。智慧城市的建设是一个庞大的工程,涉及多个层面,需要各类厂商共同合作,通过建设的模式创新促进生态系统的衍变,做好智慧城市。智慧城市的建设正在从单纯提供解决方案式的项目建设向提供附加值更高的后期运营转型,而这种转变恰恰是ICT及互联网企业进场的好时机。

二、以PPP模式为基础,政企协同为主

在智慧城市建设中,政府若既抓管理又管运营,极易出现城市发展的财政不足、可持续发展能力低下、管理效率滞后等诸多问题。而借助民间资本的力量将市场机制和经营理念引入城市管理,则既可拓展城市管理的综合资源,又可提升城市管理的能力和质量。事实证明,政企协同比政府投资为主的方式更有利于智慧城市建设实施,国家发改委、财政部推动PPP项目,这种趋势在智慧城市建设中将更加显著。

三、智慧管网、智慧交通等关系到民生服务的应用将成为政府推动智慧城市的着力点

国内诸多城市已经开始从多维度考虑城市未来发展及治理,因此构建新的城市核心竞争力已变得非常迫切。智慧城市作为城市可持续发展模式的新思维,日益成为城市治理者关注的焦点。如何打造"低碳、安全、便利、友好"新兴城市,未来需启动"智慧管网""智慧交通""智慧医疗""智慧教育""智慧环保"等涉及建设民生服务的应用,因此这些应用将成为智慧城市的投资热点及着力点,单是"城市综合管廊+智慧管网"的投入,就需要上万亿元,整体智慧城市的投入更是需要海量资金。

四、基于云计算的大数据挖掘将提升智慧城市体验

随着云技术的逐步成熟,各地的智慧城市数据中心建设均加入了云计算的概念,通过数据中心的云化建设,更大化地提升数据中心海量数据的支撑能力。除此之外,一些智慧城市产业链成员,如华为、中兴、IBM、银江股份等企业均开始在大数据方面加大投资,同时也将智慧城市平台作为大数据获取的来源。在智慧城市平台建设中,通过大数据挖掘等方式实现智慧城市体验提升和商业变现的成功案例明显增多。政企合作模式在全国范围的推广应用,带动了政府大数据资源的共享和利用。智慧城市中的"智慧结晶"离不开大数据的"瞻前顾后",即总结过去和预测趋势的能力。大数据分析有助于城市运行体征的监测,助推城市管理和服务优化。

五、信息安全将成为智慧城市建设的战略重点

在智慧城市的建设过程中,信息安全是智慧城市建设的重中之重。智慧城市的建设将更加关注信息安全。政府应该着力将基础设施分级分类,继续深化在网络基础设施及信息资源方面的安全防护;企业应该加强产业合作,形成合力,推动中国安全信息产业的发展。解决信息安全问题,首先要提高全社会的网络安全意识;其次要不断完善网络信息安全立法;再次要建立全方位的安全防御体系,要对信息系统进行严格的安全域划分,对不同的安全域实施不同的安全策略,对智慧城市应用实施多级安全防护,实现智慧城市信息系统的深度防御;最后要加强城市信息安全监管。

总而言之,基于智慧城市的变革推动生产力和生产方式的发展,未来智慧城市将进一步重构基于城市的新经济发展模式和新生活模式。

本章小结

智慧城市是城市健康可持续发展研究的热点和前沿。近年来,国内众多城市纷纷掀起了智慧城市建设热潮,内容涉及基础设施、智慧管理及服务体系等诸多方面。本章阐述了智慧城

市的定义、核心领域,阐释了智慧城市的运行原理,介绍了智慧城市的关键技术与应用案例,揭示了智慧城市的发展趋势。综上所述,实施符合中国国情的智慧发展战略是中国实现现代化的必由之路。这一发展模式需要构建低度消耗资源的生产体系、适度消费的生活体系、持续稳定增长的经济体系、兼顾效益与公平的社会体系、不断创新的应用技术体系、更加开放的国际经济体系。

1. 简述智慧城市的定义。
2. 简述智慧城市的核心领域。
3. 智慧城市有哪几种运营模式?
4. 智慧城市的建设依托哪些关键技术?
5. 简述智慧城市发展趋势。

腾讯云全面布局政务服务　首个"城市大脑"落地长沙

在 2019 腾讯全球数字生态大会上,腾讯首次提出智慧城市发展理念"WeCity 未来城市"。"WeCity 未来城市"以腾讯云的基础产品和能力为底层,为数字政务、城市治理、城市决策和产业互联等领域提供解决方案,并通过微信、小程序等工具触达用户。

腾讯研究院和腾讯云联合打造的新政务业务品牌业务理念"WeCity 未来城市",以基础产品和能力为底层,为数字政务、城市治理、城市决策和产业互联等领域提供解决方案。长沙城市超级大脑是其首个落地项目。腾讯充分利用自身技术优势禀赋,覆盖政务、党建、医疗、文旅等多方面城市生活领域。WeCity 数据平台作为长沙超脑数据中台的核心数据底座,提供数据支撑能力和统一运营能力,为长沙智慧城市建设提供全方位数据支撑。在数字治理、数字惠民、数字抗疫等领域发挥了关键支撑作用,"一脑赋能、数惠全城"的智慧城市运行格局已初步形成。

讨论题:试从项目规划、总体设计、系统子模块构成及应用场景等角度对长沙智慧城市进行分析,并撰写分析报告。

资料来源:高杨. 腾讯云全面布局政务服务　首个"城市大脑"落地长沙[EB/OL].(2019-07-19). https://finance.cnr.cn/jjgd/20190719/t20190719_524698630.shtml.

参考文献

[1] 中共中央,国务院.国家新型城镇化规划(2014—2020 年)[M].北京:人民出版社,2014.

[2] 唐斯斯,张延强,单志广,等.我国新型智慧城市发展现状、形势与政策建议[J].电子政务,2020(4):70-80.

[3] Hall R E. The vision of a smart city[A]//The 2nd International Life Extension Technology Workshop[C]. Paris,France,2000.

[4] CARAGLIU A,DEL B C,NIJKAMP P. Smart cities in Europe[J]. Journal of Urban Technology,2011,18(2):65-82.

[5] LOMBARDI P,GIORDANO S. Evaluating the European smart cities visions of the future[J]. International Journal of the Analytic Hierarchy Process,2012,4(1):27-40.

[6] 郭曦榕,吴险峰.智慧城市评估体系的研究与构建[J].计算机工程与科学,2013,35(9):167-173.

[7] 国家信息中心智慧城市发展研究中心,万达信息股份有限公司.中国智慧城市长效运营研究报告(2021) [R/OL].(2021-10-20)[2024-04-04]. http://scdrc.sic.gov.cn/SmarterCity/445/449/1015/10372.pdf.

[8] ZHOU F,YU P,FENG L,et al. Automatic network slicing for IoT in smart city[J]. IEEE Wireless Communications,2020,27(6):108-115.

[9] SZAREK I P,SENETRA A. Access to ICT in Poland and the co-creation of urban space in the process of modern social participation in a smart city—A case study[J]. Sustainability,2020,12(5):2136.

[10] AKOMEA F I,JIN X,OSEI R,et al. A critical review of public-private partnerships in the COVID-19 pandemic:key themes and future research agenda[J]. Smart and sustainable built environment,2023,12(4):701-720.

[11] SALMAN M Y,HASAR H. Review on environmental aspects in smart city concept:Water, waste, air pollution and transportation smart applications using IoT techniques[J]. Sustainable Cities and Society,2023,94(7):104567.

[12] LI X,ZHANG D,ZHENG Y,et al. Evolutionary computation-based machine learning for smart city high-dimensional big data analytics[J]. Applied Soft Computing,2023,133:109955.

[13] HEIDARI A,NAVIMIPOUR N J,UNAL M. Applications of ML/DL in the management of smart cities and societies based on new trends in information technologies:A systematic literature review[J]. Sustainable Cities and Society,2022,85(10):104089.

第二十章 数字乡村

思维导图

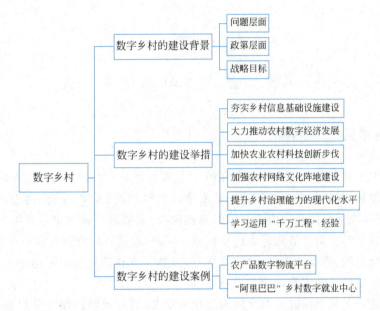

学习目标

学习层次	学习目标
了解	1. 数字乡村的建设背景 2. 数字乡村的建设案例
掌握	1. 数字乡村的概念 2. 数字乡村的建设举措

　　当前,新一代信息技术创新空前活跃,不断催生新技术、新产品、新模式、新业态,加速全球经济社会转型升级。数字经济作为构建现代化经济体系的重要引擎,为乡村振兴和农业现代化带来了重大机遇。数字经济与现代农业、乡村文旅等各类产业相结合,实现农业数字化、乡村宜居化,使乡村经济结构不断优化、就业结构更加合理,增加了大量非农就业机会。数字乡村是伴随网络化、信息化和数字化在农业农村经济社会发展中的应用,以及农民现代信息技能的提高而内生的农业农村现代化发展和转型进程,是乡村振兴的战略方向与建设数字中国的重要内容。根据农业农村部信息中心牵头编制的《中国数字乡村发展报告(2022年)》显示:

2021年,全国数字乡村发展水平达到39.1%;截至2022年6月,农村互联网普及率达到58.8%,城乡互联网普及率差距缩小近15%。农村信息基础设施加快建设,线上线下融合的现代农业加快推进,农村信息服务体系加快完善,但也存在顶层设计缺失、资源统筹不足、基础设施薄弱、区域差距明显等问题。

为贯彻落实党中央、国务院关于推进乡村全面振兴的决策部署,深入实施数字乡村发展行动,中央网信办、农业农村部、国家发展改革委、工业和信息化部、民政部、生态环境部、商务部、文化和旅游部、中国人民银行、市场监管总局、国家数据局印发《关于开展第二批国家数字乡村试点工作的通知》(以下简称《通知》),部署开展第二批国家数字乡村试点工作。《通知》指出,要按照推进乡村全面振兴、加快建设农业强国的部署要求,以学习运用"千万工程"经验为引领,以信息化驱动农业农村现代化为主线,探索形成数字乡村可持续发展模式,不断增强乡村振兴内生动力。

第一节 数字乡村的建设背景

一、问题层面

习近平总书记在党的二十大报告中强调:"全面推进乡村振兴。坚持农业农村优先发展,坚持城乡融合发展,畅通城乡要素流动。扎实推动乡村产业、人才、文化、生态、组织振兴。"当前,我国正处于从农业大国迈向农业强国的关键阶段,面临着全面推进乡村振兴、全面建设社会主义现代化国家的使命任务和重大历史机遇。同时,农业农村发展面临一系列挑战和问题,需要通过数字化赋能、系统性谋划、整体性推进,以数字乡村建设为引擎驱动乡村经济、社会、文化、生态全面发展,不断增强内生动力和活力。

数字乡村建设亟须破除城乡数字鸿沟和技术壁垒,建立灵活的城乡基层智慧治理体制机制,构建城乡基层一体化融合的治理框架。发挥中心城市的辐射带动作用、县域经济的承接承载作用、新型农村社区的战略基点作用,推动城乡产业集聚、产业转移、公共资源均衡配置协同发展。

数字乡村建设需要立足新时代国情农情,加快推动农业农村生产经营精准化、管理服务智能化、乡村治理数字化。同时,注重构建以知识更新、技术创新、数据驱动为一体的乡村经济发展政策体系,层级更高、结构更优、可持续性更好的乡村现代化经济体系,灵敏高效、安全可控的现代乡村社会治理体系,开启城乡融合发展和现代化建设新局面。

二、政策层面

以习近平新时代中国特色社会主义思想为指导,全面贯彻党的十九大和党的二十大精神,紧紧围绕统筹推进"五位一体"总体布局和协调推进"四个全面"战略布局,坚持稳中求进工作总基调,牢固树立新发展理念,落实高质量发展要求,坚持农业农村优先发展,按照产业兴旺、生态宜居、乡风文明、治理有效、生活富裕的总要求,着力发挥信息技术创新的扩散效应、信息和知识的溢出效应、数字技术释放的普惠效应,加快推进农业农村现代化;着力发挥信息化在推进乡村治理体系和治理能力现代化中的基础支撑作用,繁荣发展乡村网络文化,构建乡村数字治理新体系;着力弥合城乡"数字鸿沟",培育信息时代新农民,走中国特色社会主义乡村振兴道路,让农业成为有奔头的产业,让农民成为有吸引力的职业,让农村成为安居乐业的美丽家园。

2022年1月26日,中央网信办、农业农村部等部门联合印发《数字乡村发展行动计划(2022—2025年)》,部署了数字基础设施升级行动、智慧农业创新发展行动、新业态新模式发展行动、数字治理能力提升行动、乡村网络文化振兴行动等8个方面的重点行动。同年2月22日,为推进"十四五"时期农业农村信息化加快发展,更好支撑农业农村现代化和乡村全面振兴,农业农村部组织编制并印发了《"十四五"全国农业农村信息化发展规划》。2023年1月25日,国家发展改革委、国家数据局印发《数字经济促进共同富裕实施方案》,数字乡村也纳入四方面重点举措之一。2023年2月13日,《中共中央 国务院关于做好2023年全面推进乡村振兴重点工作的意见》(2023年"中央一号文件")指出要深入实施数字乡村发展行动,推动数字化应用场景研发推广。2024年1月,为进一步有序规划、推进数字乡村标准化工作,依托全国信标委数字乡村标准研究组,中国电子技术标准化研究院、农业农村部信息中心联合53家产学研用单位共同开展了《数字乡村标准化白皮书(2024)》全面阐述了数字乡村内涵、发展现状、标准化现状、标准需求,系统梳理了数字乡村的多维度参考架构、典型应用场景和关键技术。

三、战略目标

根据《数字乡村发展战略纲要》,我国数字乡村发展战略目标如下。

到2020年,数字乡村建设取得初步进展。全国行政村4G覆盖率超过98%,农村互联网普及率明显提升。农村数字经济快速发展,建成一批特色乡村文化数字资源库,"互联网+政务服务"加快向乡村延伸。网络扶贫行动向纵深发展,信息化在美丽宜居乡村建设中的作用更加显著。

到2025年,数字乡村建设取得重要进展。乡村4G深化普及、5G创新应用,城乡"数字鸿沟"明显缩小。初步建成一批兼具创业孵化、技术创新、技能培训等功能于一体的新农民新技术创业创新中心,培育形成一批叫得响、质量优、特色显的农村电商产品品牌,基本形成乡村智慧物流配送体系。乡村网络文化繁荣发展,乡村数字治理体系日趋完善。

到2035年,数字乡村建设取得长足进展。城乡"数字鸿沟"大幅缩小,农民数字化素养显著提升。农业农村现代化基本实现,城乡基本公共服务均等化基本实现,乡村治理体系和治理能力现代化基本实现,生态宜居的美丽乡村基本实现。

到21世纪中叶,全面建成数字乡村,助力乡村全面振兴,全面实现农业强、农村美、农民富。

第二节 数字乡村的建设举措

根据《数字乡村发展战略纲要》《数字乡村发展行动计划(2022—2025年)》《"十四五"全国农业农村信息化发展规划》《数字乡村标准化白皮书(2024)》等文件,我国数字乡村建设主要有以下方面的举措。

一、夯实乡村信息基础设施建设

统筹发展数字乡村与智慧城市。强化一体设计、同步实施、协同并进、融合创新，促进城乡生产、生活、生态空间的数字化、网络化、智能化发展，加快形成共建共享、互联互通、各具特色、交相辉映的数字城乡融合发展格局。

加快农村宽带通信网、移动互联网、数字电视网和下一代互联网发展。支持农村地区宽带网络发展。推进农村地区广播电视基础设施建设和升级改造。在乡村基础设施建设中同步做好网络安全工作。鼓励开发适应"三农"特点的信息终端、技术产品、移动互联网应用软件。全面实施信息进村入户工程，构建为农综合服务平台。

加强数字农业基础设施建设。加快推进智慧水利、智慧交通、智能电网、智慧农业、智慧物流建设。完善自然资源遥感监测"一张图"和综合监管平台，动态监测永久基本农田。着力建设农业农村遥感卫星等天基设施，大力推进北斗卫星导航系统、高分辨率对地观测系统在农业生产中的应用。继续推进农业农村大数据中心和重要农产品全产业链大数据建设。

二、大力推动农村数字经济发展

推进农业生产数字化转型。加快推广云计算、大数据、物联网、人工智能、区块链、无人机、数字孪生等新一代信息技术与种植业、种业、畜牧业、渔业、农产品加工业全面深度融合应用，打造科技农业、智慧农业、品牌农业，建设智慧农(牧)场，推广精准化农(牧)业作业。

创新农村流通服务体系。实施"互联网＋"农产品出村进城工程。加快建成一批乡村智慧物流配送中心。深化电子商务进农村综合示范，培育农村电商产品品牌。推动人工智能、大数据赋能农村实体店，促进线上线下渠道融合发展。

推动"人工智能＋特色农业"深度融合。发展创意农业、认养农业、观光农业、都市农业等新业态，促进游憩休闲、健康养生、创意民宿等新产业发展，规范有序发展乡村共享经济。

三、加快农业农村科技创新步伐

推动农业装备智能化。综合运用新一代信息技术，大力研制推广新型农业智能装备。加快建设面向农机装备行业的工业互联网，推动农业装备、农机作业服务、农机管理全链条的数字化、网络化、智能化。

优化农业科技创新与信息服务体系。建设一批新农民新技术创业创新中心，推动产学研用合作。建立农业科技成果转化网络服务体系，支持建设农业技术在线交易市场。完善农业科技信息服务平台，鼓励技术专家通过线上线下结合的方式为农民解决农业生产难题。

大力推广农业绿色生产方式。建立农业投入品电子追溯监管体系，推动化肥农药减量使用。加大农村物联网建设力度，实时监测土地墒情，促进农田节水，建设现代设施农业园区，发展绿色农业。

大力提升乡村生态保护信息化水平。建立全国农村生态系统监测平台，强化农田土壤生态环境监测与保护。利用卫星遥感技术、无人机、高清远程视频监控系统对农村生态系统脆弱区和敏感区实施重点监测。

四、加强农村网络文化阵地建设

建设互联网助推乡村文化振兴建设示范基地。推进数字广播电视户户通和智慧广电建设。推进乡村优秀文化资源数字化,建立历史文化名镇、名村和传统村落"数字文物资源库""数字博物馆",加强农村优秀传统文化的保护与传承。以"互联网＋中华文明"行动计划为抓手,推进文物数字资源进乡村。开展重要农业文化遗产网络展览,大力宣传中华优秀农耕文化。

推动"互联网＋党建"。建设完善农村基层党建信息平台,优化升级全国党员干部现代远程教育,推广网络党课教育。推动党务、村务、财务网上公开,畅通社情民意。

五、提升乡村治理能力的现代化水平

推动"互联网＋社区"向农村延伸,提高村级综合服务信息化水平,大力推动乡村建设和规划管理信息化。加快推进实施农村"雪亮工程",深化平安乡村建设。加快推进"互联网＋"公共法律服务,建设法治乡村。通过建立以数字技术为支撑的乡村政务云平台,把农业自然资源、重要农业种质资源、农村集体资产、农村宅基地、农户和新型农业经营主体等信息整合为易分析、易利用、易转化的高价值数据,推动政务服务网上办、马上办、少跑快办。同时,依托全国扶贫信息网络系统,建设跨领域、跨部门、跨平台的国家脱贫人口返贫风险监测预警系统,提前进行预警预判,跟进帮扶,实行动态管理。建设农村人居环境综合监测平台,强化农村饮用水水源水质监测与保护机制,实现对农村污染物、污染源全时全程监测。引导公众积极参与农村环境网络监督,共同维护绿色生活环境。

六、学习运用"千万工程"经验

2024年1月1日,《中共中央 国务院关于学习运用"千村示范、万村整治"工程经验有力有效推进乡村全面振兴的意见》(2024年"中央一号文件")提出:持续实施数字乡村发展行动,发展智慧农业,缩小城乡"数字鸿沟";实施智慧广电乡村工程;鼓励有条件的省份统筹建设区域性大数据平台,加强农业生产经营、农村社会管理等涉农信息协同共享;发展农村数字普惠金融,推进农村信用体系建设;加快推动防止返贫监测与低收入人口动态监测信息平台互联互通,加强跨部门信息整合共享。这将为推进乡村全面振兴注入强劲动能,数字乡村建设大有可为。

第三节 数字乡村的建设案例

一、农产品数字物流平台

乡村振兴离不开便捷的物流服务。针对农产品运输上的"梗阻"问题,数字物流平台能为

广阔农村地区精准匹配运力资源,打通农产品从"最初一公里"到城市消费端的快捷通道,提高农产品物流配送效率。数字化的农产品物流方案,为广大农民的致富路开启了光辉大道。农产品物流市场普遍存在弱、小、散等问题,仅仅依靠大量物流个体的单体升级,难以实现农产品物流体系的整体优化。数字物流平台整合了乡村地区碎片化的物流配送资源,形成了优质的农产品物流集群,促进了农产品物流的标准化建设,构建了闭环式农产品物流服务链,提升了农产品物流体系和服务能力现代化。

二、"阿里巴巴"乡村数字就业中心

推进欠发达县城的乡村振兴是实现乡村振兴战略的关键之一。县域数字化就业吸引了大批城市中的年轻人返乡就业,极大改善了县域劳动力人口年龄分布结构,给县域经济的发展带来了活力,这些数字化就业信息的整合带来了更多商业机会并增强了基层创造力。据统计,截至2022年5月底,阿里巴巴已经在全国多地共建设37家客服中心、协调蚂蚁"数字木兰"就业培训计划落地了12个县域数字就业中心,创造了1.1万个就业机会。通过数字化赋能,企业接触到新零售、电商销售、直播带货等新兴推广方式。电商人才、主播等数字化人才成为企业急需的新型人才。这些具有挑战性且报酬可观的新职业,对当地年轻劳动力产生了较强的吸引力。因此,欠发达县域可以通过加强乡村数字化人才培养力度,有效提升劳动力就业能力。

本章小结

在数字化浪潮中,数字乡村建设作为数字中国建设的重要组成部分,是实现乡村振兴、加快推进农业农村现代化的必要条件。加快推进数字乡村建设具有重要意义。本章阐述了数字乡村建设的背景与举措,并阐释了农产品数字物流平台与"阿里巴巴"乡村数字就业中心等案例。2023年"中央一号文件"指出,要深入实施数字乡村发展行动,推动数字化应用场景研发推广。

复习思考题

1. 什么是"千村示范、万村整治"工程经验?
2. 数字乡村建设有哪些举措?
3. 乡村数字基础设施有哪些?
4. 乡村治理在数字化方面的体现有哪些?
5. 介绍一个数字乡村建设案例。

案例讨论题

让"草根创客"在数字乡村中蓄力成长

数字中国与乡村振兴的大政策正在吸引越来越多的创业者投入其中。随着县乡数字化产业链的不断完善,一批数字时代的小微创业者正在涌现。他们可能是返乡青年、新农人,也可能是"宝妈"、留守老人。在数字化的语境中,他们一头连接着技术、一头连接着农村,依托互联网的集聚效应,成为数字乡村中的"草根创客"。

县乡语境下的"创客"是一切能够与互联网、数字化挂钩的个体。他们大多来自技术资源欠缺的乡村社会,依托网络技术和数字产业的发展大潮投身创业。在创业过程中,小微创业者们创新交流机制、连接多方关系,以数字化的创业实践助力乡村振兴。数字技术的崛起不仅使数字乡村中的"草根创客"成为可能,而且深刻影响着他们对于自我、周边和远方的想象。

通过这样一份工作,个体参与者与互联网紧密联结在一起,并展现出县乡普通人的创业精神和自我能动性。

讨论题: 在数字化背景下,县乡区域广大的"草根创客"如何实现自我发展?个体故事与数字大潮的互动,赋予他们怎样的时代意义?

资料来源: 孙萍.让"草根创客"在数字乡村中蓄力成长[EB/OL].(2023-05-05)[2024-04-01]. https://news.gmw.cn/2023-05/05/content_36539893.htm.

参考文献

[1] 中共中央办公厅,国务院办公厅.数字乡村发展战略纲要[EB/OL].(2019-05-16)[2024-04-04]. https://www.gov.cn/zhengce/2019-05/16/content_5392269.htm.

[2] 农业农村部信息中心.中国数字乡村发展报告(2022年)[R/OL].(2023-03-01)[2024-04-04]. https://www.cac.gov.cn/2023-03/01/c_1679309718486615.htm.

[3] 中央网信办,农业农村部,国家发展改革委,工业和信息化部,民政部,生态环境部,商务部,文化和旅游部,中国人民银行,市场监管总局,国家数据局.关于开展第二批国家数字乡村试点工作的通知[EB/OL].(2024-03-14)[2024-04-04]. https://www.gov.cn/lianbo/bumen/202403/content_6939366.htm.

[4] 全国信息技术标准化技术委员会数字乡村标准研究组.数字乡村标准白皮书(2024)[R/OL].(2024-01-29)[2024-04-04]. https://www.cesi.cn/images/editor/20240129/20240129162954472.pdf.

[5] 农业农村部,中央网络安全和信息化委员会办公室.数字农业农村发展规划(2019—2025年)[R/OL].(2019-12-25)[2024-04-04]. http://big5.www.gov.cn/gate/big5/www.gov.cn/zhengce/zhengceku/2020-01/20/5470944/files/b001fe6ca9e345f4ad4f954276d35fee.pdf.

[6] 段尧清,易雨洁,姚兰.政策视角下数字乡村建设的有效性分析[J].图书情报工作,2023,67(6):32-42.

[7] 中央网信办,农业农村部,国家发展改革委,工信部,科技部,住建部,商务部,市场监管总局,广电总局,国家乡村振兴局.数字乡村发展行动计划(2022—2025年)[EB/OL].(2022-01-26)[2024-04-04]. https://www.cac.gov.cn/rootimages/uploadimg/1644801128013209/1644801128013209.pdf?eqid=cb2f54bc0000ce5f00000002642f6eb9&eqid=d9eb270002f6890000000664463baf.

[8] 农业农村部."十四五"全国农业农村信息化发展规划[R/OL].(2022-02-22)[2024-04-04]. http://www.moa.gov.cn/zxfile/reader?file=http://www.moa.gov.cn/govpublic/SCYJJXXS/202203/P020220309588817315386.ofd.

[9] 国家发展改革委,国家数据局.数字经济促进共同富裕实施方案[R/OL].(2023-12-23)[2024-04-04]. https://www.gov.cn/zhengce/zhengceku/202401/P020240106501870335246.pdf.

[10] 中共中央,国务院.关于做好2023年全面推进乡村振兴重点工作的意见[EB/OL].(2023-01-02)[2024-04-04]. https://www.gov.cn/zhengce/2023-02/13/content_5741370.htm?dzb=true&eqid=9f2f924f00000d8300000004648179ea.

[11] 中共中央,国务院.关于学习运用"千村示范、万村整治"工程经验有力有效推进乡村全面振兴的意见[EB/OL].(2024-01-01)[2024-04-04]. https://www.gov.cn/gongbao/2024/issue_11186/202402/content_6934551.html.

[12] 清华大学社会科学学院县域治理研究中心.欠发达县域数字化就业价值研究报告[R/OL].(2022-08-16)[2024-04-04]. http://rccg.sss.tsinghua.edu.cn/countyresearch/54/.